Verlustberücksichtigung im nationalen
und internationalen Konzern

Europäische Hochschulschriften
Publications Universitaires Européennes
European University Studies

Reihe V
Volks- und Betriebswirtschaft

Série V Series V
Sciences économiques, gestion d'entreprise
Economics and Management

Bd./Vol. 2281

PETER LANG
Frankfurt am Main · Berlin · Bern · New York · Paris · Wien

Heribert Komarek

Verlustberücksichtigung im nationalen und internationalen Konzern

Ein Konzeptionsvorschlag zur Besteuerung von Unternehmensgruppen

PETER LANG
Europäischer Verlag der Wissenschaften

Die Deutsche Bibliothek - CIP-Einheitsaufnahme

Komarek, Heribert:

Verlustberücksichtigung im nationalen und internationalen Konzern : ein Konzeptionsvorschlag zur Besteuerung von Unternehmensgruppen / Heribert Komarek. - Frankfurt am Main ; Berlin ; Bern ; New York ; Paris ; Wien : Lang, 1998
(Europäische Hochschulschriften : Reihe 5, Volks- und Betriebswirtschaft ; Bd. 2281)
Zugl.: Darmstadt, Techn. Hochsch., Diss., 1997
ISBN 3-631-33226-2

D 17
ISSN 0531-7339
ISBN 3-631-33226-2

Geleitwort

Die stimmige Berücksichtigung des Konzernsachverhaltes bei der Besteuerung bereitet bereits für den nationalen Bereich erhebliche Schwierigkeiten. Dies zeigt sich nicht zuletzt an den unterschiedlichen Lösungsvorschlägen. Diese reichen in ihrer extremen Spannweite von einer Einheitsbesteuerung des Konzerns nach Art des Einheitsunternehmens bis zur strikten Besteuerung jedes einzelnen Konzernunternehmens nach dem Trennungsprinzip unter der Fiktion der Aufrechterhaltung eines auch wirtschaftlich unabhängigen Unternehmens.

Die Schwierigkeiten vergrößern sich noch im internationalen Kontext. Hier gilt es nicht nur den ökonomisch zugrundeliegenden Sachverhalt der "wirtschaftlichen Einheit" in Einklang zu bringen mit der Besteuerung von (Steuer) Rechtssubjekten nach Maßgabe ihrer Leistungsfähigkeit, die sich aus dem von ihnen erwirtschafteten Vermögenszuwachs ableitet. Vielmehr sind auch die Prinzipien der Abgrenzung der jeweiligen nationalen Steuerhoheiten zu beachten.

Das deutsche Steuerrecht nimmt in einem sehr eingeschränkten Rahmen vom Konzernsachverhalt in Form des Rechtsinstituts der Organschaft Kenntnis. Überzeugend legt Komarek dar, daß die Organschaftsregelung des deutschen Steuerrechtes weder von den tatbestandlichen Voraussetzungen noch hinsichtlich der Rechtsfolgen den modernen betriebswirtschaftlichen Organisationsstrukturen des Konzernunternehmens genügt und im internationalen Rahmen keine Chance einer Vorbildfunktion besitzt. Die deutsche Organschaft ist in ihren tatbestandlichen Voraussetzungen am zentralistisch geführten Stammhauskonzern ausgerichtet, wie sich insbesondere an den Merkmalen der wirtschaftlichen und organistorischen Eingliederung zeigt. Ohne Vorbild ist im übrigen im internationalen Bereich der für die körperschaftliche Organschaft erforderliche Ergebnisabführungsvertrag. Wenig überzeugend sind auch die unterschiedlichen zugrundeliegenden Konzeptionen der "Zurechnungstheorie" bei der Körperschaftssteuer, der eingeschränkten "Filialtheorie" bei der Gewerbesteuer und schließlich der "Einheitstheorie" bei der Umsatzsteuer. Die insoweit bestehenden Unklarheiten führen zu einer erheblichen Rechtsunsicherheit und Komplizierung in der Rechtsanwendung. Konsequenterweise schlägt Komarek vor, von der Organschaft in vollem Umfang Abschied zu nehmen.

Insoweit scheint die vorliegende Dissertationsschrift offene Türen einzurennen. Die Mängel der gegenwärtigen Organschaftsbesteuerung werden seit längerem beklagt und erweisen sich als ernsthaftes Hindernis für eine moderne Konzernbesteuerung. Nicht zuletzt deshalb beschäftigt sich auch innerhalb des BMF eine Expertengruppe mit einer Neuorientierung hinsichtlich der bisherigen Organschaftsbesteuerung, ohne allerdings bisher greifbare Ergebnisse vorgelegt zu haben.

Völlig gegen den Strom schwimmt Komarek allerdings, soweit er allen Konzepten zur "Einheitsbesteuerung" des Konzerns eine Absage erteilt. Das praktische Anliegen dieser Konzeptionen, die sich insbesondere im Kreis der betriebswirtschaftlichen Steuerlehre, aber auch der Wirtschaft, großer Beliebtheit erfreuen, besteht darin, innerhalb des Konzerns einen Verlustausgleich zu ermöglichen und außerdem innerkonzernliche Transaktionen erfolgsneutral zu behandeln. Vorbild ist die Konzernbilanz.

Dem stellt Komarek, nach einer rechtsvergleichenden Untersuchung zur Behandlung von Konzernsachverhalten im US - Recht, französischem und niederländischem Recht und einer Referierung bisheriger Richtlinienvorschläge zur Verlustverrechnung im europäischen Konzern, sein Konzept gegenüber. Ausgangspunkt für Komarek ist der unbestreitbare Umstand, daß nach der Zivilrechtsordnung der Konzern als solcher nicht Rechtssubjekt ist. Insbesondere ist der Konzern nicht Zuordnungssubjekt für Vermögen. Eine Besteuerung, die an den Vermögenzuwachs anknüpft, den ein Rechtssubjekt innerhalb der Besteuerungsperiode erwirtschaftet, kann nicht ohne inneren Bruch von einem Rechtssubjekt erwirtschaftete Gewinne oder erlittene Verluste einem anderen Rechtssubjekt - oder im Falle des Konzerns gar einem ansonsten als Zurechnungssubjekt von Vermögen nicht existierenden Gebilde - zurechnen. Sehr zu Recht verweist Komarek insoweit auch auf die zivilrechtlichen Folgeprobleme, die sich bei einem derartigen Vorgehen ergeben würden, angefangen vom notwendigen Minderheitenschutz von Gesellschaftern über den Gläubigerschutz bei den Einzelgesellschaften bis hin zur Notwendigkeit von Ausgleichszahlungen wegen der Vorteile bzw. Nachteile aus Verlustverrechnungen zwischen den beteiligten Gesellschaften. Diese sogenannten Folgeprobleme kennzeichnen nur, daß bereits der Ansatz einer konsolidierten Konzernbesteuerung nicht zutreffend ist.

Dem stellt Komarek den verblüffend einfach erscheinenden Vorschlag gegenüber, den Konzernsachverhalt als solchen auf der Ebene der beteiligten

Gesellschaften jedenfalls bezüglich des Verlustes zu berücksichtigen. Komarek verlangt nicht mehr, aber auch nicht weniger, als die tatsächliche Verlustübernahme durch die Konzernmutter, um einen Verlustausgleich zu ermöglichen. Sein Vorschlag geht dahin, die Verlustübernahme als sofortigen Aufwand bei der übernehmenden Gesellschaft und als Ertrag bei der begünstigten Gesellschaft zu behandeln. Auch im internationalen Kontext wird dieser Ausgangspunkt durchgehalten. Allerdings sei den Prinzipien der internationalen Steuerabgrenzung dadurch Rechnung zu tragen, daß vorrangig bei der Verlustgesellschaft ein Verlustrücktrag vorzunehmen sei, bzw. bei später möglichem Verlustvortrag eine Rückgängigmachung des Verlustausgleiches durch "außerbilanzielle Hinzurechnung" erfolgen solle.

Die vorliegende Untersuchung Komareks besticht durch die gelungene Verbindung betriebswirtschaftlicher Erkenntnisse hinsichtlich des Einsatzes von Konzernstrukturen zur Zielerreichung ökonomischer Erfolge mit einer sauberen rechtsdogmatischen Herleitung eines Besteuerungskonzeptes für den Konzernsachverhalt. Sie ist von emminent praktischer Bedeutung für die dringend notwendige Weiterentwicklung des deutschen und europäischen Konzernsteuerrechtes in einer durch zunehmende Globalisierung gekennzeichneten Welt. In ihrem Kernanliegen, einen Verlustausgleich nur zuzulassen, wenn der Verlust auch tatsächlich getragen wird, wird sie auf den erbitterten Widerstand interessierter Kreise stoßen. Gerade in dieser Erkenntnis liegt jedoch ihr Wert. Im übrigen eröffnet allein der Ansatz auf der Ebene der einzelnen Konzerngesellschaft auf Dauer auch tragbare Lösungen bei grenzüberschreitenden Konzernsachverhalten. Der Arbeit ist zu wünschen, daß sie von allen an der Weiterentwicklung des Unternehmenssteuerrechts interessierten Kreisen in der Wirtschaft, in der Wissenschaft und besonders der Gesetzeshelfer zur Kenntnis genommen wird.

Darmstadt, im Dezember 1997 Professor Dr. Wolfram Reiß

Vorwort

Die zunehmende Verrechtlichung ökonomischer Strukturen ist eine der wesentlichen Entwicklungen der letzten Jahrzehnte. Wirtschaftliche Sachverhalte werden in scheinbar exakt austarierte Rechtsinstitute gefaßt. Aufgrund ihrer Komplexität sind sie oftmals nicht nur dem Laien schwer verständlich. Fehlende klare und vor allem gut umsetzbare Rechtskonzeptionen sind Auslaufmodelle einer zunehmend zu Spezialistentum und übermäßiger Perfektion hin tendierenden Rechtsentwicklung. Dies gilt nicht zuletzt hinsichtlich der Besteuerung. Dabei ist zu bedenken, daß Innovation und eine starke Regulierung der Ökonomie nicht selten kontradiktorische Standpunkte darstellen. Zwar stellt ein sicheres Rechtssystem in der Tat überhaupt erst die Grundlage für ökonomisches Handeln dar, jedoch können rechtliche Überregulierungen dieses auch strangulieren. Vor dem Hintergrund der "Standortdiskussion Deutschland" kann dies durchaus den Export unternehmerischer Tätigkeit ins Ausland bedeuten.

Der zunehmenden Konzernverflechtung und Internationalisierung der Unternehmen steht in Deutschland in Form der Organschaft ein Besteuerungskonzept gegenüber, das auf antiquierten Vorstellungen von Unternehmen basiert. Im Gegensatz einer weiter sich internationalisierenden Wirtschaft beschränkt sie sich auf nationale Sachverhalte. Gemessen an ihren steuerlichen Rechtsfolgen ist die Organschaft in ihrer Handhabung zu kompliziert. Die Erfordernis des Abschlusses von Ergebnisabführungsverträgen ist lediglich vor dem Hintergrund der geschichtlichen Entwicklung verständlich. Die deutsche Konzernbesteuerung kann in ihrer derzeitigen Ausgestaltung den gestellten Anforderungen einer strukturneutralen und effizienten Unternehmensbesteuerung nicht mehr entsprechen.

Anliegen dieser Arbeit ist es, sowohl eine in ökonomischer als auch eine in rechtlicher Hinsicht stimmige steuerliche Erfassung des Konzerns zu erreichen. Aus ökonomischer Sicht ist eine möglichst weitgehende Gestaltungsfreiheit hinsichtlich der Organisationsstruktur erforderlich. Zielgruppe des hier dargestellten Vorschlags ist daher die Unternehmensgruppe, die durch einfache Stimmrechtsmehrheit der Muttergesellschaft bestimmt wird. Ein Vorschlag zur Besteuerung der Unternehmensgruppe darf sich nicht darauf beschränken, lediglich eine steuersystematisch richtige Lösung zu ermitteln. Sie muß die konzernrechtlichen Vorgaben mit in die Analyse aufnehmen. Zu einem zeitgemäßen Besteuerungskonzept gehört zudem, internationale Sachverhalte systemgerecht in das nationale Konzept zu integrieren. Unter Berücksichtigung der vorgenannten Punkte wird in dieser Arbeit ein denkbar einfacher Vorschlag entwickelt, eine umfassende Verlustberücksichtigung innerhalb der Unternehmensgruppe zu ermöglichen.

Die vorliegende Arbeit wurde im Jahr 1997 als Dissertation am Fachgebiet für Finanz- und Steuerrecht des Fachbereichs Wirtschafts- und Rechtswissenschaften der Technischen Hochschule angenommen. Die berücksichtigte und eingearbeitete Literatur entspricht dem Stand vom April 1997.

Auch wenn es ein gewisses Wagnis darstellt, als Ökonom an einem juristischen Lehrstuhl eine Dissertation zu schreiben, so lag hierin auch der besondere Reiz. Die Zeit als wissenschaftlicher Mitarbeiter am Institut Finanz- und Steuerrecht an der Technischen Hochschule Darmstadt war eine lehrreiche Zeit für mich. Es war insbesondere die unermüdliche Diskussionsbereitschaft meines hochverehrten akademischen Lehrers, Herrn Prof. Dr Wolfram Reiß, die mir über meine eigentliche Dissertationsschrift hinaus ein tieferes Verständnis für juristische Fragestellungen ermöglichte. Damit haben sich mir Erkenntnisse eröffnet, die für mich einen bleibenden Wert darstellen. Deshalb gilt mein ganz besonderer Dank Herrn Prof. Dr. Wolfram Reiß. Danken möchte ich weiterhin Herrn Prof. Dr. Uwe H. Schneider für die Übernahme und zügige Erstellung des Zweitgutachtens. Den Herren Prof. Dr. Winfried Gail, Prof Dr. Paul Hofmann und Prof. Dr. Dirk Ipsen danke ich für die Mitgliedschaft in der Prüfungskommission für die Disputation.

Nicht zuletzt sei meinem familiären Umfeld Dank gesagt für die mir zuteil gewordene Unterstützung. Meinen Eltern bin ich zu tiefem Dank verpflichtet.

Darmstadt, im Dezember 1997

Inhaltsverzeichnis

Geleitwort V

Vorwort IX

Abkürzungsverzeichnis XVIII

1. Einleitung 1

1.1 Ausgangslage 1

1.2 Problemstellung 3

1.3 Gang der Arbeit 4

2. Grund- bzw. Ausgangsüberlegungen zum Konzernsachverhalt ... 6

2.1 Die Organisationsform des Konzerns als Normaltatbestand von Unternehmen 6

2.2 Der Konzern im Widerstreit des konzeptionellen Verständnisses 9

2.2.1 Konzernbegriff und -verständnis des Gesellschaftsrechts 9

2.2.2 Der Konzern im Stufenkonzept des Handelsbilanzrechts 14

2.2.3 Der Konzern aus betriebswirtschaftlicher Sicht 17

2.2.4 Die Organschaft als quasi-steuerlicher Konzernbegriff 22

2.2.5 Der Konzern im Kontext zunehmender Internationalisierung ... 24

2.2.5.1 Zunahme der internationalen Unternehmensverflechtung 24

2.2.5.2 Gründe für die Zunahme grenzüberschreitender Tätigkeiten von Unternehmen 26

2.3 Gründe und ökonomische Wirkungen der rechtlichen Verselbständigung von Teileinheiten von Konzernunternehmungen 27

2.3.1 Funktionenanalyse als notwendiger Ausgangspunkt der steuerrechtlichen Untersuchung 27

2.3.2 Unzureichende Erklärungsansätze der rechtlichen Verselbständigung von Unternehmungsteilbereichen 28

2.3.3 Ökonomische Erklärungsansätze hinsichtlich der juristischen Verselbständigung bei Konzernorganisationsstrukturen 30

2.3.3.1 Konzernorganisationsstrukturen als effiziente Anpassung an die Umwelt 30
2.3.3.2 Erklärungsansatz von Williamson 32
2.3.3.3 Ökonomische Gründe der Verrechtlichung der Teileinheiten der Konzernunternehmung 37

2.4 Realstruktur und Dualismus des Konzerns als Ausgangspunkt für eine steuerrechtliche Erfassung der Unternehmensgruppe 47

3. Besteuerung von Konzernsachverhalten im Rahmen der Organschaft 50

3.1 Stand und Bedeutung der Besteuerung verbundener Unternehmen durch das Institut der Organschaft 50

3.2 Begründungen für die zusammengefaßte Besteuerung des Organkreises 52
3.2.1 Grundsatz der Steuersubjektidentität bei Kapitalgesellschaften in Form des Trennungsprinzips 52
3.2.2 Die Organschaft als Durchbrechung der allgemeinen Zurechnungsregel für Einkünfte 54
3.2.3 Die deutsche Organschaft als Produkt der historischen Entwicklung der Rechtsprechung 57
3.2.4 Beurteilung der Organtheorien 60

3.3 Behandlung der körperschaftsteuerlichen Organschaft nach geltendem Recht 61
3.3.1 Die gesetzlichen Grundlagen der körperschaftsteuerlichen Organschaft 61
3.3.1.1 Der Organkreis: Organträger und Organgesellschaft ... 61
3.3.1.2 Finanzielle, organisatorische und wirtschaftliche Eingliederung 62
3.3.1.3 Abschluß eines Gewinn- bzw. Ergebnisabführungsvertrages 66
3.3.1.4 Handelsrechtliche Behandlung der Ergebnisübernahme 68
3.3.2 Rechtsfolgen der Organschaft 68
3.3.2.1 Einkommenszurechnung 68
3.3.2.2 Aufhebung von Gewinnermittlungsvorschriften beim Organträger 72

3.3.2.3 Wirkungsänderung der Organschaft durch die Einführung des Anrechnungsverfahrens und die Einführung des § 8 b KStG 73

3.4 Besonderheiten der gewerbesteuerlichen Organschaft 74

3.5 Kritik an den geltenden Organschaftsbestimmungen 76

3.5.1 Fehlende Gesamtkonzeption und Widersprüche im geltenden Konzept der Organschaft 76

3.5.2 Kritik an den Eingliederungsvoraussetzungen 78

3.5.3 § 14 KStG als lex imperfekta 80

3.5.3.1 Problematik der Durchbrechung der steuerlichen Gewinnermittlungsvorschriften 80

3.5.3.2 Unklarheiten über die Zielsetzung der körperschaftsteuerlichen Organschaft 84

3.5.3.3 Behandlung der steuerfreien Einnahmen 86

3.5.4 Die Verpflichtung zum Abschluß eines Ergebnisabführungsvertrages 88

3.5.5 Beschränkungen der Verlustverrechnung 93

3.5.6 Zwang zur innerorganschaftlichen Gewinnrealisierung bzw. fehlende Zwischengewinneliminierung 95

3.5.7 Fehlende Eignung des Ergebnisabführungsvertrages für grenzüberschreitende Konzernverbindungen 97

4. Anforderungen an eine Konzernbesteuerung 99

4.1 Beachtung ökonomischer und zivilrechtlicher Vorgaben 99

4.1.1 Entscheidungsneutralität der Besteuerung 100

4.1.2 Wahrung der Neutralität der Konzernbesteuerungskonzeption hinsichtlich des Gesellschaftsrechts 103

4.1.3 Die wirtschaftliche Einheit des Konzerns vor dem Hintergrund der zivilrechtlichen Rahmenvorgaben 109

4.1.4 Verlustverrechnung im EU-Konzern 115

4.1.4.1 Notwendigkeit der Verlustverrechnung im EU-Konzern 115

4.1.4.2 Wettbewerbsgleichheit von in- und ausländischen Tochtergesellschaften 116

4.1.4.3 Rechtsformneutralität im Verhältnis zu EU-Betriebsstätten 118

4.2 EU-Rechtsentwicklung hinsichtlich einer transnationalen Konzernbesteuerung 121

4.2.1 Rechtsgrundlagen für die Harmonisierung der direkten Steuern in der EU 121

4.2.2 Unternehmensbesteuerung in der EU 123

4.2.3 Stand der Harmonisierung bei der Konzernbesteuerung in der EU 127

4.3 Bisherige Richtlinien-Vorschläge der EU zur Berücksichtigung der Verluste von Tochtergesellschaften in anderen Mitgliedsstaaten 130

4.3.1 EU-Vorschläge mit der Möglichkeit der grenzüberschreiten-den Verlustberücksichtigung bis zur Verlustrichtlinie 130

4.3.1.1 Die Mutter-Tochter-Richtlinie von 1969 130

4.3.1.2 Vorschlag zum Statut einer Europäischen Aktiengesellschaft 133

4.3.1.3 Richtlinien-Vorschlag zur steuerlichen Übertragung von Unternehmensverlusten vom 19.6.1985 135

4.3.2 Richtlinienvorschlag der EG zur grenzüberschreitenden Verlustverrechnung in der EU vom 28.11.1990 136

4.3.2.1 Konzeptionelle Darstellung 136

4.3.2.2 Kritische Würdigung des Vorschlags 139

4.3.3 Probleme hinsichtlich der Einführung einer grenzüberschrei-tenden Verlustberücksichtigung bei EU-Tochtergesellschaften 144

5. Besteuerungskonzeptionen für Konzerne als Alternative zur Organschaft 147

5.1 Darstellung der Grundpositionen der Besteuerung zwischen Einheits- und Vielheitskonzept 147

5.2 Darstellung ausgewählter internationaler Konzernbesteuerungs-konzeptionen 150

5.2.1 Konzernbesteuerung in den USA (Consolidated Return) 150

5.2.1.1 Voraussetzungen 151

5.2.1.2 Einkommensermittlung und Verlustverrechnung 152

5.2.1.3 Berücksichtigung internationaler Sachverhalte 154

5.2.1.4 Haftung und Verteilung der Steuerschuld 155

5.2.1.5 Verhältnis zu anderen Teilrechtsordnungen 156

5.2.1.6 Würdigung 158

5.2.2 Konzernbesteuerung in Frankreich (Régime de l'íntégration fiscale) ... 159
5.2.2.1 Voraussetzungen ... 160
5.2.2.2 Einkommensermittlung und Verlustverrechnung ... 160
5.2.2.3 Berücksichtigung internationaler Sachverhalte ... 162
5.2.2.4 Haftung und Verteilung der Steuerschuld ... 163
5.2.2.5 Verhältnis zu anderen Teilrechtsordnungen ... 163
5.2.2.6 Würdigung ... 165

5.3 Alternative Besteuerungsvorschläge für den Konzern im deutschen Steuerrecht ... 166
5.3.1 Die handelsrechtliche Konzerngewinnermittlung als Ausgangspunkt für eine steuerliche Gewinnbemessung des Konzerns ... 167
5.3.2 Vorschlag in Anlehnung an die Equity-Methode ... 172
5.3.3 Angleichung der Konzernbesteuerung an die des Einheitsunternehmens ... 175
5.3.4 Ergebniszurechnung mit anschließender Korrektur konzerninterner Zwischenerfolge ... 177
5.3.5 Wesentliche Reformanregungen und Würdigung der dargestellten Konzeptionen ... 180

5.4 Würdigung und ungelöste Probleme der weiterführenden Ansätze zur Konzernbesteuerung ... 183
5.4.1 Probleme der Eliminierung der Konzerneffekte bzw. Bestimmung der Konzerntransferpreise als unzureichendes Argument für Konzernbesteuerung nach dem Einheitskonzept ... 183
5.4.2 Mangelnde Beachtung der Haftungssegmentierung im Konzern ... 186
5.4.3 Mangelnde Beachtung der materiellen Wirkung des Handelsbilanzrechts hinsichtlich der Forderung nach einer Zwischengewinneliminierung ... 193
5.4.3.1 Darstellung der Problemlage ... 193
5.4.3.2 Folgerungen für ein Konzernsteuerrecht ... 198
5.4.4 Bedingte Tauglichkeit der Zurechnungskonzeption für grenzüberschreitende Unternehmensgruppen in der EU ... 203

5.5 Vorgaben für eine adäquate Besteuerungskonzeption für eine Unternehmensgruppe unter den geltenden zivil- und handelsbilanzrechtlichen Rahmenbedingungen ... 204
5.5.1 Zweckentsprechende Berücksichtigung der Dualität des Konzerns ... 204

5.5.2 Intersubjektive Verlustverrechnung als wesentliche Ursache und Wirkung der deutschen Konzernbesteuerung 206

6. Verlustberücksichtigung im Konzern bei Nichtbestehen eines Organschaftsverhältnisses 208

6.1 Verluste im deutschen Steuerrecht 208

6.1.1 Verlustbegriff 208

6.1.2 Verlustberücksichtigung als Ausdruck der Besteuerung nach der Leistungsfähigkeit 209

6.1.3 Grundsatz und Reichweite der Subjektbezogenheit der Verluste 211

6.1.4 Grundprinzipien der Vermeidung der grenzüberschreitenden Doppelbesteuerung und Verluste 214

6.2 Möglichkeiten der ertragswirksamen Berücksichtigung von Verlusten von Tochtergesellschaften 218

6.2.1 Verlustberücksichtigung durch Teilwertabschreibung bei der Muttergesellschaft 218

6.2.1.1 Vorliegen einer Fehlmaßnahme 220

6.2.1.2 Gesunkene Wiederbeschaffungskosten 221

6.2.1.3 Teilwertabschreibung nach Zuschüssen bzw. Verlustübernahmen 224

6.2.1.4 Verlustberücksichtigung durch Teilwertabschreibungen auf Auslandsbeteiligungen 225

6.2.1.5 Kritik an der momentanen Handhabung der Teilwertabschreibung auf Beteiligungen 230

6.2.2 Verlustübernahme durch Verrechnungspreisvereinbarung 234

6.2.3 Verlustübernahme durch Nutzungseinlage - Durchbrechung der Voraussetzung der Personenidentität in der Unternehmensgruppe 236

6.3 Behandlung von Zuwendungen im Konzern, insbesondere direkter Verlustübernahmen 239

6.3.1 Handelsbilanzrechtliche Behandlung 239

6.3.2 Steuerrechtliche Behandlung 242

6.3.2.1 Anwendung der Einlagevorschriften auf Ebene der Tochtergesellschaft 242

6.3.2.2 Behandlung auf Ebene der Muttergesellschaft 246

6.3.2.2.1 Verlustübernahme als nachträgliche Anschaffungskosten 246

6.3.2.2.2 Verlustübernahme als Herstellungs- bzw. Erhaltungsaufwand ... 248
6.3.2.2.3 Kritische Stellungnahme ... 250

6.3.3 Beurteilung von Verlustübernahmen im Konzern ... 254
6.3.3.1 Ertragssteuerliche Wirkung der geltenden Regelungen bei Verlustübernahme ... 254
6.3.3.2 Problem der temporären Erfolgsneutralität der Verlustübernahme im Konzern ... 256

7. Vorschlag zur Gestaltung der Verlustverrechnung in der Unternehmensgruppe ... 259

7.1 Die betriebliche Veranlassung der Verlustübernahme ... 260
7.1.1 Die Verlustübernahme als sofort aufwandswirksame Betriebsausgabe auf Ebene der Muttergesellschaft ... 260
7.1.2 Die betriebliche Bedingtheit der Verlustübernahme auf Ebene der Tochtergesellschaft ... 261

7.2 Einschränkung des Trennungsprinzips in der Unternehmensgruppe bei tatsächlicher Verlustübernahme ... 264

7.3 Konzeptionelle Darstellung des Vorschlags ... 268
7.3.1 Voraussetzungen für eine Verlustverrechnung in der Unternehmensgruppe ... 268
7.3.2 Steuerlicher Verlustausgleich durch Verlustübernahme in der nationalen Unternehmensgruppe ... 272
7.3.3 Verlustübernahme in der transnationalen Unternehmensgruppe ... 276

8. Zusammenfassende Thesen und Gesetzesvorschlag zur Verlustberücksichtigung in der Unternehmensgruppe ... 282

Literaturverzeichnis ... 288

1. Lehrbücher, Monographien, Kommentare, Dissertationen, Aufsätze, Beiträge ... 288
2. Veröffentlichungen der Kommission und des Rates der Europäischen Gemeinschaft bzw. der Europäischen Union ... 317
3. Verzeichnis der Gerichtsentscheidungen, Gutachten und Erlasse ... 320

Abkürzungsverzeichnis:

A.A.	Anderer Auffassung
Ab.	Abschnitt
abgedr.	abgedruckt
AG	Die Aktiengesellschaft
AK	Anschaffungskosten
AktG	Aktiengesetz
AO	Abgabenordnung
Art.	Artikel
AStG	Außensteuergesetz
BAG	Bundesarbeitsgericht
BB	Betriebsberater
Bd.	Band
BFH	Bundesfinanzhof
BFuP	Betriebswirtschaftliche Forschung und Praxis
BGH	Bundesgerichtshof
BGBl.	Bundesgesetzesblatt
BGHZ	Entscheidungen des Bundesgerichtshofs in Zivilsachen
BIP	Bruttoinlandsprodukt
BiRiG	Bilanzrichtlinien Gesetz
BMF	Bundesministerium der Finanzen
BMJ	Bundesministerium der Justiz
BRD	Bundesrepublick Deutschland
BR-Drs.	Bundesratsdrucksache
BStBl.	Bundessteuerblatt
BT-Drs.	Bundestag-Drucksache
BVerfG	Bundesverfassungsgericht
BVerfGE	Entscheidungen des Bundesverfassungsgerichts
BWL	Betriebswirtschaftslehre
CDI	Code Géneral Des Impôt
DB	Der Betrieb
DBA	Doppelbesteuerungsabkommen

DBW	Die Betriebswirtschaft
DIHT	Deutscher Industrie- und Handelstag
DJT	Deutscher Juristentag
DStR	Deutsches Steuerrecht
DStZ	Deutsche Steuerzeitschrift
DStJG	Deutsche Steuerjuristische Gesellschaft
EA	Europäische Aktiengesellschaft
EAV	Ergebnisabführungsvertrag
EG	Europäische Gemeinschaft
EFG	Entscheidungen der Finanzgerichte
EK	Eigenkapital
ErbSt	Erbschaftsteuer
ESt	Einkommensteuer
EStG	Einkommensteuergesetz
EStR	Einkommensteuerrichtlinien
EU	Europäische Union
EuGHE	Entscheidungen des Europäischen Gerichtshofes (= Slg.)
EuZW	Europäische Zeitschrift für Wirtschaftsrecht
EGV	Vertrag zur Gründung der Europäischen Gemeinschaft
e.V.	eingetragener Verein
EWS	Europäisches Wirtschafts- und Steuerrecht
EWG	Europäische Wirtschaftsgemeinschaft
F.	Fach
FG	Finanzgericht
FR	Finanzrundschau
FS	Festschrift
GewStG	Gewerbesteuergesetz
Gl.	Gleicher
GmbH	Gesellschaft mit beschränkter Haftung
GmbHR	GmbH Rundschau
Gr.	Gruppe
HGB	Handelsgesetzbuch

HFA	Hauptfachausschuß
HHR	Herrmann/ Heuer/ Raupach
Hrsg.	Herausgeber
HWB	Handwörterbuch
HWO	Handwörterbuch der Organisation
IDW	Institut der Wirtschaftsprüfer
IFA	International Fiscal Association
IStR	Internationales Steuerrecht
IWB	Internationale Wirtschaftbriefe
JbFSt	Jahrbuch der Fachanwälte für Steuerrecht
JfB	Journal für Betriebswirtschaft
JZ	Juristenzeitung
Kap.	Kapitel
Kom.	Kommentierung
KS	Kirchhof/ Söhn
KStG	Körperschaftsteuergesetz
KStR	Körperschaftsteuerrichtlinien
MA	Musterabkommen
m.E.	meines Erachtens
NJW	Neue Juristische Wochenschrift
m.w.N.	mit weiteren Nachweisen
OECD	Organization for Economic Cooperation and Developement
OVG	Oberverwaltungsgericht
PublG	Publizitätsgesetz
RFH	Reichsfinanzhof
Rn.	Randnummer
Regs.	Regulations
RFH	Reichsfinanzhof
RFHE	Entscheidungen des Reichsfinanzhofs
RIW	Recht der internationalen Wirtschaft
RStBl.	Reichssteuerblatt
SEA	Statut der Europäischen Aktiengesellschaft
Sec.	Section

Slg.	Sammlung der Entscheidungen des Europäischen Gerichtshofs
Sp.	Spalte
StandOG	Standortsicherungsgesetz
StbJb	Steuerberater-Jahrbuch
StJAT	Steuerjuristische Jahresarbeitstagung
StuW	Steuer und Wirtschaft
SZfbF	Schweizer Zeitschrift für betriebswirtschaftliche Forschung
UmwG	Umwandlungsgesetz
UmwStG	Umwandlungssteuergesetz
u.U.	unter Umständen
VE	Verordnungsentwurf
vGA	verdeckte Gewinnausschüttung
VerlR	Verlustrichtlinie
Vgl.	Vergleiche
VSt	Vermögensteuergesetz
VStG	Vermögensteuergesetz
WiSt	Wirtschaftswissenschaftliches Studium
WM	Zeitschrift für Wirtschafts- und Bankrecht
WPg	Die Wirtschaftsprüfung
vKE	verdeckte Kapitaleinlage
VO	Verordnung
z.B.	zum Beispiel
ZEW	Zentrum für Europäische Wirtschaftsforschung
ZfB	Zeitschrift für Betriebswirtschaft
zfbf	Zeitschrift für betriebswirtschaftliche Forschung
ZHR	Zeitschrift für das gesamte Handels- und Wirtschaftsrecht
ZGR	Zeitschrift für Gesellschaftsrecht
zfo	Zeitschrift für Organisation
ZfgSt	Zeitschrift für das gesamte Staatswesen
ZIP	Zeitschrift für Wirtschaftsrecht und Insolvenzpraxis
zit.	zitiert

1. Einleitung

1.1 Ausgangslage

Die gesellschaftsrechtliche Struktur in Form des Konzerns bzw. der Unternehmensgruppe ist zur wichtigsten Organisationsstruktur von Unternehmungen bzw. Unternehmensverbindungen geworden.[1] Für den Produktionssektor wird der Konzern als typische Organisationsform für unternehmerische Aktivitäten bezeichnet.[2] Als Konzern ist, unter Bezugnahme auf die aktienrechtlichen Vorschriften des § 18 Abs.1 AktG, die Gesamtheit der unter einheitlicher Leitung geführten Unternehmen einschließlich des herrschenden Unternehmens zu verstehen. Um den Unterschied zum Konzern mit einer einheitlichen Leitung im Sinne einer eher zentralen Führung zum Ausdruck zu bringen, wird in dieser Arbeit bei Vorliegen des Beherrschungstatbestandes im Sinne der Mehrheit der Stimmrechte und bei eher dezentraler Führung von einer Unternehmensgruppe gesprochen.

Aus betriebswirtschaftlicher Sicht wird der Konzern durch die Autonomie[3] der Entscheidungsmacht und die daraus folgende Leitungsmacht zu einer Unternehmung im Sinne einer wirtschaftlichen Einheit.[4] Damit ergibt sich das Problem, ob in den Tochtergesellschaften noch eine eigene Unternehmenseigenschaft im Sinne eines eigenständigen Wirtschaftssubjekts gesehen werden kann.[5] Folgt man dieser Sichtweise, so führt dies zum Einheitskonzept als Grundlage der Besteuerung von Konzernen. Unter den zur Zeit herrschenden zivilrechtlichen und handelbilanzrechtlichen Rechtsbedingungen bleibt jedoch die einzelne Gesellschaft als Rechtssubjekt weiterhin das Subjekt der Zuordnung der Rechtsansprüche. Da das Steuersystem einerseits sich im Unternehmenssteuerrecht an die zivilrechtliche Grundwertung hält und sich damit an der Rechtsfähigkeit von Unternehmensträgern orientiert,

---

1 Vgl. Kirchner, ZGR 1985, S. 234; Schneider, BB 1986, S. 1993.

2 Vgl. Ordelheide, BFuP 1986, S. 296.

3 Die Autonomie wird als ein wesentliches Charakteristikum der Unternehmung angesehen. Vgl. Gutenberg, 1951, S. 335.

4 Insbesondere durch Ordelheide und Theisen wurde der Konzern auch in die allgemeine betriebswirtschaftliche Diskussion nachhaltig eingebracht. Ordelheide, BFuP 1986, S. 293 ff. und ZfbF 1987, S. 975-986, sowie Theisen, DBW 1988, S. 279-297 und das erste umfassende betriebswirtschaftlich ausgerichtete Grundlagenwerk zum Konzernsachverhalt: "Der Konzern", 1991.

5 Vgl. in diesem Sinne auch Raiser, 1964, S. 55.

andererseits aber den zugrundeliegenden wirtschaftlichen Sachverhalt erfassen will, ergibt sich ein zu überbrückendes Spannungsverhältnis.

Die deutsche Form der Konzernbesteuerung bewegt sich im engen Rahmen der Organschaftsbesteuerung und ist stark durch die historische Entwicklung geprägt. Heftig umstritten ist neben den Eingliederungsvoraussetzungen die Forderung nach Abschluß eines Gewinnabführungsvertrages.[6] Der Zwang zur Ergebnisübernahme begrenzt die optimale Gestaltung der Selbstfinanzierung durch eine erzwungene Gewinnabführung bei der Organgesellschaft[7] und wird zunehmend von Seiten der Wirtschaft kritisiert.[8] Tochtergesellschaften werden jedoch verstärkt als Profit Center im Sinne eines eigenständigen Verantwortungsbereiches geführt. Der Ergebnisabführungsvertrag behindert dies in hohem Maße. Organschaftsverträge, wie das deutsche Recht sie kennt, sind außerhalb des deutschen Rechtskreises weitgehend unbekannt.

Ein weiterer wesentlicher Kritikpunkt an der Organschaftsregelung ist die fehlende Zwischengewinneliminierung. Es ist insbesondere die Sichtweise des Konzerns als wirtschaftliche Einheit, die für diese Vorgehensweise spricht. Materiellrechtlicher Anknüpfungspunkt sind aber weiterhin die handelsbilanzielle und die steuerliche Einzelbilanz. Dies ist bei der Forderung nach einer steuerlichen Zwischengewinneliminierung zu beachten.

Der transnationale Konzern sieht sich einem erweiterten Problembereich gegenüber. Aufgrund des nationalen Aufkommensinteresses und dem damit verbundenen Problem der Steueraufteilung und der damit verbundenen Erfolgsabgrenzung bei grenzüberschreitenden Konzernunternehmen ergibt sich die Frage, in welchem Staat ein Steueranspruch verwirklicht wird. Eine einheitliche Binnenmarktbesteuerung bleibt bis auf weiteres eine Illusion. Hierfür bedürfte es einer Herausbildung einer europäischen Finanzverfassung, zumindest aber der Einführung eines europäischen Finanzausgleichs. Dies ist aber auf absehbare Zeit unrealistisch.[9] Dennoch ist zu beachten, daß die EU nach Art. 2 und Art. 7a EGV binnenmarktähnliche Verhältnisse

---

6 Im folgenden wird inhaltlich richtig von einem Ergebnisabführungsvertrag (EAV) gesprochen.

7 Vgl. Studienkommission des DJT, 1967, Rn. 126. Vgl. Lechner, 1991, S. 394.

8 Vgl. Ritter, StuW 1989, S. 325. Ritter plädiert für allgemeine steuerliche Ergebniskonsolidierung ohne Zwang zu einer Ergebnisübernahme.

9 Vgl. Knobbe-Keuk, AG 1990, S. 439.

anstrebt. Die Nichtberücksichtigung der Verluste von ausländischen Tochtergesellschaften muß als ein Hindernis bei einer grenzüberschreitenden wirtschaftlichen Betätigung gesehen werden.[10] Sieht man nur im nationalen Bereich einen konzerninternen Verlustausgleich vor, widerspricht diese Nichtberücksichtigung von Verlusten von EU-Tochtergesellschaften offensichtlich dem Grundgedanken eines einheitlichen Marktes.

1.2 Problemstellung

Hinsichtlich einer nationalen und transnationalen Konzernbesteuerung wird folgenden grundlegenden Fragestellungen nachgegangen:

- Entsprechen die geltenden steuerrechtlichen Bestimmungen der Organschaft einer zeitgemäßen Besteuerung von Konzernstrukturen?
- Ist eine Alternative bzw. die Abschaffung der Forderung nach Abschluß von Ergebnisabführungsverträgen möglich bzw. sogar notwendig?
- Reichen die Regelungen der Verlustberücksichtigung außerhalb der Organschaft, sprich die Teilwertabschreibung, aus? Inwieweit regelt das Institut der Teilwertabschreibung im internationalen Bereich die Verlustproblematik befriedigend?
- Sind die rechtstatsächlichen Regelungen des Konzerns außerhalb des Steuerrechts für eine Besteuerung des Konzerns als Einheitsunternehmen ausreichend? Inwieweit ist die Forderung nach konzerninterner Zwischengewinneliminierung sachlich gerechtfertigt?
- Wenn Verluste von Tochtergesellschaften steuerrechtlich nur unzulänglich berücksichtigt werden können, so stellt sich die Frage, ob einer tatsächlichen Übernahme von Verlusten innerhalb der Unternehmensgruppe hinsichtlich ihrer wirtschaftlichen Auswirkung entsprechend der handelsbilanziellen Behandlung generell eine direkte Erfolgswirksamkeit zugesprochen werden muß? Ist ihre Beurteilung als nachträgliche Anschaffungskosten bei der Muttergesellschaft überhaupt gerechtfertigt?

---

10 Hinsichtlich von EU-Tochtergesellschaften. Vgl. Ruding-Report, 1992, S. 196.

- Inwiefern ist bei einer Verlustübernahme innerhalb der Unternehmensgruppe von einem Einlagecharakter auszugehen? Liegt nicht bei genauerer Betrachtung eine generelle betriebliche Veranlassung vor?
- Inwieweit ergeben sich Parallelen und Unterschiede zur Verlustberücksichtigung von Tochtergesellschaften zu Betriebsstätten im Einheitsunternehmen? Welche Gründe können eine unterschiedliche Behandlung rechtfertigen?
- Sollte eine Verlustberücksichtigung auf EU-Tochtergesellschaften beschränkt bleiben oder sprechen Gründe dafür, eine generelle Regelung vorzuziehen?
- Wie wirkt sich bei transnationalen Konzernstrukturen die internationale Steuerabgrenzung aus?

1.3 Gang der Arbeit

Grundlegend für die Arbeit ist das Herausarbeiten des wirtschaftlichen und rechtlichen Phänomens des Konzerns bzw. der Unternehmensgruppe im zweiten Kapitel. Hierzu bedarf es der Erläuterung des Konzernbegriffs und der bestehenden Konzernstrukturen. Als theoretische Grundbasis wird mit Hilfe der Institutionenökonomie versucht, das Entstehen bzw. Bestehen von Konzernstrukturen zu erklären. Dieses Erklärungsmodell ist lediglich als gedanklicher Ansatz zu betrachten, da eine eingehende Analyse unter diesem Gesichtspunkt einer eigenen Monographie bedürfte.

Ausgangspunkt der Untersuchung in Kapitel 3 ist die Besteuerung der Organschaft im geltenden Recht. Die sich anschließende Kritik zeigt die Reformbedürftigkeit des Institutes der Organschaftsbesteuerung auf.

In Kapitel 4 werden die wesentlichen Anforderungen dargelegt, die eine Konzernbesteuerung zu erfüllen hat. In diesem Zusammenhang werden die Interdependenzen zum Konzerngesellschaftsrecht und der europarechtliche Kontext der Konzernbesteuerung dargelegt.

Bisher wurden eine Reihe von Reformvorschlägen zur Organschaftsbesteuerung vorgelegt. In Kapitel 5 werden die wichtigsten Vorschläge dargestellt und einer Kritik unterzogen. Hierbei wird insbesondere auf die Forderung nach einer Zwischengewinneliminierung eingegangen.

Im Anschluß werden in Kapitel 6 die Möglichkeiten der Verlustberücksichtigung außerhalb der Organschaft dargestellt. Insbesondere wird untersucht, inwiefern sich das Instrument der Teilwertabschreibung für eine Verlustberücksichtigung bei bestehenden Konzernstrukturen eignet.

Im 7. Kapitel wird eine alternative Besteuerungskonzeption für die Unternehmensgruppe in Form der erfolgswirksamen Verlustübernahme entwickelt.

Das 8. Kapitel faßt die wesentlichen Ergebnisse in Thesen zusammen und unterbreitet einen Gesetzesvorschlag zur Besteuerung von Unternehmensgruppen.

2. Grund- bzw. Ausgangsüberlegungen zum Konzernsachverhalt

2.1 Die Organisationsform des Konzerns als Normaltatbestand von Unternehmen

Betrachtet man die Organisationsform der deutschen Wirtschaft, so sieht man sich einer sehr weitgehenden Konzernierung gegenüber[11]. Der Konzern ist mittlerweile die normale[12] bzw. wichtigste Organisationsform für große und mittlere Unternehmen.[13] Hierbei wird es neben den Großunternehmen auch für mittelständische Unternehmen zunehmend die typische gesellschaftliche Strukturierungsform.[14] Die grundsätzliche Anerkennung von Konzernverbindungen im nationalen und somit auch im internationalen Bereich wurde im Bundesverfassungsgerichts-Urteil vom 7.8.1962 aufgrund der unternehmerischen Freiheit bejaht.[15] Das BVerfG weist insbesondere darauf hin, daß der Konzern eine wirtschaftliche Organisationsform ist, die sich entwickelt hat, um im Wettbewerb mit anderen gleich strukturierten Volkswirtschaften im Wirtschaftsleben bestehen zu können und die daher unvermeidbar ist.

Der Konzern hat keine eigene Rechtspersönlichkeit, sondern die einzelnen Konzernunternehmen[16] bleiben rechtlich bestehen. Es liegt jedoch ein einheitliches wirtschaftliches Interesse zugrunde, das über das Einzelwirtschaftsinteresse der einzelnen Konzernunternehmen hinausreicht. Bestimmt

---

11 Bei einer Vollerhebung der deutschen Aktiengesellschaften von Görling im Jahre 1992 waren 73,61 % (bzw. 87,13 % bei Berücksichtigung nur der aussagekräftigen Angaben über die Konzernlage) konzernverbunden. Hinsichtlich des investierten Grundkapitals waren es gar 96,38 %. Bei der Untersuchung von 12.911 GmbHs waren 47,66 % konzernverbunden. Vgl. hierzu Ausführungen von Görling, WM 1993, S. 538 ff.. Eine Untersuchung aus dem Jahre 1983 von Ordelheide bei 10% der deutschen Aktiengesellschaften ergab, daß 75,7 % der Gesellschaften konzerniert waren. Vgl. Ordelheide, 1986, S. 294-295. Vgl. weitere Nachweise mit Übersicht zu bisherigen Untersuchungen bei Binder, 1994, S. 2 ff..

12 Vgl. Theisen, DBW 1988, S. 279: Vgl. Ordelheide, BFuP, 1986, 293, einschränkend auf privatwirtschaftlichem Produktionssektor.

13 Vgl. Schneider, 1991, S. 568; Vgl. Kirchner, ZGR 1985, S. 234. Kirchner nimmt aber nicht Bezug auf Unternehmensgrößen.

14 Vgl. Küting, 1991, S. 4.

15 Vgl. BVerfG vom 7.8.1962 - 1 BvL 16/60, NJW 1962, S. 1667.

wird der Konzern neben dem übergeordneten wirtschaftlichen Gesamtinteresse der Konzernunternehmung durch die anzuwendenden Rechtsregelungen des einschlägigen Rechts für die Einzelunternehmen sowie die rechtlichen Konzernsonderregelungen[17]. Das dem Konzern innewohnende Spannungsverhältnis hat Scheffler klar zum Ausdruck gebracht, indem er ausführt: "Aus der rechtlichen Selbständigkeit ergeben sich Eigenverantwortung der Geschäftsführungs- und der Aufsichtsorgane der einzelnen Konzernunternehmungen, deren eigenständige Rechtsbeziehungen zu Arbeitnehmern, Kunden, Lieferanten und anderen, die eigene Rechnungslegungs- und Steuerpflicht sowie der Schutz etwaiger Minderheitsgesellschafter. Auf der anderen Seite folgen aus der wirtschaftlichen Führung des Konzernverbundes Einflußnotwendigkeiten oder -wünsche des Konzernmanagements gegenüber der Geschäftsführung der Konzernunternehmen."[18]

Konzerne haben Ende der achtziger Jahre in Deutschland und der EU zunehmend begonnen, ihre Strukturen möglichst effizient zu gestalten.[19] Verstärkt ist man auf der Suche nach der optimalen Konzernorganisationsform, da eine ausschließliche Strategieorientierung sich als unzureichend herausgestellt hat.[20] Ausgangspunkt war ursprünglich die Devise "structure follows strategie".[21] Konzerne haben auf die neue Anforderung hinsichtlich innovativer Produkte und zunehmend internationaler werdender Märkte mit kürzeren Produktlebenszyklen neue Konzepte gesucht. Deutlich wurde jedoch, daß der Erfolg, Strategiekonzepte durchzuführen, entscheidend davon abhängt, daß die strategischen Vorgaben innerhalb der Organisation auch umgesetzt werden können. Nicht zuletzt durch Rezession und steigenden Wettbewerbsdruck ist man dazu übergegangen, in den Unternehmen insgesamt eine stärkere Eigenverantwortlichkeit auf unteren Hierarchie-

16 Wird in dieser Arbeit von Konzernunternehmen gesprochen, so sind die Einzelgesellschaften gemeint. Die Konzernunternehmung umfaßt alle konzernierten Gesellschaften.

17 Zur Vereinfachung der Terminologie werden zusammenfassend alle Rechtsnormen, die den Konzern bestimmen, Konzernrechtsnormen genannt. Dies sind die Einzelrechtsnormen der jeweiligen Rechtsform plus die speziell kodifizierten oder durch Rechtsprechung entwickelten Sonderrechtsnormen für Konzernverbindungen.

18 Scheffler, 1992, S. 1.

19 Vgl. beispielhafte Ausführung bei Lutter, 1995, A.1, mit Verweis auf Siemens, Daimler-Benz u.a..

20 Vgl. Gomez, zfo 1992, S. 167.

ebenen der Unternehmen zu implementieren. Kleine, direkt am Markt agierende Einheiten sollen die nötige Flexibilität für die Umsetzung von Strategiekonzepten sichern. "Think global - act local" wurde zur gängigen Devise.[22]

Der Gedanke der verstärkten Eigenverantwortlichkeit der Teileinheiten wird mit Hilfe des Profit Center Prinzips umgesetzt. Profit Center sind ergebnisverantwortliche Teileinheiten von Gesamtunternehmungen. Vorteile verspricht man sich insbesondere von der positiv wirkenden Anreizstruktur durch mehr Unternehmertum mittels der stärkeren Verantwortlichkeit.[23] Die Verwirklichung des Profit Center Prinzips kann, muß aber nicht zur rechtlichen Verselbständigung der Teilbereiche führen.[24] Profit Center mit eigenständigen Verantwortungsbereichen und Rechnungskreisen lassen sich ebenso im Einheitsunternehmen implementieren. Zu fragen ist, warum Unternehmen dennoch zu Konzern- bzw. Holdingstrukturen mit rechtlicher Verselbständigung der Teileinheiten übergehen. Wäre der Konzern dem Einheitsunternehmen gleichzustellen, und die rechtliche Verselbständigung nur ein Rechtskleid ohne ökonomische Wirkung, so gäbe es keine zwingenden Gründe einer rechtlichen Verselbständigung, zumal dies mit zusätzlichen Aufwendungen verbunden ist.[25]

Der Blick auf die tatsächliche Rechtswirklichkeit von realen Unternehmensverbundstrukturen zeigt, daß diese vielfältig und keineswegs eindeutig sind. Die Organisationsstrukturen der Konzerne reichen von der strikt geführten Konzernleitung durch das herrschende Unternehmen auf die beherrschten Unternehmen bis hin zur lockeren Konzernverbindung in Form der Bienenstockkonzernorganisation.[26]

---

21 Vgl. Chandler, 1962, S. 383. Empirische Untersuchungen ergaben interessanterweise, daß es auch zum umgekehrten Ergebnis kommen kann, daß nämlich die Strategie der Struktur folgt. Vgl. hierzu Untersuchung von Rumelt, 1974.

22 Vgl. bspw. Müller-Berghof, 1993, S. 515.

23 Vgl. Bühner, 1993, Sp. 1615.

24 Beispielsweise versucht ABB die Profit Center rechtlich zu verselbständigen. Vgl. Müller-Berghof, 1993, S. 514.

25 Vgl. Salzberger, 1994, S. 22.

26 Gomez spricht von einer möglichen fortschreitenden Dezentralisierung in Form des Networking bzw. Cluster-Organisation und zieht den Vergleich zu einem Bienenstock. Eingesetzt wird diese Organisationsform in Teilbereichen bei British Petroleum, Du Pont und General Elektric. Vgl. Gomez, zfo 1992, S. 172.

Interessanterweise ist eines zu beobachten: Betrachtet man die verschiedenen bestehenden Konzeptionen zur Organisation von Unternehmen[27], so sind alle möglichen Formen von der funktionalen Organisation über die Sparten- und Matrixorganisation bis zur reinen Finanzholding bei Unternehmungen vertreten. Nur in einem stimmen sie fast vollständig überein: Dies ist die rechtliche Gestaltung in Form der Konzernierung.

2.2 Der Konzern im Widerstreit des konzeptionellen Verständnisses

2.2.1 Konzernbegriff und -verständnis des Gesellschaftsrechts

Der Begriff des Konzerns ist im Aktiengesetz 1965 in § 18 Abs.1 AktG definiert als die Zusammenfassung eines oder mehrerer abhängiger Unternehmen unter der einheitlichen Leitung eines herrschenden Unternehmens. Ursprünglich war der Begriff Konzern ein wirtschaftlicher Begriff.[28] Den Weg in das Gesellschaftsrecht hat er in der Aktienrechtsreform von 1937 gefunden. Diese Definition geht auf Passow zurück, der feststellte: "Unter Konzern versteht man eine Gruppe von zivilrechtlich selbständigen Unternehmen, die eine gewisse wirtschaftliche Einheit bilden und einer einheitlichen Leitung unterstehen."[29] Ähnlich konstatierte Rosendorff[30], daß das wesentliche Merkmal der Konzernbindungen darin besteht, daß sich mehrere Unternehmen zusammenschließen, die rechtlich zwar nach außen selbständig bleiben, aber wirtschaftlich eine Einheit bilden und einer einheitlichen Leitung unterstehen. Rosendorff kam dabei zu der Auffassung, daß man Konzerne rechtlich als Erscheinungen sui generis aufzufassen habe und daß man zum Konzernrecht mangels gesetzlicher Regelungen nur auf dem Wege der Auslegung gelangen könne. "Der Konzern ist, obwohl ein Rechtsbegriff, ein faktisches Verhältnis."[31] In dieser kurzen Beschreibung hat Gessler die wesentliche Grundproblematik des Konzernsachverhaltes dargestellt.

Kodifizierte gesellschaftsrechtliche Regelungen des Konzerns finden sich nur im Aktienrecht. Die Behandlung des GmbH-Konzerns ergibt sich aus

27 Vgl. hierzu Übersicht bei Gomez, zfo 1992, S. 168.
28 Vgl. Hueck, 1983, S. 373; Raiser, 1964, S. 51.
29 Vgl. Passow, 1926, S. 100.
30 Vgl. Rosendorff, 1927, S. 18.

dem von Wissenschaft und Rechtsprechung entwickeltem Recht.[32] Die Regelungen des Konzernrechts umfassen alle Größenklassen von Konzernunternehmungen. Wird allgemein vom Konzernrecht gesprochen, so ist dies in der Regel die weite Auslegung des Begriffes und umfaßt das gesamte Recht der verbundenen Unternehmung.[33] Regelungsziel ist primär die Gefahrenabwehr.[34] Der Grundgedanke des Konzernrechts 1965 basiert auf dem Schutzgedanken außenstehender Aktionäre und Gläubiger in der abhängigen Gesellschaft.[35] Diese Interessensgruppen sind aus bestehenden Unternehmensverbindungen, die einen beherrschenden Einfluß ermöglichen, besonderen Gefahren ausgesetzt.[36] Die geltenden Rechtsregelungen des Gesellschaftsrechts sind grundsätzlich auf ein rechtseinheitliches Unternehmen ausgerichtet. Im Konzernverbund divergiert die wirtschaftliche Einheit von der rechtlichen Struktur. Bei verbundenen Unternehmen verliert die einzelne Gesellschaft ihre Funktion als Träger eines wirtschaftlich autonomen Unternehmens zugunsten außenstehender wirtschaftlicher Interessen. Nach außen hin bleiben die abhängigen Unternehmen bzw. Untergesellschaften jedoch alleinige Träger von Rechten und Pflichten.

Abzulehnen ist die klassische Einheitstheorie[37], die dazu tendiert, den Konzern als ein einheitliches Rechtssubjekt zu sehen. Dies führt vom ordnungspolitischen Standpunkt aus zu einer Zwangseinheit.[38] Die moderne Form der Einheitstheorie läßt die rechtliche und organisatorische Selbständigkeit der Einzelunternehmungen im Konzern unangetastet.[39] Bei den im Konzern zusammengefaßten Unternehmen handelt es sich dabei insbeson-

---

31 Geßler, DB 1965, S. 1692.

32 Vgl. Emmerich/Sonnenschein, 1993, S. 440.

33 Nach Hüffer ist diese terminologische Vereinfachung unbedenklich. Konzernrecht in diesem Sinne umfaßt die Definitionsnormen §§ 15-19 AktG, die Mitteilungspflichten gem. §§ 20-22 AktG und das materielle Konzernrecht der §§ 291-338 AktG. Vgl. Hüffer, AktG, § 15 Rn 2.

34 Vgl. Hüffer, AktG, § 15 Rn.2. Mühlbert, 1995, S. 9. Weiterführende Auffassungen sehen den Bedarf für das Konzernrecht als Organisationsrecht. Vgl. Schneider, BB 1981, S. 249; BB 1986, S. 1993; Hommelhof, 1982; Lutter, 1985, S. 826 ff..

35 Vgl. Kropff, Begr. zum AktG 1965, S. 407.

36 Vgl. hierzu unter Kap. 2.3.

37 Wesentliche Vertreter sind Isay, 1910, S. 96 und Kronstein, 1931, S. 3.

38 Vgl. Wiedemann, 1988, S. 15.

39 Vgl. Wiedemann, 1988, S. 16. Hauptvertreter sind Lutter, Hommelhof, Schneider und Timm.

dere um eine Herrschaft im Innenverhältnis.[40] Hier setzt die moderne Einheitstheorie hinsichtlich einer Binnenordnung an.[41] Der Konzern wird dabei auch weiterhin rechtlich nicht verselbständigt. Nach Schneider kann der Konzern als eine besondere eigenständige rechtliche Organisationsform für rechtlich selbständige Unternehmen gesehen werden.[42] Weitergehend ist der Ansatz von Hommelhof, der vom Grundsatz der Konzernleitungspflicht ausgeht.[43]

Vorstufe zum Konzern, aber dennoch zentraler Tatbestand[44] des Konzernrechts ist das Abhängigkeitsverhältnis nach § 17 Abs.1 AktG. Die meisten Rechtsfolgen knüpfen bereits an den Tatbestand der Abhängigkeit, wie bspw. § 56 Abs.2, § 71 d S.2, § 100 Abs.2, § 311 AktG, an. Abhängigkeit liegt vor, wenn eine Unternehmung auf andere rechtlich selbständige Unternehmen unmittelbar oder mittelbar beherrschenden Einfluß ausüben kann. Mit der Mehrheit der Anteile oder der Stimmrechte (§ 16 AktG) an einer Gesellschaft wird nach § 17 Abs.2 AktG die widerlegbare Vermutung einer Abhängigkeit aufgestellt. Entscheidendes Abgrenzungsmerkmal des Konzerns gegenüber dem Abhängigkeitsverhältnis ist die einheitliche Leitung, § 18 Abs.1 AktG. Ein Abhängigkeitsverhältnis führt nach § 18 Abs.1 S.3 AktG zur Annahme der widerlegbaren Vermutung einer Konzernbildung. Eine einheitliche Leitung kann angenommen werden, wenn ein wesentlicher Unternehmensbereich konzernweit mit Rückwirkung auf das Gesamtunternehmen zentral geplant und hierarchisch koordiniert wird.[45] Der Ausübung der finanziellen Koordinierung kommt dabei besondere Bedeutung zu, da ihr bei der Führung einer Wirtschaftseinheit eine Schlüsselposition zukommt.[46]

---

40 Daneben wird der Bedarf der Regelung der Beziehung des Konzernunternehmens zu Dritten gesehen. Vgl. Schneider 1991, S. 570.

41 Vgl. Wiedemann, 1988, S. 16.

42 Vgl. Schneider, BB 1981, S. 249; BB 1986, S. 1993.

43 Vgl. Hommelhof, 1982, S. 15 f. und S. 77. Dieser weitgehenden Auffassung muß entgegengehalten werden, daß die Autonomie der Konzerntochter nicht nur durch den Konzernvorstand eingegrenzt wird. Der Autonomiegrad richtet sich auch nach den Anforderungen der Teilmärkte, in denen die Konzerntöchter tätig sind. Das Ausmaß an Delegation durch den Konzernvorstand ist im wesentlichen auch ein Reflex auf Marktverhältnisse. Vgl. Kap 2.3.3.

44 Vgl. Hüffer, AktG, § 311 Rn. 1. und § 17 Rn. 24. Die praktische Bedeutung der Konzernierung tritt hinter diejenige der Abhängigkeit deutlich zurück. Vgl. auch Schmidt, 1992, S. 857.

45 Emmerich/Sonnenschein 1993, S. 82; im Sinne des weiten Konzernbegriffes.

46 Vgl. Hüffer, AktG, § 15 Rn. 11.

Ist sie vorhanden, so ist dies für die Erfüllung des Konzerntatbestandes grundsätzlich ausreichend.[47]

Das Konzernrecht im engeren Sinne[48] unterscheidet in Vertragskonzerne gem. der §§ 291 ff. AktG und in faktische Konzerne gem. der §§ 311 ff. AktG. Der Vertragskonzern basiert typischerweise auf einem EAV oder/und einem Beherrschungsvertrag. Die Konzernherrschaft wird im Vertragskonzern durch die Weisungsberechtigung des § 308 AktG legalisiert und so die Verantwortung der Konzernmutter damit nach außen hin dokumentiert. Im internen Verhältnis übernimmt die Muttergesellschaft über die Verlustausgleichspflicht des § 302 AktG eine Art "Innenhaftung" für die Tochtergesellschaft.[49] Die Interessen der Minderheitsgesellschafter werden durch explizite Ansprüche in Form von Ausgleichszahlungen oder Abfindungen nach § 304 und § 305 AktG garantiert. Besteht ein Beherrschungsvertrag oder ist ein Tochterunternehmen eingegliedert, besteht die unwiderlegbare Annahme des Gesetzgebers, daß ein Konzerntatbestand vorliegt, § 18 Abs.1 AktG.

Die Zulässigkeit der faktischen Konzernierung wurde lange diskutiert, ist aber heute aufgrund des § 311 AktG als gesetzeskonformes Beherrschungsmittel anerkannt.[50] Die herrschende Meinung geht davon aus, daß es der herrschenden Gesellschaft im faktischen Konzern gestattet ist, die Konzernunternehmen einheitlich zu leiten.[51] Die grundsätzliche rechtliche Eigenständigkeit wird auch wirtschaftlich nicht angetastet.[52] Nachteilige Maßnahmen durch die herrschende Gesellschaft dürfen angewiesen, müssen aber ausgeglichen werden, § 311 Abs.1 AktG. Werden sie nicht ausgeglichen, so müssen sie jedoch spätestens bis zum Ende des Geschäftsjahres bestimmt werden, § 312 Abs.2 AktG.

---

47 Hinsichtlich der einheitlichen Leitung als entscheidendes Kriterium. Vgl. Lutter, ZGR 1987, S. 331.

48 Es liegt einheitliche Leitung nach § 18 Abs.1 AktG vor.

49 Vgl. Hüffer, AktG, § 302, Rn. 4.

50 Vgl. Hüffer, AktG, § 311, Rn. 6. Ob es sich dabei um eine reine Duldung oder eine Billigung handelt, ist m.E. irrelevant.

51 Vgl. Hüffer, AktG, § 311 Rn. 6f..

52 Vgl. Koppensteiner, Vorb. § 311 AktG, Rn. 4.

Die Regelungen des Nachteilsausgleiches wurden lange äußerst kritisch gesehen[53], wobei in jüngster Zeit ein Umdenken und damit eine positivere Einschätzung eingesetzt hat[54].

Mit Ausnahme von Portugal ist ein Konzernrecht in keinem Staat der EU kodifiziert.[55] Es fehlt in den Mitgliedsstaaten der EU die Bereitschaft, ein Konzerngesellschaftsrecht zu kodifizieren.[56] Generell besteht außerhalb Deutschlands in der EU eine erhebliche Skepsis gegenüber einer gesetzlichen Regelung von Konzernverbindungen. Hommelhof spricht gar von einer Konzernrechtsaversion in den meisten anderen Mitgliedsstaaten.[57] Die Bemühungen der EG-Kommission zur Verabschiedung einer Konzernrechtsrichtlinie sind wohl bis auf weiteres gescheitert.[58]

Im Rechtsvergleich zeigen sich grundlegende strukturelle Differenzen beim Anknüpfungspunkt zur Behandlung von Konzernverbindungen. Während das deutsche kodifizierte Konzernrecht entscheidend von der Ordnung der existierenden Verbindung geprägt ist[59], steht im anglo-amerikanischen Konzernrecht die Konzernbildung im Vordergrund[60]. Das wirtschaftliche Konzept der einheitlichen Leitung stößt auf Vorbehalte. Dies ist nicht zuletzt auf das im anglo-amerikanischen Rechtsgebiet vorherrschende Prinzip von Control-Verhältnissen zurückzuführen. Beim Control-Konzept ist die Möglichkeit der Beherrschung entscheidend.[61]

---

53 Aus betriebswirtschaftlicher Sicht, vgl. Schildbach, 1996, S. 22; aus juristischer Sicht, vgl. Hüffer, AktG, § 311 Rn. 9 m.w.N..

54 Vgl. Hommelhof, 1992, G 19 ff.; Vgl. Lutter, ZHR 1987, S. 460.

55 Ein kodifiziertes Konzernrecht findet sich nur noch in Brasilien und Ungarn. Vgl. Lutter, AG 1990, S. 179.

56 Vgl. Hommelhof, ZGR 1994, S. 57.

57 Vgl. Hommelhof, ZGR 1994, S. 68.

58 Damit ergibt sich das Problem einer unterschiedlichen Regelungsdichte für Konzerne innerhalb der EU. Konzernunternehmen können sich in dem Mitgliedsstaat mit der geringsten konzernrechtlichen Regelungsdichte niederlassen. Gerade für mittelständische Unternehmen können sich hierdurch aufgrund ihrer beschränkten Ressourcen nichttarifäre Handels- und Niederlassungshemmnisse ergeben. Vgl. Hommelhof, ZGR 1994, S. 65.

59 Vgl. auch Lutter/Timm, NJW 1982, S. 411.

60 Vgl. hierzu die in Art. 4 geregelte Verpflichtung zum Übernahmeangebot in der Takeover-Richtlinie, welche durch britisches Recht geprägt ist. Vgl. Hommelhof, AG 1990, S. 107.

61 Das Control-Konzept hat im deutschen Recht erstmals bei der Regelung der Konzernrechnungslegungspflicht Eingang gefunden, § 290 Abs.2 HGB.

Eine Entwicklung für eine Besteuerungskonzeption des Konzerns kann somit nicht auf ein einheitliches gesellschaftsrechtliches EU-Konzernrecht zurückgreifen. Die Entwicklung eines Steuerrechts für den EU-weiten Konzern muß daher auf den gesellschaftsrechtlichen "Flankenschutz" verzichten.[62] Ob es diesem vorauseilen sollte, erscheint m.E. zweifelhaft.

2.2.2 Der Konzern im Stufenkonzept des Handelsbilanzrechts

Die Normen der §§ 290 bis 315 HGB regeln die Konzernrechnungslegungsvorschriften für inländische Kapitalgesellschaften. § 290 HGB bestimmt den Konsolidierungskreis der zur Konzernrechnungslegung verpflichteten Kapitalgesellschaften und damit den Konzernbegriff des Handelsrechts.[63] Daneben wird nach PublG Unternehmen ab einer gewissen Größenordnung eine von der Rechtsform unabhängige Veröffentlichungspflicht zur Rechnungslegung auferlegt. Der handelsrechtliche Konzernbegriff weicht von dem des aktienrechtlichen ab. Er wird insbesondere durch das Control-Verhältnis des § 290 Abs.2 HGB erweitert. Dieses Konzept basiert auf angelsächsischen Grundsätzen der Rechnungslegung[64] und hat durch die 7. EG-Richtlinie in das deutsche Konzernrechnungslegungsrecht Eingang gefunden.

Zur Konzernrechnungslegung sind Kapitalgesellschaften bzw. Unternehmen verpflichtet, wenn sie unter eine der drei folgenden Vorschriften fallen:

1) Das Konzept des § 290 Abs.1 HGB verlangt, daß ein inländisches Unternehmen eine Beteiligung im Sinne des § 271 HGB an einem anderen oder mehreren Unternehmen hält und daß dieses bzw. diese einheitlich geleitet werden. Erkennbar ist, daß dieses Konzept der deutschen Rechtstradition

---

62 Problematisch hinsichtlich der Einheit der Rechtsordnung sieht Hommelhof die Fortentwicklung des Konzernbilanz- und des Konzernsteuerrechts bei einer fehlenden Abstimmung zum Konzerngesellschaftsrecht. Vgl. Hommelhof, ZGR 1992, S. 423. Hommelhof spricht von einer möglichen Präjudizierung des künftigen Konzernrechts durch das europäische Übernahme-, Konzernbilanz- und das Konzernsteuerrecht. Vgl. Hommelhof, ZGR 1994, S. 65-68.

63 Auf die größenabhängige Befreiung nach § 293 HGB und das Verbot bzw. den Verzicht zur Einbeziehung gem. § 295 HGB und § 296 HGB sei verwiesen. Auf diese Vorschriften wird hier nicht näher eingegangen.

64 Vgl. Busse von Colbe/ Ordelheide, 1993, S. 49.

verpflichtet ist, indem es auf den Tatbestand der einheitlichen Leitung zurückgreift.

2) Das Control-Konzept nach § 290 Abs.2 HGB basiert auf anglo-amerikanischem Rechtsverständnis. Diese Konzeption ist durch das Bilanzrichtliniengesetz vom 19.12.1986 in das deutsche Recht aufgenommen worden.[65] Nach dem Control-Konzept bedarf es keiner tatsächlichen Ausübung einheitlicher Leitungsmacht. Es muß lediglich eine der drei folgenden Tatbestandsvoraussetzungen des § 291 Abs.2 HGB erfüllt sein:

- Einer Kapitalgesellschaft steht die Mehrheit der Stimmrechte an einem anderen Unternehmen zu (Nr.1).
- Eine Kapitalgesellschaft, die Gesellschafter ist, besitzt das Recht, die Mehrheit der Mitglieder des Verwaltungs-, Leitungs- oder Aufsichtsorgans zu bestellen oder abzuberufen (Nr.2).
- Es besteht ein Herrschaftsrecht aufgrund eines geschlossenen Beherrschungsvertrages oder aufgrund einer Satzungsbestimmung (Nr.3).

Wird zumindest eines der vorgenannten Tatbestandsvoraussetzungen (Rechtsbeziehungen) erfüllt, so besteht eine Aufstellungspflicht für einen Konzernabschluß. Durch § 290 Abs.2 HGB greift die Regelung des Abs.1 nur noch in Sonderfällen, beispielsweise wenn keine Stimmrechtsmehrheit vorliegt.[66]

3) Unternehmen, die nach § 11 Abs.1 PublG unter einheitlicher Leitung und zwei der drei dort genannten Größenklassen überschreiten, sind ebenfalls zur Konzernrechnungslegung verpflichtet.

Zu unterscheiden ist weiterhin die Art und Weise der Erfüllung der Konzernrechnungslegungspflicht. Bei zur Vollkonsolidierung verpflichteten Unternehmen wird nach § 297 Abs.3 HGB von der Fiktion der rechtlichen Einheit ausgegangen. Dementsprechend werden alle Abschlußposten der Tochtergesellschaft in die Konzernbilanz aufgenommen. Die Annahme einer wirtschaftlichen Einheit führt zur Fiktion der rechtlichen Einheit für den Konzernabschluß, § 297 Abs.3 HGB. Die Einheitstheorie wird jedoch in ihrer Umsetzung nicht konsequent durchgehalten. Einzelnormen stehen im

65 BGBl. I 1985, S. 2355.

66 Vgl. Busse von Colbe/ Ordelheide, 1993, S. 49.

Widerspruch zur Einheitstheorie[67], so daß Lück von einer "Einheitstheorie mit Durchbrechungen" spricht.[68]

Bei Gemeinschaftsunternehmen erfolgt die anteilsmäßige bzw. quotenmäßige Konsolidierung nach § 310 HGB. Die Herrschaftsmacht der Muttergesellschaft ist aufgrund der gemeinschaftlichen Leitung eingeschränkt. Diese Unternehmen unterliegen damit einem geringeren Einfluß des Mutterunternehmens. Mit der Quotenkonsolidierung hat der Gedanke der Interessentheorie Eingang in das deutsche Konzernhandelsbilanzrecht gefunden.[69] Die Interessentheorie interpretiert den Konzernabschluß als eine Erweiterung des Einzelabschlusses des Mutterunternehmens.

Für assoziierte Unternehmen nach § 311 HGB sieht das Handelsrecht die Equity-Methode vor. Voraussetzung ist eine Beteiligung im Sinne des § 271 Abs.1 HGB, und daß ein maßgeblicher Einfluß des Mutterunternehmens auf das Tochterunternehmen hinsichtlich der Geschäfts- und Finanzpolitik vorliegt. Hierbei wird eine Fortschreibung des Beteiligungsbuchwertes vorgenommen, indem Gewinnthesaurierungen bzw. Verluste der Tochtergesellschaft auf Ebene der Muttergesellschaft ihrem Beteiligungswert an der Tochtergesellschaft phasengleich hinzu- bzw. abgerechnet werden.

Die Regelungen zur Abgrenzung der Verpflichtung zur handelsrechtlichen Konzernrechnungslegung folgen einem Stufenkonzept bestimmt durch die unterschiedlichen Grade der Möglichkeit der Einflußnahme des Mutterunternehmens auf die Beteiligungsunternehmen.[70] Im Gegensatz zu der früher geltenden Konzeption einer engen Abgrenzung der wirtschaftlichen Einheit Konzern wird im geltenden Konzernbilanzrecht von einem stufenweisen Übergang vom Konzern hin zur eher losen Unternehmensverbindungen ausgegangen.[71] Der dahinterstehende richtige Kerngedanke ist, daß die Einheitstheorie nicht das alleinig angemessene Abgrenzungskriterium für die Abbildung wirtschaftlicher Aktivitäten von Unternehmensverbindungen sein

---

67 So sind bspw. bei der Kapitalkonsolidierung nach der Buchwertmethode nur die auf die Mehrheitsgesellschafter fallenden stillen Reserven aufzulösen. Ebenso kann nur der Geschäfts- bzw. Firmenwert anteilig zum Beteiligungsverhältnis des Mehrheitsgesellschafters gebildet werden. Vgl. auch Lutter/Rimmelspacher, DB 1992, S. 491.

68 Vgl. Lück, 1994, S. 73.

69 Vgl. Schildbach, 1992, S. 48.

70 Vgl. Lück, 1994, S. 58. Vgl. Busse von Colbe /Ordelheide, 1986, S. 251.

kann. Damit wird der Gefahr begegnet, daß aufgrund der ansonsten gezwungenermaßen engen Grenzziehung wesentliche Aktivitäten außerhalb des Konzernabschlusses abgewickelt werden.[72]

Der Konzernabschluß in seiner jetzigen Konzeption hat lediglich eine Informationsfunktion.[73] Die sich daraus ergebende entscheidende Schwäche der jetzigen Konzeption ist, daß materiell-rechtlich aus dem Konzernabschluß keine wesentlichen Ansprüche erhoben werden können.[74]

2.2.3 Der Konzern aus betriebswirtschaftlicher Sicht

"Der Konzern ist eine der ganz großen Erfindungen der Wirtschaftspraxis"[75]. Wurde bereits frühzeitig die steuerliche Behandlung von Konzernen diskutiert[76], so muß überraschen, daß der Konzern als Erkenntnisobjekt der Betriebswirtschaftslehre lange Jahre kaum beachtet worden ist[77] und erste Vorüberlegungen zu einer Konzernunternehmenslehre erst Ende der achtziger Jahre gemacht wurden[78]. Seit Anfang der neunziger Jahre ist der Konzern als betriebswirtschaftlicher Untersuchungsgegenstand verstärkt in Erscheinung getreten.[79] Dies ist auf die Diskussion der Probleme der Konzernrechnungslegung aufgrund des BiRiG, eine Renaissance der Organisa-

---

71 Vgl. Busse von Colbe/ Ordelheide, 1986, S. 251.

72 Vgl. Harms/ Knischewski, DB 1985, S. 1355.

73 Die Wichtigkeit des Konzernabschlusses wird damit begründet, daß die Einzelabschlüsse im Konzern durch die Konzernwirkung in erheblichem Maße an Aussagekraft verlieren. Vgl. Busse von Colbe/ Ordelheide, 1993, S. 3. Kritisch zu dem Informationsverlust der Einzelbilanzen aus gesellschaftsrechtlicher Sicht, vgl. Hommelhof, ZGR 1994, S. 67.

74 Es werden nur derivative Ansprüche gewährt, wie z.B. aufgrund von § 311 Nr.2 HGB.

75 Schneider, BB 1986, S. 1993. Dies konnte Schneider scheinbar weitgehend unbemerkt von der Betriebswirtschaftslehre erkennen.

76 Vgl. Becker, StuW 1938; Bühler, 1956; Mersmann, StbJb 1963/64; Haase, DB 1968; von Wallis StuW 1964; Rose, StBJb 1965/67, S. 268 ff.;Rasch, DJt 1972; Flume, DJT 1972; Herrmann, 1973; Beusch, 1978.

77 Forschungsdefizite konstatierend: Vgl. Chmielewicz, ZfbF 1984, S. 152.

78 Vgl. Theisen, DBW 1988, S. 279 ff..

79 Vgl. Theisen, Der Konzern, 1991; Scheffler, Konzernmanagement, 1992; Hoffmann, Konzernhandbuch, 1993; Albach, Neue Konzernstrukturen bei Großunternehmen und Mittelstand, 1994. Zu den Schwerpunkten der Konzernforschung siehe Hoffmann, 1993, S. 69 ff..

tion als Führungsinstrument[80], und nicht zuletzt auch auf die Diskussion um die Problematik der Haftung im qualifiziert faktischen Konzern zurückzuführen.[81] Eine eigenständige betriebswirtschaftliche Theorie des Konzerns gibt es jedoch bislang nicht.[82]

Die Formen der wirtschaftlichen Zusammenarbeit können in Abhängigkeit von der Bindungsintensität von der stillschweigenden Kooperation bis hin zur Verschmelzung nach § 339 AktG reichen.[83] Wesentlich hinsichtlich der Systematisierung von Unternehmenszusammenschlüssen ist der leistungswirtschaftliche Zusammenhang und die Bindungsintensität.[84] Zielsetzung ist generell die Effizienzsteigerung durch Erlangung von Verbundvorteilen. Der Konzern stellt hierbei eine mögliche Form der wirtschaftlichen Zusammenarbeit von rechtlich selbständigen Unternehmen dar.

Die Betriebswirtschaftslehre unterscheidet in den Stammhauskonzern und den Holding-Konzern. Unter einem Holding-Konzern kann man eine Unternehmung verstehen, an deren Spitze eine Gesellschaft steht, deren Funktion entweder auf die Finanzierungs- und Verwaltungsfunktion der auf Dauer angelegten Beteiligungen von rechtlich selbständigen Unternehmen beschränkt ist (Finanzholding)[85] oder die darüberhinaus die Führung der abhängigen Konzernunternehmen übernimmt.[86]

Der Stammhauskonzern zeichnet sich durch weitgehende eigene Geschäftstätigkeit aus.[87] Die neueren Restrukturierungen der Unternehmungen gehen vom Konzept des Stammhauskonzerns ab. Präferiert werden zunehmend

---

80 Vgl. Gomez, zfo 1992, S. 167.

81 Insbesondere hat das sog. Video-Urteil BGH vom 23.9.1991 - II ZR 135/90, BGHZ 115, 187, aufgrund seiner sehr weitgehenden Haftungsausweitung zu einer intensiven Diskussion geführt.

82 Den ersten weitergehenden Ansatz findet man bei Theisen, vgl. Theisen, 1991, S. 115 ff..

83 Vgl. hierzu systematisierend Küting, DStR 1990, S. 7 ff. zu Formen der Unternehmenszusammenschlüsse; siehe auch Schubert/Küting, 1981, S. 20 ff..

84 Vgl. Pausenberger, 1993, Sp. 4438, wobei Pausenberger unter dem Begriff Unternehmenszusammenschlüsse Unternehmenskooperationen und Unternehmensvereinigungen versteht. Bei letzeren ordnet er den Konzern als Untereinheit zu.

85 Kontrollrechte werden im Sinne eines Anteilseigners und nicht im Sinne einer leitenden Obergesellschaft ausgeübt.

86 Vgl. Keller, 1990, S. 55.

87 Vgl. Scheffler, 1992, S. 21.

Holdingstrukturen.[88] Bei der geschäftsführenden bzw. strategischen Holding[89] oder auch Management-Holding[90] übernimmt die leitende Obergesellschaft bzw. die Dachgesellschaft die Funktion der Konzernleitung als Führung des Gesamtkonzerns in Form der strategischen Ausrichtung, des Konzernaufbaus, der Konzernfinanzierung und der Bestimmung der strategischen Geschäftsfelder. Daneben tritt die Überwachung des operativen Geschäftes der beherrschten Gesellschaften. Unter der Dachgesellschaft bzw. der Holding stehen rechtlich selbständige Einheiten, die das operative Geschäft marktnah durchführen sollen. Diese Organisationsstruktur der Konzernunternehmungen zielt darauf ab, die Vorteile kleiner Einheiten (Flexibilität, Innovation, Marktnähe) mit denen großer Unternehmen (Finanzmacht, Marktmacht) zu verbinden.[91]

Holding-Konstruktionen werden primär zur Unternehmensorganisation aus strukturellen Gründen, Führungsgesichtspunkten und im internationalen Zusammenhang hinsichtlich einer besseren Ermöglichung von Zusammenarbeit implementiert.[92] Die unterschiedlichen Holdingkonzepte mögen betriebswirtschaftlich eine sinnvolle Systematisierung darstellen, stellen aber in erster Linie Organisations- und Führungskonzepte für Konzerne dar.[93]

Bei der Definition des Konzernbegriffes wird regelmäßig auf die Begriffsdefinition des Aktienrechts zurückgegriffen. Der Konzern ist demnach die Zusammenfassung von rechtlich selbständigen Unternehmen unter einheitlicher Leitung.[94] Für die ökonomische Abgrenzung des Unternehmens ist die Autonomie das unabdingbare Begriffsmerkmal.[95] Damit wird aus betriebswirtschaftlicher Sicht die Einschränkung der Dispositionsfreiheit der abhängigen Gesellschaft der entscheidende Faktor für die Definition einer Unternehmenseinheit im Konzernverbund. Sieht man als wesentliches

---

88 Vgl. Lutter, 1995, A1. Holding-Konstruktionen führen zur rechtlichen Verselbständigung der Teileinheiten des Unternehmens und stellen damit Konzerne dar.

89 Vgl. Hoffmann, 1993, S. 15.

90 Vgl. Bühner, zfo 1993, S. 9. Bühner plädiert im Rahmen seines Management-Holding-Konzeptes für die rechtliche Verselbständigung der Teileinheiten und der vollständigen Übereinstimmung mit der internen Organisationstruktur.

91 Vgl. Bühner, zfo 1993, S. 9.

92 Vgl. Haarmann, 1992, S. 83.

93 Vgl. Hoffmann, 1993, S. 13.

94 Vgl. Scheffler, DB 1985, S. 2005.

95 Vgl. Pausenberger, 1975, Sp. 2235; Theisen 1991, S. 3. Zurückgehend auf Gutenberg, 1951, S. 335.

Merkmal der Unternehmung die Autonomie der Entscheidungskompetenz an, so folgt durch die einheitliche Leitung, daß der Konzern eine Unternehmung ist. Dementsprechend konsequent stellt Theisen die wirtschaftliche Einheit in den Mittelpunkt seiner Betrachtung und spricht von der Konzernunternehmung als Planungs-, Koordinierungs- und Entscheidungseinheit.[96]

Die Autonomie des herrschenden Unternehmens ist jedoch nicht unumschränkt, so daß dieser Begriff relativiert werden muß.[97] Neben der zunehmenden Internationalisierung forcieren Unternehmen die Dezentralisierung.[98] Dabei erhalten einzelne Teileinheiten weitgehende Autonomie, insbesondere im operativen Bereich. Die Lenkung erfolgt über Zielvereinbarungen und Kennzahlen, wie z.B. Ergebnis und Rendite.[99] Durch die verstärkte Dezentralisation wird aus der Entscheidungseinheit des Konzerns oftmals eine Dezentralität der Entscheidungsstrukturen im Konzernverbund.

Das Problem des Verlustes an Entscheidungsautonomie der Zentrale zeigt sich bei der Betrachtung der als angemessen geltenden Konzernorganisationsstrukturen. Konzernunternehmen, denen eine fortschrittliche und hocheffektive Konzernorganisationsstruktur zuerkannt wird, wie z.B. ABB[100], sind bereits so weit dezentral strukturiert, daß die Sparten unterhalb der Konzernführung eigene Verantwortung für die Produktstrategie tragen.[101] Die Muttergesellschaft übernimmt im wesentlichen nur die Aufgabe der Bestimmung der Konzernorganisation, der Entwicklung einer einheitlichen Konzernkultur, der Bestimmung und Abgrenzung der angebotenen Produkte und Leistungen zur Konzentration auf die Kernkompetenzen sowie auf die Kontrollfunktion.[102] Ein wesentlicher Unterschied bei weitgehend dezentraler Konzernstruktur zu einer reinen Mehrheitsbeteiligung bleibt hierbei

---

96 Vgl. Theisen, 1991, S. 4.

97 Die Einschränkung der völligen Autonomie ergibt sich bereits durch die Arbeitnehmermitbestimmung, die im Rahmen dieser Arbeit aber nicht weiter untersucht werden kann.

98 Vgl. Gomez, zfo 1992, S. 172; Grünig, SZfbF 1994, S. 326. Gomez weist aber auch auf eine Tendenz zur Konzentration auf die Kernkompetenzen hin. Beispielsweise sei hier nur auf Schering hingewiesen. Vgl. Schering, Geschäftsbericht 1994, S. 14 ff..

99 Vgl. bspw. das Konzept des Hoechst-Konzerns. Dormann, zfbf 1993, S. 1076.

100 Vgl. Vahs, zfo 1994, S. 311. Vahs spricht hierbei von einem Paradebeispiel hinsichtlich organisatorischer Effizienz.

101 Vgl. Müller-Berghof, 1993, S. 504.

102 Vgl Müller-Berghof, 1993, S. 510.

dennoch bestehen. Dies sind die Zielvorgaben[103] mit fortlaufender Kontrolle und die Vornahme ultimativer Eingriffe bei z.B. außerordentlich schlechter Ertragslage von Tochtergesellschaften. Die Muttergesellschaft behält damit zumindest die potentielle Entscheidungsautonomie.

Am Ende der Entwicklung der Dezentralisierung steht der sogenannte Netzwerkkonzern, bei dem die Teileinheiten weitgehend autonom und nur durch Koordination miteinander verbunden sind.[104] Machtpositionen werden nicht mehr der Organisationsspitze zugeschrieben, sondern es bestehen schwer durchschaubare Machtbalancen innerhalb dieser Organisationsform.[105] Geht man davon aus, daß Konzernstrukturen zu verstärkter Dezentralisierung streben, so ist an dieser Aussage richtig, daß durch die Erhöhung von Entscheidungskapazität bei zunehmender Dezentralisation dies zu Verlusten an zentraler Macht führt[106]. Diese stark dezentralisierten Konzernorganisationsformen haben im wesentlichen nur noch Koordinations-, eventuell noch Planungsfunktion. Vergleicht man diese Form der Konzernorganisation, so entfernt sie sich offensichtlich von der herkömmlichen Vorstellung von Konzernstrukturen als einer Wirtschaftseinheit. Das Problem des Verlustes von Entscheidungsautonomie der Zentrale wird offensichtlich.[107]

Nach Auffassung von Theisen bedarf es einer emanzipierten betriebswirtschaftlichen Betrachtungsweise der Konzernunternehmung als eine wirtschaftliche Einheit und einer von der juristischen Betrachtung unabhängigen Betrachtungsweise.[108] Festzustellen ist, daß die betriebswirtschaftliche Konzernunternehmungslehre grundsätzlich das florierende Unternehmen vor

103 Diese sind nicht im Sinne von Festlegung durch die Konzernspitze zu sehen, sondern entwickeln sich im beiderseitigen Prozeß der Planung im Gegenstromverfahren.

104 Vgl. auch Gomez, zfo 1992, S. 172. Gomez verweist auch auf die zunehmende Orientierung hin zu einer Konzentration auf Kernkompetenzen und damit der Möglichkeit einer stärkeren zukünftigen Berücksichtigung von Zentralisationsaspekten.

105 Vgl. Teubner, ZGR 1991, S. 202. Unter Bezugnahme auf den Soziologen und Systemforscher Luhmann. Vgl. hierzu Luhmann, 1987, S. 123.

106 Vgl. Remer, 1993, Sp. 3068.

107 Unterschätzt wird bei diesem Konzept m.E. der Aspekt der Macht, d.h. der Drang zur Machterlangung und der tatsächlichen Machtausübung.

108 Vgl. Theisen, 1991, S. 3 f..

Augen hat.[109] Das konzernpathologische Interesse des Konzerngesellschaftsrechts ist ihr oftmals unverständlich.[110] Der untersuchte Konzernunternehmungstypus beschränkt sich auf große und mittelgroße Unternehmungen.[111] Diese beachtlichen Wahrnehmungsdifferenzen basieren wiederum auf einem unterschiedlichen ökonomischen und rechtlichen Grundverständnis des Konzerngegenstandes.[112]

2.2.4 Die Organschaft als quasi-steuerlicher Konzernbegriff

Es gibt keinen einheitlichen Konzernbegriff im deutschen Steuerrecht.[113] Die einschlägigen konzernspezifischen Regelungen unterscheiden sich bereits bei den einzelnen Steuerarten. Von einem Konzernsteuerrecht in Deutschland zu sprechen, trifft daher kaum den Sachverhalt, da es sich nur um Einzelregelungen bzgl. der Besteuerung von spezifischen Unternehmensverbindungen handelt. Im Körperschafts-, Gewerbe- und Umsatzsteuerrecht werden bestimmte Unternehmensverbindungen mittels des Rechtsinstituts der Organschaft geregelt.[114] Erreicht wird mit der Organschaft im Moment insbesondere der Verlustausgleich. Eine Zwischengewinneliminierung wie bspw. in den USA oder in Frankreich ist nicht vorgesehen. Für internationale Unternehmensverbindungen regelt das internationale Schachtelprivileg die Verhinderung von Doppelbesteuerungen.

Die steuerrechtliche Organschaft bildet unter Betrachtung der Organschaftsvoraussetzungen gegenüber dem Konzern nach dem Aktienrecht zur Zeit lediglich eine Teilmenge, wobei der Konzernbegriff des Aktienrechts grund-

---

109 Im Gegensatz dazu muß das juristische Interesse auch dem konzernierten Kleinunternehmen gelten, da diese Unternehmungen ebenso unter die konzernrechtlichen Vorschriften fallen. Auf diese Verengung der Sichtweise weist Schneider hin. Vgl. Schneider, 1991, S. 611.

110 Zur Kritik an solch einer Sichtweise, vgl. Rittner, ZGR 1990, S. 217.

111 Dies wird bereits an den größenabhängigen Befreiungsvorschriften des § 293 HGB zur Konzernrechnungslegung deutlich.

112 Theisen spricht vom "stark unterschiedlichen Problemverständnis und Problemlösungsansatz". Vgl. Theisen, 1991, S. 122.

113 Vgl. auch Bauer, 1987, S. 9.

114 §§ 14 ff. KStG, § 2 Abs.2 S.2 und 3 GewStG, § 2 Abs.2 Nr.2 UStG. Im folgenden wird bei der Organschaft, wenn nicht besonders erwähnt, primär Bezug auf die körperschaftsteuerliche Organschaft genommen.

sätzlich umfassender ist als die Organschaft im Steuerrecht.[115] Für die Organschaft bedarf es neben der finanziellen, wirtschaftlichen und organisatorischen Eingliederung des Abschlusses und der tatsächlichen Durchführung eines Gewinnabführungsvertrages.[116] Aufgrund des Vorliegens eines Ergebnisabführungsvertrages wird im Gegensatz zum Beherrschungsvertrag und der Eingliederung gemäß § 18 Abs.1 S.2 AktG kein Konzernverhältnis vermutet. Lediglich hinsichtlich des Mehrheitsbesitzes ergeben sich zur finanziellen Eingliederung weitgehende Parallelen.

Die Bezüge der Organschaft zum Konzernrecht sind dennoch eng. Beispielhaft zeigt sich dies bei nachvertraglicher Abführung vorvertraglich gebildeter Rücklagen. Eine Abführung ist nach § 301 AktG unzulässig.[117] Damit entfällt auch steuerlich die tatsächliche Durchführung des EAV. Die Organschaft ist unwirksam. Im Gegensatz hierzu ist die Bildung nachvertraglicher Rücklagen handelsrechtlich zulässig. Besteht aber ein Organverhältnis, so können Rücklagen nur im Rahmen des § 14 Nr.5 KStG gebildet werden. Eine darüber hinausgehende (möglicherweise betriebswirtschaftlich sinnvolle) handelsrechtlich zulässige Rücklagenbildung wird durch die steuerrechtlichen Bestimmungen unterbunden. Das Steuerrecht determiniert hier auch die faktische Vorgehensweise.

Welche erhebliche Rolle die Besteuerung bei der organisatorischen Gestaltung von Unternehmensstrukturen spielt, belegt eine empirische Erhebung unter Leitung von Hoffmann.[118] Bereits bei bestehenden Organisationsverhältnissen, insbesondere aber bei der Reorganisation, ist das Steuerrecht eine der wesentlichen Bestimmungsfaktoren.[119]

Das Steuerrecht hält sich grundsätzlich an die Wertungsentscheidung in Form der rechtsformabhängigen Besteuerung des Zivilrechts. Damit gilt

---

115 Durch die Vermutungstatbestände der §§ 15 ff. AktG liegt in der Regel bereits bei Stimmrechts- bzw. Anteilsmehrheit der Konzerntatbestand vor.

116 Im folgenden wird nicht der gesetzestechnische Begriff des Gewinnabführungsvertrages, sondern der dem Sachverhalt entsprechende Begriff Ergebnisabführungsvertrag (EAV) verwendet.

117 Eine Ausnahme hiervon gilt bei der Eingliederung gem. § 319 ff. AktG. Hier ist die Auflösung vorvertraglicher Rücklagen aufgrund der bestehenden erhöhten Schutzbestimmungen
nach § 324 Abs.1 AktG möglich.

118 Vgl. Hoffmann, 1993, Ergebnis einer empirischen Untersuchung 75 deutscher Konzerne.

auch für das Steuerrecht grundsätzlich das Trennungsprinzip. Die einzelnen Rechtsinstitute der Organschaft behelfen sich mit Fiktionen, um diese grundsätzliche Wertung zu durchbrechen. So gilt in der körperschaftsteuerlichen Organschaft die Zurechnungsfiktion, in der gewerbesteuerlichen Organschaft die Betriebsstättenfiktion und in der umsatzsteuerlichen Organschaft die Einheitsfiktion. Dies ist offensichtlich unbefriedigend. Das gleiche gilt für die technische Ausgestaltung der Organschaft auf Grund ihrer schwierigen und komplexen Regelungen. Da das Steuerrecht bei der Organschaft von einer wirtschaftlichen Betrachtungsweise ausgeht, bedarf es einer genaueren Analyse der wirtschaftlichen Bestimmungsfaktoren des Konzernsachverhaltes. Die Annahme einer mystischen Unternehmenseinheit des Konzerns[120] kann die Realstruktur von Konzernen nicht erklären und damit kein Ausgangspunkt für eine Besteuerungskonzeption liefern.

2.2.5 Der Konzern im Kontext zunehmender Internationalisierung

2.2.5.1 Zunahme der internationalen Unternehmensverflechtung

Seit 1950 hat sich der Bestand an ausländischen Direktinvestitionen verzwanzigfacht und damit real das Wachstum des Welthandels übertroffen, wobei der Handel wiederum in zunehmendem Maße firmeninternen Handel darstellt.[121] Die Zuwachsraten des BIP wurden vom internationalen Handel und von der grenzüberschreitenden Kapitalbildung bei weitem übertroffen.[122] Insbesondere seit den achtziger Jahren ist eine starke Expansion der Investitionsströme zwischen den Mitgliedsstaaten des OECD erkennbar.[123] Unter Direktinvestitionen sind Kapitalanlagen in Unternehmen zu verstehen, die dazu dienen, ein unternehmerisches Interesse zu verwirklichen. Dies geschieht durch die wesentliche Einflußnahme auf die Geschäftstätigkeit des ausländischen Unternehmens.[124] Die Einflußnahme ergibt sich entweder durch Beteiligungserwerb oder Neugründung in Form der Tochterkapitalgesellschaft oder durch Gründung einer Zweigniederlassung.

---

119 Vgl. Werdich, 1993, S. 10.
120 Vgl. Wiedemann, 1988, S. 5.
121 Vgl. Gilroy, WiSt 1992, S. 467.
122 Vgl. OECD, 1992, S. 7.
123 Vgl. OECD, 1992, S. 11. Die ausländischen Direktinvestitionen haben sich in diesem Jahrzehnt vervierfacht.

Die Bestimmungsfaktoren für die starke Zunahme der grenzüberschreitenden Direktinvestitionen waren die zunehmende internationale Ausrichtung der Unternehmen und parallel einhergehend die Deregulierung für grenzüberschreitende Investitionen. Der OECD-Bericht zu den internationalen Direktinvestitionen stellt fest, daß praktisch alle Restriktionen für die Genehmigung bzw. die Finanzierung von Direktinvestitionen im Ausland in den meisten OECD-Ländern aufgehoben wurden und Direktinvestitionen heute praktisch keinerlei spezifischen Niederlassungsbeschränkungen mehr unterliegen.[125] Besonders weitgehend waren die Fortschritte in der EG. Hier wurden praktisch sämtliche Restriktionen für die Genehmigung bzw. die Finanzierung von Direktinvestitionen im Ausland aufgehoben.[126] Bei den Deregulierungsmaßnahmen haben dabei die Anpassung der steuerlichen Rahmenbedingungen eine nicht unerhebliche Rolle gespielt.

Die Möglichkeit, ein Auslandsengagement in anderen EU-Mitgliedsstaaten durchzuführen, kann in Form einer unselbständigen Zweigniederlassung/Betriebsstätte, als Gemeinschaftsunternehmen mit einem weiteren Partner oder über eine Tochtergesellschaft geschehen. Im internationalen Bereich ist der Konzern dabei seit Jahren die fast ausschließliche Organisationsform für multinationale Unternehmen.[127] Die Kapitalgesellschaft als eigenständiger Rechtsträger ist die von der Unternehmenspraxis am häufigsten gewählte Form von Auslandsinvestitionen und damit der Regelfall für grenzüberschreitende Direktinvestitionen.[128] Auch umgekehrt ist die häufigste Form der Direktinvestition von ausländischen Unternehmen in Deutschland die Errichtung von Tochtergesellschaften.[129] Bei der Vornahme ausländischer Direktinvestitionen wurden internationale Firmenzusammenschlüssse und -übernahmen gegenüber den traditionellen Maßnahmen, wie z.B. Unternehmensneugründungen, bevorzugt.[130] "Der Konzern verwirklicht sich in hohem Maße über die Grenzen hinweg."[131] Ein internationa-

---

124 Vgl. Gandenberger, 1985, S. 42.

125 Vgl. OECD, 1992, S. 27.

126 Vgl. OECD, 1992, S. 8.

127 Vgl. Schneider, 1991, S. 568.

128 Vgl. Jacobs, 1995, S. 355; Hommelhof, ZGR 1994, S. 56; Rädler/Lauster, DB 1993, S. 451.

129 Vgl. Rädler/Lauster, DB 1993, S. 451.

130 Vgl. OECD, 1992, S. 8.

131 Lutter, 1987, S. 369.

lerer Sachverhalt als der des Konzerns läßt sich kaum denken.[132] Der Konzern kann als übliche Organisationsform des multinationalen Unternehmens angenommen werden.

2.2.5.2 Gründe für die Zunahme grenzüberschreitender Tätigkeiten von Unternehmen

Parallel zur Deregulierung verlief die zunehmende Internationalisierung der Unternehmen in den OECD-Ländern und in der EU. Dieser Prozeß, der bereits in den sechziger und siebziger Jahren zu beobachten war, hat sich in den achtziger Jahren zunehmend verstärkt.[133] Unternehmen orientieren sich aufgrund der Globalisierung der Märkte zunehmend am Weltmarkt. Spezialisierungseffekte werden innerhalb des Gesamtunternehmens angestrebt und führen verstärkt zu firmeninternem Handel.[134] In Unternehmen wurden zunehmend grenzüberschreitende Konzepte für Planung, Strategien und Geschäftsführung entwickelt. Nicht nur Großkonzerne arbeiten international, auch mittelständische Unternehmen sind zunehmend gezwungen, sich verstärkt international auszurichten.[135] Auch werden ausländischen Tochterunternehmen nicht nur die Vertriebsfunktionen zugewiesen; sie werden immer stärker in einen europäischen bzw. weltweiten Produktionsverbund eingebunden.[136]

Unternehmen, die im Ausland sich zu einer Investition entschließen oder bereits durch eine Tochtergesellschaft vertreten sind, werden diese Investition nur tätigen bzw. beibehalten, wenn die erreichbaren Vorteile überwiegen. Diese Vorteile können sich aus niedrigeren Lohnkosten, der Erschliessung neuer Absatzmärkte, der größeren Marktnähe, niedrigeren Transportkosten, einer nötigen Internationalisierung der Personalstruktur und der Umgehung von Einfuhrbeschränkung des Auslandsmarktes[137] ergeben. Auch können eine niedrigere rechtliche Regelungsdichte, wie niedrigere

---

132 Vgl. Druey, 1994, S. 311.

133 Vgl. OECD, 1992, S. 9.

134 Vgl. Gilroy, 1992, S. 468. Firmeninterner Handel ist der Austausch von Gütern und Dienstleistungen zwischen verbundenen Unternehmen.

135 Vgl. Düffler, 1982, S. 49.

136 Vgl. Hommelhof, ZGR 1994, S. 56.

137 Hier sind insbesondere die Transplants bei der Automobilproduktion in den USA zu erwähnen.

Umweltschutzbestimmungen oder allgemein die Umgehung bürokratischer Hemmnisse, eine Rolle spielen.

Mit der Vollendung des Binnenmarktes haben Unternehmen in der EU mit Expansions- und Arroundisierungsstrategien reagiert. Ein Markt von 340 Mio. EU-Bürgern verlangt andere Unternehmensgrößen und -strukturen als es für einen separaten Binnenmarkt der einzelnen EU-Staaten nötig gewesen wäre. Die Unternehmenspraxis beschränkt sich längst nicht mehr auf reine Vertriebstochtergesellschaften in anderen Mitgliedsstaaten, sondern die Unternehmen gehen zunehmend zu EU-weiten Produktionsverbünden über.[138]

In den seltensten Fällen wird nur einer der vorgenannten Gründe den Ausschlag für ein Auslandsengagement geben, sondern es werden mehrere Gründe mit einer spezifischen Gewichtung in das Entscheidungskalkül des Investors bzw. der herrschenden Konzernleitung eingehen. Die Steuerbelastung spielt bei der Standortentscheidung eine wesentliche Rolle, wobei die steuerlichen Gesichtspunkte, insbesondere bei Holding-Konstruktionen und bei Finanzierungsgesellschaften, ausschlaggebend sind.[139]

2.3 Gründe und ökonomische Wirkungen der rechtlichen Verselbständigung von Teileinheiten von Konzernunternehmungen

2.3.1 Funktionenanalyse als notwendiger Ausgangspunkt der steuerrechtlichen Untersuchung

Die wirtschaftliche Betrachtungsweise basiert auf funktionalem Denken.[140] Die Entstehung und Ausgestaltung von unterschiedlichen Rechtsfiguren ist funktional bestimmt.[141] Zum tieferen Verständnis von Rechtsfiguren ist daher eine Funktionsanalyse erforderlich. In diesem Sinne wird die Wirtschaftswissenschaft zur Erkenntnismethode der (Steuer-) Rechtswissenschaft. Zur Bestimmung der rato legis sind wirtschaftswissenschaftliche Einsichten von Bedeutung.[142] Die ökonomische Betrachtungsweise sollte auch

---

138 Vgl. Hommelhof, ZGR 1994, S. 56. Hommelhof spricht bzgl. EG-weiter Aktivitäten nationaler Unternehmen von einem zunehmenden Massenphänomen.

139 Vgl. Kommission: Ruding-Report, 1992, S. 102.

140 Vgl. Jahr, 1964, S. 16.

141 Vgl. Jahr, 1964, S. 17.

142 Vgl. Coing, 1964, S. 6.

nach dem Wirkungssinn von rechtlichen Strukturen fragen, um so wiederum Rückschlüsse auf Wirkungen steuerrechtlicher Regelungen geben zu können. Erst eine Realanalyse der Bestimmungsgründe der Konzernierung kann den rechtlichen Rahmen für alternative (steuer-) rechtliche Regelungen von Konzernsachverhalten aufzeigen.[143]

2.3.2 Unzureichende Erklärungsansätze der rechtlichen Verselbständigung von Unternehmungsteilbereichen

Umfassende ökonomische Erklärungansätze zur Konzernierung sind nicht vorhanden[144] und sind auch aufgrund der hohen Komplexität und der Interdependenzen des zugrundeliegenden Sachverhaltes äußerst schwierig. Die bisher vorgelegten Ansätze zur Begründung von Konzernstrukturen können die Problematik erhellen, ergeben aber (bisher) nur einen recht unbefriedigenden Erkenntnisgewinn. Es muß festgestellt werden, daß die Kernfrage der rechtlichen Verselbständigung aus ökonomischer Sicht bisher eher ansatzweise ergründet worden ist. Als schwerwiegend erweist sich in diesem Zusammenhang das Problem, daß sich die realen Unternehmensverbundstrukturen als höchst verschiedenartige tatsächliche Phänomene darstellen[145].

Eine monokausale Erklärung für die Entstehung und das Bestehen von Konzernstrukturen wird aufgrund der vielen Einflußfaktoren als kaum möglich angenommen.[146] In der Regel werden Einzelaspekte genannt, die es vorteilhaft erscheinen lassen, eine Unternehmung in Form einer rechtlich gegliederten Konzernunternehmung und nicht als Einheitsunternehmung zu füh-

143 Auch wird einem interdisziplinären Forschungsansatz des Forschungsobjektes Konzern gefolgt. Vgl. dazu Theisen 1991, S. 132.

144 Als Ausnahme kann der Erklärungsansatz von Williamson gesehen werden. Debus weist darauf hin, daß Vorteile der Konzernform nur ansatzweise und eher als Vermutungen zu finden sind. Vgl. Debus, 1990, S. 6. Als weitere Ausnahme muß die Arbeit von Binder gelten, der die ökonomische Wirkung speziell des Konzerns weitgehend umfassend und systematisierend untersucht. Vgl. Binder, 1994.

145 Vgl. Rittner, ZGR 1990, S. 217.

146 Vgl. Kallfass, 1991, S. 47.

ren.[147] Die Ausführungen erschöpfen sich oft in Führungs- und Organisationskonzepten, die aber bei näherer Betrachtung nicht spezifisch die Verrechtlichung der Strukturen als Analyseinstrument mit einbeziehen.[148]

Die Sichtweise von Theisen, der den Konzern als Planungs-, Koordinierungs- und Entscheidungseinheit sieht, geht nicht primär von rechtlich möglichen Rechtsstrukturen aus, sondern es wird ein orginäres organisatorisches Konzept für die Ausgestaltung der Konzernunternehmung gesucht, welches die konzerndimensionalen Rechtseinflüsse berücksichtigt.[149] Diese emanzipierte Theorie, hin zu einer eigenständigen Untersuchung von Konzernsachverhalten, versucht den Konzern weitgehend unabhängig von der rechtlichen Betrachtungsweise zu sehen, in dem Rechtsnormen instrumental eingesetzt werden mit dem übergeordneten Ziel, das Gesamtergebnis der Unternehmensgruppe zu optimieren.[150]

In Teilen der neueren Literatur zur Organisationsgestaltung wird zunehmend für den Gleichlauf von Organisationseinheiten und rechtlichen Einheiten plädiert.[151] Das Konzept der Management-Holding wird explizit durch die Identität von Rechts- und Organisationseinheit definiert.[152] Erläuterungen zur wirtschaftlichen Auswirkung der rechtlichen Verselbständigung sind aber eher selten und werden allgemein mit nötiger Flexibilisierung, höherer Transparenz, Kooperationsfähigkeit, Finanzierungsvorteilen, Risikostreuung, flacheren Hierarchien oder zunehmender Globalisierung begründet[153], ohne sich intensiver mit den zugrundeliegenden Konzernrechtsnormen und deren ökonomischer Wirkung auseinanderzusetzen.

---

147 Neben Binder sind, soweit ersichtlich, noch Kallfass und von Werder zu nennen, die systematisch die ökonomische Erfassung der Vorteile einer rechtlichen Verselbständigung aufzeigen. Vgl. Kallfass, 1991, S. 38-79; Werder von, 1986. Die Auseinandersetzung von Kallfass basiert im wesentlichen auf dem im folgenden aufgezeigten Transaktionskostenansatz von Williamson.

148 Vgl. beispielhaft Ringelstetter, 1995.

149 Vgl. Theisen, 1991, S. 5. Erst hiernach soll die formaljuristische Umsetzung erfolgen.

150 Vgl. Theisen, 1991, S. 179.

151 Vgl. Grünig, 1994, S. 323 ff.; Bühner, 1992, S. 33.

152 Vgl. Bühner, 1991, Sp. 2278; Bühner, zfo 1993, S. 9.

153 Vgl. Lutter, 1995, A2; Bühner, 1992, S. 43 ff.

Mit Theisen[154] ist davon auszugehen, daß aus betriebswirtschaftlicher Sicht die Aufgabe einer Konzernunternehmenslehre in der "optimalen Konzernorganisation und -ordnung als zielorientiertem Handlungsrahmen" besteht. Damit geht es der Untersuchung von Konzernen um den wesentlichen Aspekt der Optimierung der Effizienz von Organisationsstrukturen.[155] Daher sollen im folgenden die Erkenntnisse der modernen Organisationstheorie zur Erklärung kurz beleuchtet werden. Anzumerken ist jedoch, daß der Effektivitäts- und Effizienzmessung[156] von Organisationsstrukturen eine nicht unerhebliche Problematik innewohnt[157], so daß der Schwerpunkt auf analytischen Erklärungsmodellen liegt.

2.3.3 Ökonomische Erklärungsansätze hinsichtlich der juristischen Verselbständigung bei Konzernorganisationsstrukturen

2.3.3.1 Konzernorganisationsstrukturen als effiziente Anpassung an die Umwelt

Die unternehmungsinterne Organisationsstruktur kann grundsätzlich von der statuarischen Gliederung der Konzerngesellschaften als eigenständige rechtsunabhängige Ordnung abweichen. Die statuarische Organisationsform spielt im Schrifttum der betriebswirtschaftlichen Organisationslehre eine weitgehend untergeordnete Rolle.[158] Die mangelnde Beachtung der rechtlichen Strukturen[159] und der rechtsnorminduzierten Implikationen[160] bei der Organisationsgestaltung führt letztlich mit dazu, daß rechtliche und

---

154 Theisen, 1991, S. 121.

155 Vgl. Theisen, 1991, S. 3.

156 Unter Effizienz ist das optimale Input-Outputverhältnis zu verstehen; unter Effektivität der Zielerreichungsgrad.

157 Vgl. Welge/Fessmann, 1980, Sp. 588; Scholz, 1991, Sp. 534, 546f..

158 Exemplarisch zeigt sich dies im Handwörterbuch der Organisation, 1991.

159 Vgl. Raupach, 1988, S. 501.

160 Vgl. Kritik von Werder, DBW 1995, S. 644 und 656 mit Kritik z.B. an Habilitationsschrift von Ringelstetter, die nicht den Konzernsachverhalt, sondern eine allgemeine Managementlehre für komplexe Großunternehmen entwirft. Vgl. Ringlstetter 1995.

wirtschaftliche Verantwortung im Konzern oftmals unabhängig sind, wobei in jüngster Zeit aber auch für deren Identität plädiert wird.[161]

Sah man in der neoklassischen Organisationstheorie die Organisation als ein Gestaltungsmittel bzw. als Zweck an, so ist zunehmend erkennbar geworden, daß der Einsatz von Organisationen als willentliches Gestaltungsmittel zur Effizienzsteigerung sich als nicht umsetzbar erweist.[162] In einer neuen Forschungsrichtung der Organisationslehre wird die Organisation als Systembestand untersucht. Der willentliche Zweck einer Organisation verliert hierbei ebenso an Bedeutung wie der instrumentelle Charakter der Organisation. Organisationsstrukturen entwickeln sich, um sich der geänderten Umwelt anzupassen. Dies läuft letztendlich auf die Frage hinaus, welche Organisationsstrukturen unter welchen Umständen welchen Sytembestand ermöglichen. Durch den (oftmals impliziten) Bezug auf die Evolutionstheorie ist hierbei jedoch keine befriedigende Aussage möglich. Mit der Argumentation, daß nur diejenigen Organisationsformen überleben werden, die am besten geeignet sind, sich auf die verändernde Umwelt einzustellen, ist noch keine Aussage möglich, welche Organisationsformen dies sind.

Eine weitere Forschungsrichtung auf der Basis der Systemtheorie bzw. Kybernetik sieht die bestehenden Organisationsstrukturen nicht als Produkt eines willentlichen Planens. Organisationen gehen als Anpassung an die Umwelt hervor. Erklärungen bestimmter Organisationsstrukturen können nicht mehr ohne äußere Einflußfaktoren erklärt werden. Aus der Erkenntnis der Begrenztheit der Möglichkeit bestimmte Organisationsstrukturen aus sich heraus zu erklären, werden Kontextbedingungen mit einbezogen. Zur Erklärung von Organisationsstrukturen werden daher verstärkt Ansätze entwickelt, die als Organisationsursache Umwelt (-entwicklung) und (Anpassungs-) Entscheidungen in einen Zusammenhang setzen.[163] Beide

---

161 Bspw. im Konzept der Management-Holding.

162 Nach Kieser ist eine wissenschaftliche Fundierung der Organisationsgestaltung nur in einem engen Rahmen möglich. Organisationstheorien spielen in der praktischen Organisationsgestaltung nur eine nachgeordnete Rolle. Es geht vielmehr um Übertragung von Organisationsstrukturen, die sich bei ähnlichen Problemkonstellationen in anderen Organisationen bewährt haben. Vgl. Kieser, 1993, Sp. 3002 f..

163 Vgl. Remer, 1993, Sp. 3071.

Ansätze der Systemtheorie führen hin zur stärkeren Betonung der Selbstorganisation und damit zu verstärkter Autonomie von Teileinheiten.[164]

Umweltzustände werden bei der Untersuchung zu Erklärungen der Vorteilhaftigkeit von Organisationsformen in diesen Ansätzen mit einbezogen. Umweltzustände sind beispielsweise verwendbare Technologien, soziale Entwicklungen, aber auch die rechtlichen Rahmenbedingungen. Eine betriebswirtschaftliche Konzernunternehmenslehre, deren Aufgabe auch die Untersuchung von effizienten Konzernorganisationsstrukturen ist, hat daher die (alternativen) Konzernrechtsnormen hinsichtlich ihres Zusammenwirkens mit wirtschaftlichen Entscheidungsprozessen zu untersuchen.

Die Organisationstheorie des Konzerns sieht die rechtlichen Bestimmungsfaktoren meist nur unter dem Aspekt der Rahmen- und Ordnungsfunktion. Bei der Untersuchung von Konzernorganisationen ist jedoch zu beachten, daß es gerade die rechtlichen Bestimmungsfaktoren sind, die den Konzern bestimmen. Eine Untersuchung des Konzerns, die die Wirkungsweise der Konzernrechtsnormen außer acht läßt, muß zwangsweise unvollständig sein. Ein Optimieren einer Konzernorganisation unter Verschieben der rechtlichen Regelungen im Konzern in den Datenkranz erscheint unter diesem Blickwinkel unbefriedigend.[165] Auch wird eine praktische Konzernpolitik, die sich ausschließlich auf die enge betriebswirtschaftliche Betrachtungsweise beschränkt, keinen Sinn machen, da die besonderen Probleme des Konzerns gerade durch die rechtliche Selbständigkeit der einzelnen Konzernunternehmen entstehen.[166] Im Konzern kann eine Organisationsform zur effektiven Gestaltung wirtschaftlicher Tätigkeit einer Unternehmung gesehen werden.

2.3.3.2 Erklärungsansatz von Williamson

Zur Erläuterung von Organisationen unter dem notwendigen Einbezug differierender Umweltzustände gehört auch der Transaktionskostenansatz von

---

164 Vgl. Lehmann, 1991, Sp. 1838; Kieser, 1991, Sp. 1774: Probst, 1991, Sp. 2261 ff..

165 Interessant wäre insbesondere eine Untersuchung hinsichtlich der allokativen Effekte, die sich durch die rechtlichen Regelungen ergeben.

166 Vgl. Schruff, 1993, Sp. 2285.

Williamson.[167] Williamson entwickelt unter Rückgriff auf die Erkenntnisse von Coase[168] einen erweiterten Ansatz zur Entscheidung wirtschaftlicher Tätigkeit zwischen Markt und Hierarchie[169]. Auf diesen Ansatz wird hinsichtlich des Konzernphänomens immer wieder (oftmals auch implizit) schlagwortartig als Erklärungsmodell Bezug genommen, in dem der Konzern als Institution zwischen Markt und Unternehmen dargestellt wird, ohne dies näher auszuführen.[170]

Der Erklärungsansatz Williamsons ist der neueren Institutionenökonomie zuzuordnen. Zentrale Grundlage in Williamsons Arbeit bildet die Transaktionskostentheorie und der Gedanke, daß das zentrale Problem ökonomischer Organisationen die Anpassungsfähigkeit ist. Der Transaktionskostenansatz kann hier nicht im Einzelnen dargestellt werden, da dies dem Rahmen und der Zielsetzung dieser Arbeit nicht entspricht. Es sollen daher im folgenden nur die wesentlichsten Grundgedanken des Ansatzes, soweit sie geeignet sind, Erkenntnisse für diese Arbeit zu liefern, zusammenfassend dargestellt werden.[171]

Die Grundannahme dieser Theorie basiert auf der Behauptung, daß ökonomische Institutionen (Unternehmen, Märkte und Zwischenformen) hauptsächlich die Einsparung von Transaktionskosten bezwecken und bewir-

---

167 Der Ansatz von Williamson muß sich allen Vorwürfen aussetzen, die der Transaktionskostentheorie als solches vorgeworfen werden. Vgl. hierzu insbes. Schneider, ZfB 1985, S. 1237 ff.. Schneider setzt bei der Institutionenanalyse das Denken in dynamischen Unternehmensfunktionen entgegen. Sein Hauptkritikpunkt ist die implizite Bezugnahme auf das Konkurrenzgleichgewicht und die Einheitlichkeit des Kostenbegriffes. Im übrigen liegt sein Lösungsansatz dem von Williamson nicht so fern, wenn er letztendlich davon ausgeht, daß Institutionen gebildet werden, um zukünftige Handlungsabläufe weniger unsicher und besser planbar zu machen, indem der Bedarf an Zukunftswissen durch Unternehmen begrenzt werde.

168 Vgl. Coase, 1937.

169 Vgl. Williamson, 1975.

170 Vgl. bspw. Hoffmann, 1993, S. 60. Kallfass, 1991, S. 24 f.; Deutlicher aber: Schildbach, 1996, S. 8 f.; Kirchner, ZGR 1985, S. 225 f.. Hoffmann verweist lediglich auf den "Gründungsvater" der Transaktionskostentheorie Coase und bezeichnet diesen Ansatz als theoretisches Konzept für die Entstehung von Konzernen. Ebenso Teubner, ZGR 1991, S. 191. Seine Ausführungen sind weitgehend unzulänglich und grobschlächtig. Sie verdunkeln eher den Aussagegehalt von Williamsons Arbeiten.

171 Die folgenden Ausführungen fassen die Grundgedanken von Williamson zusammen. Vgl. Williamson, Market and Hirarchies, 1975; The Economic Institution of Capitalism, 1985.

ken.[172] Transaktionskosten, auch Koordinationskosten, sind Kosten der Vorbereitung, Durchführung und Kontrolle zur Übertragung von Verfügungsrechten zwischen Wirtschaftssubjekten.[173] Verfügungsrechte sind die spezifizierbaren und rechtlich sanktionierten Eigentums- und Nutzungsrechte. Die wesentlichen Verhaltensannahmen sind Opportunismus und begrenzte Rationalität. Basiseinheit der Untersuchung sind Transaktionen. Transaktionen werden durch Faktorspezifität, Unsicherheit und Häufigkeit bestimmt. Als Faktorspezifität können die nötigen spezifischen Anfangsinvestitionen eines Marktteilnehmers verstanden werden.[174] Unsicherheit stellt Verhaltensunsicherheit, bedingt durch Opportunismus des Marktpartners, dar.

Unterschiedliche Beherrschungs- und Überwachungssysteme sind aufgrund differenzierter Anreizwirkungen und Anpassungsfähigkeit hinsichtlich der zugrundeliegenden Transaktionen in unterschiedlicher Weise effizient. Am Markt ergeben sich durch das System veränderlicher Preise starke Anreizwirkungen, da Residualansprüche vermittelt werden. Demgegenüber ist die Anreizwirkung interner Organisation schwach. Die interne Organisation sichert dafür aber erhöhte Eingriffsrechte.[175]

Transaktionen werden in differenzierter Weise den Beherrschungs- und Überwachungssystemen und damit alternativen Organisationsformen zugeordnet. Bei dem Beherrschungs- und Überwachungssystem Markt greift das Kontroll- bzw. Beherrschungssystem in Form der Marktalternativen von potentiellen neuen Vertrags- bzw. Marktpartnern. Tritt opportunistisches Verhalten auf, so kann der Marktpartner jederzeit ohne größere Kosten

---

172 Nach Schätzungen von North sind 50 % der volkswirtschaftlichen Kosten Transaktionskosten. Vgl. North, ZfgSt 1984, S. 7 f..

173 Dabei wird unterstellt, daß jedes Problem als Vertragsproblem formuliert werden kann. Das Unternehmen wird nicht mehr lediglich als eine Produktionsfunktion gesehen, sondern stellt ein Netz von Verträgen dar.

174 Bspw. Standortspezifität, Sachkapitalspezifität, Humankapitalspezifität. Als Beispiel führt Williamson den Einsatz einer Einzweckmaschine anstatt des Einsatzes einer Mehrzweckmaschine an. Die Einzweckmaschine weist eine Produktivität auf und führt damit zu niedrigeren Kosten, wobei sie aber nicht umgewidmet werden kann.

175 Williamson weist in seiner Arbeit nach, daß aufgrund von Anreiz- und Kontrollstrukturen die Unternehmensgröße für ein Einheitsunternehmen nicht unbegrenzt vergrößerbar ist. Im Gegenteil, es ergeben sich aufgrund der unterschiedlichen Anreiz- und Kontrollmechanismen, die bei internen Transaktionen auftreten, Schranken für die Unternehmensgröße.

gewechselt werden. Marktpartner werden daher opportunistisches Verhalten unterlassen. Diese rigorose Form der Überwachungsmöglichkeit über den Markt nimmt aber mit Zunahme der Faktorspezifität ab. Bei steigender Faktorspezifität kann sich der Kontrahent ein steigendes Maß Opportunität leisten. Ein Wechsel des Marktpartners ist nur unter Verlust der eingegangenen Anfangsinvestitionen möglich. Zunehmend werden vertragliche Absicherungsstrategien in Form zusätzlicher Kontroll- bzw. Eingriffsrechte erfolgen, bei denen jedoch Kosten der Vertragsanpassung entstehen. Am Ende der Ausweitung der Überwachung durch Kontroll- und Eingriffsrechte steht die hierarchische Anweisung im Unternehmen, da hier die geringsten Kosten der fortdauernden Vertragsüberwachung und Vertragsanpassung entstehen. In internen Organisationen (Hierarchie) ist durch Anweisung eine effizientere Überwachung möglich. Es entstehen aber besondere Probleme durch Bürokratie, die wiederum zu spezifischen Kosten führen.[176] Hoher Aussagewert kommt diesem Erklärungsansatz hinsichtlich der vertikalen Integration zu.[177]

Williamson bezieht seine Analyse auch auf die Organisationsform der modernen Kapitalgesellschaft und kommt auf der Basis seiner Argumentation neben der Erklärung der vertikalen Integration zum Resultat, daß die heute zweckmäßigste Organisationsform der Unternehmen ab einer gewissen Größe die sogenannte M-Form (Multidivisional) ist. Die M-Form entspricht der Management-Holding mit Trennung von der strategischen zu der operativen Planung bzw. Tätigkeit. Die Zentrale ist dabei mit den adäquaten Anreiz- und Kontrollbefugnissen ausgestattet. Mit Hilfe der M-Form ergeben sich Einsparungen begrenzter Rationalität und die Minderung von Opportunismus. Der Aufsichts- und Kontrollapparat macht es ihr möglich, Erträge der einzelnen Teileinheiten rentabilitätssteigernd umzulenken.[178]

---

176 Diese sind im wesentlichen: 1) Streben nach Geschäftsführung, um individuelle Subziele umzusetzen, bzw. generell persönliche Vorteile. 2) Ein weiterer Punkt ist, daß administrative Handlungen als Sachentscheidungen verstanden werden. Dadurch wird in internen Organisationen ein erheblicher Aufwand zu einem korrekten Verfahren notwendig. Am Markt kommt es in solchen Fällen regelmäßig zum Nichtabschluß eines Folgevertrages oder u.U. zum Abbruch der Vertragsbeziehungen. Daneben spielen noch wechselseitige Gefälligkeiten eine Rolle.

177 Vgl. Picot, 1993, Sp. 4201, m.w.N..

178 Dies führt hin zu der Überlegung des Unternehmens als interner Kapitalmarkt.

Ausgangspunkt der historischen Entwicklung war die Einheitsunternehmung (Unitary) und die reine Holdingkonzeption (Holding-Company). Bei der Einheitsunternehmung entstehen durch zunehmende Unternehmensgröße Ineffizienzen hinsichtlich des Informationsflusses und Verzerrungen der Willensbildung in der Unternehmensführung dieser Organisationsform. Der reinen Holdingkonzeption (Holding-Company), die sich auf das Halten von Beteiligungen beschränkt, fehlen die adäquaten Überwachungs- und Kontrollmechanismen, so daß Williamson hierbei Ineffizienzen wegen mangelnder Absicherung sieht.

Bei aller Kritik, die an den Modellen der Institutionenökonomie geübt werden kann, kann ihnen zumindest ein heuristischer Wert, und damit ein relativer Rationalitätsgewinn trotz stark vereinfachter Modellannahmen, kaum abgesprochen werden.[179] Auch wenn es diesem Ansatz m.E. nicht gelingen kann, das Gesamtphänomen der Konzernierung ausreichend zu erklären, so erweitert diese Analyse doch den Blickwinkel zur Erfassung realer Konzernstrukturen hinsichtlich des Zusammenhanges von Beherrschung, Eingriffsrechten, Kosten und Anpassungsfähigkeit.[180] Adäquate angepaßte Beherrschungs- und Kontrollmechanismen können zur Senkung von Kosten führen. Williamson stellt bei seinen Ausführungen aber nicht explizit auf die rechtlichen Strukturen ab, sondern spricht allgemein von Vertragsrechtssystemen.[181] Das Schlagwort des Konzerns zwischen Markt und Unternehmen[182], wie es unter Bezugnahme auf Williamson oft geschieht, ist so unmittelbar nicht anwendbar. Die rechtliche Verselbständigung der Konzernteile wird vernachlässigt.[183]

Allerdings kommt der Art und Weise der Beherrschungsmöglichkeit eine wesentliche Bedeutung zu. Das Einflußpotential wird bei Annahme des Normalstatuts[184] der Anteilsrechte durch die Beteiligungshöhe bestimmt.

---

179 Allgemein für Ansätze der Institutionenökonomie, vgl. Schanze, 1993, Sp. 3772.

180 An der einseitigen Kostenbetrachtung entzündet sich auch heftige Kritik.

181 Vgl. Williamson, 1991, S. 31.

182 Vgl. Schildbach, 1992. Schildbach spricht in diesem Zusammenhang vom Konzern als Koordinationsform zwischen Markt und Unternehmen als Konzept zur Senkung der Transaktionskosten. Vgl. auch Kirchner, ZGR 1985, S. 226. Kirchner sieht den Konzern zwischen Markt und Hierarchie als Alternative hinsichtlich einer vorteilhaften Ressourcenallokation.

183 Vgl. auch zutreffend Ordelheide, BFuP 1986, S. 296.

184 Vereinfachend sei in diesem Zusamenhang unterstellt, daß keine Stimmrechtsverbote, Mehrfachstimmrechte, Höchststimmrechte usw. vorliegen.

Beherrschungsmöglichkeit vermittelt somit der Beteiligungserwerb bzw. Beteiligungsbesitz. Der Konzern kann entsprechend der Beherrschungs- und Überwachungsmöglichkeit in der Unterscheidung Williamsons als Zwischenform mit Nähe zum Unternehmen eingeordnet werden. Daraus ergibt sich hinsichtlich des unterstellten Effizienzkalküls, daß durch die Kontrollrechte, wie sie gesellschaftsrechtlich vermittelt werden können, eine der jeweiligen Situation optimal angepaßte Gestaltung der Beherrschung erfolgen kann.[185]

Dementsprechend weist auch Kirchner darauf hin, daß gerade der Konzern den vollen Gestaltungsspielraum zwischen Elementen zentraler und dezentraler Organisation im Sinne einer optimalen Regelung zwischen Markt und Hierarchie gewährleistet.[186] Er sieht eine erhöhte Flexibilität hinsichtlich der Führungskonzeption. Den Einheitsunternehmen sind die Gestaltungsmöglichkeiten der Dezentralisation zwar prinzipiell ebenso gegeben, jedoch können sie nur in der Konzernorganisation im Außenverhältnis voll zum Tragen kommen.[187] Einschränkend ist anzumerken, daß die Grenze der Dezentralisation im faktischen Konzern in der Abgrenzung zum qualifiziert faktischen Konzern liegt, und daß im Einheitsunternehmen eine Dezentralisierung von Entscheidungsbefugnissen nicht unbegrenzt weit gehen kann.[188]

2.3.3.3 Ökonomische Gründe der Verrechtlichung der Teileinheiten der Konzernunternehmung

Der Ansatz von Williamson eröffnet einige neue Gesichtspunkte hinsichtlich des Untersuchungsgegenstandes der Konzernunternehmung. Die Vorteilhaftigkeit einer Konzernierung durch die rechtliche Verselbständigung der Teileinheiten und das Abgehen von der Einheitsunternehmung kann aber auch Williamson nicht zufriedenstellend lösen. Daher soll der Versuch einer näheren Spezifizierung der Vorteile bzw. der Konzerneffekte, die sich speziell aus der rechtsnorminduzierten Verselbständigung ergeben, vorgenom-

185 Binder weist auf die Situationsabhängigkeit der Beteiligungsführung hin. Vgl. Binder, 1994, S. 79.

186 Vgl. Kirchner, ZGR 1985, S. 226.

187 Vgl. Kirchner, ZGR 1985, S. 226.

188 Zur GmbH, vgl. Schneider, in: Scholz, GmbHG, § 35 Rn. 17. Zur AG, vgl. Semler, 1980, S. 16 m.w.N.; Schwark, ZHR 1978, S. 215.

men werden. Hierzu werden vier wesentliche Strukturdimensionen unterschieden. Diese sind:

1) Phasenorientierte Vorteile der Konzernunternehmung,
2) Eigentümer- oder managerorientierte Konzerneffekte,
3) Konzernwirkungen in bezug auf die Konzernunternehmung und die Außenstehenden,
4) Gesamtunternehmungswertorientierte Vorteile.

Die einzelnen Effekte sind nicht überschneidungsfrei. Dies muß sich aber zwangsläufig ergeben, da die einzelnen Wirkungen der rechtlichen Verselbständigung jeweils unter verschiedenen Blickwinkeln zu betrachten sind. Solch eine Differenzierung erscheint hinsichtlich der Interessenvielfalt im Konzern auch erforderlich. Bei gesamtunternehmenswertorientierten Vorteilen ergeben sich weitgehende Überschneidungen zu den Vorteilen, die auch eine Einheitsunternehmung realisieren kann, insbesondere hinsichtlich der Verwirklichung von Verbundwirkungen.

1) Phasenorientierte Vorteile des Konzerns

Sieht man den Konzern nicht nur als Zustand, sondern auch als Prozeß, so muß die Erweiterung aber auch die Straffung des Konzerns durch Verkauf von Teileinheiten einer Konzernunternehmung mit in die Untersuchung einbezogen werden. Hierbei können sich folgende ökonomische Vorteile bzw. Effekte einer rechtlichen Verselbständigung der Teileinheiten ergeben:

a) Erhöhung der Sicherheit bzw. Risikobegrenzung: Es kann eine Verringerung des Risikos bei Vergrößerung der Wertschöpfung durch die Möglichkeit des stufenweisen Beteiligungserwerbs an Lieferanten, Kunden oder zum Erwerb von ergänzenden Produktlinien erreicht werden. Der stufenweise Erwerb ermöglicht eine bessere Beurteilung des zu erwerbenden Zielunternehmens und läßt auch die Option eines Rückzuges offen. Daneben wird als weiterer wesentlicher Vorteil eine Haftungssegmentierung gewährleistet. Diese wird insbesondere bei kleinen und mittleren Unternehmen eine gewichtige Rolle spielen. Im Großkonzern wird aus Reputationsgründen oftmals die Haftungssegmentierung durch freiwillige Selbstverpflichtung aufgehoben.

b) Erhöhung der Fungibilität von Unternehmensteilbereichen hinsichtlich der Marktausrichtung: Die Möglichkeit des Verkaufes von Teileinheiten zur Konzentration auf die Kernkompetenzen oder des Kaufes von Unternehmen zur Erweiterung der Geschäftstätigkeit ist leichter zu realisieren. Konzentriert sich die Konzernunternehmung nach vorausgegangener Diversifizierung wieder auf ihr Kerngeschäft, so können Tochtergesellschaften über Anteilsveräußerung schneller und kostengünstiger abgestoßen werden. Auch im Fall einer notwendigen Sanierung können durch Verkauf notwendige liquide Mittel leichter und verhältnismäßig schnell der Konzernunternehmung zugeführt werden. Der Erwerb bzw. die Veräußerung ist durch die höhere Fungibilität der Anteile gegenüber einer Übertragung von Vermögensgegenständen gesichert. Langwierige Vermögensübertragungen von Einzelwirtschaftsgütern mit dem damit verursachten Kostenaufwand können unterbleiben. Durch das UmwG 1994 hat sich dieser Vorteil durch die Möglichkeit der partiellen Universalsukzession jedoch relativiert.[189] In diesen Fällen bleibt der Aufwand durch umfangreiche Verfahrensvorschriften dennoch höher.[190]

c) Erhaltung des Firmennamens und damit des good wills: Ein eingeführter Markenname würde bei einer Fusion eliminiert werden. Erwirbt man demgegenüber die Anteilsrechte, bleibt der Firmenname erhalten.

d) Kosteneinsparung durch Kooperationswirkung: Durch die Möglichkeit der Zusammenarbeit, z.B. hinsichtlich einer gemeinsamen Produktentwicklung in einem Gemeinschaftsunternehmen, können Kosten geteilt und damit für die Partner gesenkt werden. Unter dem Dach bei einem der beteiligten Unternehmen würden diese gemeinsamen Aktivitäten nicht vorgenommen werden, da das Mißtrauen gegenüber dem Partner in der Regel hoch ist.

e) Multiplikatoreffekte: Bei Finanzierung von Tochtergesellschaften bzw. Enkelgesellschaften ermöglicht eine zwei- bzw. mehrfache Einlagemöglichkeit des gleichen Kapitals Multiplikatoreffekte des zugeführten

189 Hinzuweisen ist auf die durch das UmwG geschaffene erleichterte Möglichkeit von Spaltungsvorgängen gem. 123 UmwG ff., insbes. § 131 Abs.1 Nr.1 UmwG. Daneben ist auf die erleichterte Vermögensübertragung gem. § 174 UmwG für bestimmte Rechtsträger der Versicherungswirtschaft und des öffentlichen Rechts hinzuweisen.

190 Z.B. Spaltungsplan nach § 136 UmwG, Sachgründungsbericht nach § 138 UmwG und § 144 UmwG.

Kapitals.[191] Angestrebte Unternehmensgrößen können damit einfacher realisiert werden.

f) Bessere Erfüllung staatlicher Normen: Die Gesamtkonzernunternehmen werden oftmals nicht die Auflagen hinsichtlich des Betätigungsfeldes oder der Rechtsform erfüllen können.[192] So können bspw. Fördermittel nur bei Zugehörigkeit zu einer bestimmten Branche in Anspruch genommen werden. Ebenso kann die wirtschaftliche Betätigung von einer bestimmten Rechtsform abhängig gemacht werden. Durch die rechtliche Verselbständigung der Teileinheit können diese erforderlichen Tatbestandsvoraussetzungen erfüllt werden. Hier wird nicht primär aus ökonomischen, sondern aus rechtlichen Gründen eine Konzernierung erzwungen.

g) Durch rechtliche Verselbständigung sind Regelungen hinsichtlich der Unternehmensnachfolge in der Regel einfacher zu handhaben.

2) Eigentümer- oder managerorientierte Konzernwirkungen

Gründe für eine Konzernierung in Form der gesellschaftsrechtlichen Verselbständigung können auch auf eigentümerorientierten und managerorientierten Wirkungen basieren. Eine Zuordnung der erkennbaren wirtschaftlichen Vorteile zu diesen Interessensgruppen der Konzernunternehmung erscheint auch hinsichtlich der späteren Analyse sinnvoll. Der Maßstab hierbei ist die jeweils eigene Gewinn- bzw. Nutzenmaximierung.

Eigentümerorientierte und managerorientierte Vorteile:

a) Haftungsbeschränkung und damit Risikoisolierung. Durch rechtliche Verselbständigung können sogenannte Flächenbrandeffekte vermieden werden.[193] (Siehe auch 1a).

b) Leichtere Reversibilität von Konzernverbindungen (siehe auch 1b).

c) Erhaltung des Firmennamens (siehe auch 1c).

---

191 Vgl. hierzu Ausführungen von Schneider hinsichtlich des sogenannten Teleskop- und Pyramideneffektes. ZGR 1984, S. 501. Die Folge hiervon ist eine Kapitalstrukturdeformierung der ursprünglichen Kapitalerhaltungsregelungen.

192 Vgl. hierzu auch Kallfass, 1991, S. 36 f..

193 Die zu nennende Kehrseite dieses Effektes besteht in einer Kostenexternalisierung.

d) Vorteile bei Finanzierung: Tochtergesellschaften können selbständig am Kapitalmarkt auftreten, ohne daß es der Muttergesellschaft bedarf. Dies kann insbesondere im internationalen Bereich von Vorteil sein.

e) Vervielfältigung der Machtwirkung in Form des Pyramideneffekts (siehe auch 1e).

Hinsichtlich der vorwiegend eigentümerorientierten Vorteile sind zu nennen:

f) Möglichkeit der differenzierten Beteiligungspolitik und damit der Möglichkeit Beteiligung Dritter im Sinne einer besseren Strukturierung der Eigentümerverhältnisse. Zur Realisierung von Joint ventures ist die rechtliche Verselbständigung des Gemeinschaftsunternehmens oftmals die einzige Möglichkeit (siehe auch 1d). Fraglich ist, ob eine Diversifizierung auf Ebene des Konzerns vorgenommen werden sollte, oder ob es nicht den Anteilseignern überlassen werden sollte, durch differenzierte Strukturierung ihrer Beteiligungen das für sie optimale Portfeuille zu bilden.[194]

Hinsichtlich der vorwiegend managerorientierten Vorteile sind zu nennen:

h) Möglichkeit der Erfolgsgenerierung bzw. -reduzierung durch konzerninterne Transaktionen:[195] Durch Abstellen des deutschen Handelsrechts auf die Einzelgesellschaften ist es möglich, durch konzerninterne Transaktionen Aufwendungen bzw. Erträge zu generieren. So können durch konzerninternen Kauf stille Reserven aufgelöst oder immaterielle Wirtschaftsgüter des Anlagevermögens aktiviert werden. Das Management der Muttergesellschaft kann z.B. durch überhöhte Rückstellungsbildung bei den Tochtergesellschaften seine Position gegenüber den Gesellschaftern ausnützen.

i) Komplexitätsreduktion: Die rechtliche Verselbständigung zwingt zu eigenen selbständigen Rechnungskreisen und Verantwortungspflichten.

194 Vgl. Pellens, zfbf 1991, S. 491.

195 Dies trifft in erster Linie für Unternehmen zu, die in den Konsolidierungskreis aufgrund § 295 HGB und § 296 HGB nicht mit einbezogen werden müssen. Bei konsolidierungspflichtigen Unternehmen ergibt sich aus der Konzernbilanz die Kontrollmöglichkeit für die Informationsinteressenten, wobei zu beachten ist, daß der Einzelabschluß wesentlich an Informationsgehalt eingebüßt hat.

Rechtsnormen können unterstützend in organisatorische Konzepte der Dezentralisierung[196] und in Führungskonzepte integriert werden.

j) Steigerung der Flexibilität und des Verantwortungsbewußtseins: Durch Verlagerung der Entscheidungskompetenzen können die Teileinheiten schneller und direkter auf geänderte Marktsituationen reagieren. Konzernrechtsnormen, wie die eigenständige Verantwortlichkeit gem. § 76 AkG, können hierbei unterstützend eingesetzt werden. Der zusätzlichen Eigenverantwortung, insbesondere auch gegenüber Dritten, kann sich die Geschäftsführung der rechtlich verselbständigten Teileinheit nicht entziehen.[197]

k) Aufwertung der Führungsmannschaft des abhängigen Unternehmens: Prestigeträchtige Titel des Gesellschaftsrechts in Form des Vorstandsvorsitzenden und Geschäftsführers können vermehrt vergeben werden.

i) Informationsvorteile: Aufgrund des rechtlich zugewiesenen Rahmens der Informationspflichten in konzernierten Unternehmen ergeben sich für das Management Verhaltensspielräume, die das Management in seinem Sinne ausnützen kann. So kann es durch Auflösung von stillen Reserven eine falsche Ertragslage vorspiegeln.[198]

Bei den eigentümerorientierten und managerorientierten Gestaltungsvorteilen ist die eindeutige Zuordnung oftmals äußerst schwierig, teilweise auch nicht möglich, da sich enge Wechselwirkungen ergeben.

3) Vorteilhafte Konzernwirkungen in bezug auf Kerninteressenten der Konzernunternehmung

Durch die rechtliche Verselbständigung sind ökonomische Wirkungen zwischen den maßgeblichen Entscheidungsträgern der Konzernunternehmen, die Kerninteressenten genannt werden, und den Außenstehenden, festzustellen. Kerninteressenten stellen hier das Management und die Mehrheitsgesellschafter dar. Die Konzernierung kann effizienzsteigernde bzw. umverteilende Wirkungen zur Folge haben. Diese Differenzierung kann zwar unter realen Umständen äußerst schwierig sein; grundsätzlich kann aber zumindest gedanklich von Effizienzvorteilen und Umverteilungs-

196 Vgl. von Werder, 1986, S. 151 ff., 199 ff..
197 Dies trifft insbesondere für die zweite und die folgenden Managementebenen ein.

vorteilen gesprochen werden.[199] Effizienzvorteile entsprechen im wesentlichen den unter 4) genannten gesamtunternehmenswertorientierten Vorteilen.

Effizienzvorteile sind weitgehend unproblematisch.[200] Wird die Entwicklung hin zum Konzern weniger auf eine zunehmende Unternehmenskonzentration als auf eine zunehmende institutionelle Differenzierung und eine damit ermöglichte bessere Ressourcenallokation hin gedeutet[201], so kann der Konzern grundsätzlich für alle Beteiligten als positiv angesehen werden.

Daneben können jedoch mögliche Umverteilungseffekte entstehen. Diese stellen sich als Vorteile der Muttergesellschaft und damit ihrer Anteilseigner oder/und des Managements der Muttergesellschaft dar und sind grundsätzlich konzernnegativ zu werten. Umverteilungseffekte stellen sich für Außenstehende in der Regel als zusätzliche Risiken dar, die die Gläubiger und die Minderheitsaktionäre der Tochtergesellschaft zu tragen haben. Das gleiche kann für die Gläubiger der Muttergesellschaft gelten, die z.B. durch eine strukturelle Nachrangigkeit Nachteile erfahren können.

Konzernwirkungen können sich in Bezug auf die Kerninteressenten bei den geltenden Rechtsnormen des Konzerns in folgenden Punkten ergeben:

a) Durch die Haftungssegmentierung können Vermögensrisiken auf Außenstehende verlagert werden. Außenstehende können dies aufgrund fehlender Information in der Regel nicht erkennen. Im Falle einer Insolvenz einer Tochtergesellschaft tragen die Gläubiger dieser Gesellschaft die Vermögenseinbußen, vorausgesetzt, es liegt kein Vertragskonzern oder qualifiziert faktischer Konzern vor. Im Einheitsunternehmen ist eine Risikotrennung nicht möglich. Im Gegensatz zum Konzern müssen diese "Kosten" von einer Einheitsunternehmung getragen werden.

b) Verschieben von Vermögenswerten zwischen den Gesellschaften: Durch unangemessene Verrechnungspreise können Erträge bei bestimmten Zielgesellschaften eliminiert bzw. generiert werden. Nachteile sind aufgrund des § 311 AkG auszugleichen. Dennoch ergeben sich bei der Verrech-

---

198 Insbesondere bei nicht konsolidierungspflichtigen Unternehmen.

199 Vgl. Debus, 1990, S. 4.

200 Fraglich kann hierbei die Aufteilung von positiven Konzerneffekten sein.

201 Vgl. Kirchner, 1984, S. 250.

nungspreisgestaltung gewisse Spielräume, die durch die Nachteilsausgleichspflicht nicht erfaßt werden können. Für viele Wirtschaftsgüter, insbesondere bei Zwischenprodukten und bei nicht anderweitig verwendbarem Anlagevermögen, sind in der Regel keine fixen Marktpreise vorhanden. Hier liegen Bandbreiten vor, innerhalb derer konzerninterne Veräußerungspreise festgelegt werden können. Durch das bewußte zur Verfügungstellen benötigter Finanzmittel können Investitionen gelenkt werden. Teileinheiten des Konzerns mit Minderheitsgesellschaftern können damit langfristig Vermögenswerte entzogen werden.

Diese durch die rechtliche Strukurierung in Form der Konzernierung bestehenden bzw. geschaffenen Einzelvorteile der Kerninteressen des Konzerns stellen für die anderen Interessensgruppen (Außenstehende) jeweils ein Risikopotential dar, da Entscheidungen unter Umständen gegen ihren Willen und zu ihren Lasten durchgesetzt werden können.[202] Bewirkt wird dies durch die besonderen Gestaltungsspielräume, die erst durch das rechtliche Aufspalten und Atomisieren von Rechten innerhalb einer Konzernunternehmung geschaffen werden. So kann der Gläubiger einer einzelnen Konzernunternehmung lediglich die einzelne Gesellschaft in Anspruch nehmen und grundsätzlich nicht die Mutter- oder die Schwestergesellschaft. Ein Minderheitsaktionär hat im Konzern nur einen Anspruch auf den Gewinn der Einzelgesellschaft und nicht auf einen Anteil des erzielten Gewinns im Gesamtkonzern.[203] Dem Gläubiger des einzelnen Konzernunternehmens steht grundsätzlich nur die Haftungsmasse der einzelnen Konzerngesellschaft zur Verfügung.

Gegenüber dem Einheitsunternehmen liegen hierin Vorteile im Sinne von Gestaltungsprivilegien[204] für Konzernstrukturen. Diese nur kurz aufgezeigten zusätzlichen Gestaltungspielräume bei Konzernstrukturen führen zu höheren Freiheitsgraden für bestimmte Interessensgruppen. Von betriebs-

---

202 Schneider erläutert diese Problematik sehr anschaulich: Stimmrechte der Minderheitsgesellschafter bei entsprechenden Mehrheitsverhältnissen seien unter Umständen nur noch so viel Wert, wie die Niete in einer Lotterie. Vgl. Schneider, BB 1986, S. 1996.

203 Vgl. Diskussion um die Problematik des § 58 AktG; Geßler, 1985, S. 18 ff., Goerdeler, WPg 1986, S. 229 ff.; Busse von Colbe, 1987, S. 61 ff.; Lutter, 1987, S. 327 ff.; Schildbach, WPg 1993, S. 53 ff..

204 Vgl. auch Pausenberger, BFuP 1986, S. 361.

wirtschaftlicher Seite werden diese Effekte registriert, ihre ökonomischen Folgen sind aber bisher nicht genügend erforscht. Empirische Untersuchungen ergaben bisher lediglich, daß bei Konzernierung der Mutterunternehmungen keine signifikanten Steigerungen hinsichtlich der Ertragslage in der Konzernbilanz oder beim Kurswert am Kapitalmarkt aufgetreten sind.[205]

4) Gesamtunternehmungswertorientierte Vorteile

Neben den nach Anspruchsgruppen geordneten Konzernwirkungen sind die primär unternehmenswertorientierten Vorteile bzw. Effekte zu nennen. Diese sind teilweise direkt quantifizierbar, aber bestehen auch aus qualitativen und damit schwer quantifizierbaren Kosten- und Erlösvorteilen, die sich durch eine Konzernstrukturierung ergeben können. Viele dieser Verbundvorteile können ebenso in Einheitsunternehmen verwirklicht werden. Gewisse Vorteile wirken sich aber in Konzernverbindungen in differenzierterer Weise aus. Diese lassen sich unterscheiden in:

a) Erweiterte Möglichkeiten der Führung und Organisationsgestaltung: Diese können durch Konzernrechtsnormen im Sinne einer Verstärkung der zugrundeliegenden Gestaltungsmodelle eingesetzt werden.[206] Insbesondere können hinsichtlich der Dezentralisierung verstärkte Motivationseffekte realisiert werden. Die kürzeren Kommunikationswege und die größere Problemnähe bei Entscheidungen können bei rechtlicher Verselbständigung auch nach außen hin repräsentiert werden.

b) Strukturierungsvorteile: Aus Konzernunternehmungssicht ergibt sich aus der Variationsmöglichkeit bezüglich Beteiligungshöhe und Beherrschungsmöglichkeit eine optimale Abstimmung auf die Unternehmungsziele (siehe auch 1b).

c) Marktorientierte Vorteilsrealisierungen: Dies ist das bereits erwähnte Erhalten von Firmennamen (siehe auch 1c). Vorteile ergeben sich aber insbesondere durch die Möglichkeit einer schnelleren Ausrichtung an geänderte Marktverhältnisse. Juristisch verselbständigte Geschäftsfelder können einfacher in andere Geschäftsbereiche umstrukturiert werden

---

205 Vgl. Ein Überblick zu hierzu vorliegenden Untersuchungen findet sich bei Bühner, 1990.

206 Vgl. von Werder, 1986, S. 151 ff., S. 199 ff., S. 332 ff., S. 370 ff..

(Umgruppierung). Entsprechend der strategischen Marktausrichtung lassen sich durch Käufe und Verkäufe juristischer Teileinheiten Umstrukturierungen schneller und kostengünstiger realisieren. Dies erhöht die marktorientierte Fungibilität.

d) Verbundwirkungen: Diese ergeben sich hinsichtlich von Größenvorteilen (economy of scale), von Synergieeffekten (economy of scope) und Finanzierungsvorteilen durch einen konzerninternen Finanzausgleich. Verbundwirkungen sind in aller Regel ebenso im Einheitsunternehmen realisierbar. Der spezifische Vorteil des Konzerns ist die Ermöglichung von Verbundwirkungen, die sich nur im Rahmen von Gemeinschaftsunternehmen realisieren lassen. (siehe auch 1d)

Diese aufgeführten Strukturdimensionen eröffnen rechtlich gegliederten Unternehmungen Gestaltungsspielräume und werden speziell hinsichtlich ihrer ökonomischen Wirkung durch die rechtliche Verselbständigung der Teileinheiten ermöglicht. Der Konzern erlaubt eine sehr spezifische Differenzierung von Verfügungsrechten. Dies kann eine bessere Ressourcenallokation und eine Effizienzsteigerung ermöglichen. Bei den zur Zeit geltenden Konzernrechtsregelungen sind die konzernnegativen Elemente aber nicht immer voll erfaßt und können damit zu kaum gewollten Umverteilungseffekten führen.

Im Gegensatz zum Konzern kann das Einheitsunternehmen im Außenverhältnis nur als eine handlungsfähige Einheit auftreten und bleibt im Außenverhältnis damit Bezugspunkt der Zuordnung von Rechtspositionen. Im Unterschied zum Einheitsunternehmen geht im Konzern eine unterschiedliche Risikoverteilung einher. Ein Unternehmen zeichnet sich neben der Entscheidungsautonomie auch durch die Einheitlichkeit der Verantwortung im Außenverhältnis, sprich der Haftungseinheit, aus. Dies wird gerne von den Verfechtern der betriebswirtschaftlichen Einheitstheorie übersehen. Tatsächliche, aber auch potentielle Haftungstatbestände sind auch unter dem Aspekt ihrer ökonomischen Auswirkung im Sinne einer möglichen Kostenexternalisierung zu sehen. Aus dieser Sichtweise kann die Wahl der rechtlichen Organisationsform als ein eigenständiger wirtschaftlicher Faktor angesehen werden.[207]

Vergleicht man die oben angeführten Einzelvorteile bzw. -wirkungen des Konzerns zum Einheitsunternehmen, so weisen sie fast vollständig eine erhöhte Anpassungsfähigkeit durch die rechtlichen Gestaltungsspielräume auf. Es wird deutlich, daß der Konzern die bessere Möglichkeit zur Anpassung an differierende Umweltzustände hat und damit die wesentliche Forderung neuer Organisationskonzepte erfüllt. Weitere Untersuchungen zum Konzernsachverhalt hinsichtlich der rechtsnorminduzierten ökonomischen Wirkungen des Konzerns und den daraus folgenden Allokationseffekten erscheinen nötig.[208]

2.4 Realstruktur und Dualismus des Konzerns als Ausgangspunkt für eine steuerrechtliche Erfassung der Unternehmensgruppe

In der Variationsbreite der Führungskonzeption liegt eine der effizienzsteigernden Merkmale des Konzerns gegenüber dem Einheitsunternehmen. Hinsichtlich der steuerrechtlichen Betrachtung können sich durch Einführung neuer Organisationsstrukturen Probleme daraus ergeben, daß neue Konzernstrukturformen nicht mehr unter die Bestimmungen zur Organschaft fallen. Den angesprochenen Konzernorganisationsformen, die zunehmend zur Entscheidungsdezentralisation bzw. zur Spaltung von Entscheidungskompetenz tendieren[209], muß Rechnung getragen werden. Ein weiter Rahmen der Entscheidungsdelegation ist aus organisatorischen Bedürfnissen erwünscht. Die Möglichkeit der Differenzierung zur Entscheidungsdelegation in der Unternehmensgruppe ist damit einem strikten Zwang zu einer nachdrücklichen Ausübung der einheitlichen Leitungsmacht im Konzern vorzuziehen. Den-

207 In diesem Sinne auch Kirchner, 1984, S. 250.

208 Vgl. hierzu erste grundlegende Untersuchung zu ökonomischen Auswirkungen von Haftungsregelungen im Konzern von Debus, 1990.

209 Z.B. Matrixorganisation.

noch kann davon ausgegangen werden, daß der straff geführte Konzern mit weitgehender Ausübung von Leitungsmacht weiterhin besteht.[210]

Ein Zwang des Steuerrechts zur Übernahme von Leitungsmacht als Voraussetzungstatbestand zu einer Konzernbesteuerung sollte daher nicht ausgeübt werden. Diesbezüglich soll das Steuerrecht entscheidungsneutral hinsichtlich unterschiedlicher Organisationsstrukturen wirken. Ökonomischen als auch rechtlichen Gesichtspunkten kann damit Rechnung getragen werden. Erfassen möchte diese Arbeit aber nicht nur den strikt einheitlich geleiteten Konzern, sondern auch den weitgehend dezentral geleiteten Konzern. Unter dem Begriff Unternehmensgruppe sind dauernde Unternehmensverbindungen zu verstehen, die durch die Mehrheit der Stimmrechte hergestellt werden und über die ein beherrschender Einfluß ausgeübt werden kann. Im Gegensatz zum Konzern muß nicht unbedingt eine einheitliche Leitung vorliegen. In diesem Sinne umfaßt die Unternehmensgruppe den zentral und den dezentral geführten faktischen Konzern, als auch das lediglich abhängige Unternehmen.[211]

Die Grundkonzeption der Besteuerung des deutschen Steuerrechts basiert auf der Individualbesteuerung und der Besteuerung nach der Leistungsfähigkeit. Als Maßstab für die Leistungsfähigkeit gilt das Einkommen. Um das Einkommen meßbar zu machen, muß es einem Subjekt zugerechnet werden. Die deutsche Unternehmensbesteuerung knüpft hierbei an die zugrundeliegende Rechtsform, nicht aber an eine Unternehmenseinheit an. Das deutsche Steuerrecht erkennt dem Gesellschaftsrecht folgend die Kapitalgesellschaft als eigenständiges Zurechnungssubjekt an. Daraus folgt konsequenterweise, daß der einzelnen Kapitalgesellschaft das von ihr erwirtschaftete Einkommen zugerechnet wird.

Andererseits ist das Einkommen aber auch ein wirtschaftlicher Begriff.[212] Der Konzern ist ein wirtschaftlicher Sachverhalt, der durch seine spezielle rechtliche Gestaltung bestimmt wird. Zwischen den Eckpunkten der wirtschaftlichen und der rechtlichen Betrachtungsweise ist eine Besteuerungs-

---

210 Hinsichtlich einer möglichen Zentralisierung bei den Kernkompetenzen, vgl. Gomez, zfo 1992, S. 171.

211 Damit steht der Begriff Unternehmensgruppe dem des abhängigen und herrschenden Unternehmens nach § 17 Abs.1 AktG nahe.

212 Vgl. Gutachten des RFH vom 26.7.1932, I D 2/31 und III D 2/32, RStBl. 1933, S. 136.

konzeption des Konzerns zu suchen. Eine solche Konzeption hat adäquat die wirtschaftlichen Sachverhalte des Konzerns zu berücksichtigen, wobei die bestehende Rechtsordnung hinsichtlich der Erfassung des Konzerns in ausreichendem Maße Berücksichtigung finden muß.

Unser jetziges Rechtssystem regelt den Konzern in weiten Bereichen (noch) unter Bezugnahme auf die Eigenständigkeit der Konzernunternehmen. Es ist zu untersuchen, ob nicht eine Besteuerungskonzeption für den Konzern entwickelt werden muß, die zwar die wirtschaftliche Verbindung beachtet, aber aus den zur Zeit gegebenen rechtstatsächlichen Strukturen des Konzerns außerhalb des Steuerrechts für die Besteuerung die notwendigen Konsequenzen zieht. Hinsichtlich der Betonung der Eigenständigkeit als eigenständiges Steuersubjekt ist die gesellschaftsrechtliche Wertung bezüglich der Vermögensbindung und damit auf die Nachteilsausgleichsregelung für verbundene Unternehmen zu beachten. Nach § 311 AktG sind negative Einflußnahmen auf Tochtergesellschaften auszugleichen, da das Eigeninteresse der Tochtergesellschaft grundsätzlich zu wahren ist.[213] Ebenso behalten die handelsrechtlichen Einzelbilanzen ihre Ausschüttungsbemessungsfunktion. Diese Eckpunkte werden bei der Entwicklung einer Besteuerungskonzeption für die Unternehmensgruppe bei Nichtvorliegen eines Beherrschungs- und Gewinnabführungsvertrages zu beachten sein.

213 Zum Problem der möglichen handelsrechtlichen Gewinnrealisierung und der damit verbundenen Ausschüttungsmöglichkeit vgl. Kap. 5.4.3.

3. Besteuerung von Konzernsachverhalten im Rahmen der Organschaft

3.1 Stand und Bedeutung der Besteuerung verbundener Unternehmen durch das Institut der Organschaft

Mit der Organschaft werden nur die Konzernunternehmungen erfaßt, die den engen Tatbestandsvoraussetzungen der Organschaft genügen. Um in den "Genuß" der Regelung der Organschaftsbesteuerung der Körperschaft-, Gewerbe- und Umsatzsteuer zu kommen, bedarf es der finanziellen, der organisatorischen und der wirtschaftlichen Eingliederung einer inländischen Kapitalgesellschaft.[1] Für die körperschaftsteuerliche Organschaft muß darüber hinaus ein schriftlicher Abschluß eines Ergebnisübernahmevertrages auf mindestens fünf Jahre zwischen Organträger und Organgesellschaft gem. § 14 Abs.5 KStG vorliegen. Die steuerliche Wirkung der Organschaft ist grundsätzlich auf nationale Sachverhalte beschränkt.[2]

Die Regelungen der Organschaft sind seit Jahren wiederholter Kritik ausgesetzt.[3] Der Organschaft wird vorgeworfen, sie sei lediglich als Ansatz zur Besteuerung des Konzerns zu sehen[4] und sie sei auf halbem Wege stehengeblieben.[5] In der Tat wird die deutsche "Konzernbesteuerung" in Form der Organschaft international mit Unverständnis bis hin zur Ablehnung betrachtet.[6] Insbesondere die Forderung nach Abschluß eines Gewinnabführungsvertrages ist im internationalen Vergleich als ein Unikum anzusehen. Aus-

---

1 § 14 Nr. 1 und 2 KStG, § 2 Abs. 2 S.2 GewStG, § 2 Abs.2 Nr. 2 UStG. Die Ausführungen konzentrieren sich im folgenden auf die körperschaftsteuerliche Organschaft. Auf die gewerbesteuerliche Organschaft wird besonders Bezug genommen.

2 Die gewisse Ausnahme hiervon bildet die ausländische Kapitalgesellschaft mit inländischer Zweigniederlassung, die gem. § 18 KStG mittels ihrer inländischen Betriebsstätte als Organträger fungieren kann. Jedoch sind auch hier die Wirkungen auf nationale Sachverhalte beschränkt.

3 Vgl. bspw. Harms/Küting, BB 1982, S. 445; Voss, AG 1973, S. 326; Tumpel, JfB 1990, S. 240; Scheffler, DBW 1991, S. 701; Salzberger, 1994, Scheuchzer, 1994; Krehbühl, DB 1995, S. 744; Grotherr, StuW 1995, S. 124; Treptow, StbJb 1995/96, S. 66 ff..

4 Vgl. Grotherr, BB 1993, S. 1986. Grotherr bezeichnet die steuerliche Organschaft "als rudimentärer Ansatz einer Konzernbesteuerung bzw. einer zusammengefaßten Besteuerung von Unternehmensgruppen".

5 Vgl. Wöhe, 1982, S. 81.

gangspunkt einer Weiterentwicklung des deutschen Konzernsteuerrechts müssen die vorliegenden Regelungen zur Organschaftsbesteuerung sein. Hierauf aufbauend sind dann die Möglichkeiten zur Verbesserung des geltenden Rechts zu untersuchen.[7]

Trotz aller Kritik an der derzeitigen Ausgestaltung "der deutschen Konzernbesteuerung" sind Organschaftsverhältnisse weit verbreitet. Im Jahr 1986 existierten nahezu 10.000 Organschaften.[8] Am positiv erwirtschafteten Einkommen hatten sie einen Anteil von 13%, am negativ erwirtschafteten Einkommen einen Anteil von 29% des insgesamt zu versteuernden Einkommens. Außerordentlich gering ist der Anteil an Ausgleichszahlungen mit nur 0,24% der abzuführenden Gewinne. Dies begründet die nachhaltige Vermutung, daß Organgesellschaften sich überwiegend in vollem Anteilsbesitz der Organträger befinden. Diese Zahlen legen den Schluß nahe, daß zur Zeit durch Organschaftsverhältnisse insbesondere ein Verlustausgleich angestrebt wird.[9]

Lag der Primärzweck der Organschaft vor Einführung des Anrechnungsverfahrens mit der Körperschaftsteuerreform 1977 in der Beseitigung der Doppel- bzw. Mehrfachbesteuerung[10] ausgeschütteter Gewinne, so liegt nach herrschender Meinung die Funktion der Organschaft nunmehr in erster Linie im Verlustausgleich der zum Organkreis zusammengeschlossenen Unternehmen.[11] Im "neuen" Körperschaftsteuerrecht kann es grundsätzlich zu keiner Doppelbelastung von ausgeschütteten Gewinnen von Kapitalgesellschaften mehr kommen.[12] Das Einkommen der Organgesellschaft wird dem

---

6 Vgl. Beusch, 1978, S. 22; s.a. Bühler, 1964, S. 13: Bühler spricht in diesem Zusammenhang von "einer unerfreulichen Isolierung des deutschen Steuerrechts", hervorgehoben im Orginaltext.

7 Ein Fachreferat des BMF erarbeitet zur Zeit in einer Bund-/Länderarbeitsgruppe die von der Steuerverwaltung gesehenen Möglichkeiten einer Weiterentwicklung der Organschaft.

8 Nach einer Untersuchung von Grotherr anhand der Körperschaftsteuerstatistik von 1986. Vgl. Grotherr, BB 1993, S. 1987.

9 Vgl. Grotherr, BB 1993, S. 1987.

10 Zu unterscheiden ist hierbei zwischen der juristischen Doppelbesteuerung, die nicht aufgehoben wird und der wirtschaftlichen Doppelbesteuerung (Doppelbelastung), die grundsätzlich durch das Anrechnungsverfahren beseitigt wird.

11 Vgl. BT-Drs. 7/1470, S 347; HHR, § 14 Rn. 3; Reuter, DStR 1982, S.155; Knepper, FS Schmidt, 1993, S. 725.

12 Eine Ausnahme hiervon besteht bei nicht anrechnungsberechtigten Anteilseignern, denen der Anrechnungsanspruch versagt bleibt. Vgl. Lange/ Reiß, 1996, Rn. 599.

Organträger direkt ohne Herstellung der Ausschüttungsbelastung zugerechnet. Die Regelungen der Organschaft gehen denen des Anrechnungsverfahrens vor.[13] Der Regelungsgegenstand der Organschaft beschränkt sich auf die Zurechnung des Einkommens zum Organträger. Die Eliminierung der Zwischengewinne ist nicht vorgesehen. Die Verlustverrechnung bleibt also wesentliche Ursache und Wirkung der Organschaft.

Ein weiterer wesentlicher Vorteil der Organschaft war bisher die Möglichkeit der Weiterreichung steuerfreier oder steuerermäßigt belasteter Einkünfte an den Organträger.[14] Dies galt im besonderen Maße für steuerfreie Weiterleitung von Auslandseinkünften. Durch Einführung des § 8 b KStG hat dieser Vorteil weitgehend an Bedeutung verloren. § 8 b Abs.1 KStG ermöglicht es, ausländische Einkunftsteile (EK 01) ohne Herstellung der Ausschüttungsbelastung an eine unbeschränkt körperschaftsteuerpflichtige Kapitalgesellschaft weiterzureichen. Werden Einkommensteile aus EK 01 nach § 28 KStG ausgeschüttet, so kommt es gem. § 40 S.1 Nr.1 KStG nicht mehr zu einer Erhebung der Körperschaftsteuer auf Ebene der ausschüttenden Kapitalgesellschaft (kein Nachholeffekt). Die empfangende Körperschaft hat ihrerseits das unbelastet empfangene EK 01 in ihr EK 01 einzustellen. Nach § 8 b Abs.1 EStG bleiben bei der Ermittlung des Einkommens der empfangenden Körperschaft die steuerfreien Auslandseinkünfte außer Ansatz.

3.2 Begründungen für die zusammengefaßte Besteuerung des Organkreises

3.2.1 Grundsatz der Steuersubjektidentität bei Kapitalgesellschaften in Form des Trennungsprinzips

Das deutsche Steuerrecht basiert auf dem Individualprinzip, d.h. jedes Steuersubjekt hat das von ihm erwirtschaftete Einkommen zu versteuern. Kapitalgesellschaften mit Sitz im Inland sind gem. § 1 Abs.1 Nr.1 KStG selbständige Steuersubjekte und unbeschränkt steuerpflichtig. Das von der Kapitalgesellschaft erwirtschaftete Einkommen wird nicht den Anteilseignern zugerechnet, sondern ist von der Kapitalgesellschaft zu versteuern.

---

13 Vgl. BT-Drucks. 7/1470, S. 347.

Grundsatz der Besteuerung von Kapitalgesellschaften ist der zivilrechtlichen Wertung des Gesellschaftsrechts folgend das Trennungsprinzip.[15]

Die Kapitalgesellschaft ist durch Haftungsbeschränkung auf das eingesetzte Kapital sowie durch die Drittorganschaft gekennzeichnet.[16] Soweit ersichtlich, wird der Grundsatz der begrenzten Haftung von Kapitalgesellschaften von allen Rechtsordnungen anerkannt.[17] Der Kapitalgesellschaft wird als juristischer Person die Rechtsfähigkeit zuerkannt und sie wird damit als Körperschaft zum eigenständigen Rechtssubjekt.[18] Alle Rechte, die im Zusammenhang mit dem Gesellschaftsvermögen stehen, sind orginär der Kapitalgesellschaft als juristischer Person und nicht den dahinterstehenden Gesellschaftern zugewiesen. Den Anteilseignern stehen keinerlei Rechte in Bezug auf das Vermögen bzw. die Vermögensgegenstände der Gesellschaft zu. Umgekehrt ist grundsätzlich kein Durchgriff auf das Vermögen des Gesellschafters möglich.[19] Die Reichweite des Trennungsprinzips ist nicht unumstritten. So wird auch für eine gewisse Einschränkung des strikten Trennungsprinzips bzgl. der Rechtsstellung der Mitglieder zu ihrer juristischen Person hin plädiert.[20]

---

14 Vgl. Witt, in: Dötsch/Eversberg, KStG, § 14 Rn.1.

15 Vgl. auch Scheffler, DBW 1991, S. 702.

16 Vgl. hierzu auch Hueck, 1991, S. 13f.. Der Begriff der Kapitalgesellschaft wird für Gesellschaften mit Erwerbszweck verwendet, deren wesentliches Charakteristikum ein festgelegtes (Grund-) Kapital ist.

17 Vgl. OECD, 1982, S. 32.

18 Vgl. Wiedemann, 1980, S. 196 f.; Die Rechtsfähigkeit einer Organisation führt dazu, daß ein organisiertes Sondervermögen selbständiger Träger von Rechten wird. Sie wird als Rechtssubjekt eigener Zuordnungspunkt für Rechte und Pflichten.

19 Das Trennungsprinzip bedeutet nach h.M. insbesondere die vermögensrechtliche Trennung der Sphären der Gesellschaft und des Gesellschafters. Nach Karsten Schmidt bezieht sich der Körperschaftsbegriff nicht auf die äußere juristische Verselbständigung, sondern auf die Verselbständigung gegenüber den Mitgliedern. Vgl. Schmidt, 1991, S. 544. Bezieht man die Ansicht Karsten Schmidts hinsichtlich der Beurteilung von Körperschaften und juristischen Personen mit ein, so liegt ein doppelter Trennungsbegriff vor: Einerseits in Verhältnis der Mitglieder gegenüber der Körperschaft, zum andern in der Zuordnung des Vermögens.

20 Vgl. Wiedemann, 1980, S. 215. Nach Auffassung von Wiedemann kann die juristische Person nicht völlig unabhängig von ihren Mitgliedern gesehen werden. Persönliche Eigenschaften der Gesellschafter können der Gesellschaft zugerechnet werden.

Bereits frühzeitig hat der RFH deutlich gemacht, daß das gesamte Körperschaftsteuerrecht auf der Anerkennung der Rechtsform der juristischen Person beruht, und daß jede Körperschaft für sich subjektiv steuerpflichtig ist.[21] Nicht möglich soll eine erweiternde oder einengende Auslegung des Begriffes Kapitalgesellschaft sein.[22] Das Körperschaftsteuergesetz geht grundsätzlich von der absoluten Eigenständigkeit des Einkommens- und Vermögensbereichs der Kapitalgesellschaft aus.[23] Die Kapitalgesellschaft ist von den beteiligten Anteilseignern zu isolieren, ihre Besteuerung läßt die Steuerpflicht ihrer Anteilseigner unberührt. Dementsprechend wird die Kapitalgesellschaft auch zum Bezugspunkt der Einkunftsermittlung als eigenständiges Steuersubjekt.[24]

Der Konzern hat als solcher keine eigene Rechtspersönlichkeit. Damit fehlt ihm grundsätzlich das Merkmal für eine Zuordnung von Besteuerungspflichten. Anknüpfungspunkt können nur die einzelnen zum Konzern zusammengeschlossenen Kapitalgesellschaften sein. Aus systematischer Sicht ist damit prinzipiell eine zusammengefaßte Besteuerung des Konzerns ausgeschlossen.

3.2.2 Die Organschaft als Durchbrechung der allgemeinen Zurechnungsregel für Einkünfte

Eine ausdrückliche allgemeine persönliche Zurechnungsvorschrift für Einkünfte gibt es im deutschen Steuerrecht explizit nicht.[25] In § 2 Abs.1 EStG heißt es, Einkünfte sind dem zuzurechnen, der sie erzielt. Einkünfte sind also demjenigen zuzurechnen, der einen einschlägigen Tatbestand der Einkunftserzielung erfüllt[26]. Bei der Einkünftezurechnung kommt es dabei nicht auf die Erlangung der Verfügungsberechtigung an, sondern es ist im wesentlichen auf die Innehabung der Einkunftsquelle abzustellen. Als

---

21 Vgl. RFH vom 3.7.1935, RStBl. 1935 VI A 1149/33, S. 1127.
22 Vgl. BFH vom 25.6.1984, GrS 4/82, BStBl. 1984 II, S. 751.
23 Vgl. Achenbach, in: Dötsch/Eversberg, KStG, Vor § 8 Rn. 1.
24 § 8 Abs. 1 KStG i.V.m. §§ 4 Abs.1, 5 Abs.1 EStG.
25 Vgl. Tipke, StuW 1977, S. 298.
26 Vgl. auch Tipke/Lang, § 9 Rn. 150 ff.; Kirchhof, in: Kirchhof/Söhn, § 2 Anm. A 78f., A 88. Tipke, StuW 1977, S. 298.

Zurechnungsformel hat Ruppe hierzu grundlegend ausgeführt[27]: "Inhaber der Einkunftsquelle ist weder derjenige, der wirtschaftliche Verfügungsmacht über (ertragbringende) Wirtschaftsgüter hat, noch derjenige, der die Verfügungsmacht über Einkünfte erlangt. Zuzurechnen ist vielmehr demjenigen, der über die Einkunftsquellen entsprechender Leistungen im Innenverhältnis disponieren kann, d.h. vor allem die Möglichkeit besitzt, Marktchancen zu nutzen oder Leistungen zu verweigern." Diese Erkenntnis hat sich als steuerrechtliches Allgemeingut durchgesetzt.[28] Die Inhaberschaft einer Einkunftsquelle und damit die Zurechnung der Einkünfte bestimmt sich nach der Dispositionsgewalt hinsichtlich der Teilnahme am Marktgeschehen. Einkünfte werden demjenigen zugerechnet, der sie aufgrund seiner Betätigung oder seines Vermögenseinsatzes durch Beteiligung am wirtschaftlichen Verkehr erwirtschaftet.[29]

Für den betrieblichen Bereich sind die Einkünfte demjenigen zuzurechnen, "der die Dispositionsbefugnis über den Betrieb ... ausübt und auf dessen Rechnung und Gefahr der Betrieb geführt wird."[30] Entscheidend für die Zurechnung ist mithin die Dispositionsbefugnis über die materiellen Grundlagen des Betriebes als Einkunftsquelle.[31] Darüberhinaus muß die wirtschaftliche Betätigung sich im Vermögen des Steuerpflichtigen durch Erfolg bzw. Mißerfolg tatsächlich niederschlagen. Eine steuerwirksame Übertragung von Einkünften ohne Erwirtschaftung am Markt zwischen unterschiedlichen Steuersubjekten ist grundsätzlich nicht möglich. Es gilt der Grundsatz des Einkommen- und Körperschaftsteuergesetzes, daß der Einkommensteuertatbestand durch zivilrechtliche Vereinbarungen nicht verschoben werden kann.[32]

Entsprechendes gilt für die Behandlung von Verlusten. Verluste können grundsätzlich nicht auf andere Steuersubjekte übertragen werden.[33] Die

---

27 Ruppe, 1979, DStJG, S. 39.
28 Vgl. Drenseck, DStR 1995, S. 509.
29 Vgl. Tipke/Lang, § 9 Rn. 150. Überträgt man dies auf den Konzern, so hieße dies, daß geprüft werden muß, inwiefern die Dispositionsgewalt in die einzelne Konzerngesellschaft durch die Gesamtkonzernführung reicht.
30 Ruppe, 1977, DStJG, S. 30.
31 Vgl, Ruppe, DStJG 1977, S. 30.
32 Vgl. Flume, DB 1956, S. 457.
33 Vgl. Knepper, DStR 1994, S. 1796. Durch die Regelungen des neuen § 12 Abs.3 S.2 UmwStG wird dieser bisher allgemein geltende Grundsatz jedoch eingeschränkt. Vgl. Kap. 7.2.

Möglichkeit des Verlustausgleichs gem. § 10 d EStG wird darüberhinaus im Körperschaftsteuerrecht durch § 8 Abs.4 KStG eingeschränkt.[34] Beim sogenannten Mantelkauf nach § 8 Abs.4 KStG darf eine Körperschaft nur einen Verlust ausgleichen, den sie auch tatsächlich erlitten hat. Hier fordert das Körperschaftsteuergesetz neben der rechtlichen Identität seit 1990 auch die wirtschaftliche Identität der Kapitalgesellschaft. Hintergrund für diese Regelung ist, daß eine Kapitalgesellschaft bei Übergang sämtlicher Anteile auf einen Neugesellschafter ihre rechtliche Identität nicht verliert und damit die Verluste mittelbar auf die neuen Anteilseigner übergehen können. Zielsetzung des Gesetzgebers war es, mit dem Erfordernis der wirtschaftlichen Identität den Handel von Verlusten zu unterbinden.[35] Bei der Regelung zum Mantelkauf wird deutlich, daß der Gesetzgeber über die Rechtsform hinaus den dahinter stehenden wirtschaftlichen Sachverhalt mit einbezieht. Das geltende Trennungsprinzip wird damit wegen des dahinterstehenden wirtschaftlichen Sachverhaltes beiseite geschoben.

Die Organschaft durchbricht die grundsätzliche Einkommenszuordnung des Einkommen- und Körperschaftsteuerrechts.[36] Die körperschaftsteuerliche Organschaft setzt sich mittels der Zurechnungstheorie bzw. -fiktion über die Grundwertung des Trennungsprinzips hinweg.[37] Das Einkommen des Organs wird dem Organträger zugeordnet. Die Organgesellschaft bleibt zwar eigenständiges Steuersubjekt, ist aber objektiv steuerfrei.[38] Bei Vorliegen der Organschaftsvoraussetzungen kommt es zu einer Einkommensverschiebung der Organgesellschaft hin zum Organträger.

---

34 Vgl. auch Dötsch, DB 1992, S. 652.

35 Vgl. Lange/ Reiß, 1996, Rn. 105.

36 Vgl. Grieger, WM 1955, Sonderbeilage Nr. 11, S. 10.

37 Zu den weiteren Ausnahmen, bei denen verbundene Unternehmen über die rechtliche Selbständigkeit hinaus im Zusammenhang gesehen werden, vgl. Witt, in: Dötsch/Eversberg, KStG, Vor § 14 KStG, Rn. 78.

38 Dies ist nach h.M. die zur Zeit geltende Bestimmung des § 14 S.1 KStG. Diese Auffassung wurde vom BFH zeitweise abgelehnt, da eine fehlende objektive Steuerpflicht zur Filial- bzw. Einheitstheorie führen müsse. Interessanterweise sah der BFH durch die Annahme einer subjektiven Steuerpflicht hierbei einen inneren Widerspruch. Vgl. BFH vom 24.11.1953 I 109/59 U, BStBl. III 1954, S. 21.

3.2.3 Die deutsche Organschaft als Produkt der historischen Entwicklung der Rechtsprechung

Die Regelungen der Organschaft sind weitestgehend eine Schöpfung der Rechtsprechung.[39] Während die Kodifizierung der Organschaft im Umsatzsteuerrecht bereits 1934 und im Gewerbesteuerrecht 1936 erfolgte, ist eine gesetzliche Regelung der Organschaft im Körperschaftsteuerrecht erst im Jahre 1969 erfolgt. Während der RFH "ohne Selbstzweifel" stärker von einer wirtschaftlichen Betrachtungsweise ausging, war sich der BFH in zunehmendem Maße unsicher, ob die körperschaftsteuerlichen Organschaftsregelungen ohne gesetzliche Fixierung überhaupt Bestand haben können. Mit dem Urteil zur Ablehnung der Personengesellschaft als Organträger[40] hat der BFH den Gesetzgeber quasi zu einer Kodifizierung gezwungen. Mit der Kodifizierung im Jahre 1969 erfuhr die Weiterentwicklung der Organschaftsbesteuerung durch die Rechtsprechung einen Abbruch.

Die Ursprünge der Organschaft spiegeln sich in besonderem Maße in den zum Organschaftstatbestand entwickelten Theorien wider, die daher kurz betrachtet werden sollen. Der RFH bezeichnete "die Organtheorie als die steuerliche Lehre von der wirtschaftlichen Einheit rechtlich selbständiger Wirtschaftsobjekte."[41] Der RFH erkennt dabei an, daß die wirtschaftliche Einheit der Rechtsform der juristisch selbständigen Person vorgeht, insbesondere, daß das Einkommen ein wirtschaftlicher Begriff ist.[42] Dementsprechend konstatiert Knobbe-Keuk, daß die materiellen Grundlagen für die Anerkennung der Organschaft im Sinne der wirtschaftlichen Betrachtungsweise durch den RFH immer mehr in Vergessenheit geraten sind.[43] Zur Erklärung der Organschaft wurden von der Rechtsprechung insbesondere folgende Theorien entwickelt[44]:

---

39 Der Begriff Organschaft ist urspünglich aus dem Richterrecht des preuß. OVG zur Gewerbesteuer hervorgegangen. Weitergehende Einzelheiten zur geschichtlichen Entwicklung. Vgl. hierzu Jurkat, 1975, Rn. 114 ff..

40 Vgl. BFH vom 17.11.1966 I 280/63, BStBl. III 1967, S. 118. Eine weitere Fortentwicklung war aber auch aufgrund der Verunsicherung des BFH nicht mehr zu erwarten. Vgl. hierzu auch Hoffmann, DStZ 1967, S. 236.

41 Vgl. RFH vom 30.1.1930 I A 226/29, RStBl. 1930, S. 148.

42 Vgl. Schulze-Schlutius, 1956, S. 31.

43 Vgl. Knobbe-Keuk, 1993, S. 697.

44 Vgl. auch Hübl, DStZ 1965, S. 17 ff.; HHR, Vor § 14 Rn. 8 ff..

Die **Angestelltentheorie** ist die älteste Organtheorie und wurde bereits vom Preußischen OVG entwickelt.[45] Wie kaum anders zu erwarten, diente sie ursprünglich dem fiskalischen Interesse zur Sicherung des preußischen Steueraufkommens.[46] Aufgegriffen als Grundlage zur Besteuerung der Organschaft wurde die Angestelltentheorie erstmals für die Körperschaftsteuer vom RFH im Jahre 1922.[47] Bei der Angestelltentheorie bleibt die subjektive Steuerpflicht in Form der juristischen und steuerlichen Selbständigkeit bestehen.[48] Es wird ein persönliches Abhängigkeitsverhältnis zwischen Organträger und Organ wie zwischen einem Dienstherrn und einem Angestellten angenommen. Die abhängige Gesellschaft fungiert quasi als Organ. Der von der Organgesellschaft geführte Betrieb wird für Rechnung und Gefahr im Auftrag des Organträgers geführt. Gewinne und Verluste entstehen unmittelbar beim Organträger. Von der Angestelltentheorie ist die Rechtsprechung grundsätzlich abgekommen, wobei hinsichtlich des Vorliegens eines Abhängigkeitsverhältnisses vom BFH dennoch weiterhin auf sie zurückgegriffen wurde.[49] Die Folgerung, die aus der Angestelltentheorie gezogen wird, ist, daß das Einkommen dem Organträger unmittelbar zugerechnet wird. Faktisch ist die Angestelltentheorie in die Zurechnungstheorie mit eingegangen.

Die **Zurechnungstheorie** geht davon aus, daß das steuerliche Ergebnis der Organgesellschaft selbständig ermittelt und dem ebenfalls selbständig ermittelten Ergebnis des Organträgers hinzugerechnet wird. Alle Gesellschaften des Organkreises bleiben selbständige Steuersubjekte für die Körperschaftsteuer. Es wird nicht der steuerliche Gewinn, sondern das zu versteuernde Einkommen dem Organträger zugerechnet. Der Organgesellschaft verbleibt objektiv grundsätzlich kein eigenes Einkommen, da dieses dem Organträger zugerechnet wird. Die Kodifikation der Organschaft des § 7 a KStG 1969 bzw. der §§ 14 ff. KStG 1977 ist der Zurechnungstheorie gefolgt.

Die Behandlung nach der **Einheitstheorie** entspräche der steuerlichen Gleichbehandlung mit einem Einheitsunternehmen. Das Gesamtunternehmen

---

45 Vgl. hierzu Sonnenschein, 1976, S. 309.
46 Vgl. Sonnenschein, 1976, S. 308.
47 Vgl. RFH vom 31.3.1922 I A 10/22, RStBl. 1922, S. 296.
48 Vgl. Jurkat, 1975, Rn. 5.
49 Vgl. BFH vom 25.6.1957 I 119/56 U, BStBl. 1957 III S. 303.

wird für das Steuerrecht als eine steuerrechtliche Einheit gesehen.[50] Die Organgesellschaften verlieren ihre steuerliche Selbständigkeit und fungieren lediglich als Betriebsstätten[51] bzw. Filialen (daher auch Filialtheorie). Der Organträger ist der Steuerpflichtige für den gesamten Organkreis. Bei konsequenter Durchführung sind beim Organträger die Beteiligungen an den Untergesellschaften nicht mehr auszuweisen, sondern der Organträger hat eine orginäre bzw. konsolidierte Konzernsteuerbilanz mit allen dem Organkreis zuzuordnenden Vermögensgegenständen aufzustellen. Erfolgsbeiträge zwischen den Konzernunternehmen aus Geschäften zwischen Gesellschaften des Organkreises sind folglich ausgeschlossen. Diese Theorie ist ansatzweise im Gewerbesteuerrecht § 2 Abs.2 Nr.2 S.2 GewStG verwirklicht. Demgemäß wird die Organgesellschaft als Betriebsstätte angesehen. Die Einheitstheorie ist in der gewerbesteuerlichen Organschaft aber vollkommen inkonsequent umgesetzt, da die Geschäfte zwischen den Gesellschaften des Organkreises anerkannt bleiben[52] und keine Eliminierung der Gewinnrealisierung zwischen den Organgesellschaften vorgenommen wird. Das Umsatzsteuerrecht ist der Einheitstheorie vollständig gefolgt.

Im Gegensatz zur Zurechnungstheorie stellt die **Bilanzierungstheorie** nicht auf das Einkommen, sondern auf den auf Basis des EAV tatsächlich abgeführten Bilanzgewinn ab. Alle Glieder des Organkreises bleiben weiterhin selbständige Einkommensträger. Der tatsächlich abgeführte Gewinn des Organs führt bei diesem zu einer Betriebsausgabe und beim Organträger zu einer Betriebseinnahme.[53] In den Jahren zwischen 1953 und 1965 tendierte der BFH dahin[54], die Zurechnungstheorie des RFH schrittweise in Richtung der Bilanzierungstheorie zu ändern. Der BFH stellte hierbei jedoch nicht auf den nach handelsrechtlichen Grundsätzen abgeführten Gewinn, sondern den nach steuerrechtlichen Vorschriften ermittelten Gewinn ab.[55] Die technische Umsetzung der Bilanzierungstheorie wird als unproblematisch angesehen.[56]

---

50 Vgl. Schulze-Schlutius, 1956, S. 25.
51 Vgl. Mersmann, StbJb 1963/64, S. 73.
52 Vgl. Mersmann, StbJb 1963/64, S. 75. Begründet wird dies mit der gesetzlichen Verknüpfung mit der Körperschaftsteuer.
53 Vgl. HHR, Vor § 14 Rn. 12.
54 Das Urteil des BFH vom 4.3.1965 I 249/61 S, BStBl. III 1965, S. 329 zeigte bereits eine Tendenz, zur Zurechnungtheorie zurückzukehren.
55 Vgl. BFH vom 24.11.1953 I 109/53 U, BStBl. III 1954, S. 21.
56 Vgl. hierzu Hübl, DStZ 1965, S. 23.

3.2.4 Beurteilung der Organtheorien

Die Einheitstheorie ist sicherlich eine konsequente Lösung. Voraussetzung ist jedoch, daß man den Konzern tatsächlich dem Einheitsunternehmen gleichstellen kann. Bereits der RFH hat hierzu aber angeführt, daß die Verwirklichung der Einheitstheorie den tatsächlichen Verhältnissen, die sich aus Handels- und Konkursrecht ergeben, nicht entspreche.[57] Dem muß sicher insofern zugestimmt werden, als die Behandlung des Organkreises nicht völlig unabhängig vom Gesellschafts-, Konkurs- und Handelsbilanzrecht gesehen werden kann. Ersichtlich wird dies an den herrschenden Gewinnausschüttungsregelungen des Handelsrechts, die immer noch von der Einzelgesellschaft ausgehen. Unter den gegebenen rechtlichen Rahmenbedingungen werden daher bzgl. der Einkommenszurechnung nur die Zurechnungs- und die Bilanzierungstheorie als konsequent angesehen.[58]

Ein Einwand, der gegenüber der Bilanzierungstheorie erhoben wird, ist, daß die abgeführten Beträge auf Basis des EAV grundsätzlich einen gesellschaftsrechtlichen Charakter besitzen und dementsprechend so zu behandeln sind. Bruns hat darauf hingewiesen, daß diese Beträge aus innerkonzernlicher Sicht durchaus als betriebliche Vorgänge angesehen werden können[59], wie dies bereits der RFH[60] und der BFH[61] getan haben. Bei Umsetzung der Bilanzierungstheorie wurde weiterhin auf mögliche Schwierigkeiten hingewiesen. Diese können sich insbesondere bei Minder- bzw. Mehrabführungen in Bezug auf das steuerliche Einkommen ergeben.[62]

Betrachtet man die Regelungen zur Umsetzung der Zurechnungstheorie, so kann aber auch hier keinesfalls von einer einfachen Handhabung gesprochen werden.[63] Bei Anwendung der Zurechnungstheorie bleiben schwerwiegende Zweifelsfragen offen, wie anhand der Zuführung zu den Rücklagen bei der Organgesellschaft ersichtlich wird. Auch der Zurechnungstheorie bleibt es

---

57 Vgl. Gutachten des RFH vom 26.7.1932 I D 2/31, III D 2/32, RStBl. 1933, S. 136; BFH vom 8.3.1954 I 73/54 U, BStBl. III 1955, S. 187.
58 Vgl. Thiel, BB 1965, S. 746; Rupp, 1983, S. 118.
59 Vgl. Bruns, FR 1975, S. 572; Auch Raupach/Clausen, BB 1974, S. 694.
60 Vgl. RFH vom 18.2.1933 I A 439/32, RFHE 33, S. 63.
61 Vgl. BFH vom 8.3.1955 I 73/54 U, BStBl. III 1955, S. 187.
62 Vgl. hierzu Hübl, DStZ 1965, S. 23 f..
63 Vgl. Mersmann, StbJb 1963/64 S. 81.

versagt, konsequente und konsistente Lösungen bereitstellen zu können.[64] Alle sich ergebenden Konflikte bei Umsetzung der Theorien basieren auf dem grundsätzlichen Konflikt zwischen Einheit und Vielheit.

3.3 Behandlung der körperschaftsteuerlichen Organschaft nach geltendem Recht

3.3.1 Die gesetzlichen Grundlagen der körperschaftsteuerlichen Organschaft

3.3.1.1 Der Organkreis: Organträger und Organgesellschaft

Der Organkreis besteht aus der Obereinheit in Form des Organträgers und den Untereinheiten, den Organgesellschaften. Eine Organgesellschaft muß gem. der §§ 14 und 17 KStG die Rechtsform einer Kapitalgesellschaft besitzen, deren Sitz und Geschäftsleitung sich im Inland befindet. Einer gewerblichen Tätigkeit der Organgesellschaft bedarf es hingegen nicht.[65] Eine von der Körperschaftsteuer befreite Kapitalgesellschaft kann grundsätzlich nicht Organgesellschaft sein.[66]

Die Rechtsform des Organträgers ist grundsätzlich nicht von Bedeutung.[67] Der Organträger muß lediglich ein inländisches gewerbliches Unternehmen sein. Der körperschaftsteuerliche Begriff des gewerblichen Unternehmens entspricht dem Begriff des Gewerbebetriebes gem. § 2 GewStG.[68] Entgegen der Ansicht der Finanzverwaltung und der überwiegenden Meinung im Schrifttum[69] hält die Rechtsprechung des BFH es für nicht ausreichend, daß ein Organträger kraft Rechtsform bereits als gewerblich gilt.[70] Für die Eigenschaft als Organträger ist es auch nicht ausreichend, daß dieser lediglich als rein verwaltende Holding fungiert. Die Rechtsprechung läßt jedoch

64 Beispielhaft sei nur auf die Probleme der Anwendung des § 16 und des § 34 EStG bei Personengesellschaften als Organträger hingewiesen. Vgl. BFH vom 14.4.1992 VIII R 149/86, BStBl. II 1992, S. 817 m.w.N. zu unterschiedlichen Standpunkten.

65 Vgl. BFH vom 21.1.1970 I R 90/67, BStBl. II 1970, S. 348.

66 Vgl. Schmidt/Müller/Stöcker, 1993, Rn. 50.

67 Vgl. Schmidt/Müller/Stöcker, 1993, Rn. 51.

68 Vgl. Ab. 48 Abs. 1 KStR.

69 Vgl. Schmidt/Müller/Stöcker, 1993, Rn. 64, m.w.N..

70 Vgl. BFH vom 17.12.1969 I 252/64, BStBl. II 1970, S. 257; BFH vom 13.9.1989 I R 110/88, BStBl. II 1990, S. 24.

die geschäftsleitende Holding als Organträger gelten.[71] Der Organträger muß in diesem Fall die Aufgaben der Unternehmensleitung für mindestens zwei Organgesellschaften wahrnehmen.

Mehrere gewerbliche Unternehmen, die selbst die Voraussetzungen für eine Organträgerschaft erfüllen, können sich in der Rechtsform einer GbR zusammenschließen und damit eine einheitliche Willensbildung gegenüber Organgesellschaften ausüben (sog. Mehrmütterorganschaft). Diese zwischengeschaltete Personengesellschaft ist eine reine Innengesellschaft und braucht selbst nicht gewerblich tätig zu sein. Die Organgesellschaft muß jedoch die gewerblichen Zwecke eines jeden Gesellschafters fördern.[72] Neben der Stimmenmehrheit muß sichergestellt sein, daß der koordinierte Wille der Gesellschafter auch tatsächlich durchgesetzt wird. Nach § 18 KStG kann auch ein ausländisches gewerbliches Unternehmen Organträger sein, vorausgesetzt, es liegt eine im Handelsregister eingetragene Zweigniederlassung vor.

3.3.1.2 Finanzielle, organisatorische und wirtschaftliche Eingliederung

Zur Annahme eines Organschaftsverhältnisses müssen die Tatbestandsvoraussetzungen der finanziellen, organisatorischen und wirtschaftlichen Eingliederung der Organgesellschaft kumulativ erfüllt sein.

Die *finanzielle* Eingliederung erfordert, daß der Organträger nach § 14 Nr.1 S.1 KStG an der Organgesellschaft unmittelbar mit Stimmrechtsmehrheit beteiligt sein muß. Ist in der Satzung oder im Gesellschaftsvertrag nichts anderes geregelt, so ergibt sich die Stimmrechtsmehrheit aus dem Verhältnis der Stimmrechte des Organträgers zu den anderen Gesellschaftern. Sieht die Verfassung der Kapitalgesellschaft für Beschlüsse einen über die einfache Mehrheit hinausgehenden Stimmenanteil vor, so ist dieser maßgeblich.[73] Bei einer mittelbaren Beteiligung muß auf jeder Stufe die Mehrheit der Stimmrechte an der jeweiligen Organgesellschaft gesichert sein, § 14 Nr.1

---

71 Vgl. BFH vom 17.12.1969 I 252/64, BStBl. II 1970, S. 257; bereits RFH vom 1.4.1941 I 290/40, RStBl. 1942, S. 948.

72 Vgl. Ab. 52 Abs. 6 KStR.

73 Vgl. Schmidt/Müller/Stöcker, 1993, Rn. 79.

S.2 KStG. Die Herstellung der finanziellen Eingliederung durch Zusammenrechnung mittelbarer und unmittelbarer Beteiligung ist nicht möglich.[74]

Nach § 14 Nr.2 KStG muß die Organgesellschaft nach dem Gesamtbild der tatsächlichen Verhältnisse in das Unternehmen wirtschaftlich und organisatorisch eingegliedert sein. Die *organisatorische* Eingliederung verlangt, daß die auf der Basis der finanziellen Eingliederung gegebene Beherrschungsmöglichkeit durchgesetzt wird. Nach Herrmann/Heuer/Raupach muß die Ausübung der Leitungsmacht in der Organgesellschaft auch tatsächlich vollzogen werden.[75] Auch nach Schmidt/Müller/Stöcker muß der Organträger tatsächlich laufend seinen Willen durchsetzen, d.h. er muß Weisungen in ausreichendem Maße erteilen, so daß von einer effizienten Willensumsetzung des Organträgers beim Organ gesprochen werden kann.[76] Nach Ansicht Wöhes bleibt der Organschaft keinerlei selbständige Entscheidung bei den wesentlichen betrieblichen Funktionen.[77] Es muß gewährleistet sein, daß der geschäftliche Wille des Organträgers in der Organgesellschaft tatsächlich durchgeführt wird.[78] Jedoch wird die Auslegung des Begriffes organisatorische Eingliederung von der Finanzverwaltung in der Regel nicht ganz so eng gehandhabt.

Grundsätzlich muß die Organgesellschaft in rechtlich erzwingbarer Weise den Weisungen des Organträgers unterworfen sein.[79] Besteht eine Personalunion der Geschäftsführung bei Organträger und Organgesellschaft, so kann, auch wenn keine zwingende rechtliche Verpflichtung besteht, der Tatbestand der organisatorischen Eingliederung als erfüllt angesehen werden.[80] Der Beherrschungsvertrag gem. § 291 Abs.1 AktG und die aktienrechtliche Eingliederung gem. § 319 AktG führen nach § 14 Nr.2 S.2 KStG zu einer unwiderlegbaren Vermutung einer organschaftlichen Eingliederung.

Die *wirtschaftliche* Eingliederung verlangt, daß die Organschaft die gewerblichen Zwecke des Organträgers in seinem Unternehmensaufbau fördert oder ergänzt. Es bedarf einer wirtschaftlichen Zweckabhängigkeit des

---

74 Vgl. Ab. 49 S. 6 KStR.
75 Vgl. HHR, § 14 Rn. 136.
76 Vgl. Schmidt/Müller/Stöcker, 1993, Rn. 146.
77 Vgl. Wöhe, 1982, S. 120.
78 Vgl. Ab. 51 S.1 KStR.
79 Vgl. HHR, § 14 Rn. 138.
80 Vgl. BFH vom 12.1.1977 I R 204/75, BStBl. II 1977, S. 357.

beherrschten Unternehmens.[81] Die Urteile des BFH zur Konkretisierung dieses Begriffes sind jedoch verwirrend bzw. widersprüchlich. Einerseits sind die vom BFH gestellten Anforderungen sehr hoch, indem er verlangt, daß die Organgesellschaft nach Art einer unselbständigen Geschäftsabteilung des Organträgers auftreten muß[82], andererseits wird der Begriff der wirtschaftlichen Einheit vom BFH sehr weit gefaßt.[83] Danach soll es ausreichen, wenn Unternehmen, die unter einheitlicher Leitung zusammengefaßt sind, aber unterschiedlichen Geschäftszweigen angehören, durch Diversifikation einen Risikoausgleich anstreben. Bereits der gemeinsame Zweck der Gewinnmaximierung könne genügen. Diese Begründung des BFH entspricht einer nicht mehr eingrenzbaren Auslegung, denn es ist davon auszugehen, daß jegliche Tätigkeit von Kapitalgesellschaften, deren Zweck ja gerade die erwerbswirtschaftliche Tätigkeit ist, die Gewinnerzielung beabsichtigt. Krebs hat zurecht die Befürchtung ausgesprochen, daß diese weite Auslegung den Tatbestand der wirtschaftlichen Eingliederung zu einer Leerformel degradiert.[84]

In jüngerer Zeit fühlte sich der BFH in zwei Urteilen aufgerufen, klarzustellen, daß das Merkmal der wirtschaftlichen Eingliederung nicht als Leerformel zu interpretieren sei,[85] es stelle weiterhin ein selbständiges Tatbestandsmerkmal dar. Der BFH versucht, seinen Standpunkt zu konkretisieren, indem er verlangt, daß das beherrschte Unternehmen die gewerblichen Zwecke des herrschenden Unternehmens fördern oder ergänzen muß. Es bedürfe einer wirtschaftlichen Zweckabhängigkeit des beherrschten vom herrschenden Unternehmen. Es wird auch wieder darauf abgehoben, daß die Organschaft nach Art einer unselbständigen Geschäftsabteilung auftreten müsse. Selbst der Abschluß eines Beherrschungsvertrages reiche nicht aus, um den wirtschaftlichen Eingliederungstatbestand zu erfüllen. Der BFH begründet seine Ansicht damit, daß der Gesetzgeber bei Kodifizierung die wirtschaftliche Eingliederung trotz der an ihr geübten Kritik in die Regelungen des § 7 a KStG aufgenommen und in § 14 KStG 1977 übernommen

---

80 Vgl. BFH vom 12.1.1977 I R 204/75, BStBl. II 1977, S. 357.
81 Vgl. Ab. 50 Abs. 1 S. 2 KStR.
82 Vgl. BFH vom 13.9.1989 I R 110/88, BStBl. II 1990, S. 24.
83 Vgl. BFH vom 21.1.1976 I R 21/74, BStBl. II 1976, S. 389.
84 Vgl. Dornfeld/Telkamp, StuW 1971, S . 82. Vgl. auch Krebs, JbFStR 1977/78, S. 381.

habe. Dies ist für den BFH ein eindeutiges Beweiszeichen, die Forderung nach wirtschaftlicher Eingliederung aufrecht zu erhalten. Die ausdrückliche Erwähnung der wirtschaftlichen Eingliederung im § 14 KStG 1977 wäre ansonsten überflüssig gewesen.

Die Rechtsprechung fordert aus der wirtschaftlichen Eingliederung heraus, daß der Organträger selbst ein gewerbliches Unternehmen betreibt,[86] dem sich die Organgesellschaft bzw. das beherrschte Unternehmen unterordnen muß. Die Tätigkeit des Organträgers als vermögensverwaltende Holding reicht damit nicht aus. Im Gegensatz hierzu erfüllt eine geschäftsleitende Holding die Forderung nach wirtschaftlicher Eingliederung, wenn zumindest zwei Unternehmen nach einheitlicher Gesamtkonzeption geführt werden.[87]

Mittels des Gesamtbildes der Verhältnisse können sich die Tatbestände der wirtschaftlichen und organisatorischen Eingliederung komplementär ergänzen. Sind die Eingliederungstatbestände eines Merkmales schwach ausgebildet, so können sie durch eine besonders starke Ausprägung des anderen Merkmales ausgeglichen werden.[88]

Die finanzielle, wirtschaftliche und organisatorische Eingliederung muß von Beginn des Wirtschaftsjahres der Organgesellschaft an, in dem der Gewinn abgeführt bzw. Verluste übernommen werden, vorliegen. Die Eingliederungstatbestände müssen während der gesamten Dauer des Organschaftsverhältnisses bestehen.

---

85 Vgl. BFH vom 26.4.1989 I R 152/84, BStBl. II 1989, S. 668; Vgl. BFH vom 13.9.1989 I R 110/88, BStBl. II 1990, S. 24.

86 Vgl. BFH vom 17.12.1969 I 252/64, BStBl. II 1970, S. 257; Vgl. BFH vom 26.4.1989 I R 152/84, BStBl. II 1989, S. 668; Vgl. BFH vom 13.9.1989 I R 110/88, BStBl. II 1990, S. 24. Hierbei geht es insbesondere um die Frage, ob ein Gewerbebetrieb kraft Rechtsform für eine wirtschaftliche Eingliederung ausreichend sein kann, oder ob der Organträger eigene gewerbliche Tätigkeit im Sinne des § 2 Abs. 1 GewSt ausüben muß.

87 Vgl. BFH vom 13.9.1989 I R 110/88, BStBl. II 1990, S. 24. Die Gewerblichkeit ergibt sich aus der Übernahme von Aufgaben der Untergesellschaften. Vgl. BFH vom 17.12.1969 I 252/64, BStBl. II 1970, S. 257.

88 Vgl. HHR, § 14 Rn. 141. Streck sieht hingegen hierin nur eine Floskel ohne eigenen Aussagewert. Vgl. Streck, KStG, § 14 Rn. 24.

3.3.1.3 Abschluß eines Gewinn- bzw. Ergebnisabführungsvertrages

Der EAV stellt ebenso wie ein Beherrschungsvertrag einen Organisationsvertrag dar.[89] Eine Aufteilung des undifferenzierten Gebildes des Organschaftsvertrages in Gewinnabführungs- und Beherrschungsvertrag wurde erst durch den Gesetzgeber im Aktienrecht von 1965 vorgenommen.[90] Unternehmensverträge ändern wirtschaftlich und rechtlich die Struktur der abhängigen Gesellschaft.[91] Dennoch stellt sich der reine EAV äußerlich auch als schuldrechtlicher Vertrag dar.[92] Wirtschaftlich bedeutet der EAV die Verpflichtung zur Vollausschüttung der Tochtergesellschaft auf bestimmte Zeit, die Verlustübernahmegarantie der Muttergesellschaft, sowie die Verpflichung zu Ausgleichszahlungen nach § 304 AktG gegenüber Minderheitsgesellschaftern.[93]

Neben den Eingliederungsbedingungen muß gem. § 14 Nr.4 KStG zwischen Organträger und Organgesellschaft ein zivilrechtlich gültiger Gewinnabführungsvertrag gem. § 291 AktG abgeschlossen und tatsächlich durchgeführt werden.[94] Liegt keine Aktiengesellschaft oder Kommanditgesellschaft auf Aktien gem. § 14 S.1 KStG vor, erweitert § 17 KStG die Forderung des Gewinnabführungsvertrages für andere Kapitalgesellschaften. Nach § 17 S.2 Nr.2 KStG bedarf es bei den "anderen" Kapitalgesellschaften einer ausdrücklichen Verpflichtung der Verlustübernahme. Der Ergebnisabführungsvertrag muß gem. § 14 Nr.4 KStG auf mindestens 5 Jahre abgeschlossen werden. Der EAV muß bis zum Ende des Wirtschaftsjahres abgeschlossen

---

89 Vgl. BGH vom 24.10.1988 II ZB 7/88, BGHZ 105, 324.

90 Vgl. Hommelhof, 1987, S. 233.

91 Vgl. Geßler, in: Geßler/Hefermehl AktG, § 291. Rn. 77.

92 Haarmann möchte sogar für die steuerrechtliche Beurteilung von einem schuldrechtlichen Vertrag ausgehen. Vgl. Haarmann, StBJb 1992/93, S. 492.

93 Nach § 301 S.2 AktG bleibt der Tochtergesellschaft zwar die Möglichkeit, Gewinnrücklagen zu bilden, bei Bestehen einer Organschaft nur im Rahmen des § 14 Nr.5 KStG. Bei geringerer Abführung gilt steuerrechtlich der EAV als nicht durchgeführt. Vgl. Witt, in: Dötsch/Eversberg, KStG, § 14 Rn. 52. Nach Ab. 55 Abs. 5 KStR muß für die Bildung ein konkreter Anlaß gegeben sein, der aus unternehmerischer Sicht die Bildung rechtfertigt, wie z. Bsp. eine Werksverlegung oder eine Kapazitätsausweitung.

94 Ob es einen expliziten Hinweis der Verlustübernahme entsprechend des § 17 Abs. 2 KStG bedarf, ist umstritten. Da § 302 AktG nach neuerer zivilrechtlicher Rechtsprechung auch im GmbH-Konzern gilt, kann davon ausgegangen werden, daß eine besondere ausdrückliche steuerliche Vereinbarung zur Verlustübernahme nicht nötig ist. Vgl. hierzu Fuchs, WPg 1994, S. 758.

werden, für das er erstmals gelten soll. Die Wirksamkeit muß spätestens bis zum Ende des folgenden Wirtschaftsjahres eintreten.[95]

Die Gewinnabführung muß sich grundsätzlich auf den ganzen Gewinn beziehen.[96] Steuerrechtlich dürfen Gewinnrücklagen nur bei konkreter Veranlassung gem. § 14 Nr.5 KStG, wie bspw. bei Betriebsverlegung, Kapazitätserweiterung usw., gebildet werden.[97] Die tatsächlich durchgeführte Gewinnabführung ist jedoch lediglich Voraussetzung und nicht Gegenstand der Zurechnung.

Die Schriftform für einen Gewinnabführungsvertrag ist erst seit 1958 erforderlich.[98] Für einen Gewinnabführungsvertrag war bis dahin lediglich eine klare Vereinbarung, die für eine längere Zeitdauer gelten sollte, erforderlich.[99] Ursprünglich hielt der RFH Weisungen des Organträgers an die Organgesellschaft für ausreichend.[100] Auf eine bestimmte Dauer für die Übernahmeverpflichtung hat sich der RFH nicht festgelegt.[101] Die Neuregelung des § 17 KStG durch das StÄndG 1992 verlangt für andere Kapitalgesellschaften aufgrund der verschärften zivilrechtlichen Regelungen hinsichtlich der Forderung nach Eintragung ins Handelregister des § 14 KStG unmittelbar keine Schriftform mehr. Diese ergibt sich nunmehr aus den §§ 14 und 17 i.V.m. § 293 Abs.3 AktG.

Eine Kündigung des Gewinnabführungsvertrages innerhalb des Fünf-Jahres-Zeitraumes ist steuerlich nur unschädlich, wenn die Kündigung aus wichtigem Grund geschieht.[102] Gewinnabführungsverträge werden in der Regel mit Beherrschungsverträgen zu sog. Organ(-schafts-)verträgen zusammenge-

---

95 Vgl. Ab. 55 Abs.1 S.1 KStR.

96 Im Unterschied zum Steuerrecht versteht das Handelsrecht unter dem ganzen Gewinn den Gewinn nach handelsrechtlich zulässiger Rücklagenbildung.

97 Vgl. Ab. 55 Abs.6 Nr.3 KStR.

98 Vgl. BFH vom 15.4.1958 I 75/57 U, BStBl. III 1958, S. 299. Seinerzeit wurde terminologisch dementsprechend von einer Gewinnausschlußvereinbarung gesprochen.

99 Vgl. RFH vom 9.5.1944 I 15/44, RStBl. 1944, S. 539.

100 Vgl. RFH vom 20.11.1934 I A 144/32, RStBl. 1935, S. 585.

101 Vgl. Rasch, 1955, S. 103.

102 Vgl. Ab. 55 Abs.7 S.1 KStR.

schlossen. Allgemein wird angenommen, daß Unternehmensverträge vorwiegend aus steuerlichen Gründen abgeschlossen werden.[103]

3.3.1.4 Handelsrechtliche Behandlung der Ergebnisübernahme

Liegt ein Ergebnisabführungsvertrag vor, ergibt sich aus § 277 Abs.3 S.2 HGB, daß die Ergebnisübernahmen aus der vertraglichen Verpflichtung grundsätzlich als Ertrag bzw. als Aufwand zu behandeln und gesondert in der Gewinn- und Verlustrechnung auszuweisen sind. Gewinnabführungen stellen für die Tochtergesellschaft Aufwendungen, für die Muttergesellschaft Erträge dar.[104] Bei Verlustübernahme durch die Muttergesellschaft erzielt die Tochtergesellschaft einen Ertrag, die Muttergesellschaft hat Aufwendungen. Bei der Tochtergesellschaft entstehen keine Gewinne und auch keine Verluste, da die Ergebnisabführungsverpflichtung eine Verbindlichkeit bzw. eine Forderung gegenüber der Muttergesellschaft darstellt. Wird das Organschaftsverhältnis aufgrund fehlender Tatbestandsvoraussetzung steuerlich nicht anerkannt oder wird der EAV nicht ordnungsgemäß durchgeführt, ändert sich die handelsrechtliche Beurteilung grundsätzlich nicht.

3.3.2 Rechtsfolgen der Organschaft

3.3.2.1 Einkommenszurechnung

Sind alle tatbestandlichen Voraussetzungen erfüllt, wird nach § 14 S.1 KStG das Einkommen der Organgesellschaft dem Organträger zugerechnet. Die Organgesellschaft bleibt körperschaftsteuerrechlich weiterhin selbständiges Steuersubjekt. Dementsprechend haben die Organgesellschaften jeweils ihr eigenständig erwirtschaftetes Einkommen zu ermitteln. Erfolgsbeiträge aus Lieferungs- und Leistungsbeziehungen zwischen den Organgesellschaften des Organkreises werden realisiert. Die Regelungen zur verdeckten Gewinnausschüttung und zur verdeckten Einlage sind grundsätzlich auch im

---

103 Vgl. Scholz/Emmerich, GmbH, Anhang Konzernrecht, Rn. 230.

104 Anderer Auffassung nach handelt es sich jedoch bei der Gewinnabführung auf Basis eines EAV nicht um Aufwand bzw. Ertrag, sondern bereits handelsrechtlich um die Verteilung des Gewinns. Vgl. Keuk, DB 1970, S. 1758.

Organschaftsverhältnis anzuwenden.[105] Probleme, die sich ansonsten aus der vGA ergeben, lassen sich aber innerhalb der Organschaft weitgehend vermeiden.[106] Dies betrifft beispielsweise die Problematik des Anrechnungsanspruchs, der durch die Nichtanwendung der Vorschriften der §§ 27 ff. KStG in diesem Zusammenhang irrelevant wird. Als lex specialis verdrängt die Organschaft die Regelungen des Anrechnungsverfahrens der §§ 27 ff. KStG.

Die intersubjektive Einkommensverschiebung erfolgt mittels Zurechnung außerhalb der bilanziellen Gewinnermittlung. Die Einkommen der Organgesellschaften und des Organträgers werden getrennt ermittelt und in einem zweiten Schritt im Wege der Addition beim Organträger zusammengerechnet. Beim Organträger ist dann das zusammengefaßte Einkommen des gesamten Organkreises seiner Veranlagung zugrunde zu legen.

Da die Gewinnabführung bzw. die Verlustzuweisung bereits in der Gewinn- und Verlustrechnung der Organgesellschaft als Aufwand bzw. Ertrag gem. § 275 Abs.2 Nr.9. bzw. Abs.3 Nr.8 HGB enthalten ist, beträgt der Ausgangsbetrag zur Ermittlung des zuzurechnenden Einkommens der Organgesellschaft Null. Das Einkommen der Organgesellschaft ist deshalb so zu ermitteln, als ob der Gewinnabführungsvertrag nicht durchgeführt worden wäre.

Wie die Einkommenszurechnung beim Organträger vollzogen werden soll, ist in den §§ 14 ff. KStG nicht geregelt. Geht man vom Prinzip der Maßgeblichkeit aus, so müßte dies bereits innerhalb der Steuerbilanz geschehen. Es wären nur noch die steuerlich bedingten Abweichungen der bereits auf handelsrechtlicher Basis übernommenen Beträge außerhalb der Bilanz hinzuzurechnen.[107] Es ist aber feststehende Auffassung der Verwaltung[108] und des Bundesfinanzhofes[109], daß die gesamte Zurechnung außerhalb der Bilanz vorzunehmen ist. Das zuzurechnende Einkommen ist das Einkommen der Organgesellschaft vor Berücksichtigung des abzuführenden Erfolges.[110] Das bereits handelsrechtlich übernommene Ergebnis muß dementsprechend

---

105 Zu der Problematik, auf welcher Ebene vGA zu berücksichtigen ist. Vgl. Schmidt/Müller/Stöcker, 1993, Rn. 526 ff..

106 Vgl. Prinz, FR 1993, S. 726.

107 Vgl. Keuk, StuW 1975, S. 65; Raupach, BB 1974, S. 1240.

108 Vgl. BMF vom 14.12.1970 IV B/5 - S 2755 - 33/70, BStBl. I 1970, S. 5.

109 Vgl. BFH vom 29.10.1974 I R 240/72, BStBl. II 1975, S. 126.

110 Vgl. BMF vom 30.12.1971 F/IV B 5 - S 2755 - 42/72, BStBl. I 1972, Rn. 28.

beim Organträger außerhalb der Steuerbilanz vor Zurechnung des Einkommens der Organschaft wieder abgezogen werden.

Eine Teilwertabschreibung auf die Beteiligung an der Organgesellschaft ist zwar grundsätzlich zulässig, aber nur in Ausnahmefällen möglich. Ständige Verluste der Organgesellschaft reichen für eine Teilwertabschreibung nicht aus.[111] Es bedarf einer nachhaltigen Minderung des Beteiligungswertes. Aufgrund der Verlustübernahme bei der Organschaft wird nach BFH die Substanz der Organgesellschaft grundsätzlich erhalten, und damit erstarrt auch der Wert der Beteiligung an der Organgesellschaft beim Organträger.[112] Eine Verringerung des Beteiligungswertes kann bei einer Organschaft allenfalls dann angenommen werden, wenn eine Verringerung des in den ursprünglichen Anschaffungskosten enthaltenen Firmenwertes eintritt.[113] Ein weiterer Grund ist, wenn unversteuerte vorvertragliche Rücklagen über den EAV an den Organträger abgeführt werden.[114] Außerhalb dieser Fälle ist eine Teilwertabschreibung auf Organbeteiligungen kaum denkbar. Die ablehnende Haltung gegenüber der Teilwertabschreibung bei Organbeteiligungen wird insbesondere damit begründet, daß verhindert werden soll, daß Verluste sich doppelt auswirken.[115]

Für die Ermittlung des Einkommens der Organgesellschaft greifen die Sonderregelungen der §§ 15, 16 KStG. Da die Organgesellschaft zur Abführung des gesamten Gewinns verpflichtet ist, führt der Gewinnabführungsvertrag zum Verlust des mitgliedschaftlichen Gewinnbeteiligungsrechts. Außenstehende Aktionäre müssen bei Abschluß eines EAV gem. § 304 Abs.1 S.1 AktG in Form von Ausgleichszahlungen einen angemessenen Ausgleich erhalten. Ausgleichszahlungen sind nach § 16 KStG grundsätzlich von der Organschaft selbst zu versteuern. Ausgleichszahlungen sind von der Einkommenszurechnung zum Organträger ausgenommen.

Ein Verlustausgleich nach § 10 d EStG bei der Organgesellschaft wird gem. § 15 Nr.1 KStG ausgeschlossen. Vorvertragliche Verluste der Organgesellschaft können dadurch nicht auf den Organträger übertragen werden und

---

111 Vgl. BFH vom 17.9.1969 I R 170/65, BStBl. II 1970, S. 48.
112 Vgl. BFH vom 17.9.1969 I R 170/65, BStBl. II 1970, S. 48.
113 Vgl. Hübl, DStZ 1972, S. 149.
114 Vgl. Lange/Reiß, 1996, Rn. 374.
115 Vgl. Schmidt/Müller/Stöcker, 1993, Rn. 586.

wirken sich nicht auf das Einkommen der Organschaft aus. Damit geht der Vorteil der Inanspruchnahme des Verlustrücktrages bei den einzelnen Organgesellschaften verloren. Ein bestehender Verlustvortrag kann erst wieder nach Beendigung der Organschaft genutzt werden. Die Anwendung des internationalen Schachtelprivilegs aufgrund eines Doppelbesteuerungsabkommens ist nach § 15 Nr.2 KStG möglich, wenn der Organträger zum begünstigten Personenkreis gehört.

Gem. § 19 KStG kann der Organträger auch die Tarifvorschriften anwenden, die der Organgesellschaft zustehen. Tarifermäßigungen gehen damit durch die Zurechnung grundsätzlich nicht verloren. Der Organträger soll sich jedoch durch die Einschaltung einer Organgesellschaft keine unberechtigten Vorteile verschaffen können, die ohne Zwischenschaltung einer Organschaft dem Organträger nicht zuständen.[116] Daher hat der Organträger die Voraussetzungen für die Inanspruchnahme der tariflichen Steuervergünstigungen zu erfüllen.[117] Steueranrechnungsbeträge gem. § 19 Abs.5 KStG mit steuerentlastender Wirkung können durch die Organschaft auf den Organträger und indirekt über diesen auf andere Gesellschaften des Organkreises übertragen werden.[118]

Der Verlustausgleich im Organkreis führt in der Regel zu keiner endgültigen Steuerersparnis, sondern nur zu einer Steuerverschiebung auf spätere Perioden. Für den Konzern ergibt sich ein Liquiditätsvorteil. Aufgrund der geringeren Steuerzahlung in der betrachteten Periode tritt ein Zinsgewinn ein, da ein Ergebnisausgleich in der Regel sofort[119] und nicht erst mit späteren Perioden vorgenommen werden kann. Bei der Annahme, daß eine Tochtergesellschaft ohne EAV in Konkurs geht, können die Steuervorteile bleibender Natur sein. Der "Vorteil" ergibt sich aus dem Überschuß der übernommenen Verluste über den dann abzuschreibenden Teilwertansatz an der Organgesellschaft beim Organträger.

116 Vgl. Witt, in: Dötsch/Eversberg, KStG, § 19 Rn. 4.

117 Vgl. Ab. 64 Abs. 1 S. 2 KStR.

118 Vgl. Grotherr, BB 1993, S. 1996.

119 Sieht man vom Verlustrücktrag ab und geht man davon aus, daß im Organkreis ausreichend verrechenbare Gewinne erwirtschaftet werden.

3.3.2.2 Aufhebung von Gewinnermittlungsvorschriften beim Organträger

Die handelsrechtliche Wertung der Ergebnisübernahmeverpflichtung als Ertrag bzw. Aufwand wird durch die steuerrechtliche Beurteilung aufgehoben.[120] Es handelt sich beim Organträger bzw. bei der Organgesellschaft grundsätzlich nicht um Erträge bzw. Betriebseinnahmen und Aufwendungen bzw. Betriebsausgaben. Die Durchführung des EAV soll laut BFH außerhalb der betrieblichen Gewinnermittlung erfolgen.[121] Nach BFH stellen die Organschaftsregelungen eine steuerliche Sonderregelung unter Durchbrechung der Maßgeblichkeit dar. Durch § 14 KStG als lex specialis werden steuerrechtliche Bilanzierungsvorschriften in Bezug auf Ergebnisübernahmen beim Organträger außer Kraft gesetzt.[122] Der Maßgeblichkeitsgrundsatz wird damit durch die Organschaft aufgehoben. Bilanziell jedoch bleibt die Maßgeblichkeit zumindest formell bestehen, indem die handelsrechtlichen Erträge bzw. Aufwendungen als Betriebseinnahmen bzw. Betriebsausgaben im ersten Schritt in die Steuerbilanz übernommen werden. Da sich die Ergebnisse bereits ergebniswirksam in der Steuerbilanz niedergeschlagen haben, erfolgt eine Eliminierung der übernommenen handelsrechtlichen Ergebnisse aus dem EAV außerhalb der Steuerbilanz. Nach Neutralisation des handelsrechtlichen Abführungsbetrags außerhalb der Steuerbilanz erfolgt dann die Zurechnung des steuerlichen Einkommens der Organgesellschaft.

Dem Organträger ist eine Rückstellungsbildung für drohende Verluste aus Ergebnisabführungsverträgen untersagt.[123] Entsprechend der Einkommenszurechnung bei Verlusten, die außerhalb der betrieblichen Gewinnabführung erfolgt und der Einkommensverwendung zuzuordnen ist, können Rückstellungen für drohende Verluste aus EAV steuerlich nicht berücksichtigt werden. Sie sind dem steuerlichen Ergebnis wieder hinzuzurechnen.

---

120 Vgl. BFH vom 26.1.1977 I R 101/75, BStBl. II 1977, S. 441.
121 Vgl. BFH vom 29.10.1974 I R 240/72, BStBl. II 1975, S. 126.
122 Vgl. BFH vom 26.1.1977 I R 101/75, BStBl. II 1977, S. 441.
123 Vgl. BFH vom 26.1.1977 I R 101/75, BStBl. II 1977, S. 441. BFH vom 20.6.1974 I B 77/73, BB 1974, S. 1238. Kritisch Keuk, StuW 1975, S. 65.

3.3.2.3 Wirkungsänderung der Organschaft durch die Einführung des Anrechnungsverfahrens und die Einführung des § 8 b KStG

Vor Einführung des Anrechnungsverfahrens 1977 hatte das Institut der Organschaft eine weitaus größere wirtschaftliche Bedeutung. Mit der organschaftlichen Verbindung wurde die wirtschaftliche Doppelbelastung mit Körperschaftsteuern bzw. Körperschaft und Einkommensteuer vermieden.[124] Seit Einführung des Anrechnungsverfahrens im KStG 1977 beschränkt sich die Vorteilhaftigkeit hauptsächlich auf die Verrechnung von Gewinnen und Verlusten.[125] Eine Körperschaftsteuerbelastung im Organkreis tritt erst dann ein, wenn alle im Organkreis zusammengeschlossenen Unternehmen in der Summe ein positives Ergebnis erzielen.

Daneben können sich mit Hilfe der Organschaft durch die Möglichkeit der Weiterleitung steuerfreier bzw. ermäßigt besteuerter Einkommensteile weitere Vorteile ergeben.[126] Durch Einführung des § 8 b KStG ist ein wesentlicher Vorteil, in Form der Durchleitung von steuerbefreiten Auslandseinkünften, nicht mehr auf die Organschaft beschränkt. § 8 b Abs.1 ermöglicht generell die steuerfreie Weiterleitung von steuerfreien Auslandseinkünften an unbeschränkt steuerpflichtige Körperschaften im Sinne des § 1 Abs.1 Nr.1, 2, 3 oder 6 KStG. Lediglich bei Zurechnung von Steuerermäßigungen bzw. Steuerbefreiung zum Organträger, die außerhalb der durch § 8 b KStG befreiten bzw. ermäßigten Einkünfte (EK02) fallen, ergibt sich durch das Organschaftsverhältnis weiterhin ein Vorteil.[127]

---

124 Das alte System kannte aber bereits die Möglichkeit gem. § 9 KStG 1969 Schachteldividenden von der mehrfachen Besteuerung auszunehmen.

125 Im Verlustausgleich wird von den meisten Autoren heute der maßgebliche und entscheidende Vorteil der Organschaft gesehen. Vgl. Reuter, DStR 1982, S. 155; Bieg/Wöhe, 1991, S. 303; Scheffler, DBW 1991, S. 705; Grotherr, BB 1993, S. 1992; Knepper, 1993, S. 725; Knobbe-Keuk, 1993, S. 697. Vgl. Regierungsbegründung, BT-Drs. 7/1470, S. 347.

126 Eine generelle Regelung der Zurechnung der steuerfreien Einkünfte sucht man außerhalb des § 15 Abs. 2 KStG vergeblich. § 19 KStG regelt nur die Tarifermäßigungen und die Anrechnung von Steuerermäßigungen. Eine Weiterleitung kann man lediglich durch eine sinngemäße Anwendung des § 19 herleiten. Vgl. Schmidt/Müller/Stöcker, 1993, Rn. 611.

127 Von dieser Regelung sind zwar Einzelunternehmer und Personengesellschaften mit natürlichen Personen als Organträger ausgenommen, doch erfolgt bei diesen bereits systembedingt eine steuerfreie Durchleitung.

3.4 Besonderheiten der gewerbesteuerlichen Organschaft

Für die gewerbesteuerliche Organschaft gelten entsprechend § 2 Abs.2 S.2 GewStG durch den Verweis auf § 14 Nr.1 und Nr.2 KStG die dargestellten finanziellen, organisatorischen und wirtschaftlichen Eingliederungsvoraussetzungen analog. Eine Organgesellschaft muß nicht Sitz und Geschäftsleitung im Inland haben, sondern kann auch eine ausländische Kapitalgesellschaft sein, soweit sie im Inland einen Gewerbebetrieb unterhält.[128]

Abweichend von der körperschaftsteuerlichen Organschaft bedarf es keines EAV. Durch das Organschaftsverhältnis ist die Organgesellschaft nicht mehr gewerbesteuerpflichtig. Ihre persönliche Gewerbesteuerpflicht entfällt. Nach § 2 Abs.2 S.2 GewStG gilt die Organgesellschaft als Betriebsstätte des Organträgers, womit scheinbar die gewerbesteuerliche Organschaft der Einheitstheorie folgt. Trotz dieses eindeutigen Wortlauts werden Gewerbeertrag und -kapital des Organkreises aber grundsätzlich getrennt ermittelt und erst anschließend im Wege der Addition beim Organträger zusammengefaßt. Es erfolgt keine einheitliche Ermittlung des Gewerbeertrages. Schmidt/ Müller/Stöcker sprechen in diesem Zusammenhang von der eingeschränkten bzw. gebrochenen Einheitstheorie.[129] Eine dogmatische Grundlage für diese widersprüchliche Regelung besteht nicht.

Der BFH sah ursprünglich den Hauptzweck der gewerbesteuerlichen Organschaft im Schutz der Gemeinden vor willkürlicher Gewinnverlagerung.[130] Es soll eine Ertragspoolung vorgenommen werden[131], um eine steuermindernde Gewinnverschiebung zwischen den Gemeinden zu verhindern. Zunehmend wurde von der Rechtsprechung auch der Ausschluß von Doppelerfassungen betont.[132] Um Doppelerfassungen bei der gewerbesteuerlichen Organschaft zu verhindern, unterbleiben die Hinzurechnungen des § 8 GewStG, soweit diese bereits in einem Gewerbeertrag innerhalb des Organkreises berücksichtigt worden sind.[133] Ebenso wie bei der körperschaftsteu-

128 Vgl. BFH vom 28.3.1979 I R 81/76, BStBl. II 1979, S. 447.
129 Vgl. Schmidt/Müller/Stöcker, 1993, Rn. 962.
130 Vgl. BFH vom 8.1.1963 I 2 7/61, BStBl. III 1963, S. 188.
131 Vgl. BFH vom 6.10.1953 I 29/53, BStBl. III, S. 329.
132 Vgl. BFH vom 9.10.1974 I R 5/73, BStBl. II 1975, S. 179.
133 Vgl. Ab. 42 Abs.1 S.4 GewStR.

erlichen Organschaft liegt der Hauptvorteil auch bei der gewerbesteuerlichen Organschaft in der Verlustverrechnungsmöglichkeit.[134]

Abweichend von der körperschaftsteuerlichen Organschaft können vororganschaftliche Verluste einer Organgesellschaft auch weiterhin mit den Erträgen der gleichen Organgesellschaft verrechnet werden. Verbleibende Verluste nach Beendigung der Organschaft sind laut BFH aber nur mit dem Gewerbeertrag des Organträgers verrechenbar.[135] Bei einer Mehrmütterorganschaft in Form einer GbR stehen die Gesellschafter der GbR gewerbesteuerlich außerhalb des Organkreises.[136] Eine Verrechnung der Ergebnisse der Organgesellschaften mit den Ergebnissen der Gesellschafter der GbR ist damit ausgeschlossen.

Probleme ergeben sich, wenn aufgrund Nichtbestehens eines EAV Gewinne oder Verluste nicht vom Organträger übernommen werden, und dadurch die Gefahr von Doppelberücksichtigung bei (späterer) Anteilsveräußerung entsteht. Nicht ausgeschüttete Gewinne sind daher bei Beteiligungsveräußerung des Organträgers, soweit sie der Gewerbesteuer bei der Organschaft unterliegen, im Jahr der Veräußerung beim Organträger vom Gewerbeertrag abzuziehen.[137] Nicht übernommene Verluste verringern den Beteiligungswert beim Organträger und führen bei Veräußerung zu einem geringeren Veräußerungsgewinn.[138] Ausschüttungsbedingte Teilwertabschreibungen auf den Beteiligungswert der Organgesellschaft sind bei der gewerbesteuerlichen Organschaft nicht anzuerkennen und dem Gewerbeertrag des Organträgers wieder hinzuzurechnen.[139] Ebenso sind verlustbedingte Wertminderungen nicht zu berücksichtigen.

---

134 Vgl. Scheffler, DBW 1991, S. 709; Grotherr, BB 1993, S. 1998.
135 Vgl. BFH vom 27.6.1990 I R 158/87, BStBl. II 1990, S. 916.
136 Vgl. Ab. 17 Abs. 6 GewStR.
137 Vgl. Ab. 42 Abs.1 S. 5 GewStR.
138 Vgl. Ab. 42 Abs.1 S. 6 GewStR.
139 Vgl. Ab. 42 Abs.1 S. 12 GewStR; BFH vom 2.2.1994 I R 10/93, BStBl. II 1994, S. 768.

3.5 Kritik an den geltenden Organschaftsbestimmungen

3.5.1 Fehlende Gesamtkonzeption und Widersprüche im geltenden Konzept der Organschaft

Bei den Regelungen zur Besteuerung der Organschaftsverhältnisse kann kaum von einer einheitlichen Besteuerungskonzeption gesprochen werden.[140] Weder folgen die einzelnen Organschaftsregelungen des Körperschaft-, Gewerbesteuer- und Umsatzsteuergesetzes einer einheitlichen Konzeption[141], noch werden internationale Sachverhalte in hinlänglichem Maße berücksichtigt. Im Gegensatz zur Zurechnungstheorie, die bei der Körperschaftsteuer gilt, gilt bei der Gewerbesteuer die Organgesellschaft als Betriebsstätte des Organträgers (auch sog. gebrochene Einheitstheorie), ohne daß die daraus entstehenden Konsequenzen gezogen werden. Der Hinweis auf die Anknüpfung an § 14 KStG kann m.E. kein ausreichender Grund sein, um den klaren gesetzlichen Wortlaut zu mißachten.

Sowohl der Reichsfinanzhof[142] als auch der Bundesfinanzhof[143] hat eindeutig die Einheitstheorie bzw. Filialtheorie für die Organschaft abgelehnt. Andererseits wird für die wirtschaftliche Eingliederung verlangt, daß das Organ die Aufgaben einer Filiale erfüllen muß. Entspricht ein Konzern in seiner Struktur tatsächlich einem Einheitsunternehmen, so erscheint die Forderung einer Besteuerung entsprechend der Einheitstheorie aus dieser Sicht gerechtfertigt.

Weiterhin wird kritisiert, daß die Zurechnungskonzeption weder den Konzern konsequent als Einheit behandelt, noch sich konsequent an die Selbständigkeit der Einzelgesellschaften hält.[144] Auch wenn in dieser zugrundeliegenden Feststellung ein wahrer Kern liegt, so zeichnet der Konzern sich gerade durch die Schwierigkeit der Zuordnung als eine wirtschaftliche Unternehmenseinheit einerseits, und der rechtlichen Vielheit andererseits, aus. Die Unternehmensgrenzen des Konzerns sind unscharf. Eine steuerli-

140 Die Organgesellschaft bleibt selbständiges Steuersubjekt. Im Gegensatz hierzu wird die Organgesellschaft im Umsatzsteuerrecht als unselbständige Betriebsstätte des Organträgers behandelt.

141 Vgl. Scheffler, DBW 1991, S. 711; Grotherr, StuW 1995, S. 128.

142 Vgl. RFH vom 30.1.1930 I A 226/29, RStBl. 1930, S. 148. Der RFH spricht in diesem Zusammenhang von einer anderen Art Einheit.

143 Vgl. BFH vom 26.7.1967 I 138/65, BStBl. III, S. 733.

che Behandlung, die diese Zwischenstellung berücksichtigt, kann dementsprechend durchaus die zweckadäquate Konzeption sein.

Überraschend ist der Verzicht des Gewerbesteuerrechts auf den Gewinnabführungsvertrag. Zur Erfüllung einer wirtschaftlichen Einheit kann nicht einerseits die Organschaftsbesteuerung einen Ergebnisabführungsvertrag als unbedingte Voraussetzung verlangen, andererseits diesen aber im Gewerbesteuerrecht für die wirtschaftliche Einheit als nicht relevant ansehen. Auf die daneben stehende Einheitstheorie des Umsatzsteuergesetzes soll hier nur hingewiesen werden.[145] Hinsichtlich der fehlenden Grundsystematik und der komplizierten Detailregelungen führt Prinz aus: "Das steuerliche Organschaftsrecht ist unübersichtlich und kompliziert ... und sperrt sich einer klaren systematischen Erfassung."[146] Das Fehlen eines schlüssigen Konzeptes ist nicht zuletzt darauf zurückzuführen, daß der Gesetzgeber bisher nicht versucht hat, ein Gesamtkonzept für die Besteuerung von Konzernsachverhalten zu erarbeiten. Die Organschaftsregelungen sind als ein Produkt historischer Entwicklung zu sehen und lassen sich nur aus dieser Sicht heraus verstehen.

Ein eklatanter Nachteil des deutschen Steuersystems wird in der Gewerbesteuer gesehen, die als zusätzliche Sondersteuer für unternehmerische Gewinne neben die Körperschaftsteuer bzw. Einkommensteuer tritt.[147] Im internationalen Vergleich ist die Gewerbesteuer in ihrer jetzigen Form im Wettbewerb der Steuersysteme kaum mehr vertretbar. Auf Dauer ist die Sonderbelastung gerade des industriellen Sektors nicht mehr tragbar. Die Gewerbesteuer ist zumindest auf mittlere Sicht möglichst abzuschaffen. Zudem wird die Auswirkung des gewerbesteuerlichen Verlustausgleichs vielfach überschätzt. Durch die Hinzurechnung der Dauerschuldzinsen wird meist nur ein geringer oder gar kein Verlust ausgewiesen.[148] Die Notwendigkeit einer Regelung der gewerblichen Organschaft ist insofern fraglich. Zur Zeit fehlt es bei der gewerbesteuerlichen Organschaft an einer schlüssigen Durchführung der sogenannten gebrochenen Einheitstheorie, da hierbei

---

144 Vgl. Bauer, 1987, S. 184.

145 Die umsatzsteuerliche Organschaft ermöglicht lediglich gewisse Verwaltungsvereinfachungen. Ihre Berechtigung im geltenden Recht wird angezweifelt. Vgl. Reiß, StuW 1979, S. 343.

146 Prinz, FR 1993, S. 726.

147 Vgl. Rädler, DStJG 1994, S. 283.

148 Vgl. Stein, zfbf 1983, S. 32.

bereits die dogmatischen Grundlagen völlig im Dunkeln liegen. Im folgenden wird von einer weiteren Betrachtung der gewerbesteuerlichen Organschaft Abstand genommen. Eine Sonderbelastung gewerblicher Tätigkeit wird abgelehnt.[149]

3.5.2 Kritik an den Eingliederungsvoraussetzungen

Hinsichtlich der bestehenden Konzernorganisationsformen erscheint das Festhalten an dem wirtschaftlichen und organisatorischen Eingliederungstatbestand im internationalen Vergleich zumindest fragwürdig. Die Forderung nach wirtschaftlicher Eingliederung basiert auf einem funktionalen Unternehmensverständnis.[150] Das Bild des Unternehmens, daß der RFH bei der Entwicklung des Rechtsinstitutes der Organschaft vor Augen hatte, war das eines funktional gegliederten Einheitsunternehmens.[151] Formen moderner Unternehmensstrukturen werden damit nur unzulänglich berücksichtigt.

Die Aussagen des BFH im Laufe der Jahre hinsichtlich der wirtschaftlichen Eingliederung sind widersprüchlich. Einerseits wird die strenge Forderung nach wirtschaftlicher Unselbständigkeit nach Art einer unselbständigen Betriebsstätte der Organschaft gestellt,[152] andererseits soll eine allgemeine Gewinnerzielungsabsicht bzw. eine Risikodiversifikation für die wirtschaftliche Eingliederung ausreichen.[153] Diese Vorstellungen sind schwerlich auf einen Nenner zu bringen. Der Hinweis auf eine wirtschaftliche Zweckabhängigkeit[154] im Sinne einer Förderung oder Ergänzung der gewerblichen Betätigung des Organträgers bleibt ebenfalls sehr vage. Die Aussagen bzgl. der Mehrmütterorganschaft und der geschäftsleitenden Holding als gewerbliche Unternehmen sind in sich nicht schlüssig. Die Widersprüche in den Aussagen des BFH sind offensichtlich.

---

149 Auf die damit zusammenhängenden Probleme der Gemeindefinanzierung kann im Rahmen dieser Arbeit nur hingewiesen werden.

150 Vgl. Müller, 1991, S. 31.

151 Vgl. auch Krebühl, DB 1995, S. 744. Vgl. auch Müller, 1991, S. 31; hinsichtlich des österreichischen Organschaftskonzepts, das dem deutschen weitgehend aufgrund der geschichtlichen Entwicklung entspricht.

152 Vgl. Ab 50 Abs.1 S.5. KStR; BFH vom 21.1.1976 I R 21/74, BStBl. II 1976 , S. 389.

153 Vgl. BFH vom 21.1.1976 I R 21/74, BStBl. II 1976, S. 389.

Nach der Divisionalisierungsstrategie der Unternehmen der letzten Jahrzehnte muß das Konzept der wirtschaftlichen Eingliederung als obsolet angesehen werden. Die wirtschaftliche Verbundenheit wird bereits mit einer Risikodiversifizierung erreicht. Dies wurde trotz neuerlicher Kehrtwendung des BFH schon beizeiten erkannt.[155] Das Konzept der wirtschaftlichen Einheit verliert in einer dezentral geführten Unternehmensgruppe weitestgehend an Konturen. Vergleicht man die Voraussetzungsbedingungen des Aktien- und Handelsrechts, so sehen diese bei ihrer Konzerndefinition von einer wirtschaftlichen Eingliederung ab. Auch hinsichtlich der Tatbestandsmäßigkeit des Steuerrechts ist das Erfordernis der wirtschaftlichen Eingliederung abzulehnen.

Fraglich ist, ob die organisatorische Eingliederung verlangt werden muß. Zieht man als Beurteilungsmaßstab die einheitliche Leitung und damit die Entscheidungskompetenz der Muttergesellschaft auf die Tochtergesellschaft als maßgeblichen Konzernierungstatbestand heran, so läßt sich ein Abgehen von der organisatorischen Eingliederungsvoraussetzung kaum begründen. Die Sicherstellung der einheitlichen Leitung ist für den Konzern der entscheidende Tatbestand. Folgerichtig sehen einige Autoren die organisatorische Eingliederung weiterhin als Voraussetzung für eine weitergehende Konzernbesteuerung an,[156] da bei Herstellung der wirtschaftlichen Einheit vom betriebswirtschaftlichen Standpunkt aus die Frage nach der einheitlichen Entscheidungsmacht wesentlich ist. Um dem Verlangen des Steuerrechts nach organisatorischer Eingliederung und damit dem Abschluß eines Gesellschaftsvertrages zu entgehen, werden oftmals Doppelmandate erteilt. Gerade die Ausübung eines Zwanges hinsichtlich der Erteilung von Doppelmandaten in Geschäftsführungspositionen ist m.E. höchst problematisch. Es ist nicht Aufgabe des Steuerrechts, dies mittelbar zu erzwingen.

Probleme der organisatorischen Eingliederung ergeben sich bei der Matrixorganisation. In einer Matrixorganisation wird regelmäßig die Spartenzuständigkeit und die funktionale Zuständigkeit auseinanderfallen. Liegen die Zuständigkeiten in verschiedenen Konzerngesellschaften, ist eine organisatorische Eingliederung in ein übergeordnetes Unternehmen kaum mehr möglich. Nach BFH kann ein Steuersubjekt aber nur einen Ort als Geschäftslei-

---

154 Vgl. BFH vom 13.9.1989 I R 110/88, BStBl. II 1990, S. 24.
155 Vgl. BFH vom 21.1.1976 I R 21/74, BStBl. 1976 II, S. 389.
156 Vgl. Scheffler, DBW 1991, S. 713 Jacobs/Spengel, IStR 1994, S. 151

tung haben.[157] Eine organisatorische Eingliederung kann allenfalls mittelbar zur Gesamtkonzernspitze fingiert werden.

Ein Verzicht auf den Tatbestand der organisatorischen Eingliederung könnte mit Hilfe der Zurechnungstheorie begründet werden. Man kann in der Zurechnung eine gesetzlich fixierte Fiktion annehmen, so daß ein notwendiger zugrundeliegender wirtschaftlicher Tatbestand nicht mehr erfüllt zu sein braucht. Sieht man in der Organschaft die Besteuerung eines zu regelnden wirtschaftlichen Sachverhaltes, der durch die Ausübung einheitlicher Leitungsmacht bedingt wird, erscheint es jedoch sehr bedenklich, die steuerliche Regelung auf eine reine Fiktion zu stützen. Erklärt man die wirtschaftliche Einheit des Konzerns durch seine Entscheidungs- bzw. Leitungsbefugnis und möchte man den Konzern als Einheit besteuern, so muß konsequenterweise die organisatorische Eingliederung weiterhin verlangt werden.

3.5.3 § 14 KStG als lex imperfekta

3.5.3.1 Problematik der Durchbrechung der steuerlichen Gewinnermittlungsvorschriften

Der Zurechnungsvorschrift des § 14 KStG ist nicht zu entnehmen, daß die verursachten Vermögensmehrungen oder -minderungen aufgrund eines EAV beim Organträger in- oder außerhalb der Steuerbilanz des Organträgers berücksichtigt werden müssen.[158] Umstritten ist bereits, ob die handelsrechtlichen Bilanzierungsvorschriften durch die Sondervorschriften zur Organschaftsbesteuerung aufgehoben werden.[159] Auch ist nicht geregelt, auf welcher Stufe der Einkommensermittlung des Organträgers die Zurechnungsbeträge der Organgesellschaften zu berücksichtigen sind, d.h. ob die allgemeinen einkommensteuerlichen Vorschriften beim Organträger zwingend durchbrochen werden müssen.[160]

Das Gesetz spricht von einer Zurechnung, ohne hierzu Näheres auszuführen. In § 14 KStG heißt es lediglich: "ist das Einkommen dem Träger des

157 Vgl. BFH vom 1.3.1966 I 13, 14/65, BStBl. III, S. 207.

158 Vgl. Wassermeyer, JbFStR 1992/93, S. 221; vgl. Müller-Dott, JbFStR 1992/93, S. 282. Bereits zur Rechtslage § 7a KStG 1969, Bruns, FR 1975, S. 572.

159 Vgl. bspw. Keuk, StuW 1975, S. 65; Wassermeyer, JbFStR 1992/93, S. 230.

160 Vgl. Wassermeyer, JbFStR 1992/93, S. 220.

Unternehmens (Organträger) zuzurechnen". Aus dieser Formulierung kann nur entnommen werden, daß das bei der Tochter ermittelte Einkommen dem Organträger zur Besteuerung zugewiesen wird. Weshalb die beim Organträger ankommenden Gewinnabführungen entgegen dem Maßgeblichkeitsprinzip keine Betriebseinahmen sind, ist aus den Organschaftsregelungen nicht ersichtlich. Zur Begründung wird angeführt, daß die Ergebnisübernahme ihre Ursache im Gesellschaftsverhältnis habe und daher die Behandlung des Handelsrechts als Ertrag bzw. Aufwand für das Steuerrecht keine Geltung haben könne. Entsprechend der allgemeinen Wertung des Steuerrechts liege bei der Gewinnabführung eine Gewinnverwendung vor.[161] Damit gelten grundsätzlich die Bestimmungen der verdeckten Gewinnausschüttung nach § 8 Abs.3 KStG.[162] Neben den organschaftlichen Bestimmungen erzwingen bereits die Regelungen des allgemeinen Steuerrechts eine Durchbrechung des Maßgeblichkeitsprinzips.

Entsprechendes gilt für die verdeckte Kapitaleinlage gem. § 4 Abs.1 S.5 EStG. Die Maßgeblichkeit wird aufgrund der steuerlichen Einlagevorschriften durchbrochen.[163] Folgt man bei der Verlustübernahme den allgemeinen steuerlichen Vorschriften aus der Einlagendefinition des BFH, daß die Verlustübernahmen aus EAV als gesellschaftsrechtliche Vorgänge zu interpretieren sind, so wären diese beim Organträger grundsätzlich dem Beteiligungswert hinzuzuaktivieren.[164] Erst auf der Stufe der Einkommensermittlung des Organträgers werden dann nach herrschender Auffassung die zuvor dargestellten Institute der vGA und der vKE aufgrund des Organschaftsverhältnisses beim Organträger aufgehoben.

Wassermeyer vertritt die Auffassung, daß die steuerrechtlichen Einkommensermittlungsvorschriften des § 8 KStG beim Organträger völlig unberührt bleiben.[165] Die Regelungen des § 14 S.1 KStG stellen lediglich eine Rechtsfolgewirkung dar. Die allgemeinen Bilanzierungsvorschriften der steuerlichen Gewinnermittlung des § 8 KStG würden durch § 14 KStG nicht außer Kraft gesetzt. Diese Vorgehensweise entspräche damit der Behandlung außerhalb eines Organschaftsverhältnisses. Die Gewinn- und

161 Vgl. BFH vom 26.1.1977 I R 101/75, BStBl. II 1977, S. 441.
162 Vgl. BFH vom 30.1.1974 I R 104/72, BStBl. II 1974, S. 323.
163 Vgl. BFH vom 16.5.1990 I R 96/88, BStBl. II S. 797.
164 Vgl. Raupach, BB 1974, S. 1240; Raupach/Clausen, BB 1974, S. 694.

Einkommensermittlung der Organgesellschaft als auch des Organträgers werden nicht berührt. Bezüglich der Rechtswirkung des § 14 KStG sei beim Organträger nur die Einkommenszurechnung, aber nicht die Einkommensermittlung geregelt. Es gelte weiterhin das Maßgeblichkeitsprinzip, jedoch kommen die einkommensteuerlichen Korrekturen nach § 5 Abs.6 EStG zum Zuge.

Demgemäß plädiert Wassermeyer bei einer Verlustübernahme durch den Organträger für die Aktivierung auf den Beteiligungswert, da bei der organschaftlichen Verlustübernahme die allgemeinen Einlagevorschriften zur Anwendung kämen. Anschließend müsse geprüft werden, ob eine Teilwertabschreibung vorliege.[166] Zur Verhinderung der Doppelerfassung sei die Teilwertabschreibung außerbilanziell hinzuzurechnen. Dies entspreche der positiven Einkommenszurechnung, bei der ebenfalls alle Korrekturen außerhalb der Steuerbilanz vorgenommen würden. Bei Verlustübernahme hat eine Aktivierung als nachträgliche Anschaffungskosten auf das Beteiligungskonto des Organträgers zu erfolgen, da sie eine Zuwendung von Eigenkapital durch den Organträger darstelle. Begründet wird dies mit Hilfe des vom deutschen Ertragssteuerrecht verwendeten Einlagebegriffs.[167] Nach Auffassung von Wassermeyer versteht man unter einer Einlage im Steuerrecht einen Ersatzanschaffungs- oder Herstellungsvorgang und er ist damit gegenüber dem handelsrechtlichen Einlagebegriff weiter gefaßt.[168] Hierin liege der eigentliche Grund der Hinzuaktivierung auf das Beteiligungskonto der Muttergesellschaft und der Annahme einer Einlage bei der Organschaft.[169] Erst nach einer erfolgten Aktivierung bestehe die Möglichkeit der Teilwertabschreibung, soweit die Voraussetzungen dazu vorliegen.[170] Um eine Doppelerfassung zu verhindern, soll dann aber außerhalb der Steuerbilanz eine Neutralisation erfolgen.

In der Tat ist hinsichtlich der Zurechnungskonzeption des § 14 KStG festzustellen, daß die durch die Zurechnung entstandene Vermögensänderung

---

165 Vgl. Wassermeyer, JbFStR 1992/93, S. 221. Wassermeyer führt die von Raupach/Clausen angedachte Argumentationskette zu Ende.

166 Vgl. Wassermeyer, JbFStR 1992/93, S. 220.

167 § 8 Abs.1 KStG i.V.m. § 4 Abs.1 S.1 EStG.

168 Vgl. Wassermeyer, JbFStR 1992/93, S. 228 f..

169 Vgl. Wassermeyer, JbFStR 1991/92, S. 359.

170 Vgl. Wassermeyer, JbFStR 1992/93, S. 283.

steuerlich beim Organträger ins Niemandsland fällt.[171] Die Sichtweise Wassermeyers ist dennoch auf nachhaltige Kritik gestoßen.[172] Die zwangsläufig notwendige Berichtigung der Teilwertabschreibung außerhalb der Steuerbilanz sei vermeidbar.[173] Die Regelungen des geltenden Organschaftsrechts werden aufgrund der nicht differierenden Lösung als zweckadäquat anerkannt. Zu entscheiden sei die gesamte Problematik der Einkommenszurechnung hinsichtlich der Funktion der Organschaft. Diese sei in der Verhinderung jeglicher Doppelerfassung zu erblicken.

Offensichtlich ist, daß § 14 KStG eine unvollkommene Vorschrift ist, die über die Art und Weise der Zurechnung grundsätzlich keine Auskunft gibt. Daß eine Einkommenszurechnung außerhalb der Bilanz vorzunehmen ist, ergibt sich keinesfalls direkt aus § 14 KStG. Ob dies mit Hilfe der Hinzuaktivierung zu den Anschaffungskosten im Verlustfall mit anschließender Teilwertabschreibung systemgerechter erfolgen kann, erscheint jedoch außerordentlich fraglich. Zieht man die restriktive Handhabung der Teilwertabschreibung mit in Betracht[174], so kann die Auffassung von Wassermeyer zumindest diesbezüglich kaum überzeugen.

Die Frage, ob und welche Bilanzierungsvorschriften beim Organträger gelten, kann erst die ergänzende Auslegung des § 14 KStG ergeben.[175] Die Auslegung führt zu dem Ergebnis, daß das in der Steuerbilanz niedergeschlagene Ergebnis durch eine außerbilanzielle Korrektur berichtigt werden muß, da ansonsten das abgeführte Ergebnis beim Organträger doppelt erfaßt würde. Dementsprechend geht die herrschende Auffassung davon aus, daß durch § 14 KStG die allgemeinen Bilanzierungsvorschriften beim Organträger außer Kraft gesetzt werden und eine Korrekturrechung außerhalb der Steuerbilanz des Organträgers stattzufinden hat. Aus der Auslegung ergibt sich jedoch nicht, daß der Gesamtbetrag der Ergebnisübernahme außerhalb der Bilanz dem Organträger zuzurechnen ist. Die funktionale Betrachtung ließe durchaus ein Vorgehen zu, daß lediglich eine Hinzurechnung der Differenzbeträge von steuerlich zuzurechnendem Einkommen zur tatsachlichen Ergebnisabführung vorsieht.

---

171 Vgl. Müller-Dott, JbFStR 1992/93, S. 282.
172 Vgl. Podiumsdiskussion, JbFStR 1992/93, S. 277 ff..
173 Vgl. Thiel, JbFStR 1992/93, S. 289.
174 Vgl. hierzu Ausführungen in Kap. 6.2.1.

Fraglich ist, ob die Gewinnabführung der Organgesellschaft aus der Sicht des Organträgers nicht grundsätzlich als betrieblich angesehen werden muß. Die Rechtsprechung sah bis zur gesetzlichen Kodifizierung der Organschaft im Jahr 1969 in der Ergebnisübernahme einen aus wirtschaftlichen Erwägungen heraus betrieblichen Vorgang.[176] Diese Auffassung wird hinsichtlich des Organträgers unterstützt, wenn man die Behandlung von Beteiligungserträgen außerhalb der Organschaft betrachtet. Diese werden beim beherrschenden Unternehmen grundsätzlich betrieblich vereinnahmt. Werden Darlehen zur Finanzierung einer Organbeteiligung aufgenommen, so sind die entstehenden Zinsen Betriebsausgaben. Es ist nicht ersichtlich, warum im Organschaftsfall etwas anderes gelten soll, es sei denn, § 14 KStG würde dies bestimmen. Auch eine ergänzende Auslegung des § 14 KStG nach Sinn und Zweck kann diesbezüglich zu keinem anderen Ergebnis führen.

3.5.3.2 Unklarheiten über die Zielsetzung der körperschaftsteuerlichen Organschaft

Organschaftsregelungen, wie die Behandlung der Ergebnisübernahme, sind anhand der Zielsetzung der Organschaft zu beurteilen.[177] Damit ist auch die aufgeworfene Frage Wassermeyers, ob die Verlustübernahme als nachträgliche Anschaffungskosten bzw. als verdeckte Einlagen zu werten ist, anhand der Zwecksetzung der Organschaft zu entscheiden. Grundsätzlicher Ausgangspunkt der Argumentation ist hierbei, daß Wassermeyer Sinn und Zweck der Organschaft in der Verhinderung der Doppel- und Mehrfachbesteuerung sieht.[178] Durch die Einführung des Anrechnungsverfahrens 1977 liegt die Funktion jedoch in erster Linie im Verlustausgleich innerhalb des Organkreises.[179] Das allgemeine Prinzip der Verhinderung von Doppelbelastungen wird bereits durch das Anrechnungsverfahren erreicht.[180] Ob darüber hinaus eine spezielle Funktion der Organschaft darin besteht, Doppelbesteuerungseffekte, die nicht durch das Anrechungsverfahren erfaßt werden, zu eliminieren, muß angesichts der Begründung bei der Einführung des

175 Vgl. Müller-Dott, JbFStR 1992/93, S. 282; Thiel, JbFStR 1992/93, S. 288.
176 Vgl. BFH vom 27.11.1956 I D 1/56 S, BStBl. III 1957, S. 139.
177 Vgl. Müller-Dott, JbFStR 1992/93, S. 284.
178 Vgl. Wassermeyer, JbFStR 1992/93, S. 229.
179 Vgl. BT-Drs. 7/1470, S. 347; auch Schmidt/Müller/Stöcker, 1993, Rn. 473.

Anrechnungsverfahrens zur Organschaft bezweifelt werden.[181] Wassermeyer verweist bei seiner Argumentation hinsichtlich der Vermeidung der Doppelbelastung des Organeinkommens explizit auf die Rechtsprechung des BFH.[182] Der Rechtszustand, auf den der BFH in diesem Urteil Bezug nimmt, ist aber der nach dem KStG 1969. Hier war aber noch nicht das Anrechnungsverfahren eingeführt worden, das zur Verhinderung von Doppel- und Mehrfachbelastungen eingeführt wurde, so daß zu dieser Zeit die Organschaft in der Tat neben dem Verlustausgleich den Hauptzweck besaß, Doppelbesteuerungseffekte zu verhindern.

Daß das zuzurechnende positive Ergebnis der Organgesellschaft im Organkreis sich nur einmal auswirken darf, kann daher bereits aus der Systematik des Körperschaftsteuergesetzes abgeleitet werden. Die Einführung des Anrechnungsverfahrens zielt auf die Beseitigung der wirtschaftlichen Doppel- bzw. Mehrfachbelastungen. Im Fall der Organschaft kann daher nichts anderes gelten. Daß es dem Anrechnungsverfahren nicht gelingt, die Doppelbelastung in allen Fällen adäquat zu verhindern, ist ein anderes Problem.[183] Eine durch die Körperschaftsteuer verursachte Sonderbelastung läßt sich nicht rechtfertigen.[184]

Der Gesichtspunkt der Verhinderung der Doppelbesteuerung kann nach Einführung des Anrechnungsverfahrens für die Organschaft keine gesonderte Rolle mehr spielen.[185] Das Problem, das sich beispielsweise bei Weiterausschüttung steuerfreier Einnahmen ergibt, ist auf die Unzulänglichkeiten des Anrechnungsverfahrens zurückzuführen.[186] Entfallen die Regelungen der Organschaft, so wird grundsätzlich mittels des Anrechnungsverfahrens die Doppelbelastung von Gewinnausschüttungen vermieden. Die Regelungen der Organschaft verdrängen nur das allgemeine System der Verhinderung

180 Vgl. BT-Drs. 7/1470, S. 347.

181 Wörtlich heißt es: "Die Bedeutung der körperschaftsteuerlichen Organschaft reicht jedoch über die Beseitigung der steuerlichen Doppelbelastung hinaus. Sie beinhaltet darüber hinaus den Verlustausgleich zwischen den an der Organschaft beteiligten Unternehmen, eine Folge, die dem Anrechnungsverfahren nicht wesensimmanent ist." BT-Drs. 7/1470, S. 347.

182 Vgl. BFH vom 14.4.1992 VIII R 149/86, BStBl. II 1992, S. 817.

183 Die Körperschaftsteuer stellt insofern nur eine Einkommensteuervorauszahlung der Anteilseigner dar. Vgl. Tipke, 1993, S. 739.

184 Vgl. Tipke, 1993, S. 739.

185 Vgl. Knobbe-Keuk, 1993, S. 697.

der Doppelbelastung in Form des Anrechnungsverfahrens. Somit ist der Gesichtspunkt der Doppelbelastung seit Einführung des Anrechnungsverfahrens im Bereich der positiven Einkünfte als spezieller Vorteil der Organschaft obsolet geworden.[187]

Gegen die hier vertretene Auffassung spricht auch nicht die Verdoppelung des Vermögens bei Erwirtschaftung von Gewinnen, die thesauriert werden, bzw. die doppelte Vermögensminderung bei Verlusten der Tochtergesellschaft. Systembedingt erfolgt über den Beteiligungswert eine Verdoppelung dieser Beträge. Außerhalb der Organschaft führt dies bei Verlusten dazu, daß diese doppelt berücksichtigt werden können. Da das körperschaftsteuerliche Anrechnungsverfahren systembedingt bei Verlusten nicht greifen kann, kann dies auf der Kehrseite auch zu einer doppelten Entlastung führen.[188] Festzustellen ist, daß der wesentliche Inhalt der Organschaft der durch die Zurechnung ermöglichte Verlustausgleich ist.

3.5.3.3 Behandlung der steuerfreien Einnahmen

Auch die Behandlung der steuerfreien Einnahmen, die nicht unter § 15 Nr.2 und Nr.3 KStG fallen, sind unzulänglich geregelt. Es existiert hierzu keine explizite gesetzliche Zurechnungsvorschrift im Rahmen der Organschaft. Steuerfreie Einnahmen sind kein Einkommen. Entsprechend dem Wortlaut des § 14 KStG ist aber nur das Einkommen der Organgesellschaft dem Organträger zuzurechnen. Entsprechend der Zurechnungskonzeption müßten die steuerbefreiten Einnahmen bei der Organgesellschaft verbleiben.

Eine Zurechnung könnte eventuell mit einer sinngemäßen Anwendung des § 19 KStG begründet werden. § 19 KStG gewährt dem Organträger Vergünstigungsansprüche, die der Organgesellschaft zustehen, sofern der Organträger ebenfalls die Ermäßigungsvorschrift in Anspruch nehmen kann.[189] Eine zwingende Erfordernis kann aber aus § 19 KStG nicht hergeleitet werden, da § 19 KStG lediglich Vergünstigungen mit Steuerabzug regelt. Die Zurechnung der steuerfreien Einnahmen kann sich u.U. auch aus einer

---

186 Vgl. Knobbe-Keuk, 1993, S. 697. Knobbe-Keukspricht in diesem Zusammenhang von Ungereimtheiten des Anrechnungsverfahrens.

187 Vgl. auch Knepper 1993, S. 725.

188 Vgl. auch Wassermeyer, JBFStR 1993, S. 226.

ergänzenden Auslegung des § 15 Nr.2 KStG ergeben. Nach § 15 Nr.2 KStG sind Vorschriften eines DBA-Abkommens bei der Organgesellschaft nur anwendbar, wenn auch der Organträger zu den begünstigten DBA-Berechtigten gehört. Daraus kann man bei weiter Auslegung entnehmen, daß sich Befreiungsvorschriften auf Ebene des Organträgers niederschlagen müssen. Die Weiterleitung steuerfreier Einnahmen an Organträger steht aber grundsätzlich außerhalb der Einkommenszurechnung, so daß auch diese Begründung zweifelhaft ist.

Implizit kann die Zurechnung von steuerfreien Einnahmen lediglich aus den Gliederungsvorschriften zum Eigenkapital gem. §§ 36 und 37 KStG entnommen werden. Nach § 37 KStG bleiben Vermögensmehrungen grundsätzlich bei der Organgesellschaft außer Ansatz und sind nach § 36 KStG dem Organträger in seiner Eigenkapitalgliederung, wie eigene Vermögensmehrungen, zu berücksichtigen. Damit werden gem. § 36 KStG, entgegen des Wortlauts des § 14 KStG, nicht nur das Einkommen, sondern vom Grundsatz her[190] alle Einkünfte der Organgesellschaft beim Organträger gegliedert. Die Begründungsansätze für die Weiterleitung der steuerfreien Einnahmen erweisen sich als unbefriedigend. Eine zwingende Begründung für die Weiterleitung der sonstigen steuerfreien Einnahmen besteht nicht.

Durch die Neuregelung des § 15 Nr.3 KStG bleibt bei mittelbarem Bezug einer begünstigten Körperschaft über eine Personengesellschaft die Steuerbefreiung nach § 8 b KStG erhalten. Nach Dötsch muß die empfangende begünstigte Körperschaft eine Mitunternehmerstellung innehaben.[191] Bei analoger Anwendung der herrschenden Auslegung der Weiterleitung der steuerfreien Einnahmen hätte es nicht der ergänzenden Regelung durch § 15 Nr.3 KStG bedurft.

---

189 Vgl. Schmidt, GmbHR 1977, S. 20.
190 Zu beachten sind die von der Organgesellschaft zu versteuernden Einkommensbeträge für die Ausgleichszahlungen nach § 16 KStG.
191 Vgl. Buyer, in: Dötsch/Eversberg, KStG, § 8 b Rn. 35.

3.5.4 Die Verpflichtung zum Abschluß eines Ergebnisabführungsvertrages

Die Forderung des Steuerrechts nach Abschluß eines Ergebnisabführungsvertrages erscheint insofern fraglich, als das wesentliche Element der Konzernbildung beim Vertragskonzern der Beherrschungsvertrag ist. Konzernrechtlich steht der Beherrschungsvertrag im Vordergrund, da nur er die entscheidende Leitungsmacht der Obergesellschaft ermöglicht.[192] Der Ergebnisabführungsvertrag ergänzt ihn lediglich.[193] Wenn auch aus betriebswirtschaftlicher Sicht die Beherrschung zu einer wirtschaftlichen Einheit führt, muß gefragt werden, warum die körperschaftsteuerliche Organschaft einen EAV und nicht den Abschluß eines Beherrschungsvertrages verlangt. Das Steuerrecht berücksichtigt das gesellschaftsrechtliche Primat des Beherrschungsvertrages nicht. Es nimmt gem. § 14 Nr.2 KStG bei Bestehen eines Beherrschungsvertrages lediglich die unwiderlegbare Vermutung der organisatorischen Eingliederung an. Der Beherrschungsvertrag kann zuverlässig und unbestreitbar die einheitliche Herrschaft herstellen und führt auch zur Übernahme der vermögensrechtlichen Verantwortlichkeit. Um eine tatsächliche wirtschaftliche Einheit zu begründen, müßte daher auch der Abschluß eines Beherrschungsvertrages ausreichend sein.

Sowohl Ergebnisabführungsvertrag als auch Beherrschungsvertrag führen zur Verpflichtung des Verlustausgleiches nach § 302 AktG durch die Muttergesellschaft.[194] Beim Beherrschungsvertrag ist es insbesondere die Weisungskompetenz und damit einhergehend die Möglichkeit des herrschenden Unternehmens, das Konzerninteresse in der abhängigen Gesellschaft durchzusetzen, die den Verlustausgleich bestimmt. Beim EAV sieht die Gesetzesbegründung zum AktG 1965 in der Verlustübernahme das natürliche Korrelat zur Gewinnabführung. Nach Auffassung von Hommelhof spricht beim EAV lediglich die sektorale Aufhebung des Rechts der Kapitalerhaltung

---

192 Vgl. Kropff, 1988, S. 355.

193 Vgl. Kropff, 1965, S. 374. Ob der isolierte Gewinnabführungsvertrag ein konkludentes Weisungsrecht umfaßt, ist zwar umstritten, jedoch verneint die h. M. dies. Vgl. Hommelhof, 1987, S. 232 m.w.N..

194 Hinsichtlich der Ursachen des Verlustausgleiches führt die Aufteilung des Organschaftsverhältnisses in zwei Unternehmensverträge eher zu einer Verdunklung der Grundlagen. Vgl. Hommelhof, 1987, S. 228.

gem. § 291 Abs.3 AktG für einen Verlustausgleich.[195] Bei genauerer Betrachtung des isolierten Gewinnabführungsvertrages verbleibt nicht einmal mehr das Argument der Kapitalerhaltung. Die Kapitalerhaltung wird durch die Verlustübernahmepflicht für die Tochtergesellschaft sogar über das Maß einer selbständigen Gesellschaft hinaus gesichert.[196] Beim reinen Ergebnisabführungsvertrag ohne die Weisungsbefugnis durch den Beherrschungsvertrag stellt sich eine Tochtergesellschaft grundsätzlich nicht schlechter.[197] Eine vertragskausale Beeinträchtigung des Gesellschaftsvermögens der Tochtergesellschaft ergibt sich hinsichtlich des § 57 AktG beim reinen EAV vom Grundsatz her nicht.[198] Betrachtet man den reinen EAV unter diesen wirtschaftlichen Aspekten, stellt sich die Frage nach dem ökonomischen Sinn dieses Vertrages. Die beabsichtigte Gewinnabführung läßt sich auch ohne Abschluß des EAV bei vorliegender Stimmrechtsmehrheit herstellen.

Neben der Ergebnisübernahmeverpflichtung resultiert als wirtschaftliche Konsequenz aus dem EAV die Verpflichtung zur Ausgleichszahlung. Dividendengarantien wirken bei schlechter Ertragslage der Tochtergesellschaft besonders belastend, denn Ausgleichszahlungen müssen auch in einer Verlustsituation der Tochtergesellschaft von der Muttergesellschaft getragen werden. Dies stellt für die Muttergesellschaft ein zusätzliches Risiko bzw. eine Belastung dar. Als Indiz hierfür können die zunehmenden gewerbesteuerlichen Organschaftsverhältnisse gelten, die auf Unternehmensverträge und damit auf die körperschaftsteuerliche Organschaft verzichten.[199]

Der Gesetzgeber hat, obwohl er die Zurechnungstheorie kodifizierte, dies nicht konsequent umgesetzt. Die Forderung nach einem EAV, wenn auch als Tatbestandsvoraussetzung, ist bei konsequenter Verfolgung der Zurech-

195 Vgl. Hommelhof, 1987, S. 232. Nach Hommelhof lassen sich entscheidende Interpretationshinweise aus dem Gewinnabführungsvertrag für den Verlustausgleich aber nicht herleiten. Vgl. Hommelhof, 1987, S. 233.

196 In diesem Fall können grundsätzlich nur die gesamten Gewinne durch Vollausschüttung von der Tochtergesellschaft abgezogen werden. Unterpreisleistungen können nicht durch Weisungen der Muttergesellschaft von der Tochtergesellschaft erzwungen werden.

197 Ob stets eine sinnvolle Anwendung der Vorschriften des § 311 AktG bei isoliertem EAV möglich ist, wird bezweifelt. In den §§ 291 ff. AktG wird aber auch eine Sondernorm gegenüber § 311 AktG gesehen. Vgl. Geßler, in: Geßler/Hefermehl, AktG, § 291 Rn. 72; A.A Kropff, in: Geßler/Hefermehl, AktG, § 316, Rn. 3.

198 Vgl. Koppensteiner, in: Kölner Kom. zum AktG, § 302 Rn. 4.

nungstheorie unverständlich.[200] Zu der Forderung nach Abschluß eines Gewinnabführungsvertrages hat der Gesetzgeber im Gesetzgebungsverfahren 1969 und 1977 keine Stellung genommen. Die Begründungen enthalten hierzu keinerlei Hinweise. Durch das Erfordernis des Abschlusses eines EAV und der damit bewirkten tatsächlichen Ergebnisübernahme wird die Wirkung der Organschaft letztlich nicht nur durch die Zurechnungstheorie herbeigeführt, sondern es spiegelt sich darin auch die Bilanzierungtheorie wider. Der Zwang zur tatsächlichen Gewinnabführung bzw. Verlustübernahme spricht dafür, daß Elemente der Bilanzierungstheorie in die geltende Organschaftsbesteuerung eingegangen sind. Bei der momentanen gesetzlichen Regelung kann demnach von einer kombinierten Bilanzierungs- und Zurechnungstheorie gesprochen werden. Fraglich bleibt der Sinn der Forderung nach einem Ergebnisabführungsvertrag in § 14 KStG bei Verwirklichung der Zurechnungstheorie. Hätte der Gesetzgeber konsequent die Zurechnungstheorie durchsetzen wollen, so hätte er auf die Verpflichtung zum Abschluß eines EAV verzichten müssen.

Durch die Verpflichtung zur vollen Verlustübernahme wird die Konzernbesteuerung in einem erweiterten Umfang mit zivilrechtlichen Schutzinteressen verbunden. Hinsichtlich der Verlustübernahmeverpflichtung wird an der körperschaftsteuerlichen Organschaft kritisiert, daß sie durch den EAV auf eine Anerkennungsvoraussetzung zurückgreife, die über das Vermögensschutzinteresse hinausreiche, das vom Steuerrecht beeinträchtigt wird.[201] Die Vermögensschmälerung der Tochtergesellschaft beschränkt sich grundsätzlich auf den Steuervorteil, der durch eine Verlustverrechnung ermöglicht wird. Nur hinsichtlich dieses Steuervorteils sollte das Steuerrecht das Schutzinteresse des Gesellschaftsrechts beachten.

Hier schließt sich die grundsätzliche Frage an, ob es für eine Konzernbesteuerung des Haftungsverbundes und damit der Verpflichtung zur Verlustübernahme bedarf. Aus betriebswirtschaftlicher Sicht ist die Forderung nach Abschluß eines EAV auch als eine Forderung nach einer Risikoeinheit zu interpretieren. Der 42. deutsche Juristentag hat dies befürwortet.[202] Wäre der Gesetzgeber diesem Gedankengang konsequent gefolgt, so hätte

---

199 Vgl. Breuniger/ Prinz, DB 1995, S. 2085; Breuniger, 1995, S. 325.
200 Vgl. Hofmann, StuW 1958, Sp. 228.
201 Vgl. Grotherr, FR 1995, S. 9.
202 Vgl. DJT 1972, Q 85; Vgl. hierzu auch Lutter, DJT 1972, Q 58.

der Tatbestand der Eingliederung als auch der Abschluß eines Beherrschungsvertrages keines zusätzlichen EAV bedurft. Da selbst bei Eingliederung die Durchführung eines EAV vorausgesetzt wird, erscheint es der Wille des Gesetzgebers gewesen zu sein, neben den Eingliederungstatbeständen die tatsächliche Vermögensübernahme als Ursache der zusammengefaßten Besteuerung durch die Organschaft zu verlangen.

Der Zwang zum Abschluß eines Ergebnisabführungsvertrages beruht sicherlich nicht zuletzt auf der bis zum Jahr 1969 fehlenden gesetzlichen Grundlage und die durch den Abschlußzwang bedingte verminderte Rechtssicherheit.[203] Der Abschluß eines EAV führt durch die zwingend zugrundeliegenden zivilrechtlichen Rechtsfolgen steuerlich zu einer höheren Rechtssicherheit. Wird im Abschluß eines EAV eine Erhöhung der Rechtssicherheit gesehen, so führt dies nach der gesetzlichen Kodifizierung der körperschaftsteuerlichen Organschaft zu der Frage, warum im Umsatz- und Gewerbesteuerrecht eine geringere Rechtssicherheit gestattet wird. Außerdem hätte man bei der Kodifizierung der körperschaftsteuerlichen Organschaft den Standpunkt vertreten können, daß es aufgrund der gesetzlichen Regelung nicht mehr notwendig ist, die Rechtssicherheit durch einen Abschlußzwang eines EAV zu erhöhen.

Der Grund, warum das Organverhältnis bei der gesetzlichen Regelung in § 7 a KStG 1969 nicht vom Abschluß und von der Durchführung eines EAV unabhängig gemacht wurde, wird von Schmidt so interpretiert: "Wenn das Gesetz anders verfährt, so wird man den Grund zum einen darin sehen dürfen, daß der Abschluß und die tatsächliche Durchführung eines Gewinnabführungsvertrages eines der deutlichsten *Beweiszeichen für eine wirtschaftliche Einheit* zwischen Organgesellschaft und Organträger bildet, die wiederum allein die steuerliche Wirkung eines Organverhältnisses rechtfertigen kann."[204] Im EAV ist sicherlich unabhängig von seinem schuldrechtlichen oder gesellschaftsrechtlichen Charakter die Bestätigung und Verstärkung von Konzernmacht zu erblicken.[205]

Wie die Ausführungen von Schmidt zeigen, beinhaltet die tatsächliche Ergebnisübernahme insbesondere auch wirtschaftliche Auswirkungen.

---

203 Vgl. Rupp, 1983, S. 245; Vgl. Grotherr, FR 1995, S. 13.
204 Schmidt, StuW 1969, Sp. 451.
205 Vgl. auch Rasch, BB 1959, S. 166.

Durch eine Ergebnisübernahme wird auch die tatsächliche Verfügungsberechtigung verschoben. Dem liegt der richtige Gedanke zugrunde, daß eine tatsächliche Vermögensverschiebung nicht nur ein rein juristischer Akt ist, sondern auch eine ökonomische Wirkung entfaltet. Der Gesetzgeber ist bei der Forderung einer vertraglichen Verpflichtung zur tatsächlichen Abführung bzw. Übernahme von Ergebnissen offensichtlich von einer starken wirtschaftlichen Verbindung zwischen juristisch selbständigen Unternehmen ausgegangen, die die Organschaft hin zum Einheitsunternehmen tendieren läßt.

Ein weiterer Kritikpunkt ist, daß durch den EAV der Tochtergesellschaft die Möglichkeit der Selbstfinanzierung genommen wird. Gem. § 14 Abs.5 KStG bleibt es der Organgesellschaft unbenommen, steuerlich im gewissen Rahmen Selbstfinanzierung zu betreiben. Dennoch kann eine durchaus aus betriebswirtschaftlichen, insbesondere aber auch aus Gläubigergesichtspunkten sinnvolle Selbstfinanzierung durch § 14 Nr.5 KStG eingeschränkt sein. Der Kritik, daß der EAV die Aussschüttungspolitik der Muttergesellschaft beschränke, kann nicht gefolgt werden, da bei der Bemessung der Ausschüttungsmöglichkeit im Konzern eine einheitliche Betrachtung erstrebenswert ist. Ob hinsichtlich der hauptsächlichen Zielsetzung der Organschaft in Form der Verlustverrechnung eine zwingende Gewinnübernahme gefordert werden sollte, erscheint aber fraglich.

Ein weiterer Kritikpunkt an der zwingenden Ergebnisübernahme durch die Muttergesellschaft ist, daß der Organgesellschaft und insbesondere ihrem Management letztendlich die (Vermögens-) Verantwortlichlichkeit genommen wird.[206] Die Übernahme von Eigenverantwortung der Tochtergesellschaft wird verhindert.[207] Diese Kritik ist in dieser Schärfe jedoch überzogen. Auch bei der Ergebnisübernahme hat das Management der Organgesellschaft das Ergebnis gegenüber dem Management des Organträgers zu verantworten.

Kritisiert wird weiterhin, daß bei Bestehen eines EAV Mitarbeiter ihre Ansprüche nicht nur an den Ertragsverhältnissen der Tochtergesellschaft ausrichten, sondern an der wirtschaftlichen Stärke der Muttergesell-

---

206 Vgl. Borggräfe, WPg 1995, S. 132.
207 Vgl. Breuniger/ Prinz, DB 1995, S. 2086.

schaft.[208] Bei Gesellschaften, die der Mitbestimmung unterliegen, führe dieser Umstand oftmals zum Verzicht auf den Abschluß eines EAV. Das BAG hat hinsichtlich der Betriebsrentenanpassung im Konzern entschieden, daß auch im Vertragskonzern lediglich bei verdichteter Konzernbindung und fehlender Rücksicht auf die Belange der Tochtergesellschaft die wirtschaftliche Lage des herrschenden Unternehmens maßgeblich ist.[209] Eine verdichtete Konzernbindung wird vom BAG aber nicht bereits bei Vorliegen eines Beherrschungs- oder Ergebnisabführungsvertrages angenommen, sondern es muß bei der Ausübung der Leitungsmacht keine angemessene Rücksicht auf die Belange des Tochterunternehmens genommen werden. Eine Kritik ist insofern unberechtigt.

Hinsichtlich der Zulässigkeit der gewerbesteuerlichen Organschaft ohne Verpflichtung zum Abschluß eines EAV ist die Forderung des Körperschaftsteuerrechts nach einem EAV nicht unbedingt widersprüchlich. Die gewerbesteuerliche Organschaft unterliegt hinsichtlich des Sinns und Zwecks anderen Zielsetzungen[210], wodurch ein Verzicht durchaus gerechtfertigt sein kann. Der Hinweis, daß dem Steuerpflichtigen die körperschaftsteuerliche Organschaft nicht aufgezwungen, sondern dem Steuerpflichtigen mittels Abschluß eines EAV ein Wahlrecht eingeräumt werden solle[211], kann nicht überzeugen. Eine Option kann auch ohne Zwang zur Ergebnisabführung statuiert werden.

3.5.5 Beschränkungen der Verlustverrechnung

Obwohl das erklärte Ziel der Organschaft die Eröffnung der Möglichkeit einer Verlustverrechnung ist[212], bestehen wesentliche Restriktionen bei der Verrechnungsmöglichkeit von Verlusten innerhalb des Organkreises. Ein vororganschaftlicher Verlustabzug der Organgesellschaft ist im Gegensatz zum Organträger nicht möglich. Entsprechend § 15 Nr.1 KStG ist bei der Ermittlung des Einkommens der Organschaft ein Verlustabzug nach § 10 d EStG unzulässig. Zeitlich ist durch die gesetzliche Neuregelung des § 10 d

---

208 Vgl. Krebühl, DB 1995, S. 746.
209 Vgl. BAG vom 4.10.1994 - 3 AZR 910/93, DB 1995, S. 528.
210 Vgl. Kap 3.4.
211 Vgl. Schmidt, StuW 1969, Sp. 451.
212 Vgl. BT-Drs. 7/1470, S 347.

EStG im Jahre 1990 der Verlustvortrag unbeschränkt vortragsfähig.[213] Das Problem des Verlustes des Verlustvortrages auf Ebene der Organgesellschaft durch Eingehen eines Organschaftsverhältnisses besteht seit dem unbeschränkten Verlustvortrag nicht mehr so eklatant wie vor der Einführung des unbegrenzten Verlustvortrages. Vororganschaftliche Verluste gehen aufgrund des Wegfalles der fünfjährigen Verlustvortragsbeschränkung grundsätzlich nicht mehr verloren. Aber auch bei unbeschränkter Verlustvortragsmöglichkeit können vororganschaftliche Verluste auf Jahre hinaus nicht mehr verrechnet werden. Erst nach Beendigung des Organschaftsverhältnisses ist es möglich, sie bei der Organgesellschaft wieder auszugleichen. Nachteilig wirkt sich für die Unternehmensgruppe aus, daß die Inanspruchnahme des Verlustrücktrages nach § 10 d EStG nur einmal im Organkreis durch den Organträger vorgenommen werden kann. Dies ergibt sich aus der Zusammenfassung der Ergebnisse des Organkreises beim Organträger. Die Einschränkung auf die einmalige Inanspruchnahme des Verlustrücktrages läßt sich systematisch lediglich bei strikter Ausrichtung an der Einheitstheorie rechtfertigen.

Teilweise ist es in anderen Staaten möglich, auch nach Eintritt eines Unternehmens in einen Konzernbesteuerungskreis, dessen Verluste aus früheren Veranlagungszeiträumen mit dessen erwirtschafteten Gewinnen auszugleichen.[214] Dies entspricht der geltenden gewerbesteuerlichen Regelung. Eine Verrechnung des vororganschaftlichen Gewerbeverlustes bei derselben Organgesellschaft ist auch bei Zugehörigkeit zu einem Organkreis möglich.[215] Da die gewerbesteuerliche Organschaft kein Verbot der Verrechnung der vororganschaftlichen Verluste kennt, sollte diese Regelung grundsätzlich auch für die körperschaftsteuerliche Konzernbesteuerung gelten.

Nach Beendigung der Organschaft verbleiben Verlustvorträge, die während des Bestehens der Organschaft erlitten wurden, beim Organträger. Eine verursachungsgerechte Aufteilung ist nicht möglich. Entsprechendes gilt für die Gewerbesteuer.[216] Auch ergibt sich grundsätzlich eine Nichtverrechenbarkeit von Verlusten zwischen Schwestergesellschaften. Hat die Muttergesell-

---

213 Vgl. BT-Drs. 11/2356, S. 78. Bis 1990 ging der Verlustvortrag nach 5 Jahren unter.

214 Vgl. bspw. Frankreich, Niederlande und die USA. Vgl. Müller, 1991, S. 80, 93, 101.

215 Vgl. Ab. 68 Abs.8 GewStR.

schaft ihren Sitz im Ausland, muß sie eine Zwischenholding oder gem. § 18 KStG im Inland zumindest eine Zweigniederlassung gründen, um eine Verlustverrechnung zwischen den Schwestergesellschaften zu ermöglichen.[217]

3.5.6 Zwang zur innerorganschaftlichen Gewinnrealisierung bzw. fehlende Zwischengewinneliminierung

Neben der Kritik an den restriktiven Eingliederungsvoraussetzungen und der Verpflichtung zum Abschluß eines EAV besteht ein Hauptkritikpunkt an der deutschen Organschaft in der fehlenden Zwischengewinneliminierung bei konzerninternem Leistungsaustausch.[218] Zur Verhinderung der Zwischengewinnrealisierung wurden mittlerweile diverse Vorschläge unterbreitet.[219] Grundlage für diese Vorschläge bildet die Einheitsbetrachtung.[220] Der angeführte Hauptkritikpunkt ist, daß Konzerne als einheitliche Unternehmungen zu verstehen und dementsprechend zu behandeln seien. Demzufolge dürfe eine Gewinnrealisierung erst dann eintreten, wenn Erfolge aus der Sicht der gesamten Konzernunternehmung realisiert seien. Aus Geschäftsbeziehungen zwischen den Konzernunternehmen eines Konzerns dürften keine Gewinne realisiert werden, da dies einer innerbetrieblichen Transaktion gleichkäme. Die Unternehmensgrenze zum Markt hin sei erst bei einer Geschäftstransaktion mit Konzerndritten gegeben. Erst hier dürfe eine Realisation von Gewinnen stattfinden, da erst hier die Realisation am Markt stattfände.[221] Dadurch sei es aus Sicht des Gesamtkonzerns möglich, daß es zu Steuerzahlungen kommt, obwohl die gesamte Konzernunternehmung im Verhältnis zu Konzerndritten keine Gewinne macht.

Hinsichtlich des konzerninternen Leistungsaustausches wurde bereits auf dem 49. Deutschen Juristentag von Rasch die Auffassung vertreten, daß unter wirtschaftlicher Betrachtungsweise dieser als rein innerbetrieblicher

---

216 Vgl. hierzu auch Grotherr, StuW 1995, S. 147.
217 Vgl. Grotherr, StuW 1995, S. 145.
218 Vgl. Beusch, 1978, S. 23; Harms/Küting, BB 1982, S. 449; Rupp, 1983, S. 210; Scheffler, DBW 1991, S. 712.
219 Vgl. Rupp, 1983, Scheffler, DBW 1991; Bauer, 1987; Scheuchzer 1993; Salzberger, 1994.
220 Vgl. bspw. Harms/Küting, BB 1982, S. 454.
221 Vgl. Theisen, DBW 1988, S. 288.

Vorgang zu beurteilen sei.[222] Bereits nach handelsrechtlicher Konzernpraxis würden konzerninterne Geschäfte regelmäßig ohne Gewinnrealisierung durchgeführt. Eine Gewinnbesteuerung aus konzerninternen Transaktionsbeziehungen wäre zwar formaljuristisch konsequent, würde aber der Realität des Wirtschaftslebens und den Ordnungsprinzipien des Steuerrechts widersprechen. Konzerninterne Zwischengewinne sollen daher auch steuerlich nicht entstehen. Dem ist entgegenzuhalten, daß die gesellschaftsrechtlichen Rahmenbedingungen zumindest im faktischen Konzern grundsätzlich keine willkürliche Verrechnungspreisgestaltung zulassen. Ob und inwieweit eine Besteuerung des Konzerns als eine Einheit vollzogen werden soll, hat sich daran zu messen, ob auch tatsächlich eine wirtschaftliche Einheit angenommen werden kann. Dies wiederum ist nicht von der zugrundeliegenden rechtlichen Strukturierung unabhängig. Das formale Argument der angeblich formaljuristischen Behandlung reicht insofern nicht aus. Vom faktischen Konzern bis hin zum Eingliederungskonzern ergeben sich aus den konzernrechtlichen Regelungen ökonomische Unterschiede, die nicht unbeachtet bleiben dürfen.[223]

Als Kritikpunkt wird weiterhin angeführt, daß die Verpflichtungen zu Ausgleichszahlungen gegenüber Minderheitsgesellschaftern nach § 304 AktG aus Sicht des Konzerns als wirtschaftliche Einheit zu einer Gewinnbesteuerung führt, die nicht verhindert werden kann.[224] Aufgrund der garantierten Mindestdividende im Vertragskonzern sei aus Sicht der Minderheitsgesellschafter keine Erfolgslokalisation mittels des Fremdvergleichsgrundsatzes im Organkreis nötig.[225] Zum einen wird hierbei übersehen, daß der Grundsatz des Drittvergleiches im Organkreis auch die Gläubiger der einzelnen Konzerngesellschaften schützt, zum anderen beeinflußt die richtige Lokalisation der Einzelerfolge den Liquidationsanspruch der Minderheitsgesellschafter.

Ob sich unter Einbezug der konzerninternen Aufhebung des Imparitätsprinzips bei einer steuerlichen Zwischengewinneliminierung der erhoffte positive steuerliche Effekt für die Unternehmen ergeben wird, insbesondere unter Beachtung des erforderlichen höheren Verwaltungsaufwandes, ist bis-

---

222 Vgl. Rasch, DJT 1972, G 7.
223 Vgl. Kap. 4.1.3.
224 Vgl. Wöhe, 1982, S. 81.
225 Vgl. Grotherr, StuW 1995, S. 143.

her noch nicht beantwortet worden. Sicherlich hängt dies vom Einzelfall ab. Eine generelle Beurteilung ist kaum möglich.

3.5.7 Fehlende Eignung des Ergebnisabführungsvertrages für grenzüberschreitende Konzernverbindungen

Als überaus problematisch erweist sich der EAV als Voraussetzungstatbestand für eine grenzüberschreitende Verlustberücksichtigung im EU-Konzern. Unternehmensverträge und damit auch vertragliche Ergebnisübernahmeverpflichtungen sind im internationalen Vergleich nicht gebräuchliche Instrumente zur Herstellung von Unternehmensverbindungen.[226] Nahezu alle materiellen gesellschaftsrechtlichen Rechtsvorschriften anderer EU-Mitgliedsstaaten sehen sie nicht vor.[227] Im internationalen Vergleich stellt die deutsche Form der Konzernbesteuerung mit der Forderung nach einem Ergebnisabführungsvertrag eine einzigartige Ausnahme dar.[228] International stößt das deutsche Modell der Organschaft auf allgemeine Ablehnung.[229] Hinsichtlich einer tendenziellen Rechtsangleichung ist es unwahrscheinlich, daß das deutsche Konzept des Ergebnisübernahmevertrages durch die anderen EU-Staaten übernommen wird. Als Indiz hierfür kann die ablehnende Haltung der anderen europäischen Staaten gegenüber der Konzernrechtsrichtlinie aus dem Jahr 1984 gelten.

Dementsprechend ist im EG-Vorschlag zur Verrechnung von Verlusten ausländischer Betriebsstätten und Tochtergesellschaften gem. Art.1 für EU-Tochtergesellschaften lediglich eine Beteiligungsmehrheit sowie eine Stimmrechtsmehrheit von 75% erforderlich.[230] Eine Abschaffung des EAV bei der deutschen Organschaft wäre damit unumgänglich gewesen, will man nicht inländische Tochtergesellschaften diskriminieren. Dementsprechend wurde in der Stellungnahme des Deutschen Bundesrates die Bundesregierung aufgefordert, die vorgesehene Verlustverrechnungsmöglichkeit von

---

226 Vgl. Krebühl, DB 1995, S. 743.
227 Vgl. Grotherr, FR 1995, S. 2.
228 Österreich hat durch den historischen Rechtseinfluß ähnliche Konzernbesteuerungsvorschriften. Österreich verlangt auch den Abschluß eines EAV.
229 Vgl. Bühler, 1964, S. 103.
230 Vgl. KOM (90) 595, endg. vom 28.11.1990, in: EWS 1991, S.31.

Tochtergesellschaften davon abhängig zu machen, daß die Tatbestandsvoraussetzungen des § 14 KStG vorliegen.[231]

In diesem Zusammenhang ist darauf hinzuweisen, daß bereits der RFH den grenzüberschreitenden Unternehmensverbund in Form einer wirtschaftlichen Einheit als sogenannte "andere Art von Einheit" anerkannt hat.[232] Der RFH hatte im zugrundeliegenden Urteil über die Problematik der Gewinnverschiebung über die Grenze zur Muttergesellschaft hin zu entscheiden. Er stellte fest, daß eine wirtschaftliche Einheit über die Grenze hinweg zwar etwas anderes sei als eine innerstaatliche wirtschaftliche Einheit. Für ausländische verbundene Unternehmen sei dementsprechend auch ein anderer Einheitsbegriff zu verwenden, als dies für die rein innerstaatliche Organschaft gelte. Dabei hebt der RFH hervor, daß die organschaftlichen Eingliederungsvoraussetzungen für große, insbesondere Weltkonzerne nicht passen. Auch wenn es bei dieser Entscheidung um die Verschiebung von Gewinnen einer inländischen Tochtergesellschaft zu einer ausländischen Muttergesellschaft ging, so ist dennoch bemerkenswert, daß bereits der RFH entsprechend seiner stärker ökonomisch geprägten Sichtweise die grenzüberschreitende wirtschaftliche Unternehmenseinheit neben der Organschaft anerkannte.

---

231 Vgl. BR-Drucks. 96/91 vom 7.6.1991, S. 2.
232 Vgl. RFH vom 30.1.1930 I A 226/29, RStBl. 1930, S. 148.

4. Anforderungen an eine Konzernbesteuerung

4.1 Beachtung ökonomischer und zivilrechtlicher Vorgaben

Zentraler Beurteilungsmaßstab der Besteuerung ist die steuerliche Gleichbehandlung im Sinne einer gleichen Besteuerung gleicher Sachverhalte.[1] Die Problematik der Bestimmung der Gleichheit ist die Relativität des Gleichheitsbegriffes.[2] Zur Erreichung der Gleichheit bei unternehmerischer Tätigkeit muß die Wirkung der Besteuerung von Unternehmen dem Prinzip der Wettbewerbsneutralität folgen.[3] Die Frage, die sich bei Konzernunternehmungen stellt, ist die des Vergleichsmaßstabes. Hierfür ist das Einheitsunternehmen mit mehreren Betriebsstätten oder eine Mehrzahl unverbundener Einzelunternehmungen heranzuziehen.

Weitere wesentliche Aspekte sind die möglichen Auswirkungen bzw. Rückwirkungen auf andere Teilrechtsordnungen. Grundsätzlich hat zumindest eine passive Abstimmung mit anderen Teilrechtsordnungen zu erfolgen. Insbesondere hinsichtlich des Gesellschaftsrechts hat das Steuerrecht die bestehenden Interdependenzen zu beachten. Bestimmungen des Steuerrechts dürfen nicht Grundwertungen des Gesellschaftsrechts konterkarieren. Die Abstimmung geht aber im Bereich der Unternehmensbesteuerung über die passive hinaus, da das deutsche Steuerrecht auf einer rechtsformabhängigen Besteuerung basiert. Dies bedeutet, daß die Grundwertungen des Gesellschaftsrechts auch für das Konzernsteuerrecht besondere Geltung erlangen. Hierbei ist insbesondere die Frage zu klären, in welches Vermögen der Gesellschaften des Unternehmensverbundes die Steuerforderungen des Fiskus bei der einheitlichen Veranlagung vollstreckt werden können. Ein weiterer Abstimmungsbereich ist das Wettbewerbsrecht. Hinsichtlich der Konzentrationswirkung der Organschaft hat die Monopolkommission festgestellt, daß sie insgesamt keine wesentliche konzentrationssteigernde Wirkung ausübt,[4] so daß auf diesen Aspekt hier allenfalls am Rande einzugehen ist.

---

1 Vgl. BVerfG vom 17.12.1953 - 1 BvR 147 -, BVerfGE 3, 58.
2 Vgl. Tipke, 1993, S. 339.
3 Vgl. BVerfG vom 28.1.1970 - 1 BvR 4/67 -, BVerfGE 27, 375.
4 Vgl. Monopolkommission, 1982, S. 205.

Dem Gesichtspunkt der zunehmenden Integration Europas in wirtschaftlicher und rechtlicher Hinsicht kommt ebenfalls besondere Beachtung zu. Wenn auch die Harmonisierung im Gegensatz zu den direkten Steuern bei den indirekten Steuern zur Zeit eher ruht, so kann hinsichtlich der vorgelegten Harmonisierungsvorschläge im Bereich der Unternehmens-, insbesondere der Konzernbesteuerung, zumindest auf mittlere bis lange Sicht durchaus von einer reellen Chance auf ihre Umsetzung ausgegangen werden.

4.1.1 Entscheidungsneutralität der Besteuerung

Die Ertragsbesteuerung des deutschen Steuerrechts richtet sich grundsätzlich nach dem Leistungsfähigkeitsprinzip. Diese ist Ausfluß des allgemeinen Gleichheitsgrundsatzes und das Fundamentalprinzip des deutschen Steuerrechts.[5] Dementsprechend sind wirtschaftlich gleiche Tatbestände gleich zu besteuern. Für die Besteuerung von Unternehmen bedeutet dies grundsätzlich, daß aus unternehmerischer Tätigkeit resultierende Erträge unabhängig von der zugrundeliegenden rechtlichen Konstruktion bzw. Rechtsform besteuert werden sollen. Ziel der rechtsformneutralen Unternehmensbesteuerung ist es, eine steuerliche Wettbewerbsneutralität bezüglich der rechtlichen Organisationsform der Unternehmungen im Sinne einer gleichmäßigen Besteuerung nach der zugrundeliegenden wirtschaftlichen Leistungsfähigkeit herzustellen.[6]

Die Suche nach einer angemessenen Konzernbesteuerung führt zu der Frage, ob Kapitalgesellschaften überhaupt eine eigene bzw. spezielle Leistungsfähigkeit zugesprochen werden kann. Für eine eigenständige Besteuerung der Kapitalgesellschaft durch die Körperschaftsteuer werden zwar viele Gründe ins Feld geführt[7], allerdings wird eine sinnvolle Anwendung des

---

5 Vgl. Tipke/Lang, 1996, § 4 Rn. 81.

6 Vgl. Tipke/Lang, 1996, § 16 Rn. 2; Lang, 1990, S. 115; Neumark, 1970, S. 264.

7 Hierzu werden genannt: 1) Wirtschaftliche Verselbständigung als eigenständige juristische Person und damit die Unabhängigkeit von den Verhältnissen der Gesellschafter. 2) Besserer Zugang zu Kapitalmärkten. Dies trifft jedoch im wesentlichen nur für die börsennotierte Aktiengesellschaft zu. 3) Höhere Kreditfähigkeit. Dies hängt aber in erster Linie mit der Unternehmensgröße und nicht mit der Rechtsform zusammen. 4) Die Möglichkeit der Haftungsbeschränkung. Vgl. hierzu auch Kraft, 1991, S. 105 ff..

Leistungsfähigkeitsprinzips auf die Kapitalgesellschaft nachhaltig bezweifelt.[8] Von einer natürlichen Person, deren Leistungsfähigkeit erhöht wird, muß abstrahiert werden.[9] Ihrer Natur nach kann die Körperschaftsteuer als Ertrags- oder Objektsteuer angesehen werden.[10]

Gerechtigkeitsgesichtspunkte lassen sich bei der Besteuerung von Kapitalgesellschaften nur indirekt integrieren, da die Körperschaftsteuer eine Interimssteuer zur Einkommensteuer darstellt.[11] Der Maßstab für eine Besteuerung von Kapitalgesellschaften ist in erster Linie vom Gesichtspunkt der Entscheidungsneutralität der Besteuerung zu bestimmen. Nach inzwischen herrschender Auffassung ist der Grund der Besteuerung von Kapitalgesellschaften darin zu sehen, daß die Körperschaftsteuer eine Interimssteuer bzw. Quellenertragssteuer zur Einkommensteuer der Anteilseigner ist.[12] Rechtlich wird jedoch mit der Körperschaftsteuer keine fremde, sondern eine eigene Steuerschuld erfüllt.[13] Dies ist aber insofern unbedeutend, als damit keine wesentlichen materiellen Unterschiede hervorgerufen werden.[14] Letztendlich soll die Körperschaftsteuer die Gleichmäßigkeit der Besteuerung im Vergleich zu anderen Rechtsformen (Einzelunternehmen, Personengesellschaften) aufrechterhalten.[15] Die zentrale Fragestellung aus systematischer Sicht bildet dabei die steuerliche Behandlung des thesaurierten Gewinns.

Die Kernfrage der Konzernbesteuerung besteht darin, inwieweit der Konzern als ein Einheitsunternehmen angesehen werden kann und dementsprechend steuerlich gleich zu behandeln ist. Zieht man den internationalen Vergleich heran, so bleibt die Antwort gespalten. Die Mehrheit der Staaten der europäischen Union kennt eine Form der Konzernbesteuerung, wobei allerdings einige Länder völlig auf eine gesonderte steuerliche Behandlung der

---

8 Vgl. Walz, DJT 1980, F 49; Knobbe-Keuk, DJT 1980, O 15; Haller, 1971, S. 357.

9 Vgl. Stolterfoht, 1993, S. 507.

10 Vgl. Ruppe, 1967, S. 109.

11 Vgl. Kraft, 1991, S. 104; Schreiber, StuW 1994, S. 247.

12 Vgl. Tipke, 1993, S. 744; Knobbe-Keuk, 1993, S. 565; Pezzer, 1986, S. 6 m.w.N; A.A Döllerer, BB 1983, S. 1.

13 Wobei hinsichtlich der Steuerschuld darauf hinzuweisen ist, daß der Grund, nach dem ein Steuerschuldner zu bestimmen ist, bis heute theoretisch kaum geklärt ist. Vgl. hierzu Stolterfoth, 1993, S. 512.

14 Vgl. Tipke, 1993, S. 741.

Konzerne verzichtet.[16] In der Tendenz kann man jedoch davon ausgehen, daß die Entwicklung hin zu einer Erfassung des Konzerns im Sinne einer wirtschaftlichen Verbundenheit geht.[17]

Betrachtet man die angestrebte Wettbewerbsgleichheit im Markt, so stellt sich die Frage, wieso es einem Konzernunternehmen, das in einem Teilmarkt tätig ist, möglich sein soll, Verluste mit anderen Konzernunternehmen des Konzernkreises auszugleichen und es eventuell sogar seine Gewinne aus Geschäftsbeziehungen mit einem verbundenen Unternehmen nicht realisieren muß, während dem Einzelunternehmen, das nur innerhalb dieses Marktes tätig ist, diese Möglichkeit verschlossen bleibt. Dies ist insbesondere hinsichtlich der Wettbewerbssituation im Vergleich zum Mittelstand ein nicht zu unterschätzender Einwand.

Konkurrieren Konzerne als auch Einheitsunternehmen mit ihren Tochterunternehmen bzw. Betriebsstätten auf verschiedenen Einzelmärkten miteinander, so ergeben sich aus steuerlichen Gesichtspunkten hinsichtlich des Wettbewerbs keine zwingenden Bedenken gegen ein Konzernbesteuerungsinstitut. Die Frage, wie sich der Konzern in Konkurrenz zum Einheitsunternehmen verhält, das gleichermaßen in verschiedenen Märkten tätig ist, wird offensichtlich überschätzt. Bereits 1964 wurde in der Untersuchung zur Konzentration in der Wirtschaft festgestellt, daß gerade im Bereich größerer Unternehmen Einheitsunternehmen kaum als konkurrierende Wettbewerber auftreten. Der Einfluß der Konzernsteuerrechtsinstitute auf den Wettbewerb in diesem Bereich ist damit eher eine hypothetische Fragestellung.[18] Eindeutige wettbewerbsbezogene Aussagen lassen sich durch die Möglichkeit der unterschiedlichen Betrachtungsweisen kaum herleiten.

Das vom Gesichtspunkt der steuerlichen Rechtsformneutralität ausgehende Argument führt bei der Kritik insbesondere die formaljuristische Betrach-

---

15 Zur Problematik der rechtsformneutralen Besteuerung, vgl. Tipke/Lang, 1996, § 16 Rn.1 ff..

16 Vgl. rechtsvergleichende Untersuchung von Scheuchzer, 1994, S. 55-157; Grotherr, StuW 1996, S. 357-376.

17 Vgl. Beispiele hierfür sind die Einführung der Konzernbesteuerung 1987 in Spanien mit dem "Régimen de Declaratión Consolidata" und in Portugal 1988 mit dem "Regime de Tributaçâo pelo lurco consolidado"; weiterhin die Erweiterung der Konzernbesteuerung in Frankreich durch das "nouveau régime de l'íntégration fiscale" im Jahre 1990.

18 Vgl. BT-Drs IV/2320, S. 66.

tungsweise ins Feld. Hervorgehoben wird, daß das Rechtskleid bzw. "die künstlichen rechtlichen Gebilde"[19] für die Besteuerung keine Rolle spielen können. Der Vergleichsmaßstab, der angelegt wird, ist das Einheitsunternehmen in Form des Stammhauses mit Betriebsstätten.[20] Die Folgerung, die aus der Rechtsformneutralität abgeleitet wird, ist die Besteuerung des Konzerns als einer Einheitsunternehmung. Diese Lösung erscheint konsequent, vorausgesetzt, die rechtliche Verselbständigung im Konzern hat in der Tat nur einen formalen Charakter. Diese Behauptung erscheint zumindest fraglich.[21]

4.1.2 Wahrung der Neutralität der Konzernbesteuerungskonzeption hinsichtlich des Gesellschaftsrechts

Grundsätzlich sind Zivilrecht und Steuerrecht nebengeordnete Rechtsgebiete, die denselben Sachverhalt unter anderen Wertungsgesichtspunkten beurteilen.[22] Ein Primat des Zivilrechts existiert nicht.[23] Das Steuerrecht geht von eigenen steuerrechtlichen Tatbestandsmerkmalen aus, an die die einzelnen Steuergesetze die Steuerpflicht knüpfen. Die Beurteilung hat eine den steuerrechtlichen Regelungszielen vorgegebene eigengesetzliche Terminologie, anhand derer beurteilt werden muß, ob ein bewirkter wirtschaftlicher Erfolg einen Steuertatbestand erfüllt.[24] Dabei ist der Zweck des jeweiligen Steuergesetzes und der Inhalt der jeweiligen Einzelregelung zu interpretieren.[25]

Eine gewisse Ausnahme zu der grundsätzlich vom Zivilrecht unabhängigen steuerlichen Terminologie bildet die Anknüpfung des Steuerrechts an die gesellschaftsrechtliche Rechtsform, d.h. an die zivilrechtliche Qualifikation als Personen- oder Kapitalgesellschaft.[26] Da gerade bei Kapitalgesellschaften die Orientierung an den zivilrechtlichen Vorgaben besonders eng ist,

---

19 Scheuchzer, RIW 1995, S. 42.
20 Vgl. Scheuchzer, RIW 1995, S. 42.
21 Vgl. hierzu Ausführungen unter 4.1.3.
22 Vgl. BVerfG vom 27.12.1991 2 BvR/90, StuW 1992, S. 186.
23 Vgl. Tipke, 1993, S. 92.
24 Vgl. Groh, StuW 1989, S. 227.
25 Vgl. BVerfG vom 27.12.1991 2 BvR/90, StuW 1992, S. 186.

führt die Rechtsformabhängigkeit der Unternehmensbesteuerung zu einer erheblichen Bedeutung des Gesellschaftsrechts für die Konzernbesteuerung. Bei der Bedeutung des Gesellschaftsrechts für eine Konzernbesteuerung sind zwei Punkte zu trennen. Einerseits sind die speziellen Vorgaben des Zivilrechts auch steuerrechtlich in ihrer Wirkungsweise zu beachten, andererseits ist der Einfluß auf das Gesellschaftsrecht durch die (vorgeschlagenen) Regelungen im Steuerrecht hinsichtlich der Rückwirkung auf die bestehenden zivilrechtlichen Bestimmungen zu berücksichtigen.

Wie man anhand der Kodifizierung der Unternehmensverträge im Aktienrecht sieht, können Regelungen und Entwicklungen von Gesellschafts- und Steuerrecht im engen Zusammenhang stehen. Der Einheit der Rechtsordnung kommt eine wichtige Rolle zu, als Allgemeinplatz führt sie jedoch kaum zu weiteren Erkenntnissen. Wesentlich ist die konkrete Betrachtung des Regelungszusammenhangs.

Das Konzerngesellschaftsrecht regelt in erster Linie den adäquaten Interessenausgleich der am Konzern beteiligten Interessengruppen. Herkömmliches Ziel ist insbesondere der Schutz der Gläubiger und der Minderheitsgesellschafter der abhängigen Gesellschaft sowie die Wahrung der Rechte der Anteilseigner der beherrschenden Gesellschaft.

Die Besteuerung beim Konzernsachverhalt hat dem Leistungsfähigkeitsprinzip zu folgen. Die daraus abgeleitete Wertungsnorm ist die anzustrebende Gleichmäßigkeit der Besteuerung. Für die unternehmerische Tätigkeit heißt das, daß die Regelungen des Steuerrechts Entscheidungsneutralität und Wettbewerbsneutralität gewährleisten sollen. Gemeinsam ist beiden Rechtsgebieten im Bereich der Konzernsachverhalte das Problem der Zurechnung von der Untergesellschaft zur Obergesellschaft.[27] Die Zurechnung bestimmter Merkmale hat sich wiederum nach den zugrundeliegenden Regelungszielen zu richten.

Gerade im Konzernsteuerrecht und im Konzerngesellschaftsrecht jedoch sind die Entwicklungslinien sowie die Grundkonzeptionen eng verwoben. Berechtigterweise wird hinsichtlich des rechtstatsächlichen Einflusses des

---

26 Vgl. BFH vom 25.6.1984, GrS 4/82, BStBl. II 1984, S. 751. Tipke bezweifelt bei der Anknüpfung an die Rechtsform, daß dieses Vorgehen dem Leistungsfähigkeitsprinzip entspricht. Vgl. Tipke, 1993, S. 1293.

Steuerrechts auf das Gesellschaftsrecht hingewiesen, daß das deutschtypische Institut des Vertragskonzerns auf der Entwicklung der Anforderungen an die Organschaft des Steuerrechts aufbaut.[28] Die konzernrechtliche Systematik der §§ 291 ff. AktG gründet weitgehend auf dem Erfahrungsschatz, der durch die steuerliche Organschaft gewonnen wurde,[29] insbesondere der Rechtsprechung des RFH.[30] Knobbe-Keuk stellt fest: "So hat die steuerrechtliche Anerkennung der Organschaft und die darauf aufbauende Verbreitung der Gewinnabführungs- und Beherrschungsverträge immerhin zur Kodifizierung der Unternehmensverträge im Aktiengesetz von 1965 geführt"[31]. Die Forderung nach Dividendengarantie und Verlustübernahme sei ursprünglich als Ausgleich für die Gewinnabführung an das herrschende Unternehmen vom Steuerrecht verlangt worden.[32]

Organschaftsverträge waren bereits in den dreißiger Jahren üblich, wurden aber lange als schuldrechtliche Verträge, insbesondere als Dienstverträge mit Geschäftsbesorgung klassifiziert.[33] Erst die intensive Diskussion über die Bestimmung des Organschaftsvertrages als schuld- oder als gesellschaftsrechtlicher Vertrag, eingeleitet durch Flume,[34] hat die Einschätzung von vertragsbasierten Konzernverhältnissen nachhaltig in Richtung eines gesellschaftsrechtlichen Tatbestandes geändert. So wurde unter Bezug auf Flume von Ballerstedt die Einordnung des Organschaftsvertrages in das Aktiengesetz gefordert.[35] Selbst Autoren, die der Meinung waren, Organschaftsverträge wären bereits durch das Recht des AktG 1937 in § 256

27 Vgl. Wiedemann, 1988, S. 25.

28 Vgl. Schmidt, JZ 1992, S. 857 m.w.N..

29 Vgl. Kropff, 1965, S. 374.

30 Vgl. Mestmäcker, 1958, S. 287 ff..

31 Knobbe-Keuk, 1986, S. 3.

32 Vgl. Knobbe-Keuk, 1986, S. 4.

33 Vgl. Ballerstedt, 1949, S. 162. Ballerstedt weist in diesem Zusammenhang bereits darauf hin, daß Organschaftsverträge nicht nur rein schuldrechtlichen Charakter hätten.

34 Vgl. Flume, DB 1956, S. 455 ff..

35 Vgl. Ballerstedt, DB 1956, S. 838; Vgl. insbesondere auch Kritik von Duden: "Die Begründung einer Organschaft ist satzungswidrig. ... Die abweichende Praxis ist gesetzeswidrig. Eine gesetzliche Klärung ist sehr erwünscht." Duden geht davon aus, daß die Hauptversammlung der Organgesellschaftschaft nur Jahr für Jahr beschließen kann, den Gewinn abzuführen. Nur von der Obergesellschaft könne die Verpflichtung zur Übernahme von Verlusten wirksam begründet werden. Vgl. Duden, BB 1957, S. 49.

gedeckt[36], vertraten die Auffassung, daß in solchen Fällen zumindest gesetzliche Vorschriften zum Schutz der Minderheitengesellschafter zu kodifizieren seien.[37] Mestmäcker hat in diesem Zusammenhang sehr deutliche Worte gefunden: "Das Steuerrecht signalisiert privatrechlich ungelöste Konflikte."[38]

Von gesellschaftsrechtlicher Seite ist hinsichtlich der Organschaftsverträge bemängelt worden, daß der Inhalt und der Abschluß der Organschaftsverträge im wesentlichen Umfang durch die Praxis der Steuerbehörden und durch die Rechtsprechung der Finanzgerichte erzwungen wurden.[39] Die Entmachtung der vertraglich gebundenen abhängigen Unternehmen wäre ohne die Einwirkung der Finanzgerichte und Steuerbehörden hinsichtlich des geforderten Wortlautes der Vertragsinhalte nicht so weit gegangen.[40] Der Wortlaut der Verträge sei überwiegend auf steuerliche Gesichtspunkte ausgerichtet und besitze "so gut wie keine Aussagekraft für die tatsächliche Ausgestaltung des Konzernverbundes; er läßt in der Regel die Eigenart der jeweiligen Unternehmensverbindung nicht erkennen. Das ist die Folge einer rein auf steuerliche Zwecke ausgerichteten Entwicklung."[41]

---

36 Vgl. Hueck, DB 1959, S. 227. Vgl. Rasch, BB 1959, S. 165.

37 Vgl. Hueck, DB 1959, S. 227.

38 Mestmäcker, 1958, S. 288. Mestmäcker macht hierzu die ergänzende Bemerkung, daß der Steuerpflichtige wegen des Steuerdrucks bereit sein wird, ein steuerliches Ergebnis zu erreichen, indem er sich über das rechtlich geschützte Privatinteresse hinwegsetzt. Der Unterschied zwischen Privatrecht und Steuerrecht basiere nicht darauf, daß das Steuerrecht das Tatsächliche erfasse, während das Privatrecht lediglich an die Form anknüpfe. Durch die Vertrags- und Verfügungsfreiheit des Privatrechts stehen den Vertragspartnern mehrere Wege offen, den gewollten wirtschaftlichen Erfolg herbeizuführen. Hierbei werde regelmäßig unterstellt, daß aufgrund der bestehenden Interessengegensätze ein angemessener Ausgleich erfolge. Als eindringliches Beispiel für diesen divergierenden Impuls verweist Mestmäcker auf die vGA. Privatrechtliche Belange werden in diesen Fällen durch das übermächtige Steuerrecht zwar verdrängt, aber nicht aufgehoben.

39 Vgl. Studienkommission des DJT, 1967, Rn. 144.

40 Vgl. Studienkommission des DJT, 1967, Rn. 144. Flume hat darauf hingewiesen, daß der BGH gar "Anstößiges" in diesen Verträgen gesehen habe. Vgl. Flume, 1962, S. 179.

41 Studienkommission des DJT, 1967, Rn. 124.

In der Tat wurde die steuerliche Anerkennung der Organschaft vom BFH von der zivilrechtlichen Gewinnausschlußvereinbarung[42] abhängig gemacht.[43] Eine Überprüfung, ob hierfür die gesellschaftsrechtliche Zulässigkeit gegeben war, wurde von den Finanzgerichten nicht weiter vorgenommen.[44] Dies basierte sicherlich nicht zuletzt auf der ursprünglichen zivilrechtlichen Einschätzung des Organschaftsvertrages als eines Dienstvertrages, der eine Geschäftsbesorgung zum Inhalt hat.[45] Als Rechtsgrundlage wurde § 256 AktG 1937 herangezogen. Mit dem Verweis auf § 256 AktG wurde die grundsätzliche Zulässigkeit solcher Verträge gerechtfertigt.[46]

Maßgeblich hat die Diskussion um die Einschätzung der Organschaftsverträge die Entwicklung hin zur Aktienrechtsreform 1965 beeinflußt. Die Reform des Aktienrechts verlief in mehreren Stufen. Der erste Schritt zur Novellierung des Aktienrechts war der Referentenentwurf 1958 des Justizministeriums, wobei von einer Begründung abgesehen wurde, da diese dem folgenden Regierungsentwurf vorbehalten sein sollte.[47] Als Erkenntnisquelle hierzu kann lediglich die Rede vom 5.12.1958 des damaligen Justizministers Schäffer herangezogen werden.[48] Schäffer bemängelt hierin, daß in dem Recht des AktG 1937 keine angemessene Lösung beim Interessenkonflikt des Mehrheitsaktionärs vorhanden sei, der seine Macht außerhalb der gesellschaftsrechtlichen Zuständigkeitsordnung ausübt. Es gelte, Minderheitsgesellschafter und Gläubiger vor Gefahren und Schäden der Konzernbildung besser zu schützen und die Leitungsmacht und die Verantwortlichkeit im Konzern in Übereinstimmung zu bringen. Es gehe um eine Regelung der Schranken der Mehrheitsherrschaft. Hierbei führt Schäffer als äußersten

42 Dem RFH genügte ursprünglich eine bloße Weisung bzw. ein verbindliches Übereinkommen zwischen Organträger und Organschaft. Vgl. RFH vom 20.11.1934 I A 144/32, RStBl. 1935, S. 585. Erst der BFH verlangte später die Schriftform, dann eine zeitliche Frist.

43 Ausdrücklich im Gutachten des BFH vom 27.11.1956 I D 1/56 S, BStBl. III 1957, S. 139.

44 Vgl. Mestmäcker, 1958, S. 300.

45 Vgl. Rasch, 1955, S. 85.

46 Vgl. Hueck, DB 1959, S. 227. Hueck verweist darauf, daß Organschaftsverträge vom BFH als zulässig anerkannt wurden und aufgrund langjähriger Anwendung in der Wirtschaftspraxis als Gewohnheitsrecht entstanden sind. Für den reinen Gewinnabführungsvertrag ging die h. M. von einer Anerkennung durch § 256 AKtG 1937 aus. Vgl. Rasch, BB 1958, S. 165.

47 Vgl. Hengeler/ Kreifels, 1959, S. 13.

Fall den Organschaftsvertrag an, der verlangt, daß der Vorstand der abhängigen Gesellschaft wie ein Angestellter geführt wird, und die Gesellschaft als Betriebsabteilung gilt.[49]

Als Maximallösung zur Regelung der Organschaftsverträge im Vorfeld der Aktienrechtsreform 1965 wurde nur ein Verbot der Konzernbildung für die Zukunft mit flankierenden Übergangsregelungen gesehen.[50] Alles andere hätte nach Auffassung von Hueck zu einer kaum tragbaren Verwirrung in den wesentlichen Grundlagen des Beziehungsgeflechts zahlreicher Unternehmen geführt.[51] Allgemein wurde jedoch angenommen, daß aufgrund der steuerrechtlichen Entwicklungen, trotz Schweigens des Aktiengesetzes, sich die Organschaft als Rechtsstatus auch für das Aktiengesetz durchgesetzt hat. In den Reformvorschlägen zur Regelung des Konzernrechts im Aktiengesetz 1965 wurde ein grundsätzliches Verbot der Organschaftsverträge verneint. In den Blickpunkt des Interesses wurde die Erweiterung der Publizitätsvorschriften und der Minderheitenschutz gestellt.[52]

Durch die Entwicklung im Steuerrecht, insbesondere der Forderung nach vertraglicher Bindung der Unternehmen, hat sich der Gesichtskreis des Konzernsachverhalts nachhaltig auf den Vertragskonzern eingeengt. Daher wird zurecht in Zweifel gezogen, ob der Vorrangstellung des deutschen Vertragskonzerns tatsächlich die von ihm in Besitz genommene herausgehobene Stelle gebührt.[53] Anhand der Entwicklung der Kodifizierung des Organschaftsvertrages wird erkennbar, wie eine Präkodifizierung des Zivilrechts durch das Steuerrecht bedingt wurde. Vorschläge zur Verbesserung des deutschen Konzernsteuerrechts sollten diese Erkenntnisse bei der Weiterentwicklung des deutschen Konzernsteuerrechts mit einbeziehen.

Bei einer möglichen Besteuerungskonzeption sind als wesentlicher Gesichtspunkt auch die Interessen der Minderheitsgesellschafter der abhängigen

---

48 Vgl. Schäffer, BB 1958, S. 1253 ff..

49 Vgl. Schäffer, BB 1958, S. 1258.

50 Vgl. Hueck, DB 1959, S. 228.

51 Vgl. Hueck, DB 1959, S. 228.

52 Vgl. hierzu Studienkommission des DJT zur Reform des Unternehmensrechts, 1955, Teil 1; sowie Verhandlungen des 42. DJT, Bd. 1, Teil 3, 1957.

53 Vgl. Schmidt, JZ 1992, S. 857. Interessanterweise folgt der Gesetzesaufbau auch keiner steigenden oder fallenden Bindungsintensität, sondern stellt unsystematisch den Vertragskonzern an den Beginn der Konzernrechtsvorschriften der §§ 291 ff. AktG.

Unternehmen zu beachten. Im Vertragskonzern wird die Vermögensbindung durch § 291 Abs.3 AktG weitgehend aufgehoben. Beim Bestehen eines Beherrschungsvertrages können durch das Weisungsrecht nach § 308 Abs.1 AktG Vermögenswerte weitgehend im Konzerninteresse verschoben werden. Dementsprechend sind die Schutzrechte der §§ 300 ff. AktG ausgerichtet. Wesentlicher Bestandteil dieser Schutzrechte ist die Verpflichtung der Muttergesellschaft zu Ausgleichszahlungen bzw. Abfindungen nach den §§ 304 und 305 AktG und die Verpflichtung zum Verlustausgleich nach § 302 Abs.1 AktG. Der Verlustausgleich stellt ebenso wie das Leisten von Sicherheiten nach § 303 Abs.1 AktG über den Minderheitenschutz hinaus den Gläubigerschutz sicher. Durch die Forderung des Steuerrechts nach Abschluß eines EAV greifen die Minderheitsschutzrechte bei der Organschaft quasi automatisch. Bei Nichtbestehen eines Vertragskonzerns im faktischen Konzern werden Minderheitsgesellschafter durch die Unabhängigkeitsfiktion geschützt. Nachteile dürfen zwar zugefügt werden, müssen aber nach § 311 Abs.2 AktG ausgeglichen werden.

Eine Besteuerungskonzeption sollte aufgrund der Erfahrung des möglichen Einflusses bzw. der Rückwirkung des Steuerrechts auf das Gesellschaftsrecht über den Minderheitsschutz hinaus nur in Abstimmung mit den gesellschaftsrechtlichen Vorschriften entwickelt werden.[54] Dabei ist nicht nur zu beachten, daß steuerliche Vorschriften die Regelungsziele des Gesellschaftsrechts nicht konterkarieren dürfen. Darüberhinaus sollte keine Präjudizierung des Gesellschaftsrechts stattfinden, indem dieses faktisch gezwungen wird, den steuerrechtrechtlichen Regelungen zu folgen bzw. auf die Entwicklungen des Steuerrechts zu reagieren.

4.1.3 Die wirtschaftliche Einheit des Konzerns vor dem Hintergrund der zivilrechtlichen Rahmenvorgaben

Wenn die Forderung aufgestellt wird, daß der Konzern als ein Einheitsunternehmen besteuert werden soll, so ist nach den Kriterien eines einheitlichen Unternehmens zu fragen. Von betriebswirtschaftlicher Seite wird ins-

---

54 Ersichtlich wird dies bspw. bei den Interdependenzen der Rückstellungsbildung bei Bestehen einer Organschaft.

besondere die zentrale Leitungsbefugnis bzw. die Autonomie[55] als wesentliches Merkmal der Unternehmung herausgestellt. Insofern ergibt sich eine weitgehende Übereinstimmung zum Gesellschaftsrecht.

Eine feststehende Definition des unbestimmten Rechtsbegriffs der einheitlichen Leitung ist bisher nicht gelungen. Eine einheitliche Konzernleitung kann angenommen werden, wenn im Konfliktfall die Muttergesellschaft sich gegenüber der Tochtergesellschaft durchzusetzen vermag.[56] Jedoch auch diese scheinbar eindeutige Bestimmung weist Bandbreiten auf, die das Kriterium der einheitlichen Leitung "verwässern", denn spätestens unter Einbezug der zeitlichen Dimension hat ein Gesellschafter mit der Mehrheit der Stimmrechte auf Dauer die Möglichkeit, seine Interessen durch die Wahl des Vorstandes in der Hauptversammlung durchzusetzen. Die Beherrschungsmöglichkeit führt in diesem Sinne immer zu einer einheitlichen Leitung.

Als weiteres Kriterium für eine Einheitlichkeit des Unternehmens muß die Risikotragung angesehen werden. Ersichtlich wird dies bei Insolvenzrisiken[57], die je nach Konzernierungsform ganz unterschiedliche Wirkungen ergeben. Das Einheitsunternehmen kann sein unternehmerisches Risiko lediglich einzelvertraglich begrenzen. Hierin drückt sich die rechtliche Verselbständigung wohl als wesentliches Unterscheidungsmerkmal vom Konzern zum Einheitsunternehmen mit am stärksten aus. Aber auch der Konzern kann sich weitgehend als Haftungseinheit konstituieren und damit in die Nähe des Einheitsunternehmens rücken. Offensichtlich ist dies beim Eingliederungskonzern der Fall.

Als gewisses Pendant zur Haftungsübernahme wird der Muttergesellschaft im Eingliederungskonzern die unumschränkte Leitung bzw. direkte Weisungsmacht zugestanden. Im faktischen Konzern dagegen dürfen Weisungen, die für die Tochtergesellschaft Nachteile bedeuten, ohne Ausgleich nicht erteilt werden. Auch wenn man keinesfalls vom Gleichlauf von Herrschaft und Haftung sprechen kann, so geht mit steigender Einflußnahme des

55 Vgl. Pausenberger, 1975, Sp. 2235; Theisen, 1991, S. 3.
56 Vgl. Regierungsbegründung bei Kropff, 1965, S. 33; Schubert/Küting, 1981, S. 83.
57 Vgl. auch Ordelheide, BFuP 1986, S. 294.

Mutterunternehmens auf die Tochtergesellschaft eine steigende Haftungsverpflichtung einher.[58]

Als ursächlicher Kerntatbestand der Konzernierung ist der Erwerb bzw. der Besitz der erforderlichen Stimmrechtsmehrheit anzusehen. Hierauf basieren in der Regel alle weitergehenden Rechte im Konzern.[59] Mit dem Mehrheitsbesitz der Stimmrechte ist die faktische Leitung im Konzerninteresse möglich. Durch die Vermutungstatbestände des § 18 Abs.2 AktG und des § 17 Abs.2 AktG wird bei Mehrheitsbesitz die Abhängigkeit bzw. Konzernierung angenommen. Die weiteren Stufen der Konzernierung ergeben sich dann aber aus der aktiven Wahrnehmung der Rechte im Sinne eines Abschlusses eines Unternehmensvertrages oder eines Eingliederungsbeschlusses. Mit diesen Schritten hin zur Einheitlichkeit hat der Gesetzgeber im Aktienrecht die Leitungsbefugnis, aber auch eine bestimmte Vermögenszuordnung festgelegt. Dies gilt auch für den GmbH-Konzern, bei dem sich Leitungsbefugnis und Vermögenszuordnung aus der Rechtsprechung heraus entwickelt haben. Eine weitergehende Weisungsbefugnis und die damit einhergehende Berechtigung der Verletzung des Eigeninteresses bedarf grundsätzlich einer vertraglichen Absicherung.

Das Einheitsunternehmen ist nicht nur dadurch gekennzeichnet, daß eine unbedingte Leitungsautorität der Unternehmensleitung besteht, sondern es liegt auch eine Risikoeinheit vor. Hierin unterscheidet sich das Einheitsunternehmen elementar vom Nichtvertragskonzern. Gläubiger als auch der potentielle Eigenkapitalgeber können beim Einheitsunternehmen davon ausgehen, daß das von ihnen investierte Kapital nur den Risiken ausgesetzt ist, die für sie in diesem Unternehmen erkennbar sind. Im Einheitsunternehmen besteht grundsätzlich ein Haftungsverbund, so daß Risiken verschiedener Geschäftsbereiche nicht separiert werden können. Durch die Vornahme von Transaktionen innerhalb des Unternehmens können keine Erfolgsausweiseffekte erreicht werden. Entscheidungen zur Überlassung von Kapital an das

58 Dem widerspricht zwar die Begründung der Haftung beim qualifiziert faktischen Konzern. Hier wird insbesondere auf die Beeinträchtigung des Interesses der abhängigen Gesellschaft abgehoben. Die gesetzlichen Regelungen zum Konzern im Aktienrecht legen diese Annahme aber nahe.

59 Es ist zwar möglich, daß sich unverbundene Unternehmen einem anderen Unternehmen durch Vertrag unterwerfen bzw. einen Gewinnabführungsvertrag schliessen, jedoch muß in diesen Fällen von einer Randerscheinung ausgegangen werden.

Einheitsunternehmen können durch unternehmensinterne Transaktionen nicht beeinflußt werden.

Bei der aktienrechtlichen **Eingliederung** ergibt sich aus den Vorschriften der §§ 319 ff. AktG eine sehr weitgehende Vergleichbarkeit mit dem Einheitsunternehmen. Dies ergibt sich insbesondere aus der gesamtschuldnerischen Haftung der Muttergesellschaft nach § 322 Abs.1 AktG, der Weisungsberechtigung der Muttergesellschaft nach § 323 Abs.1 AktG und der Verpflichtung zur Übernahme von Bilanzverlusten durch die Muttergesellschaft nach § 324 Abs.3 AktG. Die Kapitalerhaltungsvorschriften des § 300 AktG sind nicht zu berücksichtigen. Der Eingliederungskonzern distanziert sich damit ökonomisch von unverbundenen Unternehmen, bei denen weder Weisungsmöglichkeiten noch Haftungsübernahmeverpflichtungen bestehen. Eine Besteuerung der einzelnen Konzerngesellschaften, ohne den Konzernbezug zu berücksichtigen, widerspricht damit offensichtlich dem Wesen des Eingliederungskonzerns. Steuerrechtlich ergibt die Eingliederung jedoch lediglich die unwiderlegbare Vermutung der organisatorischen Eingliederung. Bei so enger Bindung der Tochtergesellschaft an die Muttergesellschaft stellt sich die Frage, warum der Gesetzgeber bisher keinen Regelungsbedarf gesehen hat. Wenn die bestehenden Organschaftsregelungen für den Eingliederungskonzern nicht per se zu einer Organschaftsbesteuerung führt, so kann hierin eine Regelungslücke gesehen werden, die in den dogmatischen Grundlagen der Organschaft zu finden ist. Der RFH und später der BFH hatten das funktional organisierte Einheitsunternehmen als Maßstab für eine zusammengefaßte Besteuerung vor Augen. Die Organschaft beharrt bislang auf diesem Unternehmensverständnis.

Beim **Vertragskonzern mit Beherrschungsvertrag** ergibt sich aus § 308 AktG ein Weisungsrecht. Nachteilige Weisungen sind, soweit sie im Konzerninteresse erfolgen, zulässig. Die Vermögensbindung der Einzelgesellschaften ist damit weitgehend aufgehoben. Als Grenze der Weisungsberechtigung gilt die Überlebensfähigkeit der abhängigen Gesellschaft.[60] Lediglich das bilanzielle Anfangsvermögen wird damit gesichert. Außerhalb dieser Grenze sind Gewinnverlagerungen durch Festlegung von Konzernverrechnungspreisen nach § 291 Abs.3 AktG möglich.[61] Die Haftungsseparation wird durch die Verlustübernahmeverpflichtung des § 302 AktG aufgelöst.

60 Vgl. Emmerich/Sonnenschein, 1993, S. 353.

Die Einzelgesellschaften bleiben sich selbst verpflichtet, denn der Anspruch aus § 302 AktG steht nur der abhängigen Gesellschaft zu. Dennoch hat die Übernahmeverpflichtung wirtschaftlich die Wirkung eines Haftungsverbundes mit der Muttergesellschaft. Damit ergibt sich auch für den Vertragskonzern mit Beherrschungsvertrag diesbezüglich eine starke Annäherung zum Einheitsunternehmen.

Besteht kein Beherrschungsvertrag, sondern liegt lediglich ein **Gewinnabführungsvertrag** bzw. Ergebnisabführungsvertrag zum abhängigen Unternehmen vor, ergibt sich hinsichtlich der Verlustübernahmeverpflichtung keine andere Beurteilung als beim Vertragskonzern mit Beherrschungsvertrag.[62] Das bilanzielle Anfangsvermögen ist genauso wie beim Beherrschungsvertrag geschützt. Im Gegensatz zum Konzern mit Beherrschungsvertrag muß bei nachteiligen Weisungen jedoch der Vermögensnachteil ausgeglichen werden, da die erweiterte Weisungsbefugnis des § 308 AktG nur für den Beherrschungsvertrag gilt. Ein Weisungsrecht der herrschenden Gesellschaft besteht nicht.[63] Es gilt das grundsätzliche Verbot der Vermögensverlagerung. Unangemessene Transferpreise sind auszugleichen. Stille Reserven dürfen durch verdeckte Vermögensverlagerung dem Gesellschaftsvermögen der abhängigen Gesellschaft nicht entzogen werden. Nur im Jahresüberschuß ausgewiesene Gewinne der abhängigen Gesellschaft können über eine Gewinnabführung an die Muttergesellschaft transferiert werden. Aufgrund des Verzichts der Verpflichtung zur Aufstellung eines Abhängigkeitsberichts bei Bestehen eines EAV wird das Verbot des Vermögenstransfers außerhalb der Gewinnabführung jedoch faktisch ausgehöhlt.

Damit ergibt sich für den Vertragskonzern mit EAV hinsichtlich der Haftung eine dem Zustand bei Abschluß eines Beherrschungsvertrages entsprechende Beurteilung. Das Weisungsrecht ist demgegenüber grundsätzlich eingeschränkt. In § 316 AktG verzichtet der Gesetzgeber ohne Not auf eine mögliche Kontrolle zur Einhaltung dieser Pflicht. Der Vollzug nachteiliger Weisungen ist damit kaum mehr nachprüfbar. Somit ergibt sich hinsichtlich der Einschränkung der Weisungsbefugnis ein Unterschied zum Einheitsun-

---

61 Vgl. Emmerich/ Sonnenschein, 1993, S. 176.

62 Die Möglichkeit des isolierten Abschlusses eines EAV wird allgemein als zulässig angesehen. Vgl. Hüffer, AktG, § 291 Rn. 24, m.w.N.; Regierungsbegründung zu § 316 AktG (Im Entwurf § 305), BT-Drs. IV/171, S. 233.

63 Vgl. Koppensteiner, AktG, § 291 Rn. 64.

ternehmen. Rein faktisch verliert dies aber durch § 316 AktG an Bedeutung, so daß sich diesbezüglich wieder eine Annäherung an das Einheitsunternehmen ergibt.

Im **faktischen Konzern** ist aus § 18 Abs.1 i.V.m. § 311 AktG zu entnehmen, daß Weisungen im Konzerninteresse erteilt werden können. Anknüpfungspunkt ist hier grundsätzlich nicht erst der Konzerntatbestand, sondern bereits der Abhängigkeitstatbestand. Dieser bildet neben dem Vertragskonzern den zentralen Regelungstatbestand des Konzernrechts. Sind Weisungen für die abhängige Gesellschaft nachteilig, so müssen die Nachteile nach § 311 AktG ausgeglichen werden. Kommt die Muttergesellschaft dieser Pflicht nicht nach, macht sie sich schadensersatzpflichtig. Entsprechendes gilt für die Tochtergesellschaft in der Rechtsform einer GmbH. Hier hat der Mehrheitsgesellschafter über die Treuebindung die Vermögensinteressen des abhängigen Unternehmens zu respektieren. Vorbehaltlich eines qualifiziert faktischen Konzerns tritt eine Verpflichtung zur Verlustübernahme nicht ein. Somit besteht eine völlige Vermögens- und Haftungsseparation.

Betrachtet man die Verfügungsrechtsregelungen des Vertragskonzerns und des Eingliederungskonzerns, so wird deutlich, daß diese Konzernformen dem Einheitsunternehmen zunehmend entsprechen. Die Elemente der möglichen Einflußnahme hinsichtlich der Leitungsbefugnis als auch der abnehmenden Haftungsseparation nähern diese Konzernformen an das Leitbild des Einheitsunternehmens an. Im faktischen Konzern entsprechen sowohl Weisungseinschränkung als auch Haftungstrennung nicht dem Bild des Einheitsunternehmens, sondern entsprechen ökonomisch eher dem unverbundener Unternehmen. Dieser Unterschied führt zu einer Wesensverschiedenheit, die durch das Argument der einheitlichen Planungs-, Koordinations- und Entscheidungseinheit nicht aufgehoben wird.

4.1.4 Verlustverrechnung im EU-Konzern

4.1.4.1 Notwendigkeit der Verlustverrechnung im EU-Konzern

Die Versagung der Verlustverrechnungsmöglichkeit hemmt in hohem Maße die Investitionsneigung.[64] Die steuerliche Berücksichtigung von Verlusten beeinflußt wesentlich die Risikobereitschaft.[65] Während im Ausland erzielte Gewinne international grundsätzlich zeitgleich und unmittelbar besteuert werden, ist die Berücksichtigung von ausländischen Verlusten im internationalen Kontext generell nur beschränkt möglich.[66] Gerade bei Auslandsinvestitionen besteht jedoch ein erhöhtes Risikopotential. Zusätzliche Risiken entstehen aus spezifischen Unwägbarkeiten einer Unternehmenstätigkeit im Ausland, wie z.B. Währungsrisiken, Rezession oder politische Instabilitäten. Auch entstehen regelmäßig Anlaufverluste, die aufgrund der höheren benötigten Aufwendungen bei Beginn eines Engagements entstehen. Die Vornahme von grenzüberschreitenden Direktinvestionen wird in der Regel zu Aufwandsüberschüssen führen, da die Aufnahme der Geschäftstätigkeit eines Auslandsengagements zusätzliche Kosten verursacht. Der Investor muß bspw. die rechtlichen Rahmenbedingungen ebenso wie die Marktsituation des ausländischen Investitionsstaates einer besonderen Analyse unterziehen.

Unterschiede in der Behandlung der grenzüberschreitenden Verlustverrechnung der Mitgliedsstaaten entwickeln jedoch eine verzerrende Wirkung auf Direktinvestitionen und verhindern auf EU-Ebene Steuerneutralität.[67] Die Nichtberücksichtigung von Verlusten aus EU-Tochterunternehmen widerspricht damit der Zielsetzung eines einheitlichen Wirtschaftsraumes und der Zielvorstellung von einem einheitlichen Binnenmarkt. Die EU bzw. EG hat diese Ansicht schon früh vertreten und hat derenthalben wiederholt den Anlauf unternommen, eine grenzüberschreitende Verlustberücksichtigung auch für Tochtergesellschaften in anderen Mitgliedsstaaten EU-weit einzuführen.[68]

Nach Auffassung der EU-Kommission zeigen die Untersuchungen des Ruding-Ausschusses, daß wesentliche Hemmnisse für grenzüberschreitende

---

64 Vgl. Schneider, BB 1988, S. 1224 f..
65 Vgl. Ruding-Report, 1992, S. 289.
66 Vgl. Laule, 1979, S. 16.
67 Vgl. Schreiber, StuW 1994, S. 250.

Investitionen nicht in erster Linie in den Unterschieden in der Bemessungsgrundlage und den differierenden Körperschaftsteuersystemen liegen[69], sondern unter anderem in der fehlenden Möglichkeit der grenzüberschreitenden Verlustverrechnung.[70] Die Nichtberücksichtigung von Verlusten von EU-Tochtergesellschaften führe zu Wettbewerbsverzerrungen. Konsequenterweise hat die Kommission dem Ruding-Ausschuß folgend für eine baldige Umsetzung der vorliegenden Verlustrichtlinie plädiert.[71] Neben der Empfehlung der Umsetzung der Verlustrichtlinie in der ersten Phase hat der Ruding-Ausschuß für die zweite Phase der Harmonisierung empfohlen, einen vollständigen bzw. umfassenden vertikalen und horizontalen Verlustausgleich im Konzernbereich auf nationaler Ebene einzuführen.[72] In der letzten Phase soll ein europaweiter Verlustausgleich eingeführt werden.[73]

4.1.4.2 Wettbewerbsgleichheit von in- und ausländischen Tochtergesellschaften

Kritisch vor dem Hintergrund des Gemeinschaftsrechts muß die Differenzierung der Abzugsmöglichkeit von Verlusten von inländischen und ausländischen Tochtergesellschaften gesehen werden. Durch die überaus restriktive Handhabung der Teilwertabschreibung auf Beteiligungen, insbesondere auf Auslandsbeteiligungen, werden Verluste von ausländischen Tochtergesellschaften sowohl gegenüber aktiven ausländischen Betriebsstätten als auch gegenüber inländischen Organtöchtern benachteiligt.[74] Wird nur für inländische Unternehmensgruppen eine Verlustverrechnung zugelassen, so kann dies als eine diskriminierende Ungleichbehandlung von grenzüberschreitender gegenüber inländischer unternehmerischer Tätigkeit gewertet werden.

Verlustsituationen von ausländischen Tochtergesellschaften belasten die Leistungsfähigkeit des Gesamtkonzerns und zwar auch im Inland[75]. Dies hat

68 Vgl. Kap. 4.3.
69 Vgl. Stellungnahme der EG-Kommission, BR-Drs 540/92, Rn. 9.
70 Vgl. Stellungnahme der EG-Kommission, BR-Drs 540/92, Rn. 37.
71 Vgl. Stellungnahme der EG-Kommission, BR-Drs 540/92, Rn. 37.
72 Vgl. Ruding-Report, 1992, S. 206.
73 Vgl. Ruding-Report, 1992, S. 206.
74 Vgl. auch Brinkmann, 1996, S. 123.
75 Vgl. Borggräfe, WPg 1995, S. 138.

der Gesetzgeber bereits in früheren Jahren anerkannt und dementsprechend konnten zumindest Anlaufverluste nach § 3 Auslandsinvestitionsgesetz (AIG) durch die Möglichkeit einer steuerfreien Rücklagenbildung bei der Muttergesellschaft berücksichtigt werden.[76] Nachdem das Auslandsinvestitionsgesetz 1990 aufgehoben wurde[77], ist die Rücklagenbildung für Verluste ausländischer Tochtergesellschaften nicht mehr möglich. Einkünfte der Tochtergesellschaft sind bereits nach nationalem Recht grundsätzlich von denen der Muttergesellschaft getrennt zu berechnen und zu besteuern.

Demgegenüber wurde die Möglichkeit der Berücksichtigung von Auslandsverlusten gem. § 2 AIG bei Freistellung durch DBA für Betriebsstätten in den § 2 a Abs.3 und 4 EStG übernommen. Das Prinzip der grenzüberschreitenden Verlustberücksichtigung kann lediglich bei Betriebsstätteneinkünften als befriedigend gelöst angesehen werden.[78] Dies gilt grundsätzlich für das deutsche Recht, soweit es nicht passive Betriebsstätteneinkünfte betrifft, die nach § 2 a Abs.1 EStG von einer Verlustverrechnung ausgeschlossen sind. Die Möglichkeit einer Verlustberücksichtigung von Tochtergesellschaften de lege lata ist nur national unter dem strengen Regime der Organschaft möglich.

Bei einer grenzüberschreitenden Berücksichtigung von Verlusten von ausländischen Tochtergesellschaften ergeben sich grundsätzlich zwei Grundprobleme: Es ist die Selbständigkeit der juristischen Person zu beachten, und es müssen verschiedene Finanzhoheiten berücksichtigt werden. Aufgrund dieser zwei systematischen Schwierigkeiten wird die Berücksichtigung von Verlusten ausländischer Tochtergesellschaften nicht nur im deutschen Recht regelmäßig äußerst restriktiv gehandhabt.[79] Wesentlicher Grund der tendenziell restriktiven Handhabung von Auslandsverlusten ist, daß hier das Aufkommensinteresse zwischen den Einzelstaaten und damit die Verteilung knapper Finanzressourcen betroffen ist.

Zudem besteht, wie bereits im nationalen Recht, das Problem, daß juristische Personen selbständige Steuersubjekte darstellen und daher eine Verlustberücksichtigung bereits steuersystematisch Schwierigkeiten bereitet. Demgemäß wird teilweise gefordert, daß die grenzüberschreitende Verlust-

76 Auslandsinvestitionsgesetz vom 18.8.1969, BGBl 1969 I, S. 1211.
77 Steuerreformgesetz vom 22.07.1988, BGBl. 1988 I, S. 1093.
78 Vgl. Laule, 1979, S. 26.

berücksichtigung sich auf die Anerkennung von verlustbedingten Teilwertabschreibungen bei der Muttergesellschaft beschränken sollte.[80] Die Berücksichtigung eines Verlustes einer ausländischen Tochtergesellschaft ist zur Zeit lediglich mittelbar durch das Instrument der Teilwertabschreibung möglich. Durch eine Teilwertabschreibung werden nicht die Verluste der Tochtergesellschaft übernommen, sondern eigene Verluste der Muttergesellschaft werden berücksichtigt. Problematisch ist, daß die Teilwertabschreibung auf Beteiligungen kaum durchsetzbar ist. Von Seiten der Finanzverwaltung und Rechtsprechnung wird die Teilwertabschreibung auf Beteiligungen äußerst restriktiv gehandhabt. Dadurch ergibt sich zur Zeit eine weitgehende Nichtberücksichtigung der Verluste ausländischer Tochtergesellschaften.[81]

4.1.4.3 Rechtsformneutralität im Verhältnis zu EU-Betriebsstätten

Die Ungleichbehandlung von ausländischen Tochtergesellschaften im Verhältnis zu ausländischen Betriebsstätten wird in diesem Zusammenhang massiv kritisiert.[82] Im Sinne einer rechtsformneutralen Besteuerung ist wiederholt die Besteuerung von Tochtergesellschaften entsprechend den Betriebsstätten gefordert worden.[83] Die Verlustbehandlung von EU-Tochtergesellschaften laufe einer rechtsformneutralen Besteuerung zuwider. Grundsätzlich ist diese Ungleichbehandlung aus Wettbewerbsgründen nicht zu rechtfertigen.[84] Trotzdem ist in der EU eine grenzüberschreitende Verlustberücksichtigung momentan nur in drei Mitgliedsstaaten möglich. Das sich ergebende Problem bei grenzüberschreitender Erfassung von Ergebnissen von Tochtergesellschaften ist, daß bei diesen neben den nationalen Steuergrenzen das Trennungsprinzip durch die Steuergrenzen noch schwerer wiegt.[85] Offensichtlich zeigt sich dies bei der Frage der grenzüberschreiten-

---

79 Vgl. Laule, 1979, S. 27.
80 Vgl. Krebs, BB 1990, S. 1949.
81 Vgl. Kap 6.2.1.
82 Vgl. Laule, 1979, S. 39.
83 Vgl. Laule. 1979, S. 27; Kommission, 4/1991, S. 61. Ruding-Report, 1992, S. 206.
84 Vgl. Laule, 1979, S. 40.
85 Zur Problematik im internationalen Vergleich, vgl. Laule, 1979, S. 27.

den Zurechnung von thesaurierten Gewinnen, die eine exterritoriale Besteuerung bedeuten würde.

Im nationalen Bereich ist es dem Einheitsunternehmen mit verschiedenen Betriebsstätten bereits aus steuersystematischen Gründen möglich, durch die horizontale Einkünftezusammenfassung einen Verlustausgleich durchzuführen. Bei grenzüberschreitender Tätigkeit umfaßt das Einkommen der unbeschränkt steuerpflichtigen Person aufgrund des Welteinkommensprinzips auch die im Ausland positiven und negativen Einkünfte. Grundsätzlich gehen damit alle im Ausland erlittenen Verluste bzw. negativen Einkünfte in die inländische Steuerbemessungsgrundlage ein.

Durch § 2 a EStG wird dieser Grundsatz durchbrochen. Seit dem Veranlagungszeitraum 1983 ist der zwischenstaatliche Verlustausgleich für bestimmte in § 2 a Abs.1 Nr.1-7 EStG genannte negative ausländischen Einkünfte ausgeschlossen.[86] Sie bleiben auch bei Ermittlung des Steuersatzes unberücksichtigt. Ziel der Regelung des § 2 a Abs.1 und Abs.2 EStG ist es, Verluste aus Investitionen, die für die deutsche Volkswirtschaft als wenig nützlich angesehen werden und in Deutschland zu Steuerausfällen führen, von der Berücksichtigung auszuschließen.[87] Negative Einkünfte aus § 2 a Abs.1 Nr.1-7 EStG dürfen nur mit positiven Einkünften derselben Art und aus demselben Staat ausgeglichen werden. Die Anwendung des § 10 d EStG wird in § 2 a Abs.1 S.1 2.Hs. EStG ausgeschlossen.

Vom Verlustausgleichsverbot ausgenommen sind lediglich die Einkünfte, die unter die sogenannte Produktivitätsklausel gem. § 2 a Abs.2 EStG (sog. aktive Einkünfte) fallen. Dies gilt insbesondere für Betriebsstätteneinkünfte, die die Herstellung und Lieferung von Waren, die Gewinnung von Bodenschätzen oder die Bewirkung von sonstigen gewerblichen Leistungen ausschließlich oder fast ausschließlich, d. h. zu mindestens 90%, zum Inhalt haben.[88] Für die nicht unter § 2 a Abs.2 EStG genannten aktiven Einkünfte greift das Verlustausgleichsverbot des Abs.1 ein. Die Unterscheidung in aktive und damit berücksichtigungsfähige und passive, nicht ausgleichsfähige Verluste, ist hinsichtlich der Verfassungsmäßigkeit mehrfach bezwei-

86 § 2 a EStG wurde im Haushaltsbegleitgesetz von 1982 eingeführt. Vgl. BStBl. 1982 I, S. 972.

87 Vgl. BT-Drs. 9/2074, S. 62.

88 Vgl. Schmidt/Heinicke, EStG, § 2 a Rn. 13.

felt, jedoch vom BFH wegen ihres Zweckes als Lenkungsnorm als verfassungsgemäß bestätigt worden.[89]

Liegt eine Steuerbefreiung aufgrund eines DBA vor, so sind entsprechend den Grundsätzen von Rechtsprechung und Verwaltung im Ausland erlittene Verluste nicht als negative Einkünfte zu berücksichtigen.[90] Die Regelung in § 2 a Abs.3 EStG erlaubt es dem Steuerpflichtigen auf Antrag, freigestellte ausländische Betriebsstättenverluste im Verlustjahr in die inländische Bemessungsgrundlage einzubeziehen. Damit wird der gleiche Zustand gewährt wie ohne DBA-Abkommen. Verluste der ausländischen Betriebsstätte sind nach deutschen Gewinnermittlungsvorschriften zu ermitteln. Ein berücksichtigungsfähiger Verlust ergibt sich aus dem Saldo mit positiven Einkünften ausländischer Betriebsstätten.

Die Verlustberücksichtigung ist nicht endgültig, da nach § 2 a Abs.3 S.3 EStG eine Nachversteuerung durchzuführen ist, sobald die Betriebsstätte wieder positive Einkünfte erwirtschaftet. Die Hinzurechnung erfolgt solange bzw. bis zur Höhe des zuvor geltend gemachten Verlustabzuges. Kann der Steuerpflichtige nachweisen, daß nach den Vorschriften des ausländischen Staates ein Verlustabzug in späteren Jahren nicht möglich ist, unterbleibt gem. § 2 a Abs.3 S.4 EStG die Hinzurechnung.

Hinsichtlich der von der EU-Kommission angestrebten Rechtsformneutralität ist festzustellen[91], daß nach geltendem deutschem Steuerrecht ausländische Tochterkapitalgesellschaften im Gegensatz zu Betriebsstätten bezüglich ausländischer Verluste ungleich behandelt werden. Die Niederlassungsfreiheit des Art. 52 EGV garantiert auch die Entscheidungfreiheit über die rechtliche Form von Auslandsinvestitionen, ohne daß diese steuerlich determiniert werden sollten.[92] Eine Einschränkung der Verlustverrechnung von ausländischen Tochtergesellschaften im Gegensatz zu ausländischen Betriebsstätten[f93] erscheint vor dem Hintergrund des avoir-fiscal-Urteils[94] und

---

89 Vgl. BFH vom 17.10.1990 I R 182/87, BStBl. II 1991, S. 136. Die Streitfrage liegt jedoch dem Bundesverfassungsgericht zur Entscheidung vor. Vgl. Grau, 1993, S. 54.

90 Vgl. BFH vom 25.2.1976 I R 150/73, BStBl. II 1976, S. 454.

91 Vgl. Kommission, 4/1991, S. 61.

92 Vgl. EuGH vom 28.1.1986 - Rs 270/83, Slg. 1986, 273.

93 Die Einschränkungen der Verlustberücksichtigung von ausländischen Betriebsstättenverlusten in § 2 a EStG sind bei diesem Vergleich zu beachten.

des Halliburton-Urteils[95] kaum mehr haltbar.[96] Bezüglich der Ungleichbehandlung der grenzüberschreitenden Verlustverrechnung hat der EuGH jedoch bisher noch keine Stellung genommen. Ein Verweis auf die eigenständige Subjektfähigkeit der Tochtergesellschaft zur Rechtfertigung einer unterschiedlichen Behandlung erscheint hinsichtlich der EuGH-Rechtsprechung damit zumindest bedenklich.

Betrachtet man die teils erheblichen Einschränkungen der Verlustberücksichtigung bei Betriebsstätten, die sich steuersystematisch nicht zwingend begründen lassen, so ist ersichtlich, daß die Berücksichtigung von Verlusten ausländischer Tochtergesellschaften zwangsläufig auf Widerstände stoßen muß.

4.2 EU-Rechtsentwicklung hinsichtlich einer transnationalen Konzernbesteuerung

4.2.1 Rechtsgrundlagen für die Harmonisierung der direkten Steuern in der EU

Die Steuerharmonisierung ist kein Selbstzweck.[97] Ziel einer Harmonisierung im steuerlichen Bereich ist die Herstellung der Wettbewerbsneutralität. Im Rahmen der EU kommt den steuerpolitischen Harmonisierungsmaßnahmen nur eine Hilfs- und Ergänzungsfunktion zu.[98] Harmonisierungsmaßnahmen bei den direkten Steuern werden insoweit in Betracht gezogen, als sie zur Beseitigung von Hindernissen der Grundfreiheiten des Gemeinsamen Marktes führen und der Aufrechterhaltung eines Systems des freien Wettbewerbs dienen. Es gilt, insbesondere die vier Grundfreiheiten des gemeinsamen Marktes[99] zu verwirklichen.[100] Obwohl der EG-Vertrag die Zielsetzung hinsichtlich der Steuerharmonisierung beschränkt, darf die praktische

---

94 Vgl. EuGH vom 28.1.1986 - Rz 270/83, Slg. 1986, 273, Rn. 22.
95 Vgl. EuGH vom 12.4.1994 - Rs. C 1/93, Slg. 1994, I-1137.
96 Vgl. auch Knobbe-Keuk, Intertax 1992, S. 25.
97 Vgl. Debatin, BB 1991, S. 947; Knobbe-Keuk, DB 1991, S. 306.
98 Vgl. EuGH vom 27.2.1980 Rs 168/78, EuGHE 1980, S. 347.;
99 Freizügigkeit der Arbeitnehmer gem. Art. 48, Niederlassungsfreiheit gem. Art. 52, Dienstleistungsfreiheit gem. Art. 59 und Freiheit des Kapitalverkehrs gem. Art. 67 EGV.
100 Vgl. Lang, DStJG 1994, S. 296.

Bedeutung der steuerrechtlichen Vorschriften der EU dennoch nicht unterschätzt werden.[101]

Im Gegensatz zum expliziten Harmonisierungsauftrag bei den indirekten Steuern des Art. 99 EGV enthält der EG-Vertrag keinen ausdrücklichen Harmonisierungsauftrag für die direkten Steuern. Eine Harmonisierung der direkten Steuern kann sich nur auf die Vorschriften zur allgemeinen Rechtsangleichung des Art. 100 EGV und der speziellen Vorschrift des Art. 101 EGV berufen.

Nach Art. 100 EGV können Richtlinien zur Rechtsangleichung von Rechtsnormen erlassen werden, die unmittelbar das Funktionieren des Marktes behindern.[102] Aufgrund der vielen Kausalzusammenhänge, wie arbeitsrechtliche Bestimmungen, Wechselkurs usw., wird eine unmittelbare Kausalität schwerlich zu bestimmen sein. Für eine Beschlußfassung im Rahmen des Art. 100 EGV bedarf es nach Art. 100 a Abs.2 EGV der einstimmigen Beschlußfassung, wodurch in der Regel langwierige Abstimmungsprozesse notwendig sind.

Nach Art. 101 EGV sind vorhandene Unterschiede in Rechts- und Verwaltungsvorschriften der Mitgliedsstaaten, die Wettbewerbsbedingungen auf dem Gemeinsamen Markt verfälschen und dadurch eine Verzerrung hervorrufen, zu beseitigen. Art. 101 EGV ist im Verhältnis zu Art. 100 EGV lex specialis. Im Gegensatz zu Art. 100 sieht Art. 101 erleichterte Verfahrensvorschriften vor. Der Rat der EU kann bereits mit qualifizierter Mehrheit beschließen. Art. 101 EGV zielt lediglich auf Rechts- und Verwaltungsvorschriften ab, die zu Wettbewerbsverzerrungen führen. Hierdurch ist sein Anwendungsbereich enger. Zentral für das Verständnis, aber ungeklärt, ist, was unter "Wettbewerbsbedingungen, die den Markt verfälschen und dadurch Verzerrungen hervorufen", zu verstehen ist.

Nach der älteren Auffassung liegt eine Wettbewerbsverzerrung vor, wenn ein Wirtschaftszweig eines Mitgliedsstaates überdurchschnittlich belastet oder begünstigt wird.[103] Einen Zwang zur Harmonisierung wird in diesem Sinne im Bereich der direkten Steuern kaum zwingend zu beweisen sein, da

101 Vgl. Oppermann, 1991, Rn. 1018.

102 Wie die Erfahrung zeigt, ist diese jeweils nur schwer zu erreichen. Vgl. Vogel, StuW 1993, S. 383.

direkte Steuern in der Regel nicht branchenspezifisch wirken. Nach neuerer Auffassung ist der Begriff Verzerrung qualitativ zu verstehen.[104] Danach muß eine massive Wettbewerbsverfälschung vorliegen, deren Beseitigung sich als vordringlich erweisen muß. Nach Auffassung Vogels sind durch Art. 101 EGV allenfalls die Harmonisierungsvorschläge der Phase 1 des Ruding-Berichts gedeckt.[105] Beabsichtigte Harmonisierungsschritte bei den direkten Steuern werden von der Kommission jedoch bisher ausschließlich über Art. 100 EGV eingeleitet.

Daneben werden durch Art. 220 EGV die Mitgliedsstaaten verpflichtet, bilateral Verhandlungen aufzunehmen, soweit dies zur Verhinderung der Doppelbesteuerung notwendig ist.

4.2.2 Unternehmensbesteuerung in der EU

Direkte Steuern beeinflussen als Faktorsteuern regelmäßig die Standortwahl und das Investitionsverhalten von Unternehmen.[106] Daß sie für den ausländischen Investor für die Anlageentscheidung eine entscheidende Rolle spielen, wird zwar bestritten,[107] ist aber vom Ruding-Ausschuß nachgewiesen worden.[108] Die Harmonisierung der Unternehmensbesteuerung in Europa konzentriert sich insbesondere auf Vorschriften, die im Zusammenhang mit körperschaftsteuerpflichtigen Unternehmen stehen, da diese die dominante Unternehmensform in der Europäischen Union darstellen.[109] Sie spielen im transnationalen Bereich eine besondere Rolle, da Direktinvestitionen im Ausland überwiegend auf die Rechtsform der Kapitalgesellschaften angewiesen sind.[110]

Mit den Leitlinien zur Unternehmensbesteuerung wurde festgelegt, daß eine Steuerharmonisierung ihre Berechtigung lediglich dort hat, wo erkennbare Hemmnisse beim Funktionieren des gemeinsamen Marktes zu beheben

103 Vgl. Thiesing, EWGV, 1958, Art 101. Rn.2.
104 Vgl. Garbitz/ Langheine, EGV, Art. 101 Rn. 8: Groeben/ Pipkorn, EGV, Art. 101 Rn. 11 ff..
105 Vgl. Vogel, StuW 1993, S. 384.
106 Vgl. Oppermann, 1991, Rn. 1053.
107 Vgl. hierzu Thömmes, 1991, S. 499.
108 Vgl. Ruding-Report, 1992, S. 102 ff..
109 Vgl. Lang, DStJG 1994, S. 301.

sind.[111] Das Schwergewicht der EG-Kommission für Reformvorhaben bei der Unternehmensbesteuerung wird dementsprechend seit Anfang der Neunziger Jahre grundsätzlich auf den Abbau von steuerlichen Hemmnissen bei grenzüberschreitender wirtschaftlicher Betätigung in anderen Mitgliedsstaaten und nicht mehr auf eine allgemeine Harmonisierung gelegt.[112] Damit rückte der steuerliche Harmonisierungsprozeß in eine veränderte Perspektive. Nur die steuerlichen Vorschriften, die erkennbare und nachweisbare Marktstörungen verursachen, sollen durch gezielte Harmonisierungsmaßnahmen angeglichen werden.[113] Damit erfolgt bei der Unternehmensbesteuerung eine Punkt-Harmonisierung.[114] Dies drückt sich insbesondere in den Grundsätzen der Subsidarität und der Erforderlichkeit aus.[115] Durch die gesetzliche Fixierung im Maastricher Vertrag hat sich dieser Standpunkt in § 3 b EGV manifestiert.

Eine herausragende Bedeutung für die Feststellung von steuerlichen Hemmnissen bei grenzüberschreitenden Investitionen in der EU kommt der Untersuchung des Ruding-Ausschusses zu.[116] Entsprechend ihrer europaweiten Bedeutung wurde dabei insbesondere die Besteuerung der körperschaftsteuerpflichtigen Kapitalgesellschaften in den EU-Mitgliedsstaaten untersucht. Nach Aussage des Ruding-Berichts hat der Wettbewerb der Steuersysteme bisher zu einer gewissen Angleichung der Steuerbelastungen in den einzelnen Mitgliedsstaaten geführt.[117] Die Gefahr eines ruinösen Wettbewerbs, der zu einer ernsthaften Verminderung der Körperschaftsteuereinnahmen führen würde, wird für wenig wahrscheinlich gehalten.[118]

Der Ruding-Ausschuß wollte seine Vorschläge grundsätzlich auf das unerläßliche Mindestmaß für das Funktionieren des Binnenmarktes beschränken. Hinsichtlich der unterbreiteten Vorschläge sollen lediglich die Auswirkungen bei den Unternehmenssteuern beachtet werden, die Wettbewerbsverzer-

110 Vgl. Ritter, BB 1994, S. 509; Schreiber, StuW 1994, S. 238.
111 Vgl. BR-Drs. 369/90.
112 Vgl. hierzu Herzig, DStJG 1996, S. 124f..
113 Vgl. EG-Kommission 1990, BR-Drs 360/90, Rn. 5.
114 Vgl. Endres, RIW 1994, S. 582.
115 Vgl. hierzu EG-Kommission 1990, BR-Drs 360/90 Rn. 6.
116 Vgl. Commission of the European communities: Report of the Committee of Independence Experts of Company Taxation, 1992.
117 Vgl. Ruding-Report, 1992, S. 165.
118 Vgl. EG-Kommission, BR-Drs. 540/92, Rn. 13. Demgegenüber sehr kritisch, Lang, DStJG 1994, S. 299; Rädler, DStJG 1994, S. 279.

rungen von größerem Ausmaß hervorrufen. Dem Aspekt der Subsidarität, der Flexibilität und der erforderlichen Einstimmigkeit bei Beschlußfassungen wurde dabei besondere Bedeutung geschenkt. Die Untersuchungen hinsichtlich der Kapitalkosten zeigen[119], daß die Differenzen gemessen an der Höhe der Kapitalkosten hinsichtlich der einzelstaatlichen Körperschaftsteuersystemen und der unterschiedlichen Bemessungsgrundlagen der einzelnen Mitgliedsstaaten nicht signifikant sind.[120] Dennoch hat der Ruding-Ausschuß im Bereich der Körperschaftsteuer und der Steuerbemessungsgrundlagen weitgehende Harmonisierungsschritte vorgeschlagen.[121]

Die Kommission akzentuiert den Gesichtspunkt des Wettbewerbs der Steuersysteme weitaus stärker als der Ruding-Ausschuß. Weitergehende empfohlene Harmonisierungsschritte, wie sie der Ruding-Ausschuß für Phase 2 und 3 vorgeschlagen hat, sind bei der Kommission auf deutliche Zurückhaltung gestoßen.[122] Ein Zwang zur Harmonisierung soll nur bei eindeutig wettbewerbsverzerrenden Steuerregelungen angestrebt werden, wie es nur bei den empfohlenen Harmonisierungsschritten der Phase 1 der Fall ist. Außer der Beseitigung der Quellensteuer auf Zinszahlungen und auf Lizensgebühren sowie der grenzüberschreitenden Verlustverrechnung im Sinne der Verlustrichtlinie hat die Kommission für einen akuten Handlungsbedarf diverse Vorbehalte angemeldet und vorerst eine vertiefende Diskussion über die Reformvorschläge angeregt.[123] Noch zurückhaltender ist der EG-Ministerrat unter Hinweis auf die Souveränität der Mitgliedsstaaten in seiner Stellungnahme.[124]

Von grundsätzlicher Bedeutung für eine allgemeine Harmonisierung ist die Annäherung der Gewinnermittlungsvorschriften. Eine Konvergenz der Gewinnermittlungsvorschriften und damit eine gewisse Mindest-Harmonisierung der Steuerbemessungsgrundlagen würden die Erfolgsaussichten für

119 Vgl. Ruding-Report, 1992, S. 67-92. Um durch die Besteuerung hervorgerufene Unterschiede festzustellen, wurde von der Ruding-Ausschuß eine Simulationsstudie durchgeführt.

120 Vgl. EG-Kommission, BR-Drs. 540/92, Rn. 9. Zu beachten ist jedoch, daß die Vorschriften zur Bildung von Rückstellungen nicht in die Untersuchung mit eingegangen sind. Die Kommission hält hierdurch aber keine wesentliche Verfälschung der Ergebnisse für möglich.

121 Vgl. Ruding-Report, 1992, S. 193.

122 Vgl. EG-Kommission, BR-Drs. 540/92, Rn. 23 ff..

123 Vgl. EG-Kommission, BR-Drs. 540/92, Rn. 49, 55.

124 Vgl. Saß, DB 1993, S. 115.

viele andere Harmonisierungsvorhaben verbessern bzw. setzt diese teilweise voraus.[125] Der Ruding-Ausschuß ist der Auffassung, daß bei Regelungen zur Verhinderung von Verzerrungen und bei einer Harmonisierung der Körperschaftsteuersätze gleichzeitig die Gewinnermittlungsvorschriften in minimaler Weise angeglichen werden müssen.[126] Bezüglich der Ermöglichung einer weitergehenden gemeinschaftsweiten Verlustverrechnung im EU-Konzern bedarf es einer Annäherung der Gewinnermittlungsvorschriften. Ein für Phase 3 vorgeschlagener umfassender vertikaler und horizontaler gemeinschaftsweiter Verlustausgleich soll nach Auffassung der Kommission erst dann eingeführt werden, wenn die Vorschriften zur Steuerbemessungsgrundlage stärker konvergieren.[127]

Eine Harmonisierung der Gewinnermittlungsvorschriften ist aufgrund der mitunter erheblichen Unterschiede in den Mitgliedsstaaten jedoch ein äußerst schwieriges Unterfangen.[128] Grundprobleme, wie das Maßgeblichkeitsprinzip, müssen hierbei erst einmal im Grundsatz geklärt werden.[129] Für die Notwendigkeit einer umfassenden Angleichung der Gewinnermittlungsvorschriften wird zwar nachhaltig plädiert,[130] aber Ansätze einer weitgehenden Harmonisierung der Bemessungsgrundlage für die Gewinnermittlung müssen vorerst als gescheitert gelten.[131] Hierzu wurde 1988 der Vorentwurf einer Gewinnermittlungsrichtlinie von der Kommission vorgelegt.[132] Die Harmonisierung der Gewinnermittlungsvorschriften ist aber nicht über das Entwurfstadium hinausgekommen und deshalb zurückgestellt worden.

Gerade Gewinnermittlungsvorschriften sind in starkem Maße von nationalen politischen Entscheidungsprozessen (z.B. Sonderabschreibungsmöglichkeiten) betroffen. Um dieses ehrgeizige Programm durchzuführen, fehlt den Mitgliedsstaaten aber die politische Bereitschaft, auf nationale Hoheitsrechte

125 Vgl. Schreiber, StuW 1994, S. 252.
126 Vgl. Schlußfolgerungen und Empfehlungen, DB 1992, Beil. 5. S. 10; EG-Kommission, BR-Drs. 540/92, Rn. 47.
127 Vgl. EG-Komission, BR-Drs 540/92, Rn. 38.
128 Vgl. hierzu vergleichenden Überblick über die wesentlichen Gewinnermittlungsvorschriften in der EU, Jacobs/Spengel, 1996, S. 18ff..
129 Vgl. hierzu Rädler, DStJG 1994, S. 289.
130 Vgl. Schreiber, StuW 1994, S. 254.
131 Vgl. kritische Stellungnahme der Kommission hierzu, BR-Drs 540/92, Rn. 49.
132 Vorentwurf einer "Richtlinie über die Harmonisierung der steuerlichen Gewinnermittlungsvorschriften. Vgl. Kreile, DB 1988, Beil. 18.

zu verzichten.[133] Um hierbei zu weitergehenden Lösungen zu diesem Problemkomplex zu kommen, bedürfte es erst wieder der Rückbesinnung der Mitgliedsstaaten auf eine bewußte Steuerpolitik der Harmonisierung.[134] Eine Annäherung der mitunter stark differierenden Gewinnermittlungsvorschriften der einzelnen Mitgliedsstaaten erweist sich als äußerst schwierig und ist vorerst nicht zu erwarten.[135]

Das Schwergewicht der Angleichung bei der Unternehmensbesteuerung liegt in nächster Zeit auf einer allmählichen Steuerrechtsanpassung durch die einzelnen Mitgliedsstaaten und nicht in einer systematischen Harmonisierung.[136] Die enge Verbundenheit der direkten Steuern mit den nationalen Rechtsordnungen verhindert auf absehbare Zeit eine umfassende Harmonisierung.[137] Die Angleichung des europäischen Steuerrechts im Bereich der Unternehmensbesteuerung wird sich vorerst auf den Wettbewerb der Steuersysteme in Form der sogenannten "stillen Harmonisierung" beschränken.[138] Es fehlt bei den Mitgliedsstaaten momentan jegliche Bereitschaft, auf Gemeinschaftsebene auch nur die notwendigsten Schritte einzuleiten.[139]

4.2.3 Stand der Harmonisierung bei der Konzernbesteuerung in der EU

Liegt ein EU-weit tätiger Konzern vor, so ist jede Konzerngesellschaft aufgrund ihrer rechtlichen Selbständigkeit in ihrem jeweiligen Mitgliedsstaat unbeschränkt steuerpflichtig. Es bedürfte einer einheitlichen Erfassung des Gesamtkonzernergebnisses, um eine einheitliche Besteuerung eines EU-weit tätigen Konzerns zu gewährleisten. Lediglich bei der Annahme einer zentralen Finanzverfassung, der es möglich ist, nach einem für alle akzeptablen Schlüssel das gemeinsame Steueraufkommen zu verteilen, kann von einer nationalen Erfolgslokalisation abgesehen werden. Eine Verteilung des Gesamterfolges eines EU-weit tätigen Konzerns anhand von Schlüsselgrößen ist aber wegen der diesen anhaftenden Schwächen äußerst problematisch, da

133 Vgl. Thömmes, 1991, S. 504.
134 Vgl. Saß, DB 1993, S. 124.
135 Vgl. Endres, RIW 1994, 583.
136 Vgl. Jacobs/Spengel, 1996, S. 31.
137 Vgl. Lang, DStJG 1994, S. 296.
138 Vgl. Endres, RIW 1994, S. 583.
139 Vgl. Rädler, IStR 1996, S. 225.

Schlüsselgrößen immer etwas Willkürliches anhaftet.[140] Auch auf internationaler Ebene besteht eine allgemeine Übereinstimmung der Ablehnung einer Schlüsselung des Gesamtergebnisses einer internationalen Unternehmensgruppe.[141]

Ohne eine EU-Finanzverfassung wird jede Besteuerungskonzeption, bei der die Gefahr besteht, daß das Steueraufkommen zwischen den Mitgliedsstaaten verschoben wird, auf Ablehnung stoßen. Das steuerliche Aufkommensinteresse der Einzelstaaten bedingt die verursachungsgerechte Besteuerung und damit die Durchführung einer Erfolgslokalisation im jeweiligen Mitgliedsstaat. Eine einheitliche EU-Finanzverfassung und die damit einhergehende Einschränkung der Steuersouveränität wird politisch von den Einzelstaaten kaum hingenommen. Auf absehbare Zeit erscheint eine solche Regelung illusorisch, insbesondere, seitdem die EU die Gewichtung im steuerlichen Bereich zugunsten des Subsidaritätsprinzips verschoben hat.

Die pessimistische Einschätzung der Möglichkeit einer einheitlichen europaweiten steuerlichen Erfassung des Konzerns wird auch hinsichtlich der Fortschritte bei der Angleichung der Gewinnermittlungvorschriften sowie der Anpassung der Körperschaftsteuersysteme bestätigt. Bereits diese Ansätze bringen offensichtlich langwierige und schwierige Anpassungsprozesse mit sich. Weiterführende Vorschläge zu einer Harmonisierung müssen hinsichtlich einer Umsetzung zur Zeit als schwierig beurteilt werden.[142] Eine umfassende europaweite Angleichung der Konzernbesteuerung ist vor-

---

140 Vgl. Scheffler, DBW 1991, S. 712; Bezugnehmend auf eine heterogene Unternehmensstruktur; Vgl. auch Salzberger, 1994, S. 200. Auch bleibt das Problem der Verteilung bei Verlustgesellschaften ungelöst.

141 Auf dem IFA-Kongress in Buenos Aires wurde die Schlüsselung in Form der "unitary taxation" abgelehnt. Vgl. Vogel, 1985, S. 25.

142 Der erste Vorentwurf wurde 1975 vorgelegt und 1990 wieder zurückgezogen. Nach den Vorschlägen des Ruding-Ausschusses und der zurückhaltenden bis ablehnenden Reaktion der Kommission scheint im Moment eine schöpferische Pause eingetreten zu sein. Vgl. insbes. die distanzierte Haltung der Kommission zum Ruding-Bericht. Vgl. Kommission, BR-Drs. 540/92.

erst eine Illusion.[143] Ebenso ist ein Rückgriff auf ein europaweites einheitliches Konzerngesellschaftsrecht auf absehbare Zeit nicht möglich.[144]

Dennoch müssen hinsichtlich der zunehmenden Integration Europas und einer notwendigen Reformierung der deutschen Konzernbesteuerung bzw. einer Weiterentwicklung der deutschen Organschaft auch europarechtliche Entwicklungen beachtet und wenn möglich darin integriert werden. Der Wettbewerb der Steuersysteme[145] erfordert trotz momentaner Stagnation bei der Umsetzung von Richtlinienvorschlägen die Integration bestehender Reformvorhaben der EU.

Nachhaltige Fortschritte wurden bei der Besteuerung verbundener Unternehmen bisher durch Umsetzung der Mutter-Tochter- und der Fusionsrichtlinie erreicht. Die Mutter-Tochter-Richtlinie beseitigt die Doppelbesteuerung bei grenzüberschreitenden Gewinnausschüttungen, indem der Staat der Tochtergesellschaft bei Gewinnausschüttungen an ihre ausländische Muttergesellschaft gem. Art.5 MTR auf die Erhebung einer Quellensteuer verzichtet. Ein Mutter-Tochter-Verhältnis wird ab einer Beteiligungsquote von 25 % angenommen. Die Schwierigkeit bis zur letztendlichen Umsetzung zeigt sich bereits in der zeitlichen Dimension bis zu ihrer Umsetzung. Vom ersten Entwurf bis zur Verabschiedung der Mutter-Tochter-Richtlinie verstrichen 22 Jahre.[146] Neben diesen beiden Richtlinien ist es 1990 gelungen, die Schiedsverfahrenskonvention zu verabschieden. Sie regelt die Beseitigung von Doppelbesteuerungen, die durch Gewinnberichtigungen der Finanzverwaltungen der Mitgliedsstaaten bei Verrechnungspreisen zwischen verbundenen Unternehmen entstanden sind.

Der Vorschlag für eine Richtlinie zur Beseitigung der Quellensteuer auf Zahlungen von Zinsen und Lizensgebühren zwischen Mutter- und Tochtergesellschaften verschiedener Mitgliedsstaaten ist inzwischen zurückgezogen

143 Vgl. Knobbe-Keuk, AG 1990, S. 439.

144 Vgl. Entwurf einer neunten gesellschaftsrechtlichen Richtlinie, in: Lutter, 1993, S. 279. Dieser Vorschlag ist bisher nicht über das Entwurfsstadium hinausgekommen. Seine Weiterverfolgung erscheint in absehbarer Zeit äußerst zweifelhaft.

145 Rädler weist darauf hin, daß sich die Mitgliedsstaaten bereits im Wettbewerb der Systeme befinden, ohne daß dies in entsprechendem Maße realisiert wird. Vgl. Rädler, DStJG 1994, S. 281.

146 Der erste Entwurf der Mutter-Tochter-Richtlinie wurde bereits 1969 vorgelegt; Vgl. BT-Drs. V/3774.

worden[147], da es den Mitgliedsstaaten nicht gelang, sich auf eine gemeinsame Fassung zu einigen.[148] Daneben hat lediglich der Vorschlag zur Berücksichtigung der Verluste ausländischer Betriebsstätten und Tochtergesellschaften auf absehbare Zeit eine reelle Chance auf Umsetzung. Diese eher optimistische Einschätzung basiert darauf, daß diesbezügliche Bestrebungen bereits seit Jahren in diversen Vorschlägen verfolgt werden.[149]

Aber auch die Umsetzung der Verlustrichtlinie erscheint hinsichtlich der grenzüberschreitenden Berücksichtigung von Verlusten der Tochtergesellschaften in naher Zukunft fraglich, da in einigen Staaten der EU für nationale Tochtergesellschaften eine Verlustberücksichtigung nicht möglich ist. Der ursprüngliche Vorschlag der rechtsformunabhängigen Verlustverrechnung ist auf ausländische Betriebsstätten begrenzt worden. Dennoch waren der Ruding-Ausschuß und auch die EU-Kommission der Auffassung, daß die grenzüberschreitende Verlustverrechnung ebenso für Tochtergesellschaften möglich sein und in absehbarer Zeit umgesetzt werden solle.[150] Dies läßt die berechtigte Erwartung zu, daß zumindest in diesem Bereich in absehbarer Zeit mit Fortschritten gerechnet werden kann.

4.3 Bisherige Richtlinien-Vorschläge der EU zur Berücksichtigung der Verluste von Tochtergesellschaften in anderen Mitgliedsstaaten

4.3.1 EU-Vorschläge mit der Möglichkeit der grenzüberschreitenden Verlustberücksichtigung bis zur Verlustrichtlinie

4.3.1.1 Die Mutter-Tochter-Richtlinie von 1969

Der Erstentwurf der Mutter-Tochter-Richtlinie vom 15.1.1969 sah in Art. 7 ein "Steuersystem des konsolidierten Gewinns" vor.[151] Ergebnisse der ausländischen Tochtergesellschaft sollten bei der Muttergesellschaft mittels Anrechnung berücksichtigt werden. Das Besteuerungsrecht des Staates der

147 Vgl. Jacobs/Spengel, 1996, S. 30.
148 Vgl. Brinkmann, 1996, S. 36.
149 Vgl. hierzu Kap. 4.3.
150 Vgl. Kommission, BR-Drs. 540/92, Rn. 57; Ruding-Report, 1992, S. 206.

Tochtergesellschaft sollte dabei nicht eingeschränkt werden. Als Voraussetzung war gem. Art. 7 eine Beteiligung von mindestens 50% an der Tochtergesellschaft sowie eine Antragsstellung der Muttergesellschaft vorgesehen. Die Ergebniszusammenfassung sollte anteilig erfolgen. Die Formulierung des Art. 7 Abs.2 als "System des konsolidierten Gewinns" war irreführend bzw. ungenau, da lediglich die Ergebnisse der Tochterunternehmen der Muttergesellschaft zugerechnet werden sollten. Weitere Konsolidierungsmaßnahmen waren nicht vorgesehen. Den Mitgliedsstaaten wurde freigestellt, die begünstigenden Regelungen auch auf Drittstaaten anzuwenden.

Einer Harmonisierung der Körperschaftsteuersysteme oder der Gewinnermittlungsvorschriften hätte es nicht bedurft.[152] Die Ergebnisrechnung betraf lediglich die steuerliche Ebene. Es waren keinerlei gläubigerschützende oder den Minderheitenschutz betreffende Vorkehrungen vorgesehen. Aufwendig hätte sich die vorgesehene zweimalige Ermittlungspflicht der Gewinne der Tochtergesellschaft ausgewirkt. Durch den Zwang zum Einbezug aller in der EG ansässigen Tochtergesellschaften und der angestrebten fünfjährigen Bindungsfrist[153] wäre das System des konsolidierten Gewinns in seinen Voraussetzungen äußerst restriktiv gewesen. Hinsichtlich der Einbeziehungspflicht und der doppelten Gewinnermittlungspflicht hätte das System der konsolidierten Besteuerung zu einem erheblichen Verfahrensaufwand geführt.

Der wesentliche Vorteil des Systems des konsolidierten Gewinns wäre die Möglichkeit des grenzüberschreitenden Verlustausgleiches im EG-Konzern gewesen.[154] Vorteilhaft war zudem, daß beim Zurechnungsmodell des Art. 7 der Mutter-Tochter-Richtlinie keine grundlegende steuerliche Systemanpassung der Mitgliedsstaaten notwendig geworden wäre.[155] Die Regelung der grenzüberschreitenden Zurechnung der Ergebnisse der Tochtergesellschaften zur Muttergesellschaft war jedoch insofern problematisch, als die

151 Vgl. Abl. der EG 1970, Nr. C 51 vom 26.4.1970, S. 7f. und 13f.. Die folgenden Ausführungen beziehen sich auf den Erstentwurf der Mutter-Tochter-Richtlinie, vgl. Abl. der EG 1969, Nr. C 39 vom 31.1.1969.

152 Vgl. Beusch, 1978, S. 41.

153 Um eventuelle Mißbräuche zu verhindern, war eine Bindungsfrist von 5 Jahren vorgesehen. Darüberhinaus war vorgesehen, daß alle Tochtergesellschaften, die die Mindestbeteiligung erreichen, mit einbezogen werden mußten. Vgl. EG-Kommission, BT-Drs. V/3774, S. 8.

154 Vgl. Grotherr, RIW 1994, S. 1020.

steuerlichen Ergebnisse der Tochtergesellschaften unabhängig von der Ausschüttung der Muttergesellschaft hinzugerechnet worden wären. Im Bruch zu den allgemein anerkannten Regeln des internationalen Steuerrechts wären auch thesaurierte Gewinne der Tochtergesellschaft im Staat der Muttergesellschaft der Besteuerung unterlegen. Dies hätte zur Durchbrechung des allgemein anerkannten Trennungsprinzips und zu einer exterritorialen Besteuerung geführt. Die Finanzhoheit des Staates der Tochtergesellschaft wäre durchbrochen worden.

Aus der Sicht von Mitgliedsstaaten mit höheren Steuersätzen hätte die vorgesehene Methode des Anrechnungsverfahrens zu einer Erhöhung der Steuerbelastung für Einkünfte von der Tochtergesellschaft geführt.[156] Steuerliche Standortvorteile aufgrund einer niedrigeren Belastung im Domizilstaat der Tochtergesellschaft wären damit grundsätzlich verlorengegangen. Bei höherem Steuersatz im Staat der Muttergesellschaft hätte dies quasi zu einem Steuerverzicht im Staat der Tochtergesellschaft geführt. Ob hierdurch eine Anpassung der Körperschaftsteuersätze hätte erzwungen werden können oder die Unternehmen durch Sitzverlegung reagiert hätten, kann dahingestellt bleiben. Weiterhin war zu kritisieren, daß der Vorschlag nicht rechtsformneutral ausgestaltet war. Als Obergesellschaft waren nur Körperschaftsteuersubjekte vorgesehen. Auch sah der Vorschlag keine Regelung vor, auch Einkünfte von ausländischen Betriebsstätten zuzurechnen.

Aufgrund der vielen Kritikpunkte wurde der Vorschlag von deutscher Seite reserviert aufgenommen.[157] Bereits in der Folgefassung des Richtlinienvorschlages von 1970 war Art. 7 nicht mehr enthalten.[158] Letztendlich wurde mit dem urprünglichen Vorschlag in der Mutter-Tochter-Richtlinie hauptsächlich der Ausgleich von Verlusten ausländischer Tochtergesellschaften ermöglicht. Jedoch war die Regierungsseite offensichtlich der Ansicht, daß für einen Verlustausgleich ein einfacherer Weg gegangen werden sollte.[159] Dieser war die Möglichkeit der Rückstellungsbildung von Anlaufverlusten

---

155 Vgl. Beusch, 1978, S. 42.

156 Im deutschen Steuerrecht kommt in diesem Zusammenhang erschwerend hinzu, daß gem. § 68 a EStDV eine "per-country-limitation" vorgesehen ist.

157 Vgl. BR-Drs. 55/1/69 vom 11.12.1969, S. 4.

158 Vgl. Beusch, 1978, S. 40.

159 Vgl. BR-Drs. 55/1/69 vom 11.12.1969, S. 5.

von ausländischen Tochtergesellschaften nach dem Auslandsinvestitionsgesetz vom 18.8.1969.[160]

4.3.1.2 Vorschlag zum Statut einer Europäischen Aktiengesellschaft

Der Grundgedanke der Mutter-Tochter-Richtlinie von 1969 hinsichtlich des grenzüberschreitenden Verlustausgleiches wurde in dem erstmals 1970 unterbreiteten und 1975 geänderten Verordnungsvorschlag[161] in das Statut einer Europäischen Aktiengesellschaft (EA) übernommen. Aus der Problematik, die in der Konzeption der Zurechnung der positiven Einkünfte bei der Mutter-Tochter-Richtlinie, insbesondere hinsichtlich der thesaurierten Gewinne, offensichtlich wurde, resultierte die Einschränkung der Einkünftezurechnung auf die grenzüberschreitende Verrechnung von Verlusten. In Art. 281 Verordnungsentwurf zum Statut einer Europäischen Aktiengesellschaft 1975 (VEA-1975) war eine Verlustberücksichtigung für Tochtergesellschaften außerhalb des Sitzstaates der EA ab einer Mindestbeteiligung von 50% vorgesehen. Zudem war der Vorschlag rechtsformneutral ausgestaltet, indem auch Betriebsstätten in den Vorschlag mit einbezogen wurden.[162]

Verluste sollten im Sitzstaat der EA gem. Art 278 Abs.2 VEA-1975 entsprechend ihrer quotalen Kapitalbeteiligung an der Tochtergesellschaft berücksichtigt werden. Der vorgenommene Verlustabzug wurde bei späteren Gewinnen der Tochtergesellschaft bei der EA wieder hinzugerechnet. War im Sitzstaat der Tochtergesellschaft eine temporäre Verlustberücksichtigung in Form des Verlustvortrags nicht vorgesehen, war der Verlustabzug bei der EA endgültig. Eine spätere Nachversteuerung unterblieb.

Zur Verhinderung von Mißbräuchen war bei einer Beteiligungsabstockung unter die Beteiligungsgrenze von 50% eine Nachversteuerungspflicht der geltend gemachten Verlustabzüge der letzten fünf Jahre vorgesehen. Unklarheiten der Verlustverrechnung ergaben sich bei teilweiser Anteilsveräußerung. Eine Beteiligungsabstockung, die diesen Grenzwert nicht unter-

160 Vgl. § 3 des AIG, BGBl. I 1969, S. 1211.
161 Vgl. Art. 278 und 281 des Vorentwurfs 1970 zum SEA, Bulletin der EG 1970, Nr.8; sowie Bulletin der EG 1975, Nr.4.
162 Art. 278 SEA-VE 1975.

schritt, war für den Umfang des Verlustausgleichs unbeachtlich. Der Sitzstaat der EA übernahm dementsprechend endgültig die Verluste der ausländischen Tochtergesellschaft, die auf die vorgenommene Beteiligungsabstokkung entfiel. Den Mitgliedsstaaten sollte es frei stehen, die begünstigenden Regelungen auch auf Drittstaaten anzuwenden, wobei aber keine günstigeren Vorschriften zur Anwendung kommen durften als bei der Anwendung auf die EU-Mitgliedsstaaten.

Vorteilhaft war im Gegensatz zur Mutter-Tochter-Richtlinie von 1969, daß die Berechnung der Verluste der Tochtergesellschaft nach Art. 278 Abs.4 VEA-1975 nach dem Recht des Domizilstaates vorgenommen werden konnte, womit eine zweifache Gewinnermittlung entfiel. Die einmalige Ergebnisermittlung nach dem Domizilstaat der Tochtergesellschaft hätte zu Arbeitserleichterungen geführt. Zudem ergab sich durch die Einbeziehung von Betriebsstätten eine rechtsformneutrale Lösung.

Problematisch ist bei der Konstruktion des grenzüberschreitenden Verlustausgleichs bei den Vorschlägen zur EA, daß die Rechtsform der EA gegenüber den anderen nationalen Gesellschaftsformen den Vorzug des grenzüberschreitenden Verlustausgleichs erhalten hätte. Damit wäre ein Sondersteuerrecht bzw. eine steuerlich begünstigende Vorschrift für eine Rechtsform geschaffen worden. Dies hätte einer wettbewerbsneutralen Besteuerung entgegengestanden. Wettbewerbsverzerrungen zum Nachteil nationaler Rechtsformen sind jedoch nicht akzeptabel. Nicht vorgesehen war der umgekehrt vertikale Verlustausgleich, d.h. eine Berücksichtigung der Verluste der Muttergesellschaft bei der Tochtergesellschaft ebenso wie eine grenzüberschreitende Zwischengewinneliminierung. Der VEA-1975 ging davon aus, daß der Sitzstaat der Europäischen Aktiengesellschaft in Abhängigkeit von der Behandlung im Domizilstaat der Tochtergesellschaft auch eine endgültige Entlastung durch einen Verlustabzug zu tragen hat.

Da in den meisten EG-Staaten der grenzüberschreitende Verlustausgleich für Tochtergesellschaften nicht möglich war, hätte in diesen Mitgliedsstaaten die Besteuerungskonzeption der EA in das nationale Recht überhaupt erst eingefügt werden müssen, wobei einige Mitgliedsstaaten bis heute noch nicht den nationalen Verlustausgleich für Tochtergesellschaften vorsehen.[163]

---

163 Vgl. Esser, EWS 1991, S. 20.

Im Memorandum zum Statut einer europäischen Aktiengesellschaft von 1988[164] wurde in der Vorschrift des Art. 133 zwar von einer Konsolidierung gesprochen, aber trotz des mißverständlichen Wortlauts "konsolidiertes Geschäftsergebnis" war lediglich eine Ergebniskonsolidierung gemeint. Die Regelung für den Ausgleich von Verlusten von Tochtergesellschaften wurde aus dem geänderten Vorentwurf des Jahres 1989[165] herausgenommen, da dieser Regelungsbereich einer folgenden EG-Verlustrichtlinie vorenthalten sein sollte.[166] Im letzten geänderten Verordnungsvorschlag von 1991 zur EA ist dementsprechend nur noch ein Verlustausgleich für Betriebsstätten vorgesehen.[167]

4.3.1.3 Richtlinien-Vorschlag zur steuerlichen Übertragung von Unternehmensverlusten vom 19.6.1985[168]

Der Vorschlag zur steuerlichen Übertragung von Unternehmensverlusten ist ein Teil der Harmonisierung der Gewinnermittlungsvorschriften, der in dieser Richtlinie getrennt geregelt werden sollte. Auch wenn zentrales Regelungsziel dieser Richtlinie der Verlustvortrag und -rücktrag ist, so ist im geänderten Vorschlag der Richtlinie zur steuerlichen Übertragung von Unternehmensverlusten die Möglichkeit der Verlustverrechnung mit dem Betriebsergebnis aus ausländischen Betriebsstätten sowie Tochtergesellschaften in Art. 2 Hs.2 explizit vorgesehen.[169] Danach ist der Ausgangspunkt für die intertemporäre Verlustverrechnung eines Unternehmens das Betriebsergebnis, das sich gegebenenfalls nach der Verrechnung mit anderen Einkünften oder Betriebsergebnissen aus ausländischen Betriebsstätten oder Tochtergesellschaften ergibt. Auch wenn diese Vorschrift nicht zentraler Regelungsinhalt der Richtlinie ist, so zeigt diese Vorschrift doch den Willen der EG, den Verlustausgleich grenzüberschreitend zu regeln. Nähere Ausführungen zu diesem Regelungskomplex sind von der Kommission jedoch nicht gemacht worden.

---

164 Vgl. EG-Kommission, 1988, Beil. 3, S. 7.
165 Abgedr. in: Lutter, 1991, S. 562-588.
166 Begründung, in: Lutter, 1991, S. 562.
167 Vgl. Art. 133 SEA-VE 1991, in: BT-Drs. 12/1004 vom 30.7.1991.
168 Vgl. Abl. der EG 1985, Nr. C 170 vom 9.7.1985, S. 3; abgedr. in: Lutter, 1996, S. 818-819.
169 Der ursprüngliche Vorschlag vom 6.9.1984 enthielt diese Möglichkeit noch nicht.

Der Vorschlag zur steuerlichen Übertragung von Unternehmensverlusten ist bisher jedoch über das Entwurfstadium nicht hinausgekommen. Deutschland hat im Rahmen der sog. stillen Harmonisierung den unbeschränkten Verlustvortrag eingeführt. Die Umsetzung dieses Richtlinienvorschlags würde die Vorschläge zur grenzüberschreitenden Verlustberücksichtigung beeinflussen, da eine Verlustberücksichtigung durch die vorgesehene unbeschränkte Verlustvortragsmöglichkeit des Art. 3 Abs.1 grundsätzlich immer im Quellenstaat bzw. im Staat der Tochtergesellschaft möglich wäre.

4.3.2 Richtlinienvorschlag der EG zur grenzüberschreitenden Verlustverrechnung in der EU vom 28.11.1990

4.3.2.1 Konzeptionelle Darstellung

Mit dem Richtlinienvorschlag über eine Regelung für Unternehmen zur Berücksichtigung der Verluste ihrer in anderen Mitgliedsstaaten gelegenen Betriebsstätten und Tochtergesellschaften[170] (Verlustrichtlinie=VerlR) wurden die Grundgedanken der vorherigen Richtlinienentwürfe zur transnationalen europäischen Verlustverrechnung weitergeführt. Zielsetzung dieser Richtlinie ist es, durch den Abbau steuerlicher Hindernisse grenzüberschreitende Unternehmenstätigkeit in der EU nicht zu behindern.[171] Als eines der bestehenden Hindernisse unternehmerischer Tätigkeit im Gemeinsamen Markt ist die fehlende bzw. eingeschränkte Möglichkeit der transnationalen Verlustberücksichtigung erkannt worden.[172]

Nach Art. 1 des ursprünglichen Entwurfs[173] soll den Unternehmen der Mitgliedsstaaten gestattet werden, Verluste ihrer in anderen Mitgliedsstaaten gelegenen Betriebsstätten und Tochtergesellschaften zu berücksichtigen. Voraussetzung für die Verlustberücksichtigung ist das Vorliegen einer Tochtergesellschaft im Sinne des Art. 2 VerlR. Danach muß die Muttergesellschaft an der Tochtergesellschaft über eine Stimmrechtsmehrheit verfü-

170 Vgl. Kommission, 1990, Kom (90) 595 endg. vom 28.11.1990, abgedr. in: EWS 1991, S. 31-33. Im Jahr 1992 erschien ein revidierter Vorschlag bzw. Folgeentwurf. Dieser ist jedoch nicht veröffentlicht worden.

171 Vgl. Kommission, 4/1991, S. 8.

172 Vgl. Kommission, 4/1991, S. 60.

gen und eine Beteiligung von mindestens 75% halten. Dem jeweiligen nationalen Recht steht es jedoch offen, für die Mindestbeteiligung auch eine geringere Beteiligungshöhe festzulegen.

Eine Beteiligungsquote von 75% stellt einen Kompromiß dar, da die nationalen Beteiligungsvoraussetzungen für eine Konzernbesteuerung zwischen 50% und 100% liegen. Die Stimmrechtsmehrheit wird als ausreichend gehalten, um entsprechend Einfluß auf die Tochtergesellschaft ausüben zu können. Um eine weitgehende Parallelwertung mit der Betriebsstätte zu erreichen, wäre eine Beteiligungsquote von 100% notwendig gewesen. Mit der Beteiligungsquote von 75% soll einerseits eine gewisse Gleichwertigkeit zur Betriebsstätte erzielt werden, andererseits erfolgt durch eine nicht zu hohe Mindestbeteiligungsquote keine allzu starke Einschränkung des Anwendungsbereichs. Die Beteiligungsquote von 75 % am Nennkapital weicht von dem Erfordernis der Stimmrechtsmehrheit ab, da sich aus Mehrfachstimmrechten oder stimmrechtslosen Anteilen eine Differenz ergeben kann.

Die Verlustrichtlinie ist grundsätzlich auf das Gemeinschaftsgebiet beschränkt. Nach Art. 4 besteht jedoch eine Öffnungsklausel für Drittstaatenverluste aus außergemeinschaftlich gelegenen Betriebsstätten und Tochtergesellschaften. Danach bleibt eine Erweiterung der Verlustverrechnung auf andere Staaten als den Mitgliedsstaaten der EU dem einzelnen Staat überlassen. Es dürfen jedoch gegenüber Drittstaaten keine günstigeren Regelungen gelten als gegenüber Mitgliedsstaaten. Im Gegensatz zur Mutter-Tochter-Richtlinie von 1969 müssen bei der Verlustrichtlinie nicht alle Tochtergesellschaften aus dem Gemeinschaftsgebiet einbezogen werden. Damit ist die Verlustrichtlinie in ihrer Handhabung flexibler als die bisherigen Vorschläge. Im Einzelfall kann dies durchaus zu erheblicher Arbeitserleichterung führen.[174]

Die Regelungen zur steuerlichen Behandlung von Tochtergesellschaften finden sich in den Art. 9 bis 12 VerlR, wobei die Methode des Verlustabzugs mit Nachversteuerung in Art. 7 VerlR geregelt ist. Verluste, die eine EU-

---

173 Im folgenden wird der ursprüngliche Entwurf behandelt. Der nicht veröffentlichte Folgeentwurf unterscheidet sich insbesondere dadurch, daß die Berücksichtigung von Verlusten ausländischer Tochtergesellschaften nicht mehr vorgesehen war.

174 Vgl. Grotherr, RIW 1994, S. 1026.

Tochtergesellschaft erleidet, können vom steuerlichen Gewinn der Muttergesellschaft abgezogen werden. Voraussetzung der Berücksichtigung ist, daß die Verluste der Tochtergesellschaft in dem gleichen Veranlagungszeitraum wie die Gewinne der Muttergesellschaft fallen. Die Ergebnisse der Tochtergesellschaft können nach dem Recht des Mitgliedsstaates der Tochtergesellschaft ermittelt werden, wodurch eine zweifache Gewinnermittlung nicht erforderlich ist. Erwirtschaftet die Tochtergesellschaft in den folgenden Jahren Gewinne, so sind die berücksichtigten Verluste bei der Muttergesellschaft wieder hinzuzurechnen.

Eine von späteren Gewinnen der Tochtergesellschaft unabhängige Hinzurechnung der abgezogenen Verluste ist nach Art. 10 beim Eintreten gewisser Ereignisse vorgesehen. Eine Hinzurechnung erfolgt, wenn die Verluste nicht innerhalb der nächsten 5 Jahre ausgeglichen werden, eine teilweise Beteiligungsveräußerung stattfindet oder die Tochtergesellschaft veräußert, aufgelöst oder in eine Betriebsstätte umgewandelt wird. Hinsichtlich der Nachversteuerung läßt sich aus der Richtlinie nicht entnehmen, ob diese bereits bei sukzessiver Beteiligungsminderung, ohne daß der Mindestsatz unterschritten wird, durchzuführen ist oder ob dies zu einer zeitlichen Streckung des Verrechnungszeitraumes führt. Die Umsetzung der Verlustrichtlinie entspricht damit prinzipiell der Regelung im DBA-Fall bei Anwendung der Freistellungsmethode bei aktiven Betriebsstätteneinkünften des § 2 a Abs.3 EStG.

Mitte 1992 wurde von der EG-Kommission ein revidierter Vorschlag vorgelegt, der eine grenzüberschreitende Verlustberücksichtigung nur noch für Betriebsstätten vorsieht.[175] Dieser Folgevorschlag hat die Verlustberücksichtung von Verlusten ausländischer Tochtergesellschaften zurückgenommen. Dies ist schwer nachvollziehbar, da die Kommission noch 1991 die unternehmerische Tätigkeit im Ausland bei wirtschaftlicher Betrachtung als gleichwertig ansah und damit beabsichtigte, die Rechtsformneutralität zu erreichen.[176] Die ursprüngliche Intention der Rechtsformneutralität wird damit nicht mehr weiterverfolgt.

Neben der Freistellung mit Nachversteuerung ist für ausländische Betriebsstätten als weitere Methode gem. Art. 6 die Anrechnungsmethode vorgese-

---

175 Vgl. hierzu Grau, 1993, S. 65.
176 Vgl. Kommission, 4/1991, S. 61.

hen. Dabei gehen sowohl positive als auch negative Einkünfte der Betriebsstätten in das Gesamtergebnis des Stammhauses ein. Von den Betriebsstätten entrichtete Steuern werden auf die Steuern des Stammhauses angerechnet. Aufgrund der erheblichen technischen Probleme, die diese Methode bei Tochtergesellschaften mit sich gebracht hätte und der zu erwartenden politischen Ablehnung, war die Anrechnungsmethode für ausländische Tochtergesellschaften im ursprünglichen Vorschlag nicht vorgesehen.[177]

Als weitere grundsätzliche Methode zur grenzüberschreitenden Verlustberücksichtigung bei Tochtergesellschaften ist die Möglichkeit der Wertberichtigung beim Wertansatz der Beteiligung der Muttergesellschaft nicht aufgenommen worden. Eine Wertberichtigung des Beteiligungsansatzes fällt schon deshalb aus, weil einige Mitgliedsstaaten die steuerlichen Gewinne nicht nach den Regeln der handelsrechtlichen Rechnungslegung ableiten.[178]

Neben den genannten Methoden der Verlustberücksichtigung sollte in Art. 12 den Mitgliedsstaaten die Möglichkeit eingeräumt werden, anstatt der Nachversteuerungsmethode andere Methoden der Verlustberücksichtigung, insbesondere die Möglichkeit der Ergebniskonsolidierung, vorzusehen. Eine gleichzeitige Berücksichtigung der Verluste beim Wertansatz ist nach Art. 11 VerlR ausgeschlossen. Eine Wertberichtigung beim Beteiligungsansatz (Teilwertabschreibung) bei der Muttergesellschaft kann allenfalls dann vorgenommen werden, wenn keine Verlustberücksichtigung mit Nachversteuerung stattgefunden hat. Eine doppelte Verlustberücksichtigung wird damit ausgeschlossen.

4.3.2.2 Kritische Würdigung des Vorschlags

Die vorgeschlagene Möglichkeit des Richtlinienentwurfs der Verlustverrechnung mit Nachversteuerung führt im Ergebnis lediglich zu einer zeitlich beschränkten Steuerstundung. In Höhe der zugerechneten Verluste der Tochtergesellschaften gewährt der Sitzstaat der Muttergesellschaft eine zeit-

---

177 Vgl. Thömmes, IWB 1991, S. 519. Außerdem dürfte die Erfahrung aus dem Richtlinienvorschlag der Mutter-Tochter-Richtlinie von 1969 für die Nichtanwendung der Anrechnungsmethode bei EU-Tochtergesellschaften mit den Ausschlag gegeben haben.

178 Vgl. Kommission, 4/1991, S. 63.

lich befristete Freistellung von der Besteuerung. Werden nach dem Vorschlag die berücksichtigten Verluste der Tochtergesellschaft nicht innerhalb von 5 Jahren durch eine Gewinnsituation der Tochtergesellschaft dem Gewinn der Muttergesellschaft hinzugerechnet, erfolgt zu diesem Zeitpunkt nach Art. 10 VerlR durch die automatische Hinzurechnung eine Neutralisation zuvor berücksichtigter Verluste. Es werden positive zeitlich limitierte Liquiditätseffekte gewährt. Die Wirkung bleibt damit insgesamt gesehen begrenzt.

Wie die Vorläuferkonzeptionen sieht auch die Verlustrichtlinie keinen Aufschub der innerkonzernlichen Gewinnrealisierung vor. Eine Besteuerung des konsolidierten Geschäftsergebnisses auf europäischer Ebene wird auf absehbare Zeit als illusorisch angesehen, da hierzu der politische Durchsetzungswille fehlt.[179]

Der Richtlinienvorschlag sieht lediglich eine Berücksichtigung der Verluste der Tochtergesellschaften bei der Muttergesellschaft vor. Nicht möglich ist die umgekehrte Verrechnung, d.h., daß die Tochtergesellschaft Verluste der Muttergesellschaft berücksichtigen kann (umgekehrt vertikale Verlustverrechnung). Auch ist eine Verrechnung von Verlusten zwischen Schwestergesellschaften nicht vorgesehen. Eine steuerliche Berücksichtigung von Verlusten ist auch dann nicht möglich, wenn die Muttergesellschaft keine oder nur geringe Einkünfte hat. Wird eine Erweiterung des Verlustausgleichs in Form der umgekehrt vertikalen Verlustverrechnung angestrebt, so sollte dies nur bei Einführung der entsprechenden Regelung für Betriebsstätten möglich sein. Es bedürfte einer Abstimmung bezüglich der Regelung der Verrechnung von Verlusten eines Stammhauses durch Betriebsstätten in anderen Mitgliedsstaaten.

Hinsichtlich der Regelung der Verrechnung von Verlusten bei Auslandsbetriebsstätten erfolgt ein Verlustabzug beim deutschen Stammhaus erst, wenn sich aus den zusammengefaßten Ergebnissen verschiedener Betriebsstätten eines Unternehmens aus diesem Staat ein Gesamtverlust ergibt.[180] Eine entsprechende Regelung wäre bei einer erweiterten Verlustverrechnung auch für Schwestergesellschaften in anderen Mitgliedsstaaten notwendig, um eine

179 Vgl. Knobbe-Keuk bezüglich der Besteuerung der EA, AG 1990, S. 439. Dies gilt insbesondere auch hinsichtlich einer Zwischengewinneliminierung.

Gleichstellung von Tochtergesellschaft und Betriebsstätte zu erreichen. Dies bedeutet, daß es vor Zurechnung zur Muttergesellschaft einer horizontalen Verlustverrechnung zwischen Schwestergesellschaften bedürfte oder aber die Regelung für EU-Betriebsstätten revidiert werden müßte.

Keine Regelungen finden sich hinsichtlich der Behandlung mittelbarer Beteiligungen, denn der Richtlinienvorschlag erfaßt lediglich das zweistufige Mutter-Tochter-Verhältnis. Weiterhin müßte geprüft werden, ob die Verlustverrechnung auf Gemeinschaftsunternehmen entsprechend der deutschen Mehrmütterorganschaft ausgedehnt werden sollte.

Das Ergebnis der Tochtergesellschaften kann nach den einschlägigen Gewinnermittlungsvorschriften des jeweiligen Mitgliedsstaates ermittelt werden. Durch die differierenden steuerlichen Gewinnermittlungsvorschriften kann die Gefahr bestehen, daß Verluste, wenn auch in der Regel nur temporär, zweifach berücksichtigt werden. Werden im Staat der Tochtergesellschaft Sonderabschreibungen gewährt und gerät diese hierdurch in eine Verlustsituation, trägt der Sitzstaat der Muttergesellschaft durch die Verlustberücksichtigung sogar diese steuerliche Subventionierung. Jedoch bewirkt die vorgesehene Nachversteuerung lediglich eine Steuerstundung. Die durch die abweichende Gewinnermittlungsvorschriften möglicherweise entstehenden verzerrenden Wirkungen werden dadurch entscheidend abgemildert.

Bei der Beurteilung der Durchsetzbarkeit des Richtlinienvorschlags zur Verlustberücksichtigung ist bereits problematisch, daß nicht alle Mitgliedsstaaten die Möglichkeit der Berücksichtigung von Verlusten von Tochtergesellschaften auf nationaler Ebene vorsehen. In den EU-Staaten ohne nationale Konzernbesteuerung bedürfte es vor bzw. mit der Einführung einer grenzüberschreitenden Verlustverrechnung der Einführung entsprechender nationaler Regelungen zur Konzernbesteuerung. Eine grenzüberschreitende Verlustberücksichtigung von ausländischen Tochtergesellschaften ist im Moment in der EU lediglich in Dänemark und in sehr eingeschränktem Rahmen in Frankreich und Spanien möglich.[181] In allen anderen Staaten würde die grenzüberschreitende Verlustberücksichtigung erst mit der

---

180 Vgl. Saß, BB 1991, S. 1164. So auch die deutsche Regelung in § 2 a Abs.3 EStG. Vgl. Schmidt/Heinecke, EStG, § 2 a Rn. 75.

Umsetzung der Verlustrichtlinie eingeführt werden. Die hierfür notwendigen Maßnahmen sind erhebliche Eingriffe in das jeweilige nationale Steuerrecht und deuten auf nicht zu unterschätzende Widerstände in den Mitgliedsstaaten der EU hin.

Aus deutscher Sicht würde mit der Umsetzung der Verlustrichtlinie für EU-Tochtergesellschaften neben der nationalen quasi eine grenzüberschreitende "internationale Organschaft" eingeführt werden, vorausgesetzt, die Organschaftsregelungen würden nicht reformiert werden. Für die internationale Organschaft würde neben der Stimmrechtsmehrheit als Voraussetzung eine qualifizierte Mehrheitsbeteiligung ausreichen. Die Folge wäre eine Ungleichbehandlung von nationalen und von internationalen Organschaftsverhältnissen, da die nationale Organschaft neben der Stimmrechtsmehrheit die wirtschaftliche und organisatorische Eingliederung und den Ergebnisabführungsvertrag verlangt. Die nationalen Organschaftsverhältnisse würden in ihrer jetzigen Form aufgrund der strengeren Vorschriften benachteiligt werden oder sie müßten hinsichtlich der Voraussetzungen an die Verlustrichtlinie angepaßt werden. Ob eine Schlechterbehandlung der eigenen Steuerpflichtigen gegenüber anderen EU-Staaten als rechtlich zulässig angesehen werden kann, mag dahinstehen[182], jedenfalls würde sie zu Wettbewerbsverzerrungen führen. Die Rechtfertigung der strengeren Kriterien für die inländische Organschaft mit der Begründung, daß die internationale Organschaft im Gegensatz zur nationalen Organschaft nur zu einer Steuerstundung und nicht zu einem Steuerausfall führe[183], ist in dieser Form nicht haltbar. Auch die nationale Organschaft führt in der Regel nur zu einer Steuerstundung und nicht zu einer endgültigen Steuerentlastung.

Der Einbezug von ausländischen Tochtergesellschaften hinsichtlich der Verlustverrechnung ist auf Widerstand der deutschen Delegation bei den

---

181 In beiden Staaten bedarf es der ministeriellen Zustimmung, die jeweils äußerst restriktiv gehandhabt wird.

182 Eine Inländerdiskriminierung ist unter Betrachtung der EuGH-Entscheidung des Falles "Werner" momentan nicht als unzulässig zu beurteilen. Vgl. EuGH vom 26.1.1993 - Rs. C 112/91, Slg. 1993, I-429. Der EuGH läßt diese Frage in diesem Urteil offen. Dies erscheint aber sowohl europarechtlich als auch verfassungsrechtlich zweifelhaft. Reitmaier hält eine Inländerdiskriminierung aus europarechtlicher Sicht für grundsätzlich unzulässig, da die EG auf eine allgemeine Gleichbehandlung ziele. Vgl. Reitmaier, 1984, S. 157.

183 Vgl. Ebenroht/ Willenburger, EWS 1993, S. 47.

Beratungen des Richtlinienentwurfs gestoßen.[184] Insbesondere wurde die Forderung erhoben, daß eine internationale Organschaft den Voraussetzungen der nationalen deutschen Organschaft entsprechen müsse, da nur in diesem Fall eine gewisse Gleichstellung zur Betriebsstätte vorliegen würde. Zudem sei eine Zusammenrechnung von Gewinnen und Verlusten verschiedener Steuersubjekte nach deutschem Recht bereits aus systematischen Gründen nicht zulässig.[185]

Eine Forderung nach Ausgestaltung der Voraussetzungen der Verlustrichtlinie zur Inanspruchnahme der grenzüberschreitenden Verlustberücksichtigung entsprechend der deutschen Organschaftskonzeption muß als Ablehnung der Verlustrichtline angesehen werden. Insbesondere die Forderung nach einem grenzüberschreitenden Ergebnisabführungsvertrag erscheint unrealistisch, da hierfür in den meisten Mitgliedsstaaten die gesellschaftsrechtlichen Voraussetzungen fehlen. Auch kann kaum überprüft werden, ob eine ausländische Tochtergesellschaft die Eingliederungskriterien erfüllt. Da das Prüfungsrecht der ausländischen Finanzhoheit entfällt, würde die Überprüfung den jeweiligen Finanzbehörden des jeweiligen Mitgliedsstaates zukommen. Andererseits ist nicht anzunehmen, daß dem Staat der Muttergesellschaft ein so weitgehendes Prüfungsrecht zugestanden wird, daß er im Staat der Tochtergesellschaft Prüfungen vornehmen kann.

Von deutscher Seite wird zudem gefordert, daß die Einschränkungen des deutschen Steuerrechts bei der Berücksichtigung von Auslandsverlusten aus passiver Tätigkeit beibehalten werden sollen.[186] Eine Forderung nach einer investitionsspezifischen Beschränkung der Verlustverrechnung in Form der Aktivitätsklausel gem. § 2 a EStG läßt sich aber kaum mit den Grundwertungen des Gemeinsamen Marktes in Übereinstimmung bringen. Hinsichtlich des Art. 52 EGV erscheint es fraglich, ob das deutsche Steuerrecht mit § 2 a EStG überhaupt bestimmen kann, welche EU-Auslandsinvestitionen als wünschenswerte Investitionen anzusehen sind. Auch wenn der BFH

184 Vgl. Carl, EuZW 1991, S. 371.
185 Vgl. Carl, EuZW 1991, S. 371.
186 Vgl. BR-Drs. 96/91, S. 2.

einen Verstoß des § 2 a Abs.1 Nr.2 EStG gegen EGRecht verneint[187], so bestehen gegen diese Auffassung doch erhebliche Bedenken.[188]

4.3.3 Probleme hinsichtlich der Einführung einer grenzüberschreitenden Verlustberücksichtigung bei EU-Tochtergesellschaften

Die sog. Goerdeler-Kommission hat bezüglich der Berücksichtigung von Verlusten ausländischer Tochtergesellschaften wegen der juristischen Selbständigkeit der Steuersubjekte grundsätzliche Bedenken geäußert.[189] Der Abzug von Verlusten ausländischer Tochtergesellschaften würde einen unzulässigen Durchgriff durch die juristische Person bedeuten. Diese Ansicht liegt ganz auf der Linie der Rechtsprechung des BFH. Der Gesetzgeber hat die Verrechnungsmöglichkeit von Auslandsverlusten durch die Aufhebung des § 3 AIG mit der Eliminierung eines steuerlichen Subventionstatbestands beseitigt.[190] In der Begründung bestätigt sich auch die grundsätzlich kritische Einstellung des deutschen Gesetzgebers gegenüber der Berücksichtigung von Auslandsverlusten.

Die EU-Kommission hat in ihrer Stellungnahme zum Ruding-Bericht bei den über die Umsetzung der Verlustrichtlinie hinausgehenden Schritten nachdrückliche Vorbehalte angemeldet.[191] Die Einführung eines umfassenden vertikalen und horizontalen Verlustausgleichs im nationalen Bereich soll den nationalen Mitgliedsstaaten überlassen werden. Ein vollständiger gemeinschaftsweiter Verlustausgleich bedinge vorher eine stärkere Konvergenz der steuerlichen Bemessungsgrundlagen. Letzteres ist aber auf absehbare Zeit kaum zu erwarten.[192]

Die Chance der grenzüberschreitenden Berücksichtigung von Verlusten bei Direktinvestitionen in Form von ausländischen Tochtergesellschaften wird zur Zeit als offen[193] bis gering[194] eingestuft. Trotz der allgemeinen Befür-

---

187 Vgl. BFH vom 17.10.1990 I R 182/87, BStBl. II 1991, S. 136.
188 Vgl. hierzu insbesondere die Ausführungen von Brinkmann, 1996, S. 97-106.
189 Vgl. BMF, Gutachten der Kommission zur Verbesserung der steuerlichen Bedingungen für Investitionen und Arbeitsplätze, 1991, Rn. 134.
190 Vgl. BT-Drs. 11/2157, S. 184.
191 Vgl. EG-Kommission, BR-Drs. 540/92, Rn. 38.
192 Vgl. Kap. 4.6.3.
193 Vgl. Saß, DStJG 1996, S. 33.

wortung der Umsetzung[195] der Verlustrichtlinie fehlt es diesbezüglich an einem zwingenden Harmonisierungsauftrag. Gründe für eine grenzüberschreitende Verlustberücksichtigung können zur Zeit lediglich auf die Niederlassungsfreiheit gem. Art. 52 EGV gestützt werden. Zu einer zwingenden Umsetzungspflicht fehlt es zur Zeit an einer einschlägigen EuGH-Entscheidung. Es bleibt daher den jeweiligen Mitgliedsstaaten überlassen, aus sachlichen Erwägungen heraus eine grenzüberschreitende Verlustverrechnung auf nationaler Ebene zu regeln.[196] Nachdem bis 1990 eine aktive Harmonisierungspolitik betrieben wurde, geht seit 1990 die Marschrichtung zum Wettbewerb der Steuersysteme. Hierbei bleibt es den einzelnen Staaten überlassen, ihren Unternehmen die optimalen Standortbedingungen zu verschaffen. Hierbei wird zu berücksichtigen sein, daß die Konzernstrukturen deutscher Unternehmen zunehmend internationaler werden.

Eine Verlustverrechnungsmöglichkeit von EU-Tochtergesellschaften im Sinne der Verlustrichtlinie ist hinsichtlich des Wettbewerbs der Steuersysteme notwendig. Eine diesbezüglich ablehnende Haltung stellt einen Standortnachteil dar. Auch erscheint ein solches Vorhaben politisch auf absehbare Zeit durchsetzbar. Da laut Kommission der vollständige nationale Verlustausgleich der Entscheidungskompetenz der Mitgliedsstaaten obliegen soll, ist dieser aus den genannten Gründen ebenso anzustreben. Der darüberhinausgehende Vorschlag des vollständigen EU-weiten Verlustausgleichs erscheint weitgehend unrealistisch, da hierfür die notwendigen steuerlichen Grundlagen, wie bspw. die Konvergenz der Steuerbemessungsgrundlage und auch der notwendige politische Wille, fehlen.

Unter dem Aspekt des Wettbewerbs der Steuersysteme erscheint eine adäquate Berücksichtigung erlittener Auslandsverluste innerhalb der EU angebracht, ohne daß momentan eine zwingende gemeinschaftsrechtliche Verpflichtung hierfür besteht. Bei der durchgeführten Umfrage des Ruding-Ausschusses bei europäischen Unternehmen hat sich die überwiegende Mehrheit für eine Umsetzung der Verlustrichtlinie ausgesprochen. Die Möglichkeit der transnationalen Verlustverrechnung wurde hinsichtlich ihrer Dringlichkeit an zweiter Position hinter der Abschaffung der Quellensteuern

---

194 Vgl. Jacobs/Spengel, 1996, S. 30.
195 Vgl. bspw. Herzig, DStJG 1996, S. 141.
196 Vgl. Herzig, DStJG 1996, S. 128.

bei grenzüberschreitenden Einkommensübertragungen genannt.[197] Auch diese von den Unternehmen geäußerte hohe Priorität für eine Harmonisierung in diesem Bereich spricht für eine Umsetzung der Verlustrichtlinie. Für Deutschland muß das heißen, daß der Grundgedanke des Richtlinienvorschlags zur grenzüberschreitenden Verlustverrechnung in einer alternativen Besteuerungskonzeption für Konzernunternehmungen umgesetzt werden sollte.

197 Vgl. Ruding-Report, 1992, S. 107. 88% der Unternehmen hielten eine diesbezügliche Umsetzung für wünschenswert bzw. sehr wünschenswert.

5. Besteuerungskonzeptionen für Konzerne als Alternative zur Organschaft

5.1 Darstellung der Grundpositionen der Besteuerung zwischen Einheits- und Vielheitskonzept

Als Vergleichsmaßstab der Organisationsform der Konzernunternehmung wird regelmäßig die Einheitsunternehmung mit der rechtlich unselbständigen Betriebsstätte herangezogen.[1] Der Konzern wird insbesondere von betriebswirtschaftlicher Seite als eine Unternehmung gesehen, die zwar rechtlich aus verschiedenen Rechtssubjekten besteht, wirtschaftlich aber dennoch als eine Einheit zu deuten ist. Die sich daraus ergebende Forderung lautet, daß eine Konzernbesteuerung sich grundsätzlich an der Besteuerung des Einheitsunternehmens zu orientieren habe und sich dies in der steuerlichen Behandlung des Konzerns niederschlagen solle.[2]

Bei konsequenter Durchführung des Einheitskonzepts erfolgt die steuerliche Erfassung des Konzerns als einer Unternehmung unter völliger Abstrahierung der rechtlichen Eigenständigkeit der Einzelgesellschaften. Geht man konsequent von der Einheit des Konzernunternehmens aus, so führt sie zu einer orginären Konzernsteuerbilanz für den Gesamtkonzern.[3] Dennoch wird von der Aufstellung einer orginären Steuerbilanz aber auch von der Ermittlung des Konzerneinkommens in Form der vollständigen Konsolidierung regelmäßig Abstand genommen.[4] Eine orginäre Steuerbilanz wird schon deswegen abzulehnen sein, weil die Einzelgesellschaften bereits einen handelsrechtlichen Einzelabschluß aufstellen müssen. Mit einer orginären Steuerbilanz würde zusätzlicher Aufwand entstehen. Sind an den Tochtergesellschaften Minderheitsgesellschafter beteiligt, können ihre Vermögensinteressen bei einer orginären Steuerbilanz nicht im entsprechenden Maße berücksichtigt werden.

---

1 Vgl. Theisen, 1991, S. 4; Salzberger, 1994, S. 14; Scheuchzer, 1994, S. 34.

2 Rupp differenziert diese Betrachtungsweise, indem er den Konzern nicht als, sondern wie ein Einheitsunternehmen besteuern möchte. Vgl. Rupp, 1983, S. 81.

3 Vgl. 49. DJT, 1972, Q 85. Der 49. DJT hat bei vollständigem Aktienbesitz und bei Verlustübernahmeverpflichtung der Muttergesellschaft mehrheitlich für ein Wahlrecht des Konzerns zur Einheitsbesteuerung plädiert, ohne jedoch genauer auf die Modalitäten einzugehen.

4 Vgl. Scheffler, DBW 1991, S. 712; Salzberger, 1994, S. 157 und S. 171; Scheuchzer, 1994, S. 217.

Ebenso ist die vollständige Konsolidierung abzulehnen, da es neben der Ermöglichung der Verlustverrechnung hinsichtlich der steuerlichen Zielsetzung lediglich der Eliminierung der innerkonzernlichen Erfolgsbeiträge bedarf. Nicht alle Rechtsgeschäfte zwischen den einzelnen Konzerngesellschaften müssen konsolidiert werden, da sie teilweise keinen Erfolgsbeitrag liefern. Um dem Gedanken der Einheit Rechnung zu tragen, wird daher in neueren Beiträgen regelmäßig für eine Berücksichtigung des Konzernsachverhaltes auf der Ausgangsgrundlage der Einzelsteuerbilanzen unter Vornahme gewisser steuerlicher Korrekturen plädiert. Von den Mitgliedsstaaten der EU setzen lediglich die Niederlande die Einheitsbesteuerung konsequent um.

Bereits der RFH, später auch der BFH, haben die Einheitstheorie stets strikt abgelehnt. Als Begründung führte der RFH die fehlenden zivilrechtlichen Voraussetzungen und die fehlende Konzernbilanz an.[5] Auf eine Konzernhandelsbilanz könnte das deutsche Steuerrecht zwar mittlerweile zurückgreifen, jedoch fehlt ihr als Bezugsobjekt für Ansprüche weitgehend jegliche materielle Wirkung.[6]

Am deutschen Organschaftskonzept wird insbesondere die zwingende Zwischengewinnrealisierung aus innerkonzernlichen Leistungstransaktionen problematisiert. Die Diskussion um die Eliminierung von Erfolgsbeiträgen führt wiederum zur eigentlichen Kernproblematik des Konzerns. Entsprechend der Einheitstheorie können Erfolgbeiträge erst im Verhältnis zu einem Konzerndritten realisiert werden. Die Frage nach der Unternehmensgrenze ist die Frage nach den Grenzen eines Unternehmens schlechthin. Wie dargestellt, sind die Unternehmensgrenzen bei verbundenen Unternehmen einerseits fließend, andererseits hängen sie entscheidend von der Sichtweise des Betrachters ab. Die Einheitstheorie basiert im wesentlichen auf der rein wirtschaftlichen Betrachtungsweise, die in der zivilrechtlichen Gestaltung offensichtlich keine ökonomische Wirkung sieht. Daß sich mögliche ökonomische Konsequenzen aus der Rechtsgestaltung der Unternehmung als Konzern ergeben, zeigte bereits die Untersuchung des zweiten Kapitels. Ob letztendlich die geltenden zivilrechtlichen Grundlagen des Gesellschaftsrechts zu ignorieren oder mit einzubeziehen sind, um zu einer Wertung des

---

5 Vgl. RFH vom 26.7.1932 - I D 2/31, RStBl. 1933, S. 136.

6 Siehe hierzu Kap. 5.3.1.

Konzerns auch als wirtschaftliche Einheit zu gelangen, ist auch anhand der Konzernformen zu bestimmen.[7]

Die gedankliche Grundlage für das Vielheitskonzept liegt in der rechtlichen Selbständigkeit der Einzelunternehmen des Konzerns. Diese Betrachtungsweise geht davon aus, daß die einzelnen Konzerngesellschaften rechtlich selbständigen und unverbundenen Unternehmen in ihrer ökonomischen Wirkung entsprechen.[8] Den wirtschaftlichen Verbindungen, die innerhalb der Unternehmensgruppe bestehen, werden keinerlei steuerrechtliche Wirkung zugestanden. Jede einzelne Gesellschaft des Konzerns hat ihren Gewinn nach den allgemeinen steuerlichen Vorschriften eigenständig zu ermitteln und zu versteuern. Ein Regelungsbedarf der speziellen steuerlichen Erfassung von Konzernsachverhalten wird verneint.

Auch wenn dieser Standpunkt eine Minderheitsmeinung darstellt, hat sie der wissenschaftliche Beirat des BMF in seinem Gutachten vom 11. Februar 1967 zur Reform der direkten Steuern hinsichtlich der Behandlung der Organschaft mehrheitlich vertreten.[9] Nach Auffassung des wissenschaftlichen Beirats des BMF sollte die Besteuerung eines einzelnen Konzernunternehmens keine andere Behandlung erfahren als die der Einheitsunternehmung. Als wesentliches Argument wird hierbei angeführt, daß rechtliche Gestaltungen keine reine Formalität seien, sondern ihr auch eine wesentliche wirtschaftliche Bedeutung innewohne. Besonders wird darauf hingewiesen, daß durch die Verrechtlichung in Einzelgesellschaften, anders als im Einheitsunternehmen, das Unternehmensrisiko aufgespalten werden könne. Befürchtet wurde zudem die Möglichkeit der Beeinflussungen der Steuerbemessungsgrundlage im Konzern.[10]

7 Vgl. hierzu Kap. 4.1.3.
8 Vgl. bspw. Haller, 1981, S. 192.
9 Vgl. Wissenschaftlicher Beirat beim BMF, 1967, S. 367. Erstaunlicherweise wurde dies unter Hinweis auf die Angleichung der Besteuerung in der EG getan.
10 Vgl. Wissenschaftlicher Beirat beim BMF, 1967, S. 367.

5.2 Darstellung ausgewählter internationaler Konzernbesteuerungskonzeptionen

Für eine Weiterentwicklung der deutschen Konzernbesteuerung kann ein Rechtsvergleich von Besteuerungskonzeptionen anderer Staaten nicht nur interessante Anhaltspunkte ergeben, eine rechtsvergleichende Betrachtung ist auch zur Beurteilung der Harmonisierungsfähigkeit notwendig[11]. Hierzu muß nicht jeder Staat, der eine Konzernbesteuerung besitzt, herangezogen werden. Dabei kann einerseits auf solche Staaten zurückgegriffen werden, die eine besonders lange Erfahrung mit diesem Institut gemacht haben, andererseits sollte man aber einen Staat heranziehen, der in jüngerer Zeit seine Konzernbesteuerung reformiert hat. Ein Ländervergleich erscheint auch deshalb sinnvoll, weil dabei die Abstimmung der Konzernbesteuerung als Teilrechtsordnung mit dem Konzernbilanz-, dem Gesellschafts- und dem Konkurshaftungsrecht des Konzerns untersucht werden kann.

Die USA und Frankreich bieten sich als Vergleichsmaßstab an, da sie auf eine langjährige Erfahrung in der Konzernbesteuerung zurückblicken können und eine Form der grenzüberschreitenden Besteuerung von Konzernverbindungen in Form der "unitary taxation" kennen. Frankreich hingegen nimmt eine ganz wesentliche Stellung in der Europäischen Union ein und hat zudem eine vor kurzem grundlegend reformierte Konzernbesteuerung vorzuweisen. Darüberhinaus ist Frankreich einer der wenigen EU-Staaten, die in ihrer Konzernbesteuerung grenzüberschreitende Sachverhalte berücksichtigt.

5.2.1 Konzernbesteuerung in den USA (Consolidated Return)

In den USA gibt es bereits seit 1918 eine gesonderte steuerliche Behandlung der Unternehmensgruppe (Affiliated Group), wobei die ursprüngliche Ursache der Konzernbesteuerung interessanterweise ebenso wie in Deutschland in der Verhinderung der Steuerumgehung bestand.[12] Die geltenden Bestimmungen für eine zusammengefaßte Besteuerung der Unternehmensgruppe stammen aus dem Jahr 1966 und finden sich in den Sec. 1501-1505 Internal

---

11 Vgl. Lang, DStJG 1994, S. 300.

12 Vgl. Kessel, 1974, S. 100. Der Hintergrund hierfür war, daß kleineren Unternehmen in den USA lange Zeit ein ermäßigter Steuersatz zugestanden wurde.

Revenue Code (IRC). Sie stellen im wesentlichen nur Rahmenbestimmungen dar. Der weitaus größte Teil der Vorschriften zur Konzernbesteuerung ist in den Regulations[13] geregelt. Sind die Tatbestandsvoraussetzungen erfüllt, so kann die Muttergesellschaft für alle einbezogenen Unternehmen eine konsolidierte Steuererklärung (Consolidated Tax Returns) abgeben. Der Anteil des Steueraufkommens auf Basis der "Consolidated Tax Returns" ist im Verhältnis zum Gesamtkörperschaftseinkommen hoch und beträgt über die Hälfte des gesamten Nettoaufkommens der Körperschaftsteuer.[14]

5.2.1.1 Voraussetzungen

Voraussetzung für die Abgabe einer konsolidierten Steuererklärung für die Unternehmensgruppe ist, daß eine Mutterkapitalgesellschaft an einer anderen Kapitalgesellschaft mit Sitz in den USA direkt oder indirekt zu mindestens 80% aller Stimmrechte und zu mindestens 80% des Marktwertes der ausgegebenen Anteile beteiligt ist.[15] Die Wirtschaftsjahre der in die Konsolidierung einbezogenen Gesellschaften müssen mit dem Wirtschaftsjahr der Muttergesellschaft übereinstimmen.[16] Mit Abgabe einer konsolidierten Steuererklärung (consolidated tax return) wird das Wahlrecht für eine zusammengefaßte Besteuerung für die Gesamtunternehmensgruppe ausgeübt.[17] Es bedarf einer ausdrücklichen steuerlichen Einverständniserklärung jeder einzubeziehenden Kapitalgesellschaft.[18] An die Wahl für eine konsolidierte Steuererklärung ist die Unternehmensgruppe in den Folgejahren gebunden. Die Auflösung der zusammengefaßten Besteuerung des Konzerns ist äußerst restriktiv geregelt. Das einmal ausgeübte Wahlrecht kann nur mit Zustimmung der Finanzverwaltung rückgängig gemacht werden.[19] Eine Beendigung der zusammengefaßten Besteuerung ist nur in Ausnahmefällen möglich.

---

13 Diese Regulations sind vergleichbar mit den deutschen Durchführungsverordnungen.

14 Vgl. Müller, 1991, S. 67. Zahlen entnommen bei Synder/Goonick, 1987, S. 15.

15 Vgl. Sec. 1504 (a) Ausgeschlossen sind Unternehmen mit einem steuerlichen Sonderstatus. Für Körperschaften mit Sitz in Kanada oder Mexiko gibt es eine Ausnahmeregelung. Vgl. Sec. 1504 (d).

16 Vgl. Regs. § 1.1502 - 76 (a) (1).

17 Vgl. Regs. § 1.1502 - 75. Sie muß alle konsolidierbaren Gesellschaften umfassen. Vgl. Mühlschlegel, DB 1972, S. 1351.

18 Vgl. Sec. 1.1501 IRC.

5.2.1.2 Einkommensermittlung und Verlustverrechnung

Die Besteuerung der Affiliated Group orientiert sich grundsätzlich am Einheitsprinzip.[20] Es findet jedoch keine vollständige Konsolidierung statt. Das Gesamteinkommen des Konzerns wird nicht mittels einer konsolidierten Gesamtsteuerbilanz auf Ebene der Muttergesellschaft festgestellt, sondern die Einkommen der einzelnen Gesellschaften des Konzerns werden separat ermittelt, wie wenn sie unabhängige Unternehmen wären und erst dann um Zwischenerfolge korrigiert.[21] Nach Berichtigung der separat ermittelten Einzeleinkommen um die konzernintern realisierten Erfolgsbeiträge werden dann die Einzelergebnisse auf Ebene der Muttergesellschaft zum Konzerneinkommen zusammengefaßt.

Für die Zwischengewinneliminierung werden Transaktionen zwischen den einzelnen Konzerngesellschaften in "deferred transactions" und "non-deferred transactions" unterteilt. Zwischenerfolge werden lediglich aus den deferred transactions eliminiert. Deferred transactions führen quasi zur Aktivierung bei der erwerbenden Unternehmung und werden dadurch erfolgswirksam. Im Gegensatz hierzu führen die "non deferred" Transaktionen zu keiner Aktivierung. Ihnen steht jeweils ein Aufwand bzw. ein Ertrag in gleicher Höhe gegenüber, wodurch keine Zwischeneliminierung benötigt wird.

Bei erfolgswirksamen konzerninternen Rechtsgeschäften findet eine Realisation erst dann statt, wenn die Wirtschaftsgüter den Konzernverbund verlassen. Bei im Konzernbereich verbleibenden Wirtschaftsgütern, die der Abschreibung unterliegen, erfolgt eine Realisation, wenn die entsprechenden Abschreibungen bei der belieferten Gesellschaft anfallen. Die eliminierten Zwischengewinne werden bis zur Realisierung in bezug auf die Gesamtkonzernunternehmung durch Einstellung in einer Nebenbuchhaltung auf einem

---

19 Vgl. Müller, 1991, S. 71.

20 Die jetzige Umsetzung ist jedoch eine Mischung aus der single entity theory, die den Konzern als ein Rechtssubjekt sieht und der multible entity theory, die die rechtliche Selbständigkeit der Einzelgesellschaften betont. Nach Auffassung von Kessel steht letztere im Vordergrund. Vgl. Kessel, 1974, S. 104.

21 Angemerkt sei, daß das US-Steuerrecht keine Steuerbilanzen im deutschen Sinne kennt. Die Einkommensermittlung erfolgt in einer Rechnung, die eher der deutschen G&V-Rechnung vergleichbar ist (in der Regel der accrural method). Bei der Steuererklärung ist aber eine Vermögensaufstellung zur Errechnung von steuerlich abzugsfähigen Aufwendungen, insbesondere Afa, miteinzureichen.

besonderen Konto, dem "deferred account", vermerkt. Die erwerbende Gesellschaft bilanziert zu Anschaffungskosten. Aufgrund der umfangreichen Aufzeichnungspflichten und der damit verbundenen Aufwendungen kann bei Zustimmung der Finanzverwaltung auf die Zwischengewinneliminierung ganz oder teilweise verzichtet werden.[22]

Mit der deferred accounting Methode wird neben der periodengerechten Einkunftsermittlung des Konzernunternehmens die Ergebnislokalisierung bei den Einzelgesellschaften sichergestellt. Gewinne werden den Konzernunternehmen zugerechnet, die diese auch tatsächlich erzielt haben. Daran mangelte es der bis 1966 geltenden Vorgehensweise der Konzernbesteuerung. Nach altem Recht konnten konzerninterne Transaktionen zu Buchwerten übertragen werden. Aufgrund der dadurch möglichen Manipulationsmöglichkeiten wurde dieses System aufgegeben.

Ausschüttungen innerhalb der Gruppe werden steuerneutral vereinnahmt.[23] Zur Verhinderung der zweimaligen Auswirkung von Gewinnen und Verlusten im Konsolidierungskreis bei Beteiligungsveräußerung sind bei Nicht-Ausschüttung die Wertansätze der Tochtergesellschaften zu korrigieren (anual investment adjustment).[24] Die Korrekturen finden in Höhe der Beteiligungsquote statt.[25] Positive Berichtigungen erfolgen, wenn Tochtergesellschaften Gewinne thesaurieren. Ergeben sich Verlustvorträge aus der Zeit vor Eintritt in den Konsolidierungskreis, sind negative Korrekturposten zu bilden.

Die konsolidierte Besteuerung ermöglicht, durch die Zusammenfassung der Einzelergebnisse der Unternehmensgruppe, Verluste mit Gewinnen zu verrechnen. Verluste können nach US-amerikanischem Recht grundsätzlich 3 Jahre zurück und 15 Jahre vorgetragen werden. Werden Gesellschaften in den Konsolidierungskreis aufgenommen, ist die Verrechnung von deren Verlustvorträgen besonderen Begrenzungen unterworfen. Ein bestehender Verlustvortrag der Neugesellschaft kann nur in Anspruch genommen wer-

---

22 Vgl. Regs. 1.1502 - 13 (c) (3).
23 Vgl. Regs. 1.1502 - 14.
24 Vgl. Regs. 1.1502 - 32.
25 Vgl. hierzu auch Beusch, 1978, S. 30.

den, wenn diese Gesellschaft den bestehenden Verlustvortrag auch in ihrer Einzelsteuererklärung hätte geltend machen können.[26]

Erzielte Erfolgsbeiträge, die aus der Veräußerung von langfristig gehaltenen Kapitalanlagegütern stammen (sog. capital gains), erfahren eine gesonderte steuerliche Behandlung. Hierbei entstehende Verluste werden vom normalen Betriebsergebnis abgespalten und können nur mit entsprechenden Veräußerungsgewinnen verrechnet werden. Ihre Vor- bzw. Rücktragbarkeit ist noch einmal besonders begrenzt.[27] Auch hier ermöglicht die Konsolidierung weitergehende Verrechnungsmöglichkeiten als im Einzelunternehmen.

5.2.1.3 Berücksichtigung internationaler Sachverhalte

Grundsätzlich können in die steuerliche Konsolidierung keine ausländischen Kapitalgesellschaften einbezogen werden. Eine Ausnahme, die die Möglichkeit des grenzüberschreitenden Einbezugs von Unternehmen vorsieht, macht Sec. 1504 (d) IRC. Danach können vollbeherrschte (100 % Anteilsbesitz) mexikanische und kanadische Tochtergesellschaften (sog. Western Hemisphere Corporation) in eine konsolidierte Steuererklärung mit einbezogen werden.

Neben den Regelungen zur konsolidierten Besteuerung für hauptsächlich nationale, aber US-staatenübergreifende Konzernverbindungen existiert das transnationale System des Unitary Taxation mit weltweiter Ergebniskonsolidierung als einer Methode der Gewinnabgrenzung. Bei Vorliegen einer wirtschaftlichen Einheit werden alle Ergebnisse in- und ausländischer Gesellschaften unter der Zugrundelegung des einschlägigen US-Bundessteuerrechts ermittelt und anschließend konsolidiert. Eine wirtschaftliche Einheit ist gegeben, wenn bestimmmte funktionelle, organisatorische und kapitalmäßige Zusammenhänge vorliegen.[28] Dazu bedarf es des Einflusses durch ein zentrales Management auf die Tochtergesellschaften, der funktionaler Einbindung der Tochtergesellschaften im Sinne eines Transfers vermögenswerter Vorteile und die Nutzung von Verbundeffekten. Die Unitary

---

26 Vgl. Regs. § 1.1502 - 21 (c).

27 Vgl. Sec. 172 IRC. Kapitalverluste können, soweit sie nicht im gleichen Jahr entstanden sind und insgesamt kein Betriebsverlust entsteht, nur innerhalb der nächsten 5 Jahre mit Kapitalgewinnen ausgeglichen werden. Vgl. Sec. 1212 IRC.

Taxation folgt weitestgehend dem Einheitsprinzip.[29] Die Unitary Taxation ist eine Methode zur Gewinnermittlung, insbesondere aber der Gewinnaufteilung. Die rechtliche Selbständigkeit der Einzelgesellschaften wird ignoriert. Zur Ermittlung des Gesamteinkommens der "unitary business group" werden die Einzelergebnisse der in- und ausländischen Gesellschaften konsolidiert. Das ermittelte Welteinkommen wird dann anhand von Aufteilungsfaktoren, Vermögen, Löhne und Umsatz, auf die Einzelgesellschaften verteilt.[30]

Das System der Unitary Taxation wird allgemein kritisch beurteilt.[31] Bei der Abgrenzung des Konsolidierungskreises können sich Probleme ergeben, da es sich um einen unbestimmten Rechtsbegriff handelt. Die Verwendung von Schlüsselgrößen zur Aufteilung des Gesamtgewinnes wird bei diesem Besteuerungskonzept als problematisch angesehen.[32] Eine verursachungsgerechte Verteilung des Gesamtgewinns mit Hilfe der Schlüsselgrößen ist kaum möglich. Eine Schlüsselung führt in der Regel zu einer unzureichenden Erfolgslokalisation. Da ausländische Staaten sich generell an einer Erfolgsermittlung mit Hilfe des Fremdvergleichsgrundsatzes halten, führt dies potentiell zur Doppelbesteuerung und widerspricht dem internationalen Besteuerungskonsens.[33] Trotz wiederholter Kritik ist das Verfahren der Unitary Taxation jüngst auch für den internationalen Konzern durch das US-Bundesverfassungsgericht bestätigt worden.[34] Zunehmend ist jedoch ein Abgehen der US-Bundesstaaten von der transnationalen Konzeption der Unitary Taxation zu beobachten.[35]

5.2.1.4 Haftung und Verteilung der Steuerschuld

Die sich aus der Ermittlung des konsolidierten Konzernerfolgs ergebende Konzernsteuerschuld ist durch die Muttergesellschaft zu entrichten. Jedes Konzernunternehmen haftet jedoch ohne Einschränkung für die gesamte

28 Bei der "unitary business group" handelt es sich um einen unbestimten Rechtsbegriff. Vgl. Luttermann, IStR 1994, S. 489.

29 Vgl. Milbach, 1985, S. 6; Popkes, 1989, S. 21.

30 Vgl. Milbach, 1985, S. 21.

31 Zur Kritik am System der Unitary Taxation, vgl. Luttermann, IStR 1994, S. 490 m.w.N..

32 Vgl. Müller-Dott, RIW 1980, S. 113.

33 Vgl. Müller-Dott, RIW 1980, S. 115.

34 Vgl. hierzu Luttermann, IStR 1994, S. 491.

Konzernsteuerschuld.[36] Hieraus können sich potentielle Benachteiligungen für Minderheitsgesellschafter ergeben. Dennoch sehen die Regulations hierfür keine speziellen Schutzvorschriften vor. In der Verlustsituation einer Konzerngesellschaft hat diese bei einer steuerlichen Geltendmachung der Verluste durch die Muttergesellschaft keinen Anspruch auf Erstattung der ersparten Steuer gegenüber der vorteilerlangenden Muttergesellschaft. Auch die zivilrechtliche Judikatur gibt benachteiligten Minderheitsgesellschaftern keinen Ausgleichsanspruch.[37] Für die Umlage der Gesamtkonzernsteuerschuld hält der IRC mehrere Verfahren bereit,[38] wobei die Regulations bei der Aufteilung der Gesamtsteuerschuld verschiedene Berechnungsmethoden vorsehen.[39] Üblicherweise wird die Gesamtsteuerschuld des Konzerns nach Maßgabe des Beitrags zum konsolidierten steuerlichen Einkommen verteilt.[40]

5.2.1.5 Verhältnis zu anderen Teilrechtsordnungen

Die steuerrechtliche Rechnungslegung ist in den USA von der handelsrechtlichen Rechnungslegung gem. § 446 (b) IRC grundsätzlich unabhängig. Ein inhaltlicher Zusammenhang zwischen amerikanischem Konzernsteuerrecht zum handelsrechtlichen Konzernbilanzrecht liegt nicht vor.[41] Jedoch erkennt das amerikanische Steuerrecht die handelsrechtlichen Buchführungs- und Bewertungsprinzipien an, soweit sie geeignet sind, das tatsächliche Einkommen zu ermitteln.[42] Beim handelsrechtlichen US-amerikanischen Konzernabschluß überwiegt als Leitbild die Interessenstheorie (parent company concept).[43] Auch die Praxis wird von der Interessenstheorie beherrscht.[44] Der handelsrechtliche Konzernabschluß wird als erweiterter Einzelabschluß der Mutterunternehmung angesehen. Im Gegensatz zum deutschen Recht kommt dem Konzernabschluß im amerikanischen Handelsbilanzrecht die

---

35 Vgl. Luttermann, IStR 1994, S. 489.

36 Vgl. Regs. 1.1502 - 6(a).

37 Vgl. Bittker-Eustice, 1987, § 15.21/15-46.

38 Vgl. Sec. 1552 (a) IRC.

39 Vgl. hierzu Dreissig, RIW 1984, S. 121 ff..

40 Vgl. Dreissig, RIW 1984, S. 122. Sog. "contribution to consolidated income".

41 Vgl. Eisolt, 1992, S. 86 f..

42 Zu den Zusammenhängen steuerlicher und handelsrechtlicher Gewinnermittlung, vgl. Haller, DBW 1988, S. 723 ff..

43 Dennoch soll bei der Erstellung des Abschlusses die Einheitstheorie beachtet werden, was zu einer gewissen Widersprüchlichkeit führt. Vgl. Eisolt, 1992, S. 217.

entscheidende Bedeutung zu.[45] Er bildet den Maßstab für die Dividendenpolitik.[46] Der Konzernabschluß ersetzt den Einzelabschluß der Mutterunternehmung. Der Einzelabschluß wird allenfalls in Ausnahmesituationen veröffentlicht.

Ein einheitlich ausgebildetes und kodifiziertes Konzernrecht im deutschen Sinne gibt es in den USA nicht[47], dennoch wird der Konzern in einer ganzen Reihe von Vorschriften im Sinne einer Einheit erfaßt.[48] Der Konzern nimmt, trotz fehlender einheitlicher Regelung, im US-Rechtssystem in vielen Bereichen einen wichtigen Stellenwert ein. Grundsätzlich wird auch im amerikanischen Recht der Konzern nicht zu einer einheitlichen Haftungsmasse zusammengefaßt. Dennoch ist der Haftungsdurchgriff ("piercing the veil") ein festes Element des US-amerikanischen Haftungsrechts. Ein spezielles handelsrechtliches Haftungsrecht für den Konzern gibt es nicht. Der Haftungsdurchgriff basiert im US-amerikanischen Gesellschaftsrecht weitestgehend auf fallrechtlichen Grundsätzen, deren Kerngehalt sich auf das Problem des Mißbrauchs der juristischen Person zurückführen läßt[49]. Die Systematisierung erfolgt anhand von Fallgruppen. Hinsichtlich der Haftung im Konzern muß für einen Durchgriff ein Dominanzverhältnis, das Elemente des Mißbrauchs beinhaltet, bestehen.[50] Das Innehaben von potentieller Beherrschungsmacht (Control)[51] reicht im amerikanischen Recht allein für eine Haftungserweiterung auf den Gesellschafter nicht aus. Durch die Haftungsregelungen wird in erster Linie der Gläubigerschutz gewährleistet, während der Minderheitenschutz vorwiegend durch die Rechtsinstitute zur Übernahme von Unternehmen gesichert wird.

Haftungsrechtlich gibt es die Möglichkeit, den Konzern in der Insolvenz zusammenzufassen. Dies geschieht in der Zusammenlegung der Verfahren bei

---

44 Vgl. Eisolt, 1992, S. 218 m.w.N..

45 Die Verteilung des Jahresüberschusses folgt einem vom deutschen Recht völlig abweichenden Konzept. Die Festlegung der Ausschüttungshöhe ist nicht von einem Aktionärsbeschluß abhängig, sondern erfolgt durch den Beschluß der board of directors und die Satzungsbestimmungen.

46 Vgl. Eisolt, 1992, S. 308.

47 Vgl. Vagts, 1988, S. 35.

48 Vgl. Ebke, 1991, S. 293.

49 Vgl. Merkt, 1991, Rn. 313.

50 Vgl. Merkt, 1991, Rn. 332.

51 Zu den verschiedenen Control Begriffen im US-amerikanischen Recht, vgl. Blumberg, 1994, S. 288.

der Verwaltung konzernverbundener Konkursmassen (joint administration). Aber auch materiell-rechtlich wird das Konzernvermögen in einem gemeinsamen Reorganisationsverfahren bzw. in der Liquidation (substantive consolidation) zusammengefaßt. Danach ist nicht nur der Haftungsdurchgriff auf die Muttergesellschaft möglich, sondern auch der horizontale Haftungsdurchgriff auf die Schwestergesellschaft.[52] Geht nur ein Unternehmen des Konzernverbundes in Konkurs, können die Forderungen der Mutter- und Schwestergesellschaften nach dem sogenannten "equity"-Recht gegenüber den anderen Gläubigern nachrangig behandelt werden (equatable subordination).[53]

5.2.1.6 Würdigung

Vergleicht man die Voraussetzung zur Konzernbesteuerung mit denen der deutschen Organschaft, so wird deutlich, daß durch die Bezugnahme auf eine bestimmte Beteiligungshöhe die US-amerikanischen Vorschriften diesbezüglich leicht handhabbar sind. Das Konzept der einheitlichen Leitung ist in den USA weitgehend unbekannt. Es bedarf lediglich einer 80% Mehrheit. Vom deutschen Gesetzgeber werden demgegenüber die Voraussetzungen durch die Eingliederungstatbestände restriktiv gefaßt. Ein wesentlicher Unterschied zur deutschen Organschaft ist die ermöglichte Zwischengewinneliminierung bei konzerninternen Transaktionen.

Besonders zu bemerken ist an den amerikanischen Vorschriften zur konsolidierten Besteuerung die unbefristete Bindungswirkung des einmal ausgeübten Wahlrechtes. Eine Rückkehr zur Einzelbesteuerung ist nur unter ganz eng umrissenen Voraussetzungen möglich. An dem System der Zwischenergebniseliminierung werden insbesondere die hohen Anforderungen an das Rechnungswesen und der damit verbundene erhebliche Aufwand kritisiert.[54]

Auch bei gegebener Möglichkeit der Zwischenergebniseliminierung wird der größte Vorteil der konsolidierten Konzernbesteuerung dennoch im Verlustausgleich zwischen den einzelnen Konzerngesellschaften gesehen.[55] Trotz Orientierung am Einheitsprinzip bleibt die Steuerpflicht der Einzelge-

52 Vgl. hierzu Ausführungen von Scheel, 1995, S. 241.
53 Vgl. Blumberg, 1994, S. 301.
54 Vgl. Bittker-Eustice, 1987, § 15.21/15-46.

sellschaften bestehen. Eine tatsächliche Übernahme der Verluste der Tochtergesellschaft wird nicht gefordert. Dies ist aber vor dem Hintergrund des weiteren Konzernhaftungsrechts und der gesamtschuldnerischen Haftung für die Konzernsteuerschuld zu sehen.

Ein Unterschied der US-amerikanischen Bestimmungen zum deutschen Bilanzrecht besteht darin, daß in den USA der handelsrechtliche Konzernabschluß die Gewinnausschüttung des Gesamtkonzerns entscheidend bestimmt.[56] Der Konzernabschluß wird als ein erweiterter Einzelabschluß der Muttergesellschaft gesehen.[57]

Das amerikanische Recht differenziert zwischen der Erfassung des Konzerns als Einheit und der Beachtung der Vielheit je nach zugrundeliegendem Sachverhalt und zugrundeliegendem Regelungszusammenhang. Viele einzelrechtliche Regelungen nehmen Bezug auf den Konzernsachverhalt. Die Möglichkeit des Haftungsdurchgriffs im Konzern im US-amerikanischen Recht ist weiter gefaßt als im deutschen Recht. Entscheidende Bedeutung kommt der Möglichkeit der Zusammenfassung der Vermögenswerte und der Aufhebung der rechtlichen Selbständigkeit der Konzerneinzelunternehmen in der Insolvenz der Konzernunternehmung zu. Im Haftungsfall wird dem Gedanken der Einheit im Vergleich zum deutschen Recht verstärkt Rechnung getragen.

5.2.2 Konzernbesteuerung in Frankreich (Regime de l'intégration fiscale)

Frankreich hat 1988 durch die Einführung des neuen "régime de l'intégration fiscale" (nouveau régime) das alte System von 1971 ("ancien régime") der Konzernbesteuerung ersetzt. Die Voraussetzungen des alten Systems der Konzernbesteuerung waren sehr restriktiv ausgestaltet. Es war nur Industrieunternehmen vorbehalten und bedurfte zudem der ministeriellen Zustimmung. Zielsetzung der Reformierung war es, die internationale Wettbewerbsfähigkeit französischer Konzerne nicht durch das Steuerrecht einzu-

55 Vgl. Bittker/Eustice, 1987, § 15.23/15-65; Mühlschlegel, DB 1972, S. 1353; Müller, 1991, S. 80.

56 Vgl. Müller, zfbf 1982, S. 255. Einzelabschlüsse werden, wenn überhaupt, nur in Einzelfällen veröffentlicht und haben keine Funktion hinsichtlich der Bemessung von Zahlungsansprüchen. Vgl. Haller, 1989, S. 267.

schränken. In dem bis 1988 geltenden "ancien régime" wurde eine Benachteiligung der französichen Großkonzerne gegenüber den ausländischen Konkurrenten gesehen.[58]

Das bereits zuvor bestehende System von 1965 zur Erfassung transnationaler Konzerne, das "régime du benefice consolide", zur Besteuerung von Unternehmensgruppen mit ausländischen Tochtergesellschaften ist ebenfalls restriktiv ausgestaltet und von der Zustimmung des Finanzministeriums abhängig, die bisher nur in Ausnahmefällen gewährt wurde.[59]

5.2.2.1 Voraussetzungen

Voraussetzung einer konsolidierten Besteuerung nach dem "régime de l'intégration fiscale" ist, daß die Mutterkonzerngesellschaft mit mindestens 95 % direkt oder indirekt an der einzubeziehenden Tochtergesellschaft beteiligt ist. Zwischenbeteiligungen, die zwischen 95 % und 100 % liegen, werden wie 100% Beteiligungen zugerechnet.[60] Die konsolidierte Besteuerung wird mittels Antrag durch die Mutterkonzerngesellschaft geltend gemacht, wobei die einzubeziehenden Tochtergesellschaften bestimmbar sind. Der Antrag bindet die einbezogenen Gesellschaften auf 5 Jahre. Die betreffenden Tochtergesellschaften sind zustimmungspflichtig. Die konsolidierte Besteuerung steht nur Gesellschaften offen, die den allgemeinen Regeln der Körperschaftsteuer unterliegen.[61] Die Wirtschaftsjahre aller Gesellschaften müssen übereinstimmen. Subjektive und objektive Steuerpflicht der Einzelgesellschaften bleiben bestehen.[62] Jede Konzerngesellschaft hat weiterhin eine eigene Steuererklärung abzugeben.[63]

5.2.2.2 Einkommensermittlung und Verlustverrechnung

Die Konzernbesteuerung Frankreichs basiert auf der Zusammenfassung der Einzelergebnisse der Konzerngesellschaften unter Berücksichtigung des

---

57 Vgl. Eisolt, 1992, S. 217.
58 Vgl. Scheuchzer, 1994, S. 92.
59 Vgl. Stawinoga, 1990, S. 35; Andrieu, Intertax 1988, S. 13.
60 Vgl. Art. 223 A CGI.
61 Vgl. Art. 223 A CGI.
62 Vgl. Andrieu, Intertax 1988, S. 166.
63 Vgl. Art. 223 H CGI.

Konzernsachverhalts. Zunächst ist jede Konzerngesellschaft verpflichtet, eine selbständige Ergebnisermittlung nach den allgemeinen steuerlichen Vorschriften durchzuführen. Die Abwicklung des konzerninternen Geschäftsverkehrs erfolgt wie zwischen unabhängigen Unternehmen, also nach dem Fremdvergleichsgrundsatz. Diese unter der Annahme der wirtschaftlichen Unabhängigkeit aufgestellten Einzelergebnisse werden der Muttergesellschaft zugerechnet und ergeben bei dieser das unkonsolidierte Bruttoergebnis des Konzerns.

Aus dem zusammengefaßten Bruttoergebnis des Konzerns werden dann die erfolgswirksamen konzerninternen Zwischengewinne und -verluste korrigiert.[64] Die Eliminierung von Zwischenerfolgen aus konzerninternen Transaktionen ist auf das Anlagevermögen beschränkt. Erst bei Verlassen eines Wirtschaftsguts aus dem Konzernkreis werden die zuvor neutralisierten Zwischenergebnisse korrigiert bzw. aufgelöst und wieder hinzugerechnet.[65] Ebenfalls neutralisiert bzw. zum Ergebnis hinzugerechnet werden aufwandswirksame Wertberichtigungen aus konzerninternen Forderungs- bzw. Schuldverhältnissen.[66] Innerkonzernliche Gewinnausschüttungen erfolgen außerhalb des körperschaftsteuerlichen Anrechnungsverfahrens und wirken sich nicht auf das steuerliche Konzernergebnis aus.[67] Die ansonsten nicht steuerfreie Verwaltungskostenpauschale in Höhe von 5% einer empfangenen Dividende einer Tochtergesellschaft ist nicht zu berücksichtigen. Wird ein kommerziell begründeter Forderungserlaß gegenüber einer Tochtergesellschaft gewährt, kann dieser als Betriebsausgabe geltend gemacht werden.[68]

Der Verlustausgleich ergibt sich durch die Zusammenfassung der steuerlichen Ergebnisse bei der Muttergesellschaft. Der Verlustvortrag setzt Unternehmeridentität voraus und ist auf fünf Jahre begrenzt. Ein Verlustrücktrag ist für einen Zeitraum der drei vorangegangenen Geschäftsjahre möglich und kann nur mit Gewinnen vorgenommen werden, die zum normalen Körperschaftsteuertarif besteuert wurden. Bestehende Verlustvorträge einer in den Konsolidierungskreis eintretenden Gesellschaft sind zunächst

---

64 Zum Verfahren, vgl. Jacobs/Spengel, IStR 1994, S. 147 ff..

65 Vgl. zu der Technik der Handhabung bei abnutzbarem Anlagevermögen, Jacobs/Spengel, IStR 1994, S. 148.

66 Vgl. Art. 223 B CGI.

67 Vgl. Art. 223 H CGI.

68 Vgl. Tillmanns, IWB 1992, S. 916.

mit den Gewinnen dieser Gesellschaft zu verrechnen.[69] Sie können nicht direkt in das konsolidierte Konzerneinkommen eingehen. Verläßt die Tochtergesellschaft den Konsolidierungskreis, verbleiben die bereits zugerechneten Verluste bei der Muttergesellschaft.

5.2.2.3 Berücksichtigung internationaler Sachverhalte

Frankreich sieht neben Dänemark und Spanien in der EU eine Regelung zur grenzüberschreitenden Berücksichtigung von Verlusten von ausländischen Tochtergesellschaften vor, obwohl in Frankreich für Körperschaften grundsätzlich das Territorialprinzip gilt. Nach dem Territorialprinzip werden nur Gewinne, die in einem Geschäftsbetrieb in Frankreich erzielt werden und diesem wirtschaftlich zuzuordnen sind, steuerlich erfaßt. In Abweichung vom Territorialprinzip können französische Gesellschaften die Ergebnisse ausländischer Tochtergesellschaften in ihr konsolidiertes Ergebnis, dem sogenannten "benifice consolide", einbeziehen und damit der Besteuerung in Frankreich unterwerfen.[70] Durch den Verweis in Art. 223 P Abs.2 CGI auf die Bestimmungen des "benefice consolide" ist bei einer ministeriellen Zustimmung der Einbezug von Ergebnissen von ausländischen Betriebsstätten und Tochtergesellschaften möglich. Hierbei reicht bereits eine mittelbare oder eine unmittelbare Beteiligung in Höhe von 50 % aus.[71]

Auf die französische Körperschaftsteuer kann die im Ausland von der Tochtergesellschaft gezahlte Körperschaftsteuer angerechnet werden. Die Zurechnung erfolgt in Höhe der Beteiligungsquote. Das zu versteuernde Ergebnis setzt sich somit aus dem französischen Ergebnis und dem Ergebnis aller Betriebsstätten bzw. Tochtergesellschaften im Ausland zusammen. Mittels Zurechnung der Verluste der Tochtergesellschaft wird ein transnationaler Verlustausgleich ermöglicht. Weitere grenzüberschreitende Konsolidierungsmaßnahmen erfolgen nicht. Aufgrund der kaum erteilten ministeriellen Genehmigung wurde diese Regelung seit Einführung kaum angewendet. Seit Einführung der neuen Gruppenbesteuerung wird diese

---

69 Vgl. Tillmanns, RIW 1988, S. 284.
70 Vgl. Art. 223 P-2 i.V.m. Art 209 quinquies CGI, vgl. auch Tillmanns, IWB 1992, S. 910.
71 Vgl. Art. 114 Abs.2 Ann. II CGI.

praktisch nicht mehr erteilt, so daß dieses Rechtsinstitut mittlerweile nahezu bedeutungslos ist.[72]

Daneben kann für anteilige Anlaufverluste ausländischer Tochtergesellschaften, die innerhalb der ersten 5 Jahre entstehen, eine steuerfreie Rücklage zu Lasten des Gewinns der Muttergesellschaft gebildet werden.[73] Voraussetzung ist, daß die französische Konzernmutter mit mindestens 50 % beteiligt ist. Die hierfür gebildeten Rückstellungen sind bei Erzielung von Gewinnen der Tochtergesellschaft in den Folgejahren, spätestens jedoch nach 10 Jahren, gewinnerhöhend aufzulösen.

5.2.2.4 Haftung und Verteilung der Steuerschuld

Die Steuerschuld ermittelt sich auf der Basis des konsolidierten Konzernergebnisses. Schuldner der Gesamtsteuerschuld ist die Muttergesellschaft. Jede Konzerngesellschaft der Unternehmensgruppe haftet aber solidarisch für den Teil der Steuern, der sich bei Einzelveranlagung ergibt.[74] Die Aufteilung der Steuerschuld der Unternehmensgruppe wird nicht im CGI geregelt. Gemäß den Bestimmungen der Finanzverwaltung hat die Muttergesellschaft eine Forderung gegen die Tochtergesellschaft, deren Höhe sich aus der Steuerschuld bei der Schattenveranlagung der Einzelgesellschaft ergibt. Da Verluste der Tochtergesellschaft als Verluste der Muttergesellschaft angesehen werden, können Rechte von Minderheitsgesellschafter der Tochterunternehmen aufgrund der fehlenden Ausgleichsansprüche u.U. verletzt werden.[75]

5.2.2.5 Verhältnis zu anderen Teilrechtsordnungen

Das französische Recht kennt ebenso wie das amerikanische Recht keine einheitliche gesellschaftsrechtliche Erfassung der Konzerngruppe.[76] Die französischen Regelungen zur Erfassung des Konzerns basieren entweder

---

72 Vgl. Stawinoga, 1990, S. 35.
73 Vgl. Art. 39 octies B CGI.
74 Vgl. Art. 223 A CGI.
75 Vgl. hierzu Müller, 1991, S. 97. Hinsichtlich der handelsrechtlichen Bestimmungen wird überlegt, ob den Untergesellschaften im Verlustfall nicht Ausgleichsforderungen zugestanden werden sollen.
76 Vgl. Béjot, 1991, S. 173.

auf Richterrecht, befinden sich in Spezialgesetzen[77] oder werden aus den allgemeinen Rechtsgrundsätzen hergeleitet.

Grundsatz des französischen Rechts ist, daß jede Gesellschaft ausschließlich im eigenen Interesse geführt werden muß. Ein Konzerninteresse wird bisher grundsätzlich negiert.[78] Das französische Recht verbietet sogar unter Strafandrohung jeden Eingriff in das selbständige Interesse einer abhängigen Gesellschaft. Damit kann eine einheitliche Leitung im deutschen Sinne nicht vorliegen. Schädigende Eingriffe in die abhängige Gesellschaft dürfen lediglich bei Zustimmung aller Minderheitsgesellschafter erfolgen.[79] Werden von einer börsennotierten Gesellschaft mindestens 95% in einer Hand gehalten, so können die Minderheitsgesellschafter verlangen, daß ihnen ein öffentliches Kaufangebot gemacht wird.[80] Außer dem nicht scharf umrissenen Verbot, Vermögen zwischen Gesellschaften nicht zu Ungunsten einer Gesellschaft zu mindern, kennt das französische Recht keinen besonderen Minderheitenschutz.[81]

Konzernspezifische Problemfälle werden mit Hilfe der allgemeinen französischen Rechtsinstitute geregelt.[82] Bei Vorliegen einer wirtschaftlichen Einheit kennt das französische Recht den Gruppenkonkurs. Eine Voraussage jedoch, wann eine wirtschaftliche Einheit vorliegt, ist nur schwer möglich.[83]

Trotz einer weitgehend konzernignorierenden Einstellung des Gesellschaftsrechts in Frankreich ist der Konzern als Regelungsgegenstand neben dem Steuerrecht dennoch im Bilanz-, Arbeits- und Konkursrecht weitgehend

---

77 Vgl. Guyon, 1994, S. 77.
78 Das Bestehen eines Vorranges des Konzerninteresses wurde in Frankreich überhaupt erstmals in einem strafrechtlichen Urteil im Jahr 1985 anerkannt. Eine Übernahme in das Gesellschaftsrecht steht allerdings noch aus. Vgl. Lutter, 1991, S. 259.
79 Vgl. Lutter, 1991, S. 259.
80 Vgl. Béjot, 1991, S. 184.
81 Vgl. Guyon, 1994, S. 88.
82 Vgl. hierzu Schmidt, ZGR 1982, S. 278 ff..
83 Vgl. Guyon, 1994, S. 91.

erfaßt. Einem systematischen Grundkonzept folgen die Regelungen aber nicht.[84]

5.2.2.6 Würdigung

Durch die Möglichkeit der Vollanrechnung der französischen Körperschaftsteuer und der Aufhebung der Verwaltungskostenpauschale beim Schachtelprivileg sind die Anreize zu einer steuerlichen Konsolidierung zwar gemindert worden, dennoch ergeben sich durch eine Gruppenbesteuerung insbesondere durch Verlustausgleich und Zwischengewinneliminierung Vorteile. Vorteilhaft ist, daß die ansonsten anfallende Verwaltungskostenpauschale in Höhe von 5 % im Konzern nicht erhoben wird.

Ein wesentlicher Unterschied zur deutschen Organschaft ist die ermöglichte Zwischengewinneliminierung von konzerninternen Transaktionen. Dabei erfolgt kein konsequentes Vorgehen, da lediglich Zwischengewinne des Anlagevermögens korrigiert werden. Keine Korrekturen sind dagegen im Umlaufvermögen vorgesehen.

Ein direkter innerer Zusammenhang von steuerrechtlicher zu gesellschaftsrechtlicher Behandlung von Konzernen besteht offensichtlich nicht.[85] Mängel des Minderheitenschutzes werden durch die hohe Beteiligungsquote von 95 % bereits im Vorfeld eingeschränkt. Interessanterweise gibt es zumindest bei börsennotierten Gesellschaften ab dieser Beteiligungsquote für die Minderheitsgesellschafter eine Ausstiegsoption.

Im Unterschied zur deutschen Konzernbesteuerung ist die französische grundsätzlich nicht auf nationale Sachverhalte beschränkt. Jedoch hat die Ausweitung auf transnationale Konzerne faktisch keine Bedeutung. Als wesentlicher Vorteil wird, wie im deutschen Recht, insbesondere die Möglichkeit der Verlustverrechnung gesehen.[86]

---

84 Vgl. Lutter, 1991, S. 258 f.. Lutter spricht von Inselregelungen, die keine Landverbindung zueinander besitzen.

85 Abgesehen davon, daß über die Höhe der Beteiligungsquote von 95% dem Minderheitenschutz eine untergeordnete Rolle zugewiesen wird.

86 Vgl. Feuillets 220 de 1.nov. 1992, Rn. 81.

5.3 Alternative Besteuerungvorschläge für den Konzern im deutschen Steuerrecht

Die konsequente Besteuerung des Konzerns nach der Einheitstheorie wird von vielen Autoren grundsätzlich als die theoretisch optimale Lösung angesehen.[87] Bei einer konsequenten Umsetzung in Form einer orginären Konzernsteuerbilanz auf Ebene der Muttergesellschaft ergeben sich aber unüberbrückbare Probleme.[88] So kann die Verteilung des Gesamterfolgs mit Hilfe der erforderlichen Schlüsselgrößen keiner befriedigenden Lösung zugeführt werden.[89]

In diesem Zusammenhang ist neben der bereits erwähnten Ablehnung der Unitary Taxation auf die Diskussion in den Niederlanden hinzuweisen. Die Niederlande besitzen mit der fiskalen Einheit eine Besteuerungskonzeption, die weitestgehend der Einheitsbesteuerung entspricht. Aufgrund der Komplexität der Regelungen der fiskalen Einheit wird erwogen, ob es nicht in Zukunft möglich sein soll, lediglich Verluste auf nationaler Ebene innerhalb einer Unternehmensgruppe zu verrechnen.[90] Instruktiv wird dies anhand der Probleme ersichtlich, die sich beim Verlassen einer Gesellschaft aus der fiskalen Einheit ergeben. Diese werden insbesondere bei der Regelung ersichtlich, die hinsichtlich von Mißbrauchsgestaltungen bei nachträglicher Auflösung der Konsolidierungsvorschriften bestehen. Es zeigt sich, daß bereits auf nationaler Ebene die konsequente Umsetzung der einheitlichen Konzernsteuerbilanz, trotz fehlender Probleme mit Minderheiten, erhebliche Probleme aufwirft. Insbesondere ergeben sich auch Konflikte bei Berücksichtigung der Interessen Außenstehender. Ebenso können Erfordernisse, die eine Besteuerung eines transnationalen EU-Konzerns verlangt, nicht in ausreichendem Maß berücksichtigt werden.

Neben der Möglichkeit der Reformierung der deutschen Organschaft durch Vereinfachung bzw. Ergänzung um eine Zwischengewinneliminierung, erscheint es naheliegend, das handelsrechtliche Konzernbilanzrecht auf das Steuerrecht zu übertragen. Küting hat wiederholt diese Frage in die Diskussion eingebracht, ohne freilich näheres zur tatsächlichen Umsetzung auszu-

87 Vgl. Kumpf, 1976, S. 102; Scheffler, DBW 1991, S. 712; Scheuchzer, 1994, S. 38.

88 Vgl. hierzu Ausführungen von Salzberger, 1994, S. 150 ff..

89 Vgl. Scheffler, DBW 1991, S. 712.

führen.[91] Der Rückgriff auf die handelsrechtliche Konzernbilanz und die (teilweise) Übernahme der handelsrechtlichen Konsolidierungsgrundsätze erscheinen bereits aufgrund ihrer Präsens diskutabel.[92] Dafür sprechen zumindest zwei Argumente: Erstens wären die zur steuerlichen Erfassung des Konzerns benötigten Informationen in der Konzernrechnungslegung bereits vorhanden und auch aufbereitet, zweitens könnte man auf den Erfahrungsschatz des Handelsrechts zurückgreifen.

5.3.1 Die handelsrechtliche Konzerngewinnermittlung als Ausgangspunkt für eine steuerliche Gewinnbemessung des Konzerns

Eine EG-harmonisierte handelsrechtliche Konzernrechnungslegung ist mit der 7. EG-Richtlinie[93] bzw. der Konzernbilanzrichtlinie in das deutsche Recht sowie in den anderen Mitgliedsstaaten der EU umgesetzt worden.

Bei der Erwägung der Übernahme der handelsrechtlichen Konzernrechnungslegungsvorschriften ergeben sich aus der Abgrenzung des Konsolidierungskreises Vorschriften, die zur Übernahme in das Steuerrecht nicht akzeptabel sind. Das betrifft die größenabhängigen Befreiungen ebenso wie die Einbeziehungsverbote.[94] Auch sind die Abgrenzungskriterien einerseits zu weit (Weltabschlußprinzip), andererseits zu eng (rechtsformspezifische Begrenzung) gezogen. Dieser Kritikpunkt ist aber m.E. nicht so erheblich, da es dem Steuerrecht freisteht, aufgrund der Rechtssicherheit engere bzw. bestimmtere Tatbestandsvoraussetzungen festzulegen.

Wesentlicher ist der Kritikpunkt, daß das Konzernhandelsbilanzrecht viele Ansatz- und Bewertungswahlrechte beinhaltet. Gerade im Konzern ergeben sich hinsichtlich einer gezielten Bilanzpolitik ganz erhebliche Spielräume. Bilanzpolitische Instrumente können grundsätzlich in Maßnahmen der Sachverhaltsgestaltung und der Sachverhaltsabbildung unterschieden werden.[95]

---

91 Vgl. Harms/Küting, BB 1982, S. 446; DB 1990, S. 489.

92 Für ein Konzept konsolidierter Konzernbilanzen sind in jüngerer Zeit Bauer, Küting, Reis und Oberndorff. Vgl. Bauer, 1987, S. 249 ff.; Küting, DB 1990, S. 492; Reis, 1996. Oberndorff, 1996. Zu den Vorschlägen hinsichtlich einer Reform der deutschen Konzernbesteuerung, vgl. Kap. 4.3.

93 ABl. der EG, Nr. L 193/1983, umgesetzt in BGBl.I 1985, S. 2355 ff..

94 Vgl. hierzu die Ausführungen von Grotherr, WPg 1995, S. 84 ff..

95 Vgl. auch Kaiser/Küting, BB 1994, Beil.2, S. 10.

Sachverhaltsabbildende bilanzpolitsche Instrumente sind die gesetzlichen Bilanzierungs- und Bewertungswahlrechte sowie die faktischen Bewertungswahlrechte. Beispielhaft seien nur die wichtigsten Wahlrechte genannt: Umfang und Definition der Herstellungskosten, Freiheiten bei der Währungsumrechnung, Behandlung des Geschäftswerts bei der Kapitalkonsolidierung. Hier besteht eine gewaltige Manövriermasse.[96] Diese Spielräume stehen bereits dem Grundsatz einer erforderlichen Gleichmäßigkeit der Besteuerung entgegen. Es bedürfte einer vom Steuerrecht vorgeschriebenen massiven Beschränkung der vorhandenen Wahlrechte. Weiterhin könnte sich aufgrund der dann umgekehrt wirkenden formellen Maßgeblichkeit über die Rückwirkung der steuerlichen Vorschriften, eine sicherlich nicht gewollte Deformation des Konzernabschlusses, ergeben.[97]

Neben dem Argument der vielen für das Steuerrecht nicht akzeptablen Wahlrechte ergibt sich ein Grundproblem, das die Übernahme des Konzernhandelsbilanzrechts für eine Konzernbesteuerung äußerst fraglich erscheinen läßt. Das schwerwiegendste Argument gegen eine direkte Ableitung eines Steuerbilanzgewinns aus dem Konzernbilanzhandelsgewinn ist, daß ihm die Ausschüttungsbemessungsfunktion fehlt. Auch wenn immer wieder verlangt wird, der Konzernhandelsbilanz diese Funktion zu übertragen[98], besitzt die Konzernhandelsbilanz zur Zeit lediglich eine Informationsfunktion. Der im Konzernabschluß ausgewiesene Erfolg kann sich aufgrund der Ausschüttungssperren bei den Einzelgesellschaften für die Eigner als "Fata Morgana" darstellen.[99] Der rechtliche Anknüpfungspunkt und die daran anknüpfende wirtschaftliche Wirkung gehen auch weiterhin nur von den handelsrechtlichen Einzelhandelsbilanzen der Konzernunternehmen aus. Nur sie üben eine materielle Wirkung aus. Die Einzelgesellschaft bleibt Bezugspunkt der Gewinnermittlung und der Gewinnverteilung. Nur in der Bilanz der Konzerneinzelgesellschaft werden zivilrechtlich wirksam Vermögensgegenstände zugeordnet, nicht aber in der Konzernbilanz. Nur in den Einzelbilanzen haben Vermögensmehrung bzw. -minderung materiellrechtliche Folgen. Durch Sachverhaltsgestaltungen, wie beispielsweise die zinslose Kreditvergabe, ist es möglich, im Konzern durch den zweckgerichteten Einsatz des

---

96 Vgl. Schildbach, WPg 1993, S. 58.
97 Vgl. Schildbach, WPg 1993, S. 59.
98 Vgl. Busse von Colbe, 1987, S. 63. Busse von Colbe spricht in diesem Zusammenhang bei der Konzernbilanz von einem fast schon schizophrenen Zustand.
99 Vgl. Schildbach, WPg 1989, S. 161.

Realisations- und Imparitätsprinzips einen Gewinnausweis in den Einzelbilanzen zu produzieren bzw. zu unterdrücken und dadurch die mögliche Ausschüttung zu beeinflussen. Die Konzernhandelsbilanz steht hiervon abseits und entfaltet diesbezüglich keinerlei zwingende Wirkung.

Neben der "steuerlich korrigierten" Konzernhandelsbilanz besteht die Möglichkeit einer einheitlichen Besteuerung in Form der konsolidierten Konzernsteuerbilanz unter Rückgriff auf die Einzelsteuerbilanzen unter Anwendung handelsrechtlicher Konsolidierungsgrundsätze. Die Probleme einer einheitlichen Besteuerung in Form der konsolidierten Konzernsteuerbilanz auf Basis von Einzelsteuerbilanzen sind in weiten Teilen bereits von anderer Seite offengelegt worden, so daß hierauf nicht en Detail eingegangen werden muß.[100] Es sollen daher lediglich die wesentlichen Punkte herausgegriffen werden.

Eine zu beachtende Problematik für das Steuerrecht ergäbe sich hinsichtlich des Umfangs bei Übernahme von handelsrechtlichen Konsolidierungsvorschriften. Vor dem Hintergrund der rechtlichen Einheitsfiktion kämen grundsätzlich nicht alle Konsolidierungmaßnahmen in Frage, sondern nur die erfolgswirksamen. Aufgrund der Zielsetzung der richtigen Einkommensermittlung ergibt sich für die einkommensneutralen Konsolidierungsmaßnahmen steuerlich kein Bedarf der Umsetzung.[101]

Hinsichtlich einer Zwischengewinneliminierung in Form der Konsolidierung bei der Muttergesellschaft ergeben sich grundlegende Probleme bei grenzüberschreitenden Transaktionen. Bei Lieferungen von der Tochtergesellschaft zur Muttergesellschaft besteht das Problem, daß bei einer Konsolidierung auf Ebene der Muttergesellschaft eine Sperrwirkung durch den Anrechnungshöchstbetrag eintritt. Ein Steueraufschub wird dadurch verwehrt. Um eine Zwischengewinneliminierung zu erreichen, bedarf es daher einer Korrektur des Ergebnisses der Tochtergesellschaft bei der Muttergesellschaft. Bei Lieferungen von der Muttergesellschaft zur Tochtergesellschaft kann die Muttergesellschaft Gewinne durch Bildung eines passiven Ausgleichspostens bei konzerninterner Verwendung neutralisieren. Zwischengewinneliminierungen werden damit ausschließlich zu Lasten des

---

100 Vgl. Pullen 1994, für nationale Konzerne S. 107 ff., für internationale Konzerne 136 ff. sowie S. 178 ff.; Salzberger, 1994, S. 181 ff. und 199 ff..

101 Vgl. Grotherr, WPg 1995, S. 95.

Staates der Muttergesellschaft vorgenommen.[102] Eine Zwischengewinneliminierung in Form der Konsolidierung bei der Muttergesellschaft ist insofern problematisch.

Schwierige Fragen ergeben sich auch bei der steuerlichen Erstkonsolidierung. Eine Besteuerung der stillen Reserven bei Erstkonsolidierung erscheint unzweckmäßig und sollte möglichst erfolgsneutral erfolgen. Bei Anwendung einer Buchwertverknüpfung wäre eine ertragsunwirksame Kapitalkonsolidierung möglich[103], wird aber aufgrund der nötigen Umsetzung der Einheitstheorie regelmäßig abgelehnt. Meist wird eine steuerneutrale Erstkonsolidierung[104] des Kapitals nach der Erwerbsmethode vorgeschlagen.[105] Der Verzicht der steuerlichen Erfassung bei Auflösung der stillen Reserven wird unter dem Hinweis befürwortet, daß auf seiten des Veräußerers die stillen Reserven bereits steuerlich erfaßt werden.[106]

In der Variante der Buchwertmethode wird den Beteiligungsanschaffungskosten das anteilige Eigenkapital der Tochtergesellschaft gegenübergestellt.[107] Dies führt zur Aufdeckung stiller Reserven bzw. stiller Lasten im Beteiligungswert. Mehr- oder Minderwerte sind grundsätzlich auf die Aktiva zu verteilen.[108] Die nicht verteilbar verbleibende positive Differenz

---

102 Vgl. Salzberger, 1994, S. 215.

103 Ein wesentlicher Grund, warum eine Auflösung der stillen Reserven stattfinden muß, ist die ansonsten gegebene erhebliche Manövriermasse in Händen der Konzernleitung. Bei Nichtrealisierung wäre es ihrem Gutdünken überlassen, vorhandene stille Reserven durch innerkonzernliche Rechtsgeschäfte zu realisieren oder nicht.

104 Die Konsolidierung ist aber insofern ertragswirksam, als in den Folgejahren sich durch Auf- oder Abstockung bei Veräußerung oder durch eine damit erfolgte Änderung der Abschreibungswerte Erfolgswirkungen ergeben.

105 Vgl. auch Rupp, 1983, S. 43 ff..

106 Vgl. Bauer, 1987, S. 232; Salzberger, 1994, S. 167; Reis, 1996, S. 246. Dies trifft jedoch dann nicht zu, wenn der Veräußerer steuerbefreit ist. Auch erfolgt keine vollständige Erfassung, wenn die Veräußerungsgewinne steuerbegünstigt sind.

107 So z.B. das Vorgehen in Spanien und auch der Vorschlag von Reis, 1996, S. 243.

108 Vgl. Salzberger, 1994, S. 172. Hinsichtlich eines passiven Unterschiedsbetrags ist entsprechend der Rechtsprechung des BFH davon auszugehen, daß dieser auf die vorhandenen Aktiva zu verteilen ist. Dem Problem des Kaufpreises von 1 DM für ein Unternehmen kann im Rahmen der Zielsetzung dieser Arbeit nicht nachgegangen werden.

müßte in einem aktiven Ausgleichsposten ausgewiesen werden.[109] Bei Erhöhung der Wertansätze der Aktiva erfolgt eine Erhöhung des Aufwandspotentials. Im Ergebnis erfolgt eine zweifache aufwandswirksame Verrechnung der aufgelösten stillen Reserven.[110] Dies widerspricht der grundsätzlichen Behandlung der Beteiligungsveräußerung im deutschen Steuerrecht.

Beginnt die Konsolidierung mit Erwerb der Anteile, so sind die damit verbundenen Probleme hinsichtlich der Behandlung der stillen Reserven noch weitgehend lösbar. Bei sukzessivem Beteiligungserwerb, bei Anwendung auf bereits bestehende Konzernstrukturen und bei Verlassen der Tochtergesellschaft entstehen jedoch erhebliche Probleme. Für die konsolidierte Konzernsteuerbilanz ergeben sich bei Bestehen von Minderheitenbeteiligungen hinsichtlich der Aufteilungsproblematik der Erfolgsbeiträge und der Steuerumlagen Probleme bei der Berücksichtigung der Interessen Außenstehender.[111] Beim transnationalen Konzern spielt zudem das Problem der Aufkommensverteilung zwischen den Mitgliedsstaaten eine zusätzliche wesentliche Rolle.[112]

Bei den Zielen von Handels- und Steuereinzelbilanz liegt gerade in der Bemessung des jährlichen Ausschüttungspotentials die weitestgehende Identität dieser Rechnungslegungsinstrumente vor. Durch die Funktionseinschränkung der Konzernhandelsbilanz auf die Informationsfunktion und der damit verbundenen fehlenden Ausschüttungsbemessungsfunktion sowie der erheblichen Wahlrechte kann die Konzernhandelsbilanz zur Zeit nicht die Grundlage für eine Konzernbesteuerung bilden.[113] Solange der Konzernsachverhalt bei der Auschüttungsbemessung nicht beachtet wird, erscheint auch die Übernahme von Grundsätzen zur Ermittlung der Konzernhandels-

---

109 So das Vorgehen in Spanien und Portugal, deren Konzernbesteuerung auf einer Konsolidierung basiert. Für Ausgleichsposten ist bei konsequenter Anwendung der Einheitstheorie kein Raum. Vgl. Salzberger, 1994, S. 172; Bauer, 1987, S. 246.

110 So auch Rupp, 1983, S. 233.

111 Vgl. Salzberger, 1994, S. 182 f.

112 Vgl. Pullen, 1994, S. 200 ff.. Scheuchzer, 1993, S. 222.

113 So gestehen selbst nachdrückliche Verfechter einer einheitlichen Konzernbesteuerung ein, daß das geltende handelsrechtliche Konzernbilanzrecht noch kein tragbares Fundament für eine zweckentsprechende Einheitsbesteuerung bietet, und daß vor einer eventuellen Übernahme es noch einer intensiven Diskussion in den strittigen Punkten bedarf. Vgl. Küting, DB 1990, S. 497.

bilanzen für eine konsolidierte Konzernbesteuerung fraglich.[114] Eine Besteuerung anhand einer konsolidierten Konzernsteuerbilanz ist auch insofern zweifelhaft, da dies eine grundlegende Reform der deutschen Organschaftsbesteuerung zur Folge hätte.[115] Umfangreiche Detailregelungen wären hierzu notwendig.

5.3.2 Vorschlag in Anlehnung an die Equity-Methode

Der Vorschlag von Rupp[116] erkennt einerseits die wirtschaftliche Einheit des Konzerns an, andererseits soll nach den Vorstellungen Rupps auch die juristische Selbständigkeit der Einzelgesellschaft im Konzern entsprechend berücksichtigt werden. Nach Auffasung Rupps setzt die juristische Selbständigkeit der Einzelgesellschaft der Verfolgung der steuerlichen Einheitskonzeption Grenzen. Rupp versucht daher, eine Besteuerung des Konzerns nicht als, sondern wie ein Einheitsunternehmen vorzunehmen. Sein Konzept einer Konzernbesteuerung knüpft überwiegend an bereits bestehende Prinzipien des deutschen Steuerrechts an, setzt diese aber in einen anderen Zusammenhang.

Auf Ebene der einzelnen Konzerngesellschaft erfolgt zunächst eine selbständige Ermittlung der Einzelergebnisse. Konzerninterne Transaktionen werden zunächst zu angemessenen Bedingungen, d.h. zu Drittvergleichspreisen, durchgeführt. Bei den erfolgswirksamen Lieferungsbeziehungen findet eine aufwandswirksame Korrektur von realisierten Zwischenerfolgen statt. Die liefernde Gesellschaft bilanziert bei konzerninternen Transaktionen weiterhin wie bei Geschäften zu unabhängigen Dritten und weist entsprechend erfolgswirksam konzernintern verursachte Gewinne aus. Eine Eliminierung der Zwischengewinne findet auf Ebene der leistungsempfangenden Gesellschaft statt. Die liefernde Gesellschaft hat die benötigten Informationen über den Gewinnaufschlag an das belieferte Unternehmen weiterzugeben, die von dieser aufwandswirksam korrigiert wird. Bei der belieferten Unternehmung erfolgt eine Zerlegung des Beschaffungsvorgangs in einen erfolgsneutralen

114 Gl. A. Grotherr, WPg 1995, S. 95.

115 Vgl. Scheuchzer, RIW 1995, S. 45.

116 Die folgenden Ausführungen fassen das Grundkonzept von Rupp zusammen. Vgl. Rupp, 1983, insbes. S. 212 ff..

Anschaffungs- bzw. Herstellungskostenvorgang und die Eliminierung des Erfolgsanteils. Der von dem liefernden Konzernunternehmen mitgeteilte Gewinnaufschlag wird aufwandswirksam verbucht. Bei Wirtschaftsgütern, die der Abschreibung unterliegen, wird dieser periodengerecht erfolgswirksam aufgeteilt. Wird das Wirtschaftsgut an Konzerndritte veräußert, realisiert sich der eliminierte Gewinn. Das Realisationsprinzip erfährt damit eine konzerndimensionale Betrachtung.

Ergänzt wird die Einschränkung des Realisationsprinzips durch die Berücksichtigung des Imparitätsprinzips aus Sicht der wirtschaftlichen Einheit des Konzerns. Rückstellungen für Verlustantizipation sind dementsprechend nur dann möglich, wenn diese Geschäfte aus Konzernsicht Außenwirkung entfalten.

Die Zurechnung der Ergebnisse der Tochtergesellschaften zu der Konzernobergesellschaft erfolgt nicht unter Anwendung des Zuflußprinzips, sondern wird mittels des Feststellungsprinzips durchgeführt. In Anlehnung an die Equity-Methode bzw. Spiegelbildmethode werden die Ergebnisse der Tochtergesellschaften der Muttergesellschaft unabhängig von eventuellen Thesaurierungen zugerechnet. Rupp unterstützt seine Argumentation mit dem Hinweis auf die Zurechnungskonzeption bei Mitunternehmerschaften sowie auf die Rechtsprechung zur Bilanzierung von Beteiligungserträgen eines Mehrheitsgesellschafters des BFH.[117] Der BFH vertritt die Auffassung, daß die Muttergesellschaft bei Mehrheitsbeteiligung und Vorliegen eines Gewinnverteilungsbeschlusses den Gewinnanspruch bereits ohne Gewinnverteilungsbeschluß zu aktivieren hat.[118] Zur Verhinderung der Doppelerfassung werden die tatsächlich ausgeschütteten Gewinne vom zugerechneten Ergebnis abgezogen. Dies entspricht der methodischen Vorgehensweise der Equity-Methode.

Der Haupteinwand, der gegen den Vorschlag der Anwendung der Equity-Methode spricht, ist, daß die Equity-Methode vom Grundsatz her nicht den

117 Vgl. BFH vom 2.4.1980 - I R 75/76, BStBl. II 1980, S. 702 und BFH vom 3.12.1980 - I R 125/77, BStBl. II 1980, S. 184.

118 Hinsichtlich der handelsrechtlichen Beurteilung wurde diese Auffassung vom EuGH im Tomberger-Urteil bestätigt. Vgl. EuGH vom 27.6.1996 - Rs. C 234/94, DB 1996, S. 1400.

deutschen Bilanzierungsprinzipien folgt.[119] Mit der Equity-Methode wird das für das deutsche Recht fundamentale Anschaffungskostenprinzip sowie das Realisationsprinzip durchbrochen. Auch wenn man durchaus den Standpunkt vertreten kann, daß ein Realisationsakt am Markt bereits auf Ebene der Tochtergesellschaft stattgefunden hat und dieser damit auch auf Ebene der Muttergesellschaft als stattgefunden betrachtet werden kann, so ist die Front gegen die Aufbrechnung des Anschaffungskostenprinzips erheblich. Mit Umsetzung des Bilanzrichtliniengesetzes hätte der deutsche Gesetzgeber die Chance gehabt[120], die Equity-Bewertung auch in der Einzelbilanz für Beteiligungen zu übernehmen. Diese Möglichkeit hat der Gesetzgeber nicht wahrgenommen, so daß hier vorläufig keine grundlegende Änderung zu erwarten ist.

Vorteilhaft bei der Konzeption der Zwischengewinneliminierung von Rupp ist, daß ihre Durchführung einfach zu handhaben ist. Es findet keine Doppel- bzw. Mehrfachhaltung von redundanten Informationen statt. Lediglich das belieferte Unternehmen braucht die notwendige Information zur Zwischengewinneliminierung festzuhalten, nicht aber das liefernde Unternehmen. Problematisch bei dieser Vorgehensweise ist jedoch, daß die Einzelergebnisse der Steuerbilanzen nicht korrekt ausgewiesen werden[121], sondern nur der Gesamtkonzerngewinn. Während die leistungserbringende Unternehmung bei rein konzerninternen Lieferungsgeschäften einen Gewinn realisiert, wird auf Ebene des empfangenden Unternehmens ein Verlust in entsprechender Höhe antizipiert. Bei der Erweiterung des Modells auf grenzüberschreitende Gewinneliminierungen ergeben sich darüberhinaus hinsichtlich der Steueraufteilung Probleme. Nicht der Staat, in dem realisiert wird, sondern der Staat, in den geliefert wird, verzichtet vorläufig auf Steuerzahlungen. Die Anwendung dieser Methode der aufgeschobenen Gewinnrealisierung auf transnationale EU-Konzerne ist deshalb problematisch. Sie entspricht zudem auch nicht den geltenden internationalen Aufteilungsregelungen bei Betriebsstätten.

---

119 Vgl. Knobbe-Keuk mit dem Hinweis, daß sich die Equity-Methode nicht ins deutsche Bilanzrecht einfügt. AG 1979, S. 303.

120 Vgl. Wahlrecht zur Umsetzung in Art. 59 der 4. EG-Richtlinie.

121 Vgl. Bauer, 1987, S. 202.

5.3.3 Angleichung der Konzernbesteuerung an die des Einheitsunternehmens

Der von Salzberger dargelegte Vorschlag[122] geht davon aus, daß der Konzern als wirtschaftliche Einheit möglichst der Einheitstheorie folgend besteuert werden sollte. Obwohl Salzberger die Besteuerung auf Basis von konsolidierten Konzernbilanzen als theoretisch beste Lösung ansieht, da sie die Einheitstheorie weitestgehend umsetzt, lehnt er diese Vorgehensweise hinsichtlich der Aufteilungsprobleme, die sich durch den europäischen Kontext im transnationalen Konzern ergeben, ab. Wegen der notwendigerweise erforderlichen Steuergutaufteilung zwischen den EU-Staaten bedarf es zwingend einer Erfolgslokalisierung. Die wirtschaftliche Einheit muß daher bereits bei der einzelnen Konzerngesellschaft berücksichtigt werden. Der durch die Erfolgslokalisation bewirkte Interessensgleichlauf schützt nach Auffassung von Salzberger die Rechte von Minderheiten. Darüber hinausgehende weitere mögliche Konflikte werden im Lösungskonzept ausdrücklich ausgespart.

Zur Vermeidung des Problems, daß die steuerliche Belastung der Konsolidierung ausschließlich im Staat der Muttergesellschaft erfolgt[123], führt Salzberger eine Zwischengewinneliminierung bereits bei der Ermittlung der Einzelergebnisse durch. Die Verhinderung der Gewinnrealisation bei konzerninternen Transaktionen erfolgt durch Bildung eines passiven Ausgleichspostens in der Steuerbilanz des liefernden Konzernunternehmens. Die gewinnerhöhende Auflösung des Ausgleichspostens richtet sich nach der Verwendung des Wirtschaftguts beim empfangenden Unternehmen. Dieses Vorgehen entspricht insofern der "Technik der aufgeschobenen Gewinnrealisierung" bei Betriebsstätten.[124]

Neben der Zwischengewinneliminierung sind Konsolidierungen aus sich gegenüberstehenden konzerninternen Forderungs- und Schuldverhältnissen, soweit sie aufwandswirksam sind, auf Ebene der Konzerneinzelgesellschaft durchzuführen. Bei konzerninternen Rückstellungen ist beim rückstellungs-

---

122 Vgl. Salzberger, 1994, S. 228 ff..
123 Vgl. oben unter 5.3.1.
124 Vgl. BMF vom 12.2.1990 - IV B 2 - S 2135 - 4/90 / IV C 5 - S 1300 - 21/90, BStBl. I 1990, S. 72.

bildenden Unternehmen eine Gewinnkorrektur mit Hilfe eines aktiven Ausgleichspostens durchzuführen.

Durch Anwendung des Fremdvergleichsgrundsatzes wird der Konzerngewinn auf die einzelnen Konzernunternehmen und damit bei transnationalen Konzerngesellschaften auf die jeweiligen Staaten verursachungsgerecht zugeordnet. Die Gewinne werden im nationalen Bereich der Muttergesellschaft zugerechnet. Im internationalen Bereich erfolgt eine Freistellung der Gewinne der Tochtergesellschaften. Eine grenzüberschreitende Zusammenfassung bzw. Zurechnung der Ergebnisse der EU-Tochtergesellschaften zur Muttergesellschaft erfolgt nicht. Begründet wird dies damit, daß zur Verhinderung jeglicher Doppelbesteuerung die Freistellungmethode in Form des internationalen Schachtelprivilegs angewandt werden sollte.

Für die grenzüberschreitende Verlustberücksichtigung zieht Salzberger die Verlustrichtlinie der EU in Form des Verlustabzuges mit Nachversteuerung heran. Diese entspricht weitgehend der bestehenden Regelung für ausländische Betriebsstätten gem. § 2 a Abs. 3 und 4 EStG. Die Muttergesellschaft kann zeitlich befristet eine gewinnmindernde Rückstellung für Verluste einer ausländischen Tochtergesellschaft bilden. Salzberger hält dieses Verfahren für nicht ausreichend und regt zusätzlich an, eine Verlustberücksichtigung der Verluste der Muttergesellschaft durch die Tochtergesellschaften vorzusehen. Diese könnten auf die Tochtergesellschaften nach Schlüsseln verteilt werden. Als Beispiel nennt Salzberger das Verhältnis der Einzelgewinne der Tochtergesellschaften.

Auf den Abschluß eines EAV sowie auf die wirtschaftliche und die organisatorische Eingliederung verzichtet Salzberger. Ausreichend ist allein die Beherrschungsmöglichkeit entsprechend dem Control-Prinzip. Dabei bedarf es lediglich einer einfachen Mehrheitsbeteiligung als hinreichender Voraussetzung. Den Konzernunternehmen soll ein Wahlrecht zur gemeinsamen Konzernbesteuerung anheim gestellt werden, das sie für eine Mindestdauer von 5 Jahren bindet.

5.3.4 Ergebniszurechnung mit anschließender Korrektur konzern-interner Zwischenerfolge

Diese Konzeption ist für den nationalen Regelungsbereich von Scheffler[125] vorgelegt und von Scheuchzer auf den transnationalen EU-Konzern erweitert worden.[126] Die maßgeblichen Eckpunkte dieser Besteuerungskonzeption sind die Vermeidung der Doppelbesteuerung, die Wahrung der Rechte von Minderheitsgesellschaftern und eine Erfolgsrealisation erst bei Vertragsbeziehung zu Konzerndritten. Scheffler greift auf die Zurechnungstheorie zurück, nicht weil diese seiner Meinung nach die Ideallösung darstellt, sondern weil sie seines Erachtens eine bessere Näherungslösung ermöglicht. Der wesentliche Vorteil der Zurechnungstheorie im Gegensatz zur Einheitstheorie ergibt sich nach Auffassung Schefflers aus der besseren verursachungsgerechten Aufteilung des Gewinns im Konzern.

Transaktionen der Konzerngesellschaften werden zu Drittvergleichspreisen durchgeführt, wodurch ein verursachungsgerechter Erfolgsausweis der Einzelgesellschaften gewährleistet ist. Damit sollen die Rechte der Minderheitsgesellschafter gewährleistet werden. Die Einzelergebnisse werden zwecks Vermeidung von Doppelerfassungen und für den Verlustausgleich auf Ebene der Konzernobergesellschaft zusammengefaßt. Um den Aspekt der wirtschaftlichen Einheit zu gewährleisten, werden auf Ebene der Muttergesellschaft in Höhe der Beteiligungsquote die Gewinnrealisationen aus konzerninternen Lieferungen außerhalb der Bilanz eliminiert. Analog ist bei konzernintern verursachten Gewinnminderungen zu verfahren.

Bei den Voraussetzungsbedingungen des Konzernkreises verzichtet Scheffler auf die wirtschaftliche Eingliederung und die Verpflichtung zum Abschluß eines EAV, jedoch nicht auf die organisatorische Eingliederung. Auf den Einbezug des europäischen Aspektes verzichtet Scheffler bewußt. Ergänzungen bzw. Modifikationen sind lediglich auf Ebene der Muttergesellschaft hinsichtlich der konzerninternen Erfolgseliminierung vorgesehen. Eine völlige Neuausrichtung der deutschen Konzernbesteuerung ist dadurch nicht notwendig. Vorteilhaft ist dementsprechend, daß dieses Konzept auf bestehenden Grundlagen des bestehenden Organschaftskonzeptes aufbauen kann,

---

125 Die folgenden Ausführungen fassen das Grundkonzept von Scheffler verkürzend zusammen. Vgl. Scheffler, DBW 1991, S. 712 f..

126 Vgl. Scheuchzer, 1994, S. 235.

und somit keine völlige Umgestaltung des deutschen Steuerrechts für Konzernunternehmen vorgenommen werden muß. Die Konzeption von Scheffler entspricht weitgehend der französischen Konzernbesteuerung.

Der Vorschlag von Scheuchzer[127] entspricht hinsichtlich der nationalen Vorgehensweise weitgehend der von Scheffler. Scheuchzer erweitert diesen jedoch um den internationalen Sachverhalt. Scheuchzers Konzept versucht so weit wie eben möglich der Einheitstheorie bei der Besteuerung zu folgen. Aufgrund des Minderheitenschutzes und der internationalen Steuergutaufteilung soll auf der ersten Stufe eine separate und selbständige Ermittlung der jeweiligen Einzelergebnisse der Konzerngesellschaften erfolgen. Konzerninterne Transaktionen werden zu Drittvergleichspreisen abgewickelt. In einem zweiten Schritt werden diese auf nationaler Ebene bei der Muttergesellschaft zusammengefaßt, wodurch ein Verlustausgleich erfolgt. Anschließend werden bei der Muttergesellschaft konzerninterne Zwischenergebnisse durch Hinzurechnungen und Kürzungen der erfolgswirksamen konzerninternen Geschäfte in Höhe des erfolgswirksamen Betrages außerhalb der Bilanz eliminiert. Bei der Zwischengewinneliminierung werden nur solche Transaktionen korrigiert, die erfolgswirksam sind. Konzerninterne Erfolgsbeiträge werden in voller Höhe neutralisiert und sind nicht auf die quotale Beteiligungshöhe beschränkt.

Handelt es sich um EU-weit tätige Konzernunternehmen, so erfolgt auf einer dritten Stufe eine grenzüberschreitende Zwischengewinneliminierung und ein transnationaler Verlustausgleich. Es erfolgt keine grenzüberschreitende Gewinnzurechnung, sondern Gewinne von Auslandstöchtern werden grundsätzlich freigestellt. Ebenso wie die nationalen Zwischenerfolge werden die grenzüberschreitenden Zwischenerfolge durch außerbilanzielle Hinzurechnungen und Kürzungen eliminiert, wobei sich jedoch wegen des Aufkommensinteresses der Einzelstaaten gewisse Einschränkungen ergeben. So sind die nicht abnutzbaren Wirtschaftsgüter nicht in die Korrekturmaßnahmen einzubeziehen, da eine Auflösung der stillen Reserven meist nicht in absehbarer Zeit zu erwarten ist. Dies käme einem weitgehenden Steuerverzicht des liefernden Staates gleich. Die zwischenstaatliche Eliminierung erfolgt immer auf höchster einzelstaatlicher Konzernebene. Existiert kein nationaler

---

127 Die folgenden Ausführungen fassen das Grundkonzept von Scheuchzer verkürzend zusammen. Vgl. Scheuchzer, 1994, S. 235 ff..

Teilkonzern, so findet die Erfolgseliminierung aus konzerninternen Geschäften bereits auf Ebene der einzelnen Konzerngesellschaften statt.

Nach vollzogener Neutralisierung der Zwischenergebnisse ist ein transnationaler interpersoneller Verlustausgleich vorgesehen. Die technische Durchführung des Verlustausgleichs entspricht in Form der Rücklagenbildung mit Nachversteuerung dem Vorschlag der Verlustrichtlinie der Europäischen Union. Scheuchzer geht aber über den EU-Vorschlag hinaus. Der Verlustausgleich soll sowohl umgekehrt vertikale, d. h. von der Muttergesellschaft zur Tochtergesellschaft, als auch horizontale Verrechungsmöglichkeiten, d.h. zwischen Schwestergesellschaften, vorsehen. Die Verlustübertragung erfolgt zunächst von der untersten Stufe hin zur Spitze des Konzerns, der Muttergesellschaft. Der nationale Verlustausgleich hat dabei gegenüber dem grenzüberschreitenden Verlustausgleich Vorrang. Besteht keine Landesholding, ist erst eine Verlustverrechnung mit den Schwestergesellschaften im gleichen Mitgliedsstaat durchzuführen.

Durch eine Erweiterung der konzerninternen Verlustverrechnung in Form des umgekehrt vertikalen Verlustausgleichs sollen Verluste der Muttergesellschaft von ihren Tochtergesellschaften steuerlich geltend gemacht werden können. Zur Verhinderung eventueller Steuervermeidungen erfolgt dies in einer fest vorgegebenen Folge. Zuerst wird mit den Tochtergesellschaften mit der höchsten Beteiligungsquote verrechnet. Bestehen gleich hohe Beteiligungsquoten, so beginnt die Zurechnung bei der Gesellschaft mit dem höchsten Gewinn. Können die Tochtergesellschaften die Verluste nicht voll ausgleichen, ist eine Verrechnung auf Ebene der Enkelgesellschaften vorzunehmen.

Übertragungsfähig sind nur Verluste, die während der Konzernzugehörigkeit entstanden sind. Verluste werden nicht quotal, sondern entsprechend der Einheitstheorie in voller Höhe zugerechnet. Vorkonzernliche Verluste gehen nicht verloren, sondern können später wieder mit den jeweils gesellschaftseigenen Gewinnen verrechnet werden. Andere Verfahren der Berücksichtigung von Verlusten sind im Konzernkreis ausgeschlossen.

Als Voraussetzung zur Teilnahme an den Verrechnungsmöglichkeiten im EU-Konzern sieht Scheuchzer eine Beteiligungshöhe von 75% vor. Diese orientiert sich an den Bedingungen der anderen EU-Staaten mit Konzernbesteuerung und besitzt eine höhere Operationalität, wodurch auch dem Aspekt der Rechtssicherheit entsprochen wird.

5.3.5 Wesentliche Reformanregungen und Würdigung der dargestellten Konzeptionen

Alle vorgestellten Konzepte plädieren neben der zur Zeit bereits möglichen Verlustverrechnung für eine Gewinneliminierung bei konzerninternen Transaktionen. Ebenso verzichten alle Vorschläge auf den Abschluß eines EAV und den wirtschaftlichen Eingliederungstatbestand. Alle Vorschläge sehen auf der ersten Stufe eine Gewinnermittlung vor, die auch bei konzerninternen Leistungsbeziehungen Fremdvergleichspreise zugrunde legen. Durch die vorgesehene Erfolgslokalisation sehen die Autoren den Minderheitenschutz gewährleistet. Interessanterweise wird herausgearbeitet, daß es nicht möglich sei, mittels Fremdvergleichsgrundsatz die Beträge der Konzerneinzelgesellschaft zum Gesamtkonzerngewinn zu ermitteln.[128] Im Lösungsvorschlag wird dann jedoch auf diesen zurückgegriffen.[129]

Die organisatorische Eingliederung wird weiterhin bei Rupp und Scheffler verlangt. Da alle dargestellten Konzeptionen von der gedanklichen Grundlage der einheitlichen Entscheidungsbefugnis als Ursache der Konzernierung ausgehen, sind die Forderungen der letztgenannten Autoren an sich konsequent. Von Scheuchzer und Salzberger werden gegen das ökonomische Konzept der Konzerndefinition und damit für die Aufgabe des Voraussetzungstatbestandes der organisatorischen Eingliederung im wesentlichen die Argumente der Rechtssicherheit und des Hinweises auf die Handhabung in den Nachbarstaaten der EU vorgebracht. Für Salzberger reicht bereits die Beherrschungsmöglichkeit durch Mehrheitsbeteiligung aus, da seines Erachtens die Kompetenzverteilung hinsichtlich der Gewinnverwendung im Konzern zu einer Formalität wird. Entscheidend sei, daß die Muttergesellschaft die ökonomische Verfügungsmacht über die Verwendung des Jahresergebnisses der Tochtergesellschaft besitze. Demgegenüber hält Scheuchzer eine Mehrheitsbeteiligung in Höhe von mindestens 75 % für erforderlich. Er begründet seine Position einerseits mit dem Hinweis der Rechtsver-

128 Vgl. Salzberger, 1994, S. 87.
129 Vgl. Salzberger, 1994, S. 229.

einheitlichung in Bezug auf die anderen Mitgliedsstaaten und andererseits mit der Möglichkeit der Durchsetzbarkeit einer statuarischen Veränderung in der Tochtergesellschaft.

Insgesamt greifen die Alternativvorschläge weitgehend auf bereits bekannte Besteuerungskonzepte bzw. auf ausländische Regelungen zurück. Die Vorschläge zur Verlustverrechnung und die grenzüberschreitende Zwischengewinneliminierung mittels außerbilanzielle Hinzurechnung bzw. Kürzung bei Scheuchzer sowie der Vorschlag von Rupp zur Zwischengewinneliminierung gehen über die bisher bekannten Konzeptionen hinaus. Ein gewisse Ausnahme hinsichtlich der Zurechnungskonzeption macht der Vorschlag von Rupp. Rupp sieht eine Zurechnungskonzeption vor, die auf Basis des Feststellungsprinzips die Ergebnisse der Tochtergesellschaft der Muttergesellschaft zurechnet. Rupp beschränkt seinen Vorschlag jedoch auf den nationalen Bereich. Bei der Erweiterung um den EU-Sachverhalt ergeben sich jedoch Probleme. Plädiert man im internationalen Bereich zur Verhinderung der Doppelbesteuerung für die Freistellungsmethode, ist dieses Verfahren für eine grenzüberschreitende Anwendung ungeeignet. Sinnvoll läßt sich dieses Verfahren nur in Verbindung mit der Anrechnungsmethode verwenden. Das Anrechnungsverfahren wird aber aus deutscher Sicht bei Tochtergesellschaften im DBA-Fall nicht angewandt. Auch muß ein Lösungskonzept für den Verlustfall der Tochtergesellschaft entwickelt werden.

Die von Rupp vorgeschlagene Zwischengewinneliminierung auf Ebene der belieferten Unternehmungen führt dazu, daß bereits bei der liefernden Gesellschaft Gewinne und bei der empfangenden Verluste ausgewiesen werden, die aus Konzernsicht noch nicht entstanden sind. International führt dies hinsichtlich der Abgrenzung der Steuersphären zu Aufteilungsproblemen, da die empfangenden Unternehmen in Höhe des Gewinns gewinnmindernd einen Aufwand verbuchen. Bei einer Erweiterung des Modells auf eine europäische Besteuerung zeigt der Vorschlag von Rupp damit konzeptionelle Schwächen.

Bei Scheffler und Scheuchzer erfolgt die Zwischengewinneliminierung durch außerbilanzielle Korrekturen und entspricht damit grundsätzlich der französischen Vorgehensweise. Im Gegensatz dazu zieht Salzberger zur Zwischengewinneliminierung die bei Betriebsstätten angewandte Technik der aufgeschobenen Gewinnrealisierung mit Hilfe der Korrekturpostenmethode heran.[130] Bei den vorgeschlagenen Methoden der Zwischenergebniseliminierung werden außer bei Rupp insbesondere im internationalen Bereich hohe Ansprüche an das Rechnungswesen gestellt, die zu entsprechend hohen Aufwendungen führen. Wie aufgezeigt, wird bei der konsolidierten Besteuerung in den USA dem Steuerpflichtigen ein Wahlrecht eingeräumt, auf eine Zwischenergebniskonsolidierung zu verzichten.[131] Dieses Wahlrecht basiert auf den hohen Anforderungen, die die Konsolidierungstechnik zur Errechnung der Zwischengewinne stellt.[132] Hinsichtlich des möglichen hohen Verwaltungsaufwandes erscheint die Einräumung der Option zur Durchführung der Zwischengewinneliminierung grundsätzlich angebracht.

Hinsichtlich der Verteilung der Steuerschulden bzw. Steuerumlage im Konzernkreis wird von den Autoren keine klare Stellung bezogen. Rupp hält eine verursachungsgerechte Verteilung für nicht möglich und verweist auf die Näherungsverfahren des Gewerbesteuerrechts.[133] Salzberger schließt das Problem des Minderheitenschutzes bei seinem Vorschlag explizit aus, da er durch die Erfolgslokalisation einen weitgehenden Interessensgleichlauf gewährleistet sieht.[134] Bei Scheuchzer ergibt sich die Höhe der Steuerbelastung bei der Tochtergesellschaft durch die an die Minderheitengesellschafter zu leistenden Sonderzahlungen und Gewinnausschüttungen.[135] Hierbei wird nicht deutlich, ob Scheuchzer diesbezüglich von den Bedingungen des Vertragskonzerns ausgeht. Der Fall der Thesaurierung im faktischen Konzern bei der Zurechnungskonzeption wird nicht problematisiert.

Obwohl Salzberger eine strenge Ausrichtung an der Einheitstheorie als wünschenswert erachtet, wird eine Durchbrechung der einheitstheoretischen Orientierung in Kauf genommen, um Konflikte zu den anerkannten Regeln der internationalen Steueraufteilung und hinsichtlich der Interessen der Min-

130 Scheuchzer hält für den internationalen Bereich die Korrekturpostenmethode mit passivem Ausgleichsposten für ungeeignet, da Interessen von Minderheitsgesellschaftern beeinträchtigt werden können. Aus seinen Ausführungen geht jedoch nicht hervor, worin die Probleme liegen. Vgl. Scheuchzer, 1994, S. 259. Salzberger läßt Fragen des Minderheitenschutzes in seinem Lösungsvorschlag außen vor. Vgl. Salzberger, 1994, S. 230.

131 Vgl. Regs. § 1.1502 - 13 (c) (3).

132 Vgl. Darstellung bei Müller, 1991, S. 74-79.

133 Vgl. Rupp, 1983, S. 277.

134 Vgl. Salzberger, 1994, S. 230.

135 Vgl. Scheuchzer, 1994, S. 245.

derheitsgesellschafter zu vermeiden. So erfolgt bei Salzberger anhand der vorgegebenen Vorschläge der EU eine Verlustverrechnung gem. Art. 9 VerlR quotal. Insgesamt entwickelt Salzberger sein Konzept weitestgehend anhand der bereits bestehenden Regelungen der Betriebsstättenbesteuerung. Dadurch erscheint die Umsetzung dieses Konzeptes relativ realitätsnah.

Die von Scheuchzer vorgeschlagenen umfangreichen grenzüberschreitenden Verlustverrechnungsmöglichkeiten sind grundsätzlich zu begrüßen. Dennoch erscheint es fraglich, ob man dem transnationalen Konzernunternehmen gegenüber dem Einheitsunternehmen mit ausländischen Betriebsstätten weitgehendere Verrechnungsmöglichkeiten eröffnen möchte. Eine Verlustverrechnung der Betriebsstätte von Verlusten des Stammhauses mit Sitz in einem anderen EU-Staat ist zur Zeit nicht möglich. Konsequenterweise muß ein Vorschlag, der auch die umgekehrt vertikale Verlustverrechnung vorsieht, auch die Verlustverrechnungsmöglichkeiten im grenzüberschreitenden Einheitsunternehmen erweitern. Ob der Quellenstaat der Betriebsstätte bzw. der Tochtergesellschaft dies hinnehmen wird, erscheint zweifelhaft. Auch ist der verwaltungstechnische Aufwand des vorgeschlagenen Modells erheblich.[136] Zudem erscheint es sehr fraglich, ob diesbezüglich ein so weitgehender politischer Gestaltungswille existiert.

Zu Auswirkungen bei der Eigenkapitalgliederung, insbesondere bei Thesaurierung, wird von keinem der Autoren Stellung genommen.

5.4 Würdigung und ungelöste Probleme der weiterführenden Ansätze zur Konzernbesteuerung

5.4.1 Probleme der Eliminierung der Konzerneffekte bzw. Bestimmung der Konzerntransferpreise als unzureichendes Argument für Konzernbesteuerung nach dem Einheitskonzept

Als eines der wesentlichen Argumente gegen eine separierte Besteuerung der einzelnen Konzerngesellschaften und für eine Eliminierung der Zwischengewinne wird ins Feld geführt, daß es kaum möglich sei, die richtigen

---

136 So stellt Scheuchzer selbst fest, daß sein Vorschlag sicherlich nicht zur Steuervereinfachung beiträgt. Vgl. Scheuchzer, 1994, S. 280.

Konzerntransferpreise zu bestimmen.[137] Eine richtige Erfolgslokalisation bei den Einzelgesellschaften wäre kaum möglich.[138] Die Folgerung, die daraus gezogen wird, ist, daß der Konzern grundsätzlich entsprechend der Einheitstheorie besteuert werden sollte. Es überrascht, daß die Problematik hinsichtlich der Bestimmmung von Verrechungspreisen einerseits für die Richtigkeit der Einheitstheorie angeführt wird, andererseits jedoch auf die Erfolgslokalisation zurückgegriffen wird. Als Begründung hierfür wird die Abgrenzung der nationalen Steuerhoheiten ins Feld geführt. Daß bereits das nationale Recht zumindest im faktischen Konzern grundsätzlich eine handelsrechtliche Realisierung erzwingt, wird nicht entsprechend gewürdigt.

In der Tat ist eines der weiterhin ungelösten Probleme des Konzernrechts die Zurechnung der passiven Konzerneffekte. Als passive Konzerneffekte können Vor- und Nachteile des Konzernverbundes verstanden werden, die Umsätze und Ergebnisse der Konzernunternehmen beeinflussen, wobei ihre Auswirkungen mangels Quantifizierbarkeit in Entgeltvereinbarungen innerhalb der Konzernunternehmung nicht verursachungsgerecht aufgeteilt bzw. aufgeschlüsselt werden können. Beispielsweise kommt im Konzernverbund der renommierte Name der Muttergesellschaft bei selbständigen Verhandlungen über Einkaufskonditionen der Tochtergesellschaft zugute, ohne daß hierfür ein Entgelt für die Muttergesellschaft verrechnet werden kann. Eine Berechnung des passiv erlangten Vorteils ist in der Regel unmöglich. Es bedarf meist keinerlei offizieller Verpflichtung durch die Muttergesellschaft, um die Vorteile, die sich aus der Unternehmensverbindung ergeben, nutzen zu können. Die Tochtergesellschaft partizipiert vom Reputationskapital der Muttergesellschaft. Das gleiche kann auch umgekehrt gelten. So können sich Fehlleistungen des Managements der Muttergesellschaft bei der Tochtergesellschaft niederschlagen, ohne daß hierfür von der Tochtergesellschaft ein Ausgleich verlangt werden kann.

Die Regelung der Nachteilsausgleichspflicht der Muttergesellschaft gem. § 311 Abs.1 AktG regelt zwar, daß Nachteile, die im Konzerninteresse der Tochtergesellschaft entstanden sind, ausgeglichen werden müssen. Die Nachteilsausgleichspflicht nach § 311 AktG setzt aber grundsätzlich konkretisierbare Nachteile voraus.[139] Passive Konzerneffekte in Form eines allge-

137 Vgl. Salzberger, 1994, S. 87; Scheuchzer, 1994, S. 30.
138 Vgl. Bauer, 1987, S. 210.
139 Vgl. auch Wiedemann/Strohn, AG 1979, S. 120.

meinen Ansehensverlustes, der durch ein grobes Fehlverhalten der Muttergesellschaft entstanden ist, kann kaum quantifiziert werden. Eine Zurechenbarkeit ist dementsprechend nicht möglich.

Eines der wesentlichen Grundprobleme von Konzernverbindungen liegt darin, daß die hundertprozentige Trennung der Vermögenssphären der Konzerngesellschaften nicht immer exakt möglich ist.[140] Hieraus jedoch die Schlußfolgerung zu ziehen, daß der Konzern zu einer steuerlichen Einheit zusammengefaßt werden sollte, schießt unter den jetzigen Regelungen der zivilrechtlichen Vermögenszuordnung über das Ziel hinaus. Trotz aller Probleme der Zurechnung von Konzerneffekten bleibt die Einzelgesellschaft weiterhin der Bezugspunkt für die Vermögenszuordnung. Außerdem ist für den überwiegenden Teil der Konzerntransaktionen eine Vermögenszuordnung zu den Einzelgesellschaften möglich und auch entsprechend der Rechtsordnung für die Unternehmensgruppe zwingend vorgeschrieben.

Bei der Beurteilung der Abgrenzung der Vermögenssphären muß zwischen den Konzernformen unterschieden werden. Zumindest beim faktischen Konzernunternehmen ist die Vorteilsgewährung durch Gestaltung von Verrechnungspreisen unter Abweichung vom Drittvergleichspreis grundsätzlich untersagt. Diese Regelung ist zwar wiederholt äußerst kritisch beurteilt worden, jedoch scheint sich zunehmend die Auffassung durchzusetzen, daß das Ausgleichssystem mit Abhängigkeitsbericht im faktischen Konzern durchaus funktioniert.[141] Läßt man die nicht zurechenbaren passiven Konzerneffekte außer acht, bleibt zumindest im faktischen Konzern die Vermögenssphäre der Konzerngesellschaft unangetastet. Daß sich bei der Ermittlung der Vermögenstrennung durch Preisgestaltungen Probleme ergeben können, ist der vorgenannten Grundwertung nachgelagert und widerspricht dieser vom Grundsatz her nicht. Verneint man die Möglichkeit der Vermögenstrennung, so müßte für eine völlig einheitliche Erfassung des Konzerns, also auch vermögensrechtlich, plädiert werden.

Gegen die vorgetragene grundlegende Skepsis bei den Konzernverrechnungspreisen spricht außerdem, daß zumindest im dezentralen strukturierten Konzern die Konzernverrechnungspreise möglichst dem als richtig angese-

---

140 Lutter weist darauf hin, daß hinsichtlich der nichtbewertbaren Maßnahmen im Konzerninteresse eine systemimmanente Unvollkommenheit liegt, die wohl so hingenommen werden muß. Vgl. Lutter, 1988, S. 142.

henen Marktpreis entsprechen sollen.[142] Bei der aufgezeigten Tendenz hin zu Profit-Centern und bei konsequenter Durchsetzung dieses Prinzips wird den zuständigen Verhandlungspartnern, auch bei konzerninternen Geschäften, daran gelegen sein, den Preis im Eigeninteresse möglichst vorteilhaft zu vereinbaren. Diese Vereinbarungen tendieren hin zu den Preisen, die auch unabhängige Dritte ausgehandelt hätten. Ansonsten wäre das Profit-Center Prinzip ad absurdum geführt.

Trotz der Problematik der Verrechnung der passiven Konzerneffekte verlangt die bestehende Rechtsordnung eine möglichst weitgehende verursachungsgerechte Zurechnung aller Erfolgsbeiträge. Ein zwingendes Argument zur Einheitsbesteuerung läßt sich aus dem Problem der Bestimmung der Verrechnungspreise im Konzern nicht herleiten.

5.4.2 Mangelnde Beachtung der Haftungssegmentierung im Konzern

Der Gewinn und damit auch der Verlust wird gem. § 4 Abs.1 EStG durch Gegenüberstellung des Betriebsvermögens zu Anfang einer Periode im Vergleich zum Ende einer Periode ermittelt. Man erhält das Ergebnis erst durch Zuordnung von Vermögensgegenständen bzw. Wirtschaftsgütern zu dieser Unternehmung als einem Rechtssubjekt. Erst die Gebundenheit der aktiven und passiven Wirtschaftsgüter an das Rechtssubjekt ergibt den zuzuordnenden Gewinn bzw. Verlust. Dies gilt auch für die einzelnen Konzernunternehmen, denn nur diese sind Zuordnungssubjekt und nicht der Konzernkreis in seiner Gesamtheit. Diese Konzeption folgt entsprechend der rechtsformabhängigen Besteuerung dem Zivilrecht.

Die Einheitsunternehmung zeichnet sich durch die eindeutige Zuordnung der Wirtschaftsgüter aus. Dies führt zu einem einheitlichen Haftungsrisiko. Bei der Beurteilung, inwieweit ein Konzern dem Einheitsunternehmen entspricht, sind die verschiedenen Konzerntypen zu unterscheiden, die anhand bestimmter Merkmale differenziert werden können.[143] Neben der Möglichkeit der Ausübung der Leitungsmacht ist dies das einheitliche Haftungsrisiko für Verbindlichkeiten der Einzelgesellschaften des Konzerns. Der Konzern,

141 Vgl. Hommelhof, DJT 1992, G 25.
142 Vgl. Kilger, 1983, S. 24 ff..
143 Vgl. auch Kap. 5.1.3.

wie er zivilrechtlich konzipiert ist, nimmt außerhalb des Eingliederungskonzerns grundsätzlich eine andere Vermögenszuordnung vor als das Einheitsunternehmen. Auch die handelsbilanzrechtlichen Gewinnansprüche beziehen sich auf die Konzerneinzelbilanz und nicht auf die Konzernhandelsbilanz.

Für Flume kommt eine Einheitsbesteuerung[144] nur dann in Betracht, wenn die verschiedenen Unternehmen auch eine vermögensmäßige Einheit, also eine einheitliche Vermögens- und Haftungsmasse, bilden.[145] Dieser Wertung folgend hat der 49. Deutsche Juristentag die Möglichkeit einer Konzernbesteuerung davon abhängig gemacht, in welchem Maße ein Haftungsverbund vorliegt. Der 49. Deutsche Juristentag hat sich in seinen Beschlüssen beim Eingliederungskonzern und bei einer 100%-igen Tochtergesellschaft mit Verlustübernahme der Muttergesellschaft für eine Einheitsbesteuerung ausgesprochen.[146] Der Ansicht, daß ein Unternehmen auch eine einheitliche Haftungsmasse voraussetzt, muß insofern zugestimmt werden, als eine wirtschaftliche Einheit auch eine Risikoeinheit darstellt. Im Gegensatz zum Konzern kann hinsichtlich einer Haftungsseparation die Einheitsunternehmung immer nur einzelvertraglich die Risiken innerhalb ihrer Geschäftstätigkeit begrenzen.

Modelltheoretisch ist es zwar möglich, wie es Lehertshuber hinsichtlich seines Vorschlages zur Ausschüttungsbemessungsfunktion des Konzernabschlusses getan hat, als flankierende Maßnahme eine gesamtschuldnerische Haftung aller Konzerngesellschaften vorzuschlagen.[147] Diese "Neben-" Bedingung ist m. E. unangemessen. Durch eine generelle gesamtschuldnerische Haftung würde die vermögensrechtliche Zuordnung im wesentlichen nur noch organisatorische Bedeutung besitzen. Mit der Aufgabe der Haftungstrennung würde der Konzern eines seiner wesentlichen Charakteristika beraubt. De lege lata ist die einzelne Konzerngesellschaft unabdingbar das Subjekt der Vermögenszuordnung. Außerhalb des Eingliederungskonzerns ist nicht die Konzernunternehmung bzw. die Gesamtheit aller konzernierten Einzelunternehmen Bezugspunkt für Ansprüche, sondern weiterhin das einzelne Konzernunternehmen.

---

144 Bei den Ausführungen des 42. DJT wird nicht ganz deutlich, wie die Einheitsbesteuerung umgesetzt werden soll. Vgl. Herrmann, AG 1973, S. 42.
145 Vgl. Flume, DJT 1972, Q 17.
146 Vgl. 49. DJT, 1972, Q. 85.

Deutlich wird die Problematik der Haftungstrennung im Konkurs eines Tochterunternehmens. Soweit kein qualifiziert faktischer Konzern vorliegt, hat eine Tochtergesellschaft nur mit dem Vermögen einzustehen, das ihr zivilrechlich zuzuordnen ist. Die Muttergesellschaft verliert u.U. ihren Beteiligungswert. Darüberhinaus entstehen ihr grundsätzlich keine Verpflichtungen. Der Konkurs einer Betriebsabteilung ist demgegenüber nicht möglich. Das Einheitsunternehmen hat für eingegangene Verpflichtungen einer Betriebsabteilung in vollem Umfang einzustehen. Im Extremfall geht das gesamte Stammhaus samt allen anderen Betriebsabteilungen in Konkurs. Die Haftungssegmentierung und die daraus folgenden wirtschaftlichen Auswirkungen sind bei der Beurteilung, ob eine Unternehmenseinheit vorliegt, daher nicht vernachlässigbar. Entscheidend ist die Erkenntnis, daß die Zuordnung der Rechtsobjekte zu einem Rechtssubjekt auch wirtschaftlich zu unterschiedlichen Konsequenzen führt und damit eine ökonomisch differenzierte Beurteilung notwendig ist.[148]

Die Sichtweise, die den Konzern als Planungs-, Koordinations- und Entscheidungseinheit sieht, geht gedanklich von der Position der Unternehmensleitung des herrschenden Unternehmens mit weitgehend unbeschränkter Dispositionsgewalt aus. Der Entscheidungskompetenz der Konzernleitung sind jedoch Grenzen gesetzt. Insbesondere auch hinsichtlich bestehender Vermögensinteressen Außenstehender muß die einheitstheoretisch ausgerichtete Sichtweise zweckentsprechend erweitert werden. Der Annahme, Tochtergesellschaften eines Konzernverbundes wären lediglich künstliche Gebilde bzw. stellten lediglich einen rechtlichen Mantel dar[149], kann daher nicht gefolgt werden. Ansprüche, die gegen eine Tochtergesellschaft bestehen, entsprechen nicht den Ansprüchen, die eine Betriebsabteilung verursacht hat. Die Rechtsordnung führt mit der juristischen Person eine vollkommene und nicht nur eine relative Vermögenssonderung ein, von der auch unter wirtschaftlichen Gesichtspunkten nicht abgewichen werden darf.[150]

---

147 Vgl. Lehertshuber, BFuP 1986, S. 337.

148 Vgl. hierzu Property-Rights Theorie. Diese basiert auf dem Grundgedanken der Zuordnung von Verfügungsrechten zu Rechtsträgern. Erst hierdurch werden effiziente Sachverhaltsgestaltungen möglich.

149 Vgl. Scheuchzer, 1994, S. 38.

150 Vgl. Wiedemann, 1980, S. 199.

Durch die rechtlichen Gestaltungsspielräume hat der Konzern die Möglichkeit, sich wirtschaftlichen Ansprüchen einzelner Interessensgruppen zu entziehen. Dies ist in dieser Form im Einheitsunternehmen so nicht möglich. Auch wenn die Frage der Haftungssegmentierung für die Besteuerungskonzeption nicht als der entscheidende Faktor anzusehen ist, so wird das Einheitsunternehmen auch durch seine einheitliche Haftungsmasse bestimmt. Eine Vernachlässigung dieser rechtlichen Berücksichtigung der Eigenständigkeit der Tochtergesellschaften hin zum Konzept der Einheit des Konzerns ließe die Frage offen, wie sich dieses mit den weiterhin bestehenden einzelnen Gesellschaften als Anspruchseinheiten, z.B. bei der Erfüllung von Steuerschulden, überhaupt vertragen kann.[151]

In diesem Zusammenhang ist die Fragestellung wesentlich, wer für die Verbindlichkeit gegenüber dem Fiskus bei zusammengefaßter Konzernbesteuerung einzustehen hat. Diese Fragestellung ist nicht rein hypothetischer Natur, sondern entfaltet wirtschaftliche Wirkungen. Bei den weiterführenden Vorschlägen einer Konzernbesteuerung wird nicht deutlich, wer in welchem Maße für die Steuerverbindlichkeiten des Konzernverbundes einzustehen hat. Insbesondere hinsichtlich des Verzichts auf einen EAV ist diese Fragestellung zu beachten. Bei konsequenter Verfolgung der Einheitstheorie wären nicht mehr die Konzerneinzelgesellschaften, sondern die Konzernunternehmung als solche das Steuersubjekt. Das Steuerobjekt wäre der Erfolg des Gesamtkonzerns. Zur Zurechnung von Einkünften bedarf es eines genau definierten Steuersubjektes. Dem Konzernunternehmen, bestehend aus Konzernspitze und Konzerneinzelgesellschaften, kann als solches, losgelöst von der zugrundeliegenden Zivilrechtsordnung, eine Steuersubjektfähigkeit nicht zugesprochen werden. Eine gesamtschuldnerische Haftung für die Konzernsteuerschulden wäre zwangsläufig die Folge einer solchen Konstruktion. Jedes einzelne Konzernunternehmen müßte demgemäß für die Gesamtsteuerschuld des Konzerns einstehen. Der BFH hat diesbezüglich bereits mit dem Hinweis der ungeklärten Haftungsproblematik das Rechtsinstitut der Unternehmenseinheit aufgegeben.[152] Der Forderung nach einer Gesamtschuldnerschaft wird aber bei geltender Zivilrechtslage außerhalb

151 Bereits die geltende Regelung des § 73 AO ist unbefriedigend, da sie eine Haftung für fremde Steuerschulden bestimmt. Gelöst wir diese Problematik zur Zeit in Form der Billigkeitsregelung.

152 Vgl. BFH vom 16.11.1978 V R 22/73, BStBl. 1979, S. 347; BFH vom 23.11.1978 V R 36/78, BStBl. 1979, S. 350.

des Eingliederungskonzerns nicht zu folgen sein, da eine solche Konstruktion, wie noch aufgezeigt wird, der zugrundeliegenden Zivilrechtsordnung außerhalb des Eingliederungskonzerns widerspricht. Bei einer einheitstheoretisch orientierten Besteuerungskonzeption wird daher zumindest zu klären sein, in welches der Vermögen der Konzernunternehmen Steuerforderungen zu vollstrecken sind, bzw. welche Unternehmen für die Steuerschulden des Konzerns haften. Dies ist aber bereits eine zivilrechtliche Vorfrage, die nicht unabhängig vom Steuerrecht bestimmt werden kann.

Anschaulich wird die bestehende Problematik der Zuordnung der Steuerschuld hinsichtlich des Organträgers anhand der umsatzsteuerlichen Organschaft, wenn die Organgesellschaft sich im Konkurs befindet. Tätigt eine Organgesellschaft in Konkurs Umsätze, so hat der Organträger als Steuerschuldner die entstehende Umsatzsteuerschuld zu tragen. Die Möglichkeit des Rückgriffs auf die Organgesellschaft ist weitgehend ungeklärt. Abgesehen davon löst dies auch nicht die Problematik, daß es im Falle der Insolvenz des Tochterunternehmens zu einer Beeinträchtigung der Gläubigerinteressen des Mutterunternehmens kommt.

Die Problematik der Zuordnung der Steuerschulden im Konzernverbund wird anhand der Regelung des § 73 AO hinsichtlich der Haftung der Organgesellschaft für den Organträger deutlich. § 73 AO bestimmt, daß eine Organgesellschaft für die Steuern des Organträgers haftet, "für welche die Organschaft zwischen ihnen steuerlich von Bedeutung ist". Der Organträger ist Verpflichteter für die Gesamtsteuerschuld des Organkreises gegenüber dem Fiskus. Die Organgesellschaft haftet gem. § 73 AO neben dem Organträger als Haftungsschuldner subsidär für die Steuern des Organträgers. Die Haftung der Organgesellschaft erstreckt sich auf alle Steuern innerhalb des Organkreises, ohne Rücksicht darauf, wo die Steuern entstanden sind. Aufgrund der unterschiedlichen Wirkung der Organschaft in den verschiedenen

Steuergesetzen ist die Reichweite der Haftung unterschiedlich.[153] In der umsatzsteuerlichen Organschaft haftet die einzelne Organgesellschaft für die gesamte Steuerschuld, in der körperschaftsteuerlichen neben der eigenen nur für die Steuerschuld des Organträgers.

Entgegen dem ausdrücklichen Wortlaut sind die Ansprüche gegen die Organgesellschaft einzuschränken. Die weite Haftungsnorm der Regelung des § 73 AO wird in seiner wörtlichen Form als unangemessen angesehen. Die herrschende Meinung vertritt den Standpunkt, daß die weite Haftung nach § 73 AO ein Übermaß darstellt.[154] Im Innenausgleich bleiben die einzelnen Konzerngesellschaften rechtlich selbständig und sind damit gegeneinander ausgleichspflichtig.[155] Die Beschränkung ist durch Ermessensentscheidung des Finanzamtes bei der Geltendmachung im Haftungsfall vorzunehmen.[156]

Wird entsprechend den Reformvorschlägen auf einen EAV verzichtet, so ergibt sich hinsichtlich der Tilgung der Steuerschulden und des zivilrechtlichen Ausgleichs Klärungsbedarf. Die Problematik, die sich insbesondere auch für Minderheitsgesellschafter ergeben kann, soll anhand des folgenden Beispiels kurz verdeutlicht werden:

Die Gesellschaften T1 ohne Minderheitsaktionär und T2 mit einem Minderheitsaktionär, der 20 % der Anteile besitzt, gehören zum steuerlichen Konsolidierungskreis der Muttergesellschaft M. M erwirtschaftet einen Gewinn von 0, T1 einen Gewinn und T2 einen Verlust von 100. Dieser Gewinn soll M zur Besteuerung zugerechnet werden, ohne daß der Gewinn abgeführt wird. In der Folgeperiode geht T1 und M in Konkurs.

Im Konzernkreis hat M bei Zurechnung der Ergebnisse durch den Ausgleich der Ergebnisse von T1 und T2 keine Steuerlast zu tragen.[157] Bei handelsrechtlicher Nichtausschüttung verbleibt der Gewinn von 100 bei T1 und der

---

153 Vgl. Tipke/Kruse, § 73 Rn.3.

154 Vgl. Tipke/Kruse, § 73 Rn.3 m.w.N..

155 Dies wurde hinsichtlich eines Falles zur Gewerbesteuer entschieden. Vgl. BGH vom 22.10.1992 - IX ZR 244/91, BB 1993, S. 23.

156 Vgl. FG Nürnberg vom 11.12.1990 II 238/36, EFG 1991, S. 437. Demgegenüber ist Reiß der Auffassung, daß bei der Umsatzsteuer bereits aus dem objektiven Inhalt des § 73 AO eine Inanspruchnahme der Haftung auf die eigenen Umsätze beschränkt ist. Vgl. Reiß, StuW 1979, S. 345.

157 Bei einer quotalen Zurechnung hätte M eine Steuerlast von 9.

Verlust bei T2. Geht M im Folgejahr in Konkurs, so verbleibt den Minderheitsgesellschaftern sowie den Gläubigern der T2 ein Vermögensausfall in Höhe des durch die Zurechnung an M abgegebenen Steuererstattungsanspruches. Besteht kein direkter Ausgleichsanspruch, so hat T2 die Vermögenseinbuße in Höhe des Erstattungsanspruches zu tragen. Sofern man T1 und T2 den Status eines Haftungsschuldners einräumt, kann T2 gegenüber M ein Erstattungsanspruch in Höhe der ersparten Steuern zugestanden werden. Dieser wird aber in der Regel wertlos sein. M besitzt wiederum ein Erstattungsanspruch gegen T1. Hiervon hat aber T2 in der Regel keinen Vorteil, da dieser zur Masse von M gehört. Möglich wäre ein direkter Anspruch von T2 gegenüber T1. Abgesehen davon, daß dieser Anspruch in der Regel wertlos ist, läßt die geltende Rechtslage dies nicht zu.

Wie das Beispiel zeigt, bedürfte es bei Umsetzung einer Zurechnungskonzeption ohne EAV der Schaffung adäquater steuerlicher Verteilungs- und Haftungsregeln hinsichtlich der entstehenden Gesamtsteuerschuld zwischen den Konzerneinzelgesellschaften. Hierzu wird in den Vorschlägen aber nicht explizit Stellung genommen. Selbst die vielfach vorgeschlagene Erfolgslokalisation bei den Einzelgesellschaften bietet hierfür letztendlich keine Gewähr.[158] Man kann damit zwar die Höhe der steuerpflichtigen Einkünfte der Einzelgesellschaften nachvollziehen, jedoch ist dies bei der Inanspruchnahme zur Tilgung der Steuerschuld nicht mehr ausschlaggebend. Bei fehlender Ergebnisübernahmeverpflichtung bedürfte es bei einem Reformvorschlag daher der Regelung der internen Ausgleichspflichten.

Werden Erstattungsansprüche bzw. Ausgleichsverpflichtungen eingeräumt, schließt sich die Frage nach deren steuerrechtlicher Behandlung an. Im Übergang des Steuererstattungsanspruches von T1 auf M kann eine verdeckte Gewinnausschüttung gesehen werden. Der BFH hat dies zwar in einem Urteil zu Konzernsteuerumlagen bei der Gewerbesteuer erwogen, jedoch entschieden, daß diese Vorgänge außerhalb des Gesellschaftsverhältnisses liegen.[159] Als Begründung wurde angeführt, daß die Betriebsergebnisse von Organgesellschaft und Organträger durch die in diesem Fall beim Organträger ersparte Gewerbesteuer "verzerrt" waren. Die erfolgte Steuer-

---

158 Zur Problematik der Verteilung Umlagegewinne bzw. -verluste bei der Gewerbesteuerumlage, vgl. Palitzsch, BB 1983, S. 433.

erstattung habe dies im Interesse einer betriebswirtschaftlichen Kostenabgrenzung korrigiert.

5.4.3 Mangelnde Beachtung der materiellen Wirkung des Handelsbilanzrechts hinsichtlich der Forderung nach einer Zwischengewinneliminierung

5.4.3.1 Darstellung der Problemlage

Durch die Rechtssubjekteigenschaft der einzelnen Konzerngesellschaften und die Möglichkeit, die Vertragsgestaltung durch Einflußnahme auf die Vertragspartner zu gestalten, erhält das Realisationsprinzip im Konzern eine andere Dimension. Es ist möglich, stille Reserven durch konzerninterne Transaktionen aufzudecken und damit Gewinne auszuweisen. Durch die uneingeschränkte Geltung des Realisationsprinzips sind Aufstockungen vom Buchwert auf den Verkehrswert möglich, die dem Einheitsunternehmen nicht offen stehen. Sachverhaltsgestaltungen ermöglichen bilanzielle Spielräume, die sich wesentlich vom Einzelunternehmen unterscheiden. Neben dem Realisationsprinzip büßen sowohl das Anschaffungskostenprinzip als auch das Imparitätsprinzip bei der Erfolgsrealisierung im Konzernsachverhalt ihre Funktion zur Objektivierung ein. Das Vorsichtsprinzip verliert weitgehend seine Wirkung.

Neben dem zielbewußten Einsatz des Realisationsprinzips bei den Einzelgesellschaften ermöglicht auch die Nutzung des Imparitätsprinzips, den Erfolg im Konzern zu steuern. So kann aus Konzernsicht durch gleichzeitige Aufnahme einer Fremdwährungsverbindlichkeit und einer art- und betragsgleichen Forderung einer anderen Konzerngesellschaft bei absehbarer Wechselkursänderung ein gewinnmindernder Effekt erreicht werden. Das gleiche gilt für ein zinsloses Darlehn zwischen Konzerngesellschaften.

Von den Sachverhaltsgestaltungen sind die tatsächlichen Bilanzierungswahlrechte zu unterscheiden. Im Vertragskonzern können konzerninterne Transaktionen zum Buchwert oder zum tatsächlichen Verkehrswert transferiert

---

159 Vgl. BFH vom 30.4.1980 II R 133/77, BStBl. II 1980, S. 521. In dem Organkreis bestand die Übereinkunft, daß Steuervor- und -nachteile von den Einzelgesellschaften zu tragen waren.

werden. Die Aufdeckung stiller Reserven ist damit optional möglich. Dagegen ist im faktischen Konzern aufgrund der geltenden Schutzvorschriften des Gesellschaftsrechts grundsätzlich eine konzerninterne Realisierung der stillen Reserven notwendig. Ein Verzicht darauf ist nur in Ausnahmefällen möglich.

Es ist offensichtlich, daß die Organisationsform Konzern teilweise erhebliche bilanzielle Gestaltungsspielräume schafft. Die Problematik der Manipulationsmöglichkeiten des Erfolges im Konzern durch die Anknüpfung an die einzelne Konzerngesellschaft ist bereits ausreichend dargestellt worden. Die sich daraus ergebenden Konsequenzen bei der Forderung nach Verwirklichung hinsichtlich einer einheitlichen steuerlichen Behandlung des Konzerns sind bisher noch nicht entsprechend untersucht und gewürdigt worden.

Wie bereits dargestellt, wird neben der Vereinfachung der Voraussetzungsvorschriften seit Jahren die steuerliche Konsolidierung bzw. Zwischengewinneliminierung bei konzerninternen Geschäftstransaktionen gefordert. Eine diesbezügliche Darstellung der sich ergebenden Komplikationen bei einem Vorauseilen des Steuerrechts hinsichtlich des Handelbilanzrechts soll im folgenden näher aufgezeigt werden.

Die folgenden Beispiele gehen jeweils von einer steuerlichen Gewinneliminierung unter den geltenden handelsbilanziellen Rechtsbedingungen aus. Es soll angenommen werden, daß steuerliche Erfolgsrealisierungen lediglich beim Geschäftsverkehr mit Konzerndritten entstehen. Transaktionen zwischen den Konzerngesellschaften sollen annahmegemäß steuerlich zu keiner Erfolgsrealisierung führen. Sie wären als innerbetriebliche Vorgänge anzusehen und sind somit erfolgsneutral zu behandeln. Bei einer Verfolgung der Zurechnungstheorie werden Gewinne und Verluste der Muttergesellschaft zugerechnet.

Bsp. 5.4.3/1: Konzernobergesellschaft M verkauft ein Wirtschaftsgut mit einem Buchwert von 100 TDM zum Verkehrswert vom 1.100 TDM an ihre Tochtergesellschaft T1. M realisiert handelsrechtlich einen Gewinn von 1.000 TDM. M schüttet diesen Gewinn aus. Annahmegemäß erfolgt steuerlich eine Zwischengewinneliminierung. Gehen M und T1 in den Folgejahren masselos in Konkurs, so entsteht die Frage, wer für den entstehenden Steuerausfall von 450 TDM einzustehen hat.

Gegen ein bei der Zwischengewinneliminierung vorauseilendes Steuerrecht ist grundsätzlich einzuwenden, daß es dabei zu einer Änderung der Vermögensposition zwischen den beteiligten Konzernunternehmen und den Anteilseignern kommt. Der Fiskus hat mit seiner Steuerforderung aus den steuerlich nicht realisierten Gewinnen in einem Konkursverfahren regelmäßig das Nachsehen. Nach geltendem Recht kann der Fiskus im Jahr der Gewinnentstehung bei der Einzelgesellschaft seinen Steueranspruch geltend machen.

Als weiterer Fall soll die Zwischengewinneliminierung im Nichtvertragskonzern bzw. faktischen Konzern unter der Beachtung der Nachteilsausgleichspflicht betrachtet werden:

Bsp. 5.4.3/2: Die T2 mit einem Minderheitsgesellschafter liefert ein Wirtschaftsgut zu 20 TDM (Buchwert 10 TDM, Marktpreis 20 TDM) an M in Periode 01. M veräußert erst in der Folgeperiode 02 zu 30 TDM an einen Konzerndritten. Bei der Annahme einer steuerlichen Zwischengewinneliminierung bereits auf Ebene der Tochtergesellschaft entsteht steuerlich in 01 bei T2 ein Gewinn von 0. Bei der alternativen Annahme einer Gewinneliminierung erst auf Ebene der M entsteht bei T2 zwar ein Gewinn von 10 TDM; dieser zuzurechnende Gewinn würde aber bei M steuerlich eliminiert werden. In beiden Fällen hat die Muttergesellschaft und damit der gesamte Konzern eine Steuerlast in Periode 01 von 0.

Aus Vermögensschutzgründen sind die innerkonzernlichen Transaktionen grundsätzlich zu Marktpreisen abzurechnen.[160] Daraus ergibt sich eine zwangsweise handelsrechtliche Erfolgsrealisation. Da im vorliegenden Fall von T2 an M zu 20 TDM geliefert werden muß, ist bei T2 dementsprechend ein Ertrag und damit ein handelsbilanzieller Gewinn von 10 TDM auszuweisen. Aufgrund der Beachtung des Schutzinteresses der Gläubiger sowie der Minderheitenrechte müßte die handelsrechtliche von der steuerrechtlichen Behandlung abweichen.

Im faktischen Konzern sind von Drittvergleichspreisen abweichende Verrechnungspreise möglich. Dadurch entstehen jedoch Nachteilsausgleichspflichten nach § 311 AktG.[161] Wird von T2 nicht zum Verkehrswert sondern zum Buchwert von 100 geliefert, erhält T2 dementsprechend gem. § 311 Abs.2 AktG einen Anspruch auf einen Nachteilsausgleich. T2 hat diesen Anspruch grundsätzlich ertragswirksam zu vereinnahmen.[162] Für M ist die Nachteilsausgleichspflicht aufwandswirksam. Im Gegensatz zur Veräußerung zum Verkehrswert gleicht sich der Nachteilsausgleich im Konzern in der Regel zu einem erfolgsneutralen Gesamteffekt aus. Soweit dies dem Willen der M entspricht, kann T2 anstatt der ertragswirksamen Vereinnahmung den Nachteilsausgleich auch nach § 272 Abs.2 Nr.4 HGB in die Kapitalrücklage einstellen.[163] Damit kann der Gesamteffekt bei der Nachteilsausgleichspflicht wahlweise erfolgswirksam oder erfolgsneutral ausge-

---

160 Die Möglichkeit des Verzichts auf Gewinnrealisierung durch eine Buchwertübertragung von der Tochtergesellschaft auf ihre Muttergesellschaft besteht lediglich dann, wenn keine speziellen gesellschaftsrechtlichen Korrekturvorschriften vorgesehen sind. Bei der GmbH gilt ein allgemeines Schädigungsverbot. Aufgrund der gesteigerten Treuepflicht ist es nur für den Fall einer 100%-igen Tochtergesellschaft bzw. bei Zustimmung aller Minderheitsgesellschafter und bei Erhalt des Stammkapitals möglich, zu einem vom Verkehrswert abweichenden Wert zu übertragen. Faktisch besteht bei der Möglichkeit der Buchwertübertragung über die Bestimmung der Konzerntransferpreise ein grundsätzliches Wahlrecht, konzerninterne Transaktionen ertragswirksam oder ertragsneutral abzuwickeln. Steuerrechtlich liegt bei der Vorteilsgewährung der Tochtergesellschaft eine vGA und umgekehrt bei einem Ausgleich eines Nachteils eine vKE vor. Vgl. Döllerer, 1990, S. 172.

161 Bei einer abhängigen GmbH entsteht dieser Anspruch sofort; bei einer abhängigen AG richtet sich der Anspruch nach § 311 AktG.

162 Der Ausweis hat unter sonstigen betrieblichen Erträgen zu erfolgen. Vgl. ADS § 311, Rn. 71.

163 Vgl. ADS § 311, Rn. 65.

wiesen werden.[164] Festzuhalten ist, daß Ausschüttungspotential geschaffen werden kann.

Beim Vertragskonzern[165] ergibt sich gem. § 293 Abs.3 AktG durch die Lockerung der Vermögensbindung hinsichtlich des Gewinnausweises eine vom faktischen Konzern abweichende Beurteilung. Dazu sei folgendes Beispiel angeführt:

Bsp. 5.4.3/3: Zwischen T3 und M besteht ein Beherrschungsvertrag. T3 liefert ein Wirtschaftsgut (Buchwert 10 TDM, Marktpreis 20 TDM) zum Buchwert an M. M veräußert erst in der Folgeperiode zu 30 TDM an einen Konzerndritten.

Die Vermögensbindung ist im Vertragskonzern[166] außerhalb des bilanziellen Ausgangsvermögens weitgehend aufgehoben.[167] Im Vertragskonzern steht es den Konzerngesellschaften damit grundsätzlich frei, die Höhe der Transferpreise zu bestimmen. Die Veräußerung von T3 an M kann zum Buchwert durchgeführt werden, ohne daß hierfür eine zwingende Korrekturvorschrift besteht. Eine ertragsneutrale handelsbilanzielle Übertragung ist damit möglich. Eine zwingende Gewinnerhöhung bzw. eine handelsrechtliche Gewinnrealisierung erfolgt nicht. Werden im Gegensatz dazu innerkonzernliche Transaktionen zum Verkehrswert vorgenommen, erfolgt handelsbilanziell ein Gewinnausweis. Damit besteht die Möglichkeit, wahlweise konzerninterne Gewinne zu realisieren und damit auch an die Anteilseigner auszuschütten. Durch die Bestimmung der Konzerntransferpreise im Vertragskonzern ergibt sich ein faktisches Gewinnausweiswahlrecht in den Konzerneinzelbilanzen, das von der Konzernleitung entsprechend seinen eigenen Zielvorstellungen eingesetzt werden kann.[168]

---

164 Insgesamt ergeben sich damit drei Möglichkeiten des Erfolgsausweises: Erhöhung, Eliminierung oder Minderung des Gesamtgewinns der Konzerneinzelgesellschaften.

165 Entsprechendes gilt für den Eingliederungskonzern nach § 324 Abs.3 AktG.

166 Es sei noch einmal darauf hingewiesen, daß hier unter Vertragskonzern immer ein Konzern auf Basis eines Beherschungsvertrages zu verstehen ist.

167 Die Verlustübernahmepflicht wirkt als Vermögenssicherung der Tochtergesellschaft.

168 Als Grenze ergeben sich lediglich die Sorgfaltspflichten des § 93 AktG.

Bei der Zulassung einer steuerlichen Gewinneliminierung entstünde bei einer Übertragung[169] zum Buchwert bereits handelsrechtlich ein Konzerngewinn von 0. Sowohl steuerlich als auch handelsrechtlich würde erst bei der Veräußerung an einen Konzerndritten in der Folgeperiode eine Gewinnrealisierung erfolgen. Werden Übertragungen bereits handelsrechtlich zum Buchwert vorgenommen, könnte das Steuerrecht mithin auf das Handelsbilanzrecht zurückgreifen. Komplikationen ergäben sich in diesem Fall nicht. Werden die Transaktionen jedoch zum Verkehrswert abgerechnet, erfolgt ein handelsrechtlicher Gewinnausweis. Im geltenden Recht ist die steuerliche Übertragung zum Buchwert unzulässig. Es liegt eine vGA vor. Insofern bleibt das handelsrechtliche Wahlrecht für das Steuerrecht unbeachtlich.

5.4.3.2 Folgerungen für ein Konzernsteuerrecht

Zur Zeit entbehrt die deutsche Konzernbilanz bzw. der Konzernsachverhalt in der Konzerneinzelbilanz nahezu jeglicher materiellrechtlicher Konsequenz.[170] Bei geltender Rechtslage bleibt für die Ausschüttungsbemessung weiterhin die handelsrechtliche Konzerneinzelbilanz maßgeblich. Würde das Steuerrecht eine Zwischengewinneliminierung vorsehen, könnten bzw. müßten in den Einzelhandelsbilanzen der Konzernunternehmen Gewinne realisiert werden, die einer Ausschüttung zugänglich wären. Im Ergebnis könnten steuerlich eliminierte Zwischengewinne ausgewiesen und damit ausgeschüttet werden. Während die Anteilseigner Ausschüttungsansprüche geltend machen könnten, würde der entsprechende Steueranspruch des Fiskus aufgeschoben werden.

Die Ausschüttungsmöglichkeit steuerlich eliminierter Gewinne führt zu der Frage, warum der Fiskus auf seinen Steueranteil verzichten soll, wenn gleichzeitig diese Gewinne an die Anteilseigner ausgeschüttet werden können. Zwar wird bei Ausschüttung durch das Anrechnungsverfahren die Ausschüttungsbelastung bei der Muttergesellschaft hergestellt, wodurch grundsätzlich das Steueraufkommen sichergestellt wird. Dies ist aber dann nicht

---

169 Unter den geltenden steuerrechtlichen Regelungen wird hier eine vGA angenommen.

170 Vgl. auch Ordelheide zu den Komplikationen des Auseinanderfallens der Gewinnermittlungsvorschriften in den verschiedenen Teilrechtsgebieten, zfbf 1987, S. 980 ff..

mehr zutreffend, wenn das liefernde Unternehmen masselos liquidiert wird und man die Gesamtperioden der Konzernunternehmen betrachtet. Durch den Gewinnabfluß können sich Vermögensverschiebungen ergeben, die hinsichtlich der Tragung der entstehenden Steueransprüche nicht dem Schutzgedanken des geltenden Gesellschaftsrechts entsprechen.

Lediglich in den Fällen, in denen keine generelle Verpflichtung besteht, handelsrechtlich den Vermögensgegenstand zum Verkehrwert zu übertragen, d.h. wenn ein Verzicht auf die Gewinnrealisierung zuvor auch im Handelsbilanzrecht möglich[171] ist und auch durchgeführt wird, sollte auch eine konzernsteuerliche Zwischengewinneliminierung umgesetzt werden. Dies trifft nur für den Vertrags- und Eingliederungskonzern, nicht aber für den faktischen Konzern zu.[172] Dann allerdings müßte wohl auch handelsrechtlich zwingend entweder eine Zwischenerfolgseliminierung erfolgen oder aber zumindest eine Zwangsrücklage als Ausschüttungssperre eingeführt werden.[173]

Im faktischen Konzern steht der grundsätzlich zwingende handelsrechtliche Gewinnausweis der Forderung entgegen[174], steuerrechtlich eine Zwischengewinneliminierung vorzunehmen. Dieser Zustand kann zwar kritisiert wer-

---

171 Die Möglichkeit des Verzichts auf einen Gewinnausweis ist im Vertragskonzern durch § 291 Abs.3 AktG und im Eingliederungskonzern durch § 323 Abs.2 AktG vorgesehen.

172 Bei Vorliegen einer Stimmrechtsmehrheit und beim Abschluß eines Beherrschungsvertrages ist die Einführung einer Zwischengewinneliminierung diskutabel, da durch die Verlustübernahmepflicht nach § 302 AktG eine Risikoeinheit hergestellt bzw. die Haftungsseparation aufgehoben wird. Zudem wird der Muttergesellschaft nach § 308 AktG die Leitungsmacht zugebilligt.

173 Wird in diesen Fällen zwischen den Unternehmen zum Verkehrswert abgerechnet, so ist auf Ebene der leistenden Gesellschaft handelsrechtlich eine Rücklage in Höhe des Differenzwertes zum Buchwert zu bilden. Bei Buchwertübertragung werden die Vermögensrechte auf Ebene der beliefernden Gesellschaft gesichert. Veräußert diese die Wirtschaftsgüter, so führt dies zu einer Gewinnrealisierung. Eine mögliche Schädigung des Fiskus ist hierdurch ausgeschlossen.

174 Vgl. hierzu auch die Untersuchung von Pick, 1985. S. 191 ff.. Pick sieht lediglich die konzerninterne Erfolgseliminierung beim Vertragskonzern und dem Eingliederungskonzern mit dem Realisationsprinzip vereinbar. Im faktischen Konzern ist aufgrund der §§ 311 ff. AktG und der Haftungssegmentierung die vermögensmäßige Unabhängigkeit der Tochtergesellschaft so weitgehend gewahrt, daß auch bei konzerninternen innerkonzernlichen Lieferungs- und Leistungsgeschäften das Realisationsprinzip angewandt werden muß.

den, dennoch ist er geltende Rechtslage.[175] Ein Gestaltungsvorschlag, der von einem Abschluß eines Ergebnisabführungsvertrages und/oder eines Beherrschungsvertrages absieht, muß daher bei den geltenden rechtlichen Rahmenbedingungen auf die Integration einer Zwischengewinneliminierung verzichten.[176] Eine Orientierung an der Einheitsbetrachtung hinsichtlich einer steuerlichen Zwischengewinneliminierung in der Unternehmensgruppe kann allenfalls erst dann vollzogen werden, wenn auch die handelsbilanzrechtlichen und gesellschaftsrechtlichen Voraussetzungen dafür geschaffen wären. Erst wenn auch in diesen Regelungszusammenhängen der Konzernsachverhalt eine entsprechende Lösung für die aus Konzernsicht nicht realisierten Gewinne bereithält, sollte auch die steuerliche Zwischengewinneliminierung umgesetzt werden bzw. würde eine Zwischengewinneliminierung u.U. bereits durch den Maßgeblichkeitsgrundsatz steuerlich zu berücksichtigen sein. Ein genereller Verzicht auf den Gewinnausweis bei konzerninternen Zwischengewinnen ist zur Zeit nicht zu rechtfertigen.

Ordelheide weist auf das Problem der Divergenz bei den Erfolgskonzeptionen in der Steuerbilanz (Fiktion der wirtschaftlichen Unabhängigkeit), in der handelsrechtlichen Einzelbilanz (Basis der faktischen Einzelerfolge) und der Konzernhandelsbilanz (Fiktion der rechtlichen Einheit) hin und fordert wegen der daraus entstehenden Probleme die Erfolgskonzeption des Kon-

---

175 In diesem Zusammenhang plädiert der Verf. dafür, daß Erfolgswirkungen innerkonzernlicher Transaktionen grundsätzlich im Einzelabschluß offen auszuweisen sind. Rückschlüsse aus der Disaggregation von Konzernbilanz und Einzelbilanz über konzerninterne Transaktionen als auch Risikoverteilung können ohne zusätzliche Informationen kaum gezogen werden. In den Jahresabschlüssen werden hierzu meist keine Angaben gemacht. Vgl. hierzu Pellens, zfbf 1991, S. 496 f. und 501. Für eine generelle Verpflichtung zur Bildung von Gewinnrücklagen bei konzerninternen Gewinnrealisierungen tritt Schneider ein. Vgl. Schneider, ZGR 1984, S. 521.

176 Hinsichtlich einer Einführung einer Verpflichtung zur Bildung einer handelsrechtlichen Zwangsrücklage wäre es erwägenswert, die Zulassung einer steuerlichen Zwischengewinneliminierung auch im faktischen Konzern einzuführen. Würde jedoch das Steuerrecht eine generelle handelsbilanzielle Bildung einer Rücklage im Sinne einer umgekehrten Maßgeblichkeit verlangen, wäre dies insofern problematisch, da das Steuerrecht vermögensrechtlich nachhaltig in orginäre handelsrechtliche Ausschüttungsregelungen eingreifen würde. Diese Vorgehensweise ist abzulehnen. Das Steuerrecht könnte in diesem Punkt allenfalls dem Handelsbilanzrecht folgen bzw. parallel dazu eine allgemeine konzernspezifische Zwischengewinneliminierung einführen.

zerns auf eine einheitliche Grundkonzeption zu stellen.[177] Würde lediglich steuerlich eine Zwischengewinneliminierung vorgenommen werden, würden sich die Differenzen zwischen den bestehenden Erfolgskonzeptionen weiter verstärken. Die Ausschüttungsbemessungsfunktion würde bei der Konzerneinzelbilanz verbleiben, die steuerliche Bemessungsgrundlage würde aber auf den Konzern abgestellt werden.

Insgesamt ist festzustellen, daß bei den vorgelegten alternativen Besteuerungskonzeptionen die geltende materiellrechtliche Bedeutung des Handelsbilanzrechts im Konzern nicht genügend beachtet wird. Die Besteuerungskonzeptionen begnügen sich damit, eine Erfolgslokalisation zu gewährleisten. Es wird angeführt, daß durch eine Erfolgslokalisation auf Ebene jedes einzelnen Konzernunternehmens die Rechte der Minderheitsgesellschafter in ausreichendem Maße berücksichtigt würden.[178] Damit gelinge es, die Verschiebung stiller Reserven zu vermeiden. Nicht genügend beachtet werden aber die Folgen, die bei Durchführung einer steuerlichen Zwischengewinneliminierung und einer gleichzeitigen handelsrechtlich konzerninternen Gewinnrealisierung entstehen.

Nicht akzeptabel ist, den Anteilseigner über Gewinne verfügen zu lassen, während der Fiskus seinen Steueranspruch erst zu einem späteren Realisierungszeitpunkt geltend machen soll. Letztendlich kann diese Vorgehensweise bewirken, daß potentielle Mittel zu Steuerzahlungen auf Gewinne abfließen. Wöhe hat zwar hierzu ausgeführt, daß die Konzernleitung ihre Gewinnausschüttungspolitik so steuern könne, daß Zwischengewinne nicht ausgeschüttet werden.[179] Ein Verlaß auf das Gutdünken des Konzernmanagements erscheint aber außerordenlich "blauäugig" und ist abzulehnen. Eine aufgeschobene Geltendmachung durch eine isolierte steuerliche Gewinneliminierung kann letztendlich dazu führen, daß dieser Anspruch in späteren Jahren durch Vermögenslosigkeit der Konzerngesellschaft wertlos wird.

Alternativ zu einer Berücksichtigung der Zwischenerfolgsrealisierung auf Ebene der Konzerneinzelgesellschaft könnte die Berücksichtigung des Konzernsachverhaltes hinsichtlich der Ausschüttung auch an der Konzerngesamtbilanz ansetzen. Ob die Zuweisung der Ausschüttungsbemessungsfunktion auf die Konzernhandelsbilanz eine zweckadäquate Lösung darstellt,

177 Vgl. Ordelheide, zfbf 1987, S. 986.
178 Vgl. bspw. Rupp, 1983, S. 218; Scheffler, DBW 1991, S. 712.

erscheint fraglich, da ein Aufteilungsschlüssel für den zusammengefaßten Konzernerfolg gefunden werden müßte. Auch ist die Behandlung der Ansprüche von Minderheitsgesellschaftern noch nicht beantwortet worden.[180] Dieser Fragestellung soll und kann im Rahmen dieser Arbeit nicht weiter nachgegangen werden. Eine weitere Auseinandersetzung erübrigt sich auch schon deshalb, weil trotz wiederholter Reformüberlegungen[181] eine Änderung der materiellen Rechtslage bei der Ausschüttungsbemessungsfunktion vom Gesetzgeber in absehbarer Zeit kaum zu erwarten ist.[182]

Ein weiterer, wenn sicherlich auch nicht entscheidender Punkt ist der voraussichtlich hohe Verwaltungsaufwand, der durch eine Zwischengewinneliminierung zu erwarten ist. In den USA ist wegen des hohen Aufwandes bei der Zwischengewinneliminierung vorgesehen, daß der Steuerpflichtige darauf teilweise oder gänzlich verzichten kann.[183] Selbst nachdrückliche Befürworter einer Einheitsbesteuerung des Konzerns warnen davor, die mit einer Zwischengewinnkonsolidierung verbundenen Probleme zu unterschätzen.[184] Bei den Regelungen zur amerikanischen Konzernbesteuerung wird, trotz der Ermöglichung der Zwischengewinneliminierung, die Verlustverrechnung als der wesentliche Vorteil angesehen.[185] In den Niederlanden, die eine Zwischengewinneliminierung ermöglichen, wird aufgrund der komplexen Regelungen diskutiert, ob nicht auf nationaler Ebene innerhalb einer Unternehmensgruppe lediglich Verluste transferierbar sein sollen, ohne daß es der Bildung einer steuerlichen Einheit bedarf.[186] Es wäre zu befürchten, daß nur Großunternehmen in der Lage sein würden, diesen Aufwand zu tra-

---

179 Vgl. Wöhe, 1982, S. 81.

180 Zu diesem und den weiteren Problemen der Anknüpfung an die Konzernhandelsbilanz bei Zuweisung der Ausschüttungsbemessungsfunktion. Vgl. Ordelheide, zfbf 1987, S. 985.

181 Vgl. bspw. Busse von Colbe, 1987, S. 61 ff.; Lutter, 1987, S. 327ff.; Lehertshuber, 1986; Werner, 1985, S. 935 ff.; Pick, 1985; Götz AG 1984, S. 85 ff.; Unternehmensrechtskommission, 1980, S. 662; Böhm, 1979.

182 Hinsichtlich der Zuweisung der Ausschüttungsfunktion auf den Konzernsachverhalt lassen sich Effizienzvorteile nicht zwingend begründen. Vgl. Faß, 1992, S. 183; Pellens, 1994, S. 323.

183 Vgl. Müller, 1991, S. 79.

184 Vgl. Harms/Küting, BB 1982, S. 454.

185 Vgl. Bittker-Eustice § 15.23/15-59.

186 Vgl. Grotherr, IWB 1994, S. 1165.

gen, jedoch mittelständischen Konzernunternehmungen der damit verbundene Aufwand zu hoch sein dürfte.[187]

5.4.4 Bedingte Tauglichkeit der Zurechnungskonzeption für grenzüberschreitende Unternehmensgruppen in der EU

Nach der Zurechnungstheorie werden die Einkommen der Tochtergesellschaften der Muttergesellschaft nicht zugeführt, sondern lediglich zugerechnet. Thesauriert die Tochtergesellschaft Gewinnanteile, so hätte nach der Zurechnungstheorie die Muttergesellschaft den vollen Gewinn zu versteuern, obwohl dieser gar nicht in die Verfügungsmacht der Muttergesellschaft gelangt ist. Für den internationalen Bereich ergibt sich aus der notwendigen Beachtung der Trennung der verschiedenen Finanzhoheiten dadurch eine zusätzliche Problematik. Bei transnationalen Konzernverbindungen käme eine Zurechnung einem internationalen Durchgriff gleich. Gewinne würden damit einer exteritorialen Besteuerung unterworfen. Im Rahmen der internationalen staatlichen Steuerabgrenzung[188], wie sie auch in den OECD-Guidelines zu den internationalen Verrechnungspreisen zum Ausdruck kommen[189], und unter Beachtung der geltenden Finanzverfassung der EU ist eine solche Konzeption grundsätzlich nicht durchsetzbar.

Eine Einkommenszurechnung ist daher allenfalls auf grenzüberschreitende Verluste anzuwenden, wie dies in dem Richtlinienvorschlag zur Verlustverrechnung der EU zum Ausdruck gekommen ist. Entsprechend beschränken sich auch die Vorschläge zur Besteuerung von transnationalen EU-Konzernen auf eine Einkommenszurechnung auf den nationalen Bereich. Bei transnationalen Konzernverbindungen werden entsprechend der Verlustrichtlinie in den vorliegenden Vorschlägen Verluste nur temporär zugerechnet. Dies ist durch die Wahrung der Finanzhoheiten zwar zu begründen, aber hinsichtlich der Zielsetzung des einheitlichen Binnenmarktes nicht konsequent. Die Verlustverrechnung sollte, auch soweit der Verlust in einem anderen

187 Bzgl. des Bestehens dieser Problematik im US-amerikanischen Konzernsteuerrecht: Vgl. Mühlschlegel, DB 1972, S. 1353.

188 Generell hinsichtlich Unternehmensgewinne, vgl. Art. 7 und 9 OECD-MA für Doppelbesteuerungsabkommen, insbes. aber Art. 10 Nr.5 OECD-MA.

189 Zur jüngsten Entwicklung der Revision der Richtlinien über Verrechnungspreise, vgl. Eggers, IStR 1996, S. 393.

EU-Mitgliedsstaat enstanden ist, grundsätzlich nicht auf eine temporär befristete Berücksichtigung beschränkt werden. Nur die Möglichkeit der prinzipiell vollständigen Berücksichtigung ohne zeitliche Einschränkung entspricht der Vorstellung eines Gemeinsamen Marktes.

5.5 Vorgaben für eine adäquate Besteuerungskonzeption für eine Unternehmensgruppe unter den geltenden zivil- und handelsbilanzrechtlichen Rahmenbedingungen

5.5.1 Zweckentsprechende Berücksichtigung der Dualität des Konzerns

Bei einer Besteuerungskonzeption für den Konzern muß aufgrund der Rechtsformorientierung der deutschen Unternehmensbesteuerung beachtet werden, daß der Konzern außerhalb des Eingliederungskonzerns und des Vertragskonzerns grundsätzlich nicht als rechtliche Anspruchseinheit gesehen wird. Dem Konzern fehlt, da er kein eigenständiges Rechtssubjekt ist, die rechtliche Zuordnung von Ansprüchen und Verpflichtungen. Auch wenn man die Konzernunternehmung als wirtschaftliche Planungs-, Koordinations- und Entscheidungseinheit sieht[190], so hat die fehlende Zuordnungsfunktion eine wesentliche wirtschaftliche Bedeutung und auch ökonomische Auswirkungen. Es bedarf sicherlich der einheitlichen Betrachtung des Konzerns, um Wirkungszusammenhänge zu erkennen und zu erfassen. Dem Bild der wirtschaftlichen Einheit kann nur bedingt zugestimmt werden. Nicht außer acht gelassen werden darf der jeweilige Regelungszusammenhang, in dem der Konzern als Einheit wirkt.

Da der Konzern entsprechend seiner immanenten Dualität im Spannungsfeld zwischen der rechtlichen Vielheit und wirtschaftlicher Einheit liegt, muß beiden Aspekten eine zweckentsprechende Berücksichtigung zukommen. Die Orientierung an der Einheitstheorie besticht sicherlich durch ihre scheinbare gedankliche Konsequenz. Doch die scheinbar klaren Lösungen überdecken oftmals den Blick für konzernspezifische Fragestellungen.[191] Die konsequent verfolgte Einheitstheorie als Grundlage für eine Konzernbe-

190 Vgl. Theisen, 1991, S. 4.
191 Vgl. auch Pick, 1985, S. 43. Offensichlich wird dies auch bei der handelsbilanzrechtlichen Einheitstheorie mit den vielen Durchbrechungen, wie bspw. bei dem Ausweis des anteiligen Firmen- und Geschäftswertes, ersichtlich.

steuerungskonzeption des faktischen Konzerns trägt den Konflikt zum bestehenden Gesellschaftsrecht und Handelsbilanzrecht immanent in sich. Dementsprechend wird auch ein konsequent an der Einheitstheorie orientierter Vorschlag ohne die Forderung nach 100% Beteiligungsbesitz oder eines Eingliederungskonzerns zivilrechtliche Probleme hinsichtlich der Verteilung der Steuerschuld nach sich ziehen.

Die Probleme, die sich bei konsequenter Ausrichtung an der Einheitstheorie ergeben, werden exemplarisch am Beispiel der Konzernbesteuerung der Niederlande deutlich. Das niederländische Recht, das eine einheitliche Besteuerung der Konzernunternehmung in Form der steuerlichen Einheit praktiziert, kam nicht umhin, den Tochtergesellschaften die subjektive Steuerpflicht zuzuerkennen.[192] Aufgrund der Komplexität der Bestimmungen werden in den Niederlanden Überlegungen angestellt, eine vereinfachte Verlustverrechnung in der Unternehmensgruppe zu ermöglichen.[193] Gangbar ist, will man die Besteuerungskonzeption nicht auf 100% Tochterkapitalgesellschaften beschränken, für den faktischen Konzern offensichtlich nur eine Kompromißlösung.

Unterschiedliche Konzerntypen bzw. -formen haben auch unterschiedliche ökonomische Auswirkungen. Dies ist steuerrechtlich zu beachten. An die Merkmalsausprägungen des Konzerntyps haben sich die Vorschläge einer Besteuerungskonzeption zu halten. Je nachdem, ob der Konzerntyp eher hin zum Einheitsunternehmen neigt oder eher als unabhängiges Unternehmen zu betrachten ist, sollte auch stufenweise eine zur Einheit hin tendierende Besteuerung vorgenommen werden. Unter Würdigung der derzeitigen Anlehnung des Steuerrechts an gesellschaftsrechtliche Wertungen und die handelsrechtlichen Regelungen müssen die Einzelgesellschaften außerhalb des Eingliederungs- und Vertragskonzerns Ausgangspunkt der steuerlichen Behandlung bleiben.

Die steuerliche Erfassung unter völliger Ignorierung der wirtschaftlichen Verbundenheit entspricht damit in der Unternehmensgruppe ebensowenig den derzeit geltenden zivilrechtlichen Rahmenvorgaben und der wirtschaftlichen Unternehmensrealität wie die vollständige Behandlung des Konzerns

---

192 Vgl. Grotherr, IWB 1994, S. 1169.

193 Vgl. Grotherr, IWB 1994, S. 1178. Die Probleme bestehen insbesondere hinsichtlich der Mißbrauchsvorschriften zur Verhinderung der Steuerumgehung.

als ein Unternehmen. Vom ökonomischen Standpunkt aus befindet sich der Konzern als Organisationsform zwischen Markt und Unternehmen. Je nach organisatorischer Strukturierung bzw. Konzernform bzw. Konzerntyp entspricht der Konzern eher einer Gruppe von bedingt abhängigen Unternehmen oder mehr dem Einheitsunternehmen. Dies hängt einerseits von den situativen ökonomischen Faktoren ab, andererseits wird dies von der Wahl der rechtlichen Konzernform mitbestimmt.

5.5.2 Intersubjektive Verlustverrechnung als wesentliche Ursache und Wirkung der deutschen Konzernbesteuerung

Betrachtet man die Wirkung der Organschaft, so liegt diese vor allem in der Ermöglichung des Verlustausgleichs. Die ursprünglich neben dem Verlustausgleich wesentliche Begründung der Vermeidung von eventuellen Doppel- bzw. Mehrfachbesteuerungen ist nach Einführung des Anrechnungsverfahrens weitestgehend obsolet. Die mangelhafte Umsetzung des Anrechnungsverfahrens zur Verhinderung von Doppel- und Mehrfachbelastungen ist keine grundlegende Begründung mehr für eine Regelung einer Konzernbesteuerung.

Der bisher weitere wesentliche Vorteil der Organschaft in Form der Ermöglichung der Weiterleitung von steuerfreien Einnahmen aus Auslandseinkünften ist durch die Einführung des § 8 b KStG nun auch außerhalb der Organschaft gegeben.[194] Auslandseinkünfte können nun grundsätzlich ohne Herstellung der Ausschüttungsbelastung und damit ohne den Nachversteuerungseffekt an Körperschaften nach § 1 Abs.1 Nr.1-3 und 6 weitergeleitet werden.[195] Der Einführung des § 8 b KStG bedurfte es, um Lücken des Anrechnungsverfahrens zu schließen. Sonstige noch bestehende Doppelbelastungseffekte haben ihre Ursache in der mangelnden Funktionsfähigkeit bzw. den Lücken im System des Anrechnungsverfahrens und bedürfen nicht des Instituts der Organschaft.

---

194 Vgl. StandOG vom 13.9.1993, BGBl. I 1993, S. 1569.

195 Einschränkend ist hierbei jedoch anzumerken, daß die Verwendungsfiktion des § 28 KStG weiterhin gilt, so daß steuerfreie Auslandseinkünfte erst nachrangig steuerfrei ausgeschüttet werden. Vgl. Streck, KStG, § 8 b Rn.3.

Die Beibehaltung der Organschaft im Körperschaftsteuergesetz von 1977 wurde mit der Möglichkeit der Verlustverrechnung begründet.[196] Eine Konzeption einer Konzernbesteuerung bei Nichtvorliegen eines Vertragskonzerns sollte sich deshalb auf das bereits vom Gesetzgeber 1969 und 1977 zum Ausdruck gebrachte Ziel der Organschaft konzentrieren, nämlich der konzerninternen Verlustverrechnung. Das vielfach zu findende Argument, die Organschaft beseitige die Doppel- und Mehrfachbesteuerung, ist in dieser Form nicht mehr stichhaltig. Entsprechend der Grundsystematik des deutschen Steuerrechts sollte seit Einführung des Anrechnungsverfahrens 1977 eine Doppelbelastung durch das Anrechnungsverfahren vermieden werden. Deutlich wird dies bei Entfallen der Voraussetzungen der Organschaft. In diesem Fall kommt es keinesfalls zu einer Doppelbesteuerung, da das Anrechnungsverfahren zur Verhinderung von Doppelbelastungen automatisch eingreift.

Wie die Untersuchung des Ergebnisabführungsvertrages ergeben hat und die Rechtssystematik des § 15 a EStG bestätigt, legt das deutsche Steuerrecht auch bei der Organschaft trotz Zurechnungskonzeption maßgeblichen Wert auf die tatsächliche Verlusttragung. Dies ist auch hinsichtlich der ökonomischen Beurteilung zweckadäquat, da hierbei die tatsächlich wirtschaftliche Verantwortung übernommen wird. Inwiefern eine tatsächliche Übernahme von Verlusten im deutschen Steuerrecht zu ihrer steuerlichen Geltendmachung erforderlich ist, wird im folgenden 6. Kapitel noch näher untersucht.

Wird bei Vorliegen einer Unternehmensgruppe in einem gewissen Rahmen eine wirtschaftliche Einheit anerkannt, so sollte dies durch die Möglichkeit der Verlustverrechnung entsprechend steuerlich berücksichtigt werden. Für die Unternehmensgruppe führt eine Verlustverrechnung in der Regel zu keiner endgültigen Steuerersparnis. Sie stellt aber mitunter einen nicht unerheblichen positiven Liquiditätseffekt dar. Hinsichtlich der Ermöglichung notwendiger Reinvestitionen kann dieser Aspekt für die Unternehmensgruppe gerade auch in wirtschaftlich schwierigen Zeiten von nicht unerheblicher Bedeutung sein.

196 Vgl. BT-Drucksache 7/1470, S. 347.

6. Verlustberücksichtigung im Konzern bei Nichtbestehen eines Organschaftsverhältnisses

6.1 Verluste im deutschen Steuerrecht

6.1.1 Verlustbegriff

Obwohl in § 10 d EStG der Begriff des Verlustes genannt wird, findet sich keine explizite Definition des Verlustbegriffs im Einkommensteuerrecht. Eine eindeutige Begriffsbestimmung fehlt im deutschen Steuerrecht. Unter Verlust kann der Überschuß der Erwerbsaufwendungen über die Erwerbsbezüge verstanden werden.[1] Für den bilanzierenden Gewerbetreibenden ergibt sich aus § 4 Abs.1 EStG der Gewinn bzw. der Verlust als Unterschiedsbetrag zwischen dem Betriebsvermögen am Schluß des Wirtschaftsjahres und dem Betriebsvermögen zum Ende des vorangegangenen Wirtschaftsjahres (Betriebsvermögensvergleich). Einkommensverluste stellen dementsprechend effektive Vermögensminderungen dar[2], die sich aus der Gegenüberstellung der Vermögen im Zeitablauf unter Zugrundelegung der steuerlichen Bilanzierungs- und Bewertungsvorschriften ergeben.

Betrachtet man neben der rein buchtechnischen Verlustbestimmung die ökonomische Wirkung, kann man wirtschaftliche Verluste von den Buchverlusten unterscheiden.[3] Unter wirtschaftlichen Verlusten kann die Verminderung der Ertragskraft definiert werden. Darunter kann die Verminderung der Fähigkeit zur Erlangung von Überschüssen aus dem Unternehmen in der Zukunft verstanden werden. Verluste, die aus erhöhten Abschreibungen bzw. Sonderabschreibungen entstehen[4], sind ökonomisch keine echten wirtschaftlichen Verluste, außer es liegt tatsächlich ein außergewöhnlicher Werteverzehr vor. Ihnen steht jedoch regelmäßig kein tatsächlicher, nach betriebswirtschaftlichen Gesichtspunkten entstandener Werteverzehr gegenüber.[5] Theoretisch wäre ein Abzug nur für wirtschaftliche und nicht für

---

1 Vgl. Kirchhof, KS, § 2 A 59.

2 Vgl. Scheffler, 1992, S. 114.

3 In ihrer wirtschaftlichen Wirkung führen Buchverluste im Unternehmen zu stillen Reserven und zu einer Verminderung des Abflusses an Zahlungsmitteln und damit zu einem positiven Liquiditätseffekt. Bei Bestehen vorteilhafter Investitionsmöglichkeit führt dies zu einer Gewinnverbesserung der Unternehmung.

4 Bspw. Sonderabschreibungen nach § 4 FördGebG.

5 Vgl. Baumhof, StBJb 1993/94, S. 269.

buchtechnische Verluste denkbar.[6] Die Forderung nach Verzicht der Einbeziehung reiner Buchverluste ist jedoch schwerlich denkbar, da das Steuerrecht zu subventionellen Zwecken eingesetzt wird, und eine exakte Trennung mitunter schwierig sein kann.

Bereits die unsystematische Erfassung der interperiodischen Verlustberücksichtigung in Form des Verlustabzuges nach § 10 d EStG zeigt die Schwierigkeiten, die das deutsche Steuerrecht hat, Verluste richtig in die Steuersystematik einzupassen. Der Verlustabzug bezieht sich auf den Gesamtbetrag der Einkünfte und ist wie eine Sonderausgabe bei der Ermittlung des Einkommens zu behandeln (§ 2 Abs.4 EStG). Ausgehend vom Nettoprinzip müßte die Gegenüberstellung von Erwerbsbezügen zu Erwerbsausgaben bereits bei der Ermittlung der Einkünfte erfolgen. Im Gegensatz hierzu erfolgt der Verlustabzug als Sonderausgabe im Bereich der Einkommensverwendung.

6.1.2 Verlustberücksichtigung als Ausdruck der Besteuerung nach der Leistungsfähigkeit

Im Gegensatz zur Behandlung von Einkünften erfolgt die Behandlung von Verlusten im deutschen Steuerrecht eher stiefmütterlich.[7] Auch wenn die Verlustverrechnungsmöglichkeiten in den letzten Jahren teilweise verbessert worden sind[8], bestehen weiterhin Einschränkungen bei der Verlustverrechnung. Hinsichtlich der Begründung der Beschränkungen klingt beim BFH das Argument mitunter durch, daß Steuern zur Erzielung von Einnahmen dienen.[9] Die Berücksichtigung von Verlusten würde hierzu im Widerspruch stehen. Die Beschränkung von Verlustberücksichtigungen wird vom BFH auch mit verbundenen Lenkungszielen begründet.[10]

---

6 Diese Auffassung vertritt Paus hinsichtlich des Verlustausgleichs des § 10 d EStG. Paus unterscheidet zwischen "echten" betriebswirtschaftlichen Verlusten und künstlich herbeigeführten Verlusten. Vgl. Paus, BB 1988, S. 185.

7 Vgl. Ritter, FR 1975, S. 397.

8 Vg. Orth, StuW 1996, S. 306.

9 Vgl. BFH vom 17.10.1990 I R 182/87, BStBl. II 1991, S. 136.

10 Vgl. BFH vom 17.10.1990 I R 182/87, BStBl. II 1991, S. 136.

Im Gegensatz zum BFH ist die herrschende Meinung der Auffassung, daß Verluste durch das Leistungsfähigkeitsprinzip erfaßt werden.[11] Entsprechend dem Leistungsfähigkeitsprinzip sind negative als auch positive Einkünfte aus den Einkunftsarten eines Steuerpflichtigen in die Bemessungsgrundlage einzubeziehen. Aus § 2 Abs.3 EStG ergibt sich, daß Verluste aus den einzelnen Einkunftsarten einer Periode durch den sogenannten Verlustausgleich mit positiven Einkünften derselben Periode ausgeglichen werden können. Da grundsätzlich alle Einkünfte eines Steuerpflichtigen seine Leistungsfähigkeit beeinflussen, entspricht dies dem Leistungsfähigkeitsprinzip. Auch international ist allgemein anerkannt, daß erlittene Verluste grundsätzlich zu berücksichtigen sind.[12]

§ 10 d EStG gibt die Möglichkeit, Verluste über eine Periode hinweg interperiodisch in Form des Verlustabzuges zu verrechnen. Nach § 10 d EStG ist ein zeitlicher Verlustrücktrag auf 2 Jahre bei Beträgen bis zu 10 Mio. und ein unbegrenzter Verlustvortrag möglich. Im Verlustabzug darf aber keine Steuervergünstigung gesehen werden, sondern er dient der richtigen Leistungsfähigkeitsbemessung nach dem objektiven Nettoprinzip.[13] Eigentliche Bezugsgröße der Bemessung der Leistungsfähigkeit ist der Gesamtgewinn eines Unternehmens über alle Perioden. Theoretisch richtige Bezugsbasis wäre die Besteuerung des Totaleinkommens am Ende der Totalperiode des Unternehmens. Entsprechend dem Leistungsfähigkeitsprinzip sind erlittene Verluste interperiodisch auszugleichen, d. h. mit denen in der Totalperiode erwirtschafteten Gewinnen. Die Besteuerung muß jedoch periodisch auf das Jahreseinkommen zugreifen.[14] Die Periodisierung entspricht keinem Wertungsprinzip, sondern ist als ein technisches Prinzip zu sehen, das die ideale Besteuerung nach der wirtschaftlichen Leistungsfähigkeit einschränkt.[15] Die Periodisierung erfolgt aufgrund des Aufkommensinteresses des Fiskus, weswegen von einer Endbesteuerung abgesehen werden muß. Aus Gründen der Steuergerechtigkeit ermöglicht die Verlustverrechnungsvorschrift des § 10 d EStG daher eine Durchbrechung der Abschnittsbesteuerung.[16]

---

11 Vgl. Schulze-Osterloh, JbFSt 1984/85, S. 208; Vogel, BB 1983, S. 180.
12 Vgl. hierzu Länderberichte zum IFA-Kongress in Kopenhagen, 1979.
13 Vgl. Tipke/Lang, 1996, § 9 Rn. 60.
14 § 25 Abs.1 EStG, § 7 Abs.3 S.1 KStG.
15 Vgl. Tipke, 1993, S. 668 ff..
16 Vgl. HHR, § 10 d Anm. 12 m.w.N..

6.1.3 Grundsatz und Reichweite der Subjektbezogenheit der Verluste

Das deutsche Steuerrecht folgt dem Prinzip der Individualbesteuerung. Die Zurechnung von Einkünften erfolgt, indem sie demjenigen zugerechnet werden, der den Einkünftetatbestand erfüllt bzw. verwirklicht. Dementsprechend wird positives als auch negatives Einkommen zugerechnet. Wirtschaftliche und juristische bzw. materielle Verlustzurechnungen werden sich in der Regel entsprechen, d. h. es wird mit der Verwirklichung des Einkommenstatbestandes der §§ 4 ff. EStG die zu tragende Vermögenseinbuße beim Steuerpflichtigen übereinstimmen.[17]

Sprechen nicht besondere Gründe[18] dagegen, wird grundsätzlich nur derjenige einen Verlust tragen, dem auch die damit zusammenhängenden wirtschaftlichen Vorteile zustehen. In der Regel spiegelt das Tragen der Vermögenseinbuße für seine steuerliche Geltendmachung den wirtschaftlichen Sachverhalt wider. Die juristische Betrachtungweise ist in ihrer Sichtweise restriktiver, wenn sie verlangt, daß eine Verlustverrechnung nur bei demjenigen Steuerpflichtigen zu berücksichtigen ist, der den Verlust auch erlitten hat.[19] Dies ist zu verstehen als Forderung, daß der wirtschaftlich zugrundeliegende Tatbestand, an den das Steuerrecht die Steuerpflicht knüpft, vom Steuerpflichtigen in seiner eigenen Person verwirklicht wird. Dieser Gedankengang basiert auf dem im deutschen Steuerrecht herrschenden Grundsatz der Individualbesteuerung, der die Personenidentität als Voraussetzung der Einkommenszurechnung bei einer Verlustberücksichtigung verlangt.[20]

Am Beispiel der Einschränkung des Übergangs des Verlustabzuges wird dieses Prinzip deutlich. Gemäß § 8 Abs.1 KStG gilt die Regelung des Verlustabzuges gem. § 10 d EStG entsprechend für das Körperschaftsteuerrecht. Entsprechend dem oben dargestellten Grundsatz steht der Verlustabzug nach § 10 d EStG grundsätzlich nur demjenigen zu, der den Verlust erwirtschaftet bzw. erlitten hat.[21] Es bedarf der zivilrechtlichen Personenidentität hinsichtlich der Erwirtschaftung des Verlustes und seiner steuerlichen Geltendmachung.

---

17 Vgl. Keuk, StbJb 1973/74, S. 373.

18 Dies können bspw. familiäre, aber u.U. auch steuerliche Gründe sein.

19 Vgl. BFH vom 4.12.1991 I R 74/89, BStBl. II 1992, S. 432.

20 Vgl. von Groll, KS, § 10d B 105 m.w.N..

Überwiegend wird die Ansicht vertreten, daß die steuerliche Verlustgeltendmachung von der Tragung des Verlustes unabhängig sei.[22] Hierzu wird regelmäßig das Beispiel der Zurechnung von Verlusten im Konkursfall angeführt.[23] Diese wohl herrschende Auffassung führt zur Begründung als Präzedenzfall an, daß die im Konkurs entstehenden Verluste in voller Höhe zugerechnet werden. Hierbei wird offensichtlich unterstellt, daß es nicht zu einer Verlusttragung kommt, und damit lediglich die Erfüllung des steuerbaren Tatbestandes abzustellen sei.[24] Keuk kritisiert diese Vorgehensweise.[25] Verluste sollten nur insoweit berücksichtigt werden können, wie sie wirtschaftlich den Steuerpflichtigen belasten. Es würden dem Steuerpflichtigen Verluste zugewiesen, die er gar nicht zu tragen habe. Verluste, die den Gemeinschuldner wirtschaftlich nicht belasten, sollten ihm auch nicht steuerlich zugerechnet werden.

Bei dieser Diskussion werden Gegensätze aufgebaut, die in dieser Weise nicht existieren. Denn es ist gar nicht absehbar, ob es zu einer Nichttragung des Verlustes kommt. Ein Schuldner, der momentan finanziell nicht in der Lage ist, Schulden zu decken, kann sie zu diesem Zeitpunkt logischerweise nicht tragen. Der Gemeinschuldner bleibt aber auch nach Abwicklung des Konkursverfahrens gem. § 164 KO den Gläubigern weiterhin in Höhe der nicht getilgten Restschulden voll haftbar. Erlangt der Steuerpflichtige nach Abschluß des Konkursverfahrens wieder wirtschaftliche Leistungsfähigkeit, so hat er die nicht getilgten Schulden auch zu einem späteren Zeitpunkt zu tragen. Ob der Schuldner voraussichlich nie tilgen wird, ist insofern unbeachtlich. Einen Zusammenhang herzustellen, daß es den Grundsatz gäbe, daß die steuerliche Verlustberücksichtigung unabhängig von der Verlusttragung ist, trifft insofern nicht zu.

Dies wird am Beispiel des Nachlaßkonkurses, der als "noch geltender" Ausnahmefall[26] dargestellt wird, deutlich.[27] Dem Erben wird beim Nachlaß-

---

21 Vgl. BFH vom 29.10.1986 I R 318-319/83, S. 308 und S. 310; BFH vom 29.10.1986 I R 202/82 , BStBl. II 1987, S. 92.
22 Vgl. Orth, HHR, § 10d Rn. 101; Groll, KS § 10d B 160.
23 Vgl. Orth, HHR, § 10d Rn. 103.
24 Vgl. Orth, HHR, § 10d Rn. 103; Groll, KS § 10d B 160.
25 Vgl. Keuk, StbJb 1973/74, S. 374.
26 Vgl. Orth, HHR, § 10 d Rn. 104.

konkurs nur derjenige Verlust zugerechnet, den er auch tatsächlich trägt. Werden Verluste von den Gläubigern getragen, so sind bestehende Verluste dem Erben nicht zuzurechnen.[28] M.E. muß entgegen allgemeiner Ansicht vom Grundsatz ausgegangen werden, daß Verluste nur insofern steuerlich geltend gemacht werden können, wenn sie zumindest potentiell getragen werden müssen.[29]

Den Grundsatz, daß die steuerliche Geltendmachung von Verlusten nur vom Vorliegen der gleichen juristischen Person abhängt, hat das deutsche Steuerrecht nie konsequent verfolgt. Der Gesetzgeber hat in der Regelung zum Mantelkauf in § 8 Abs.4 KStG neben der juristischen zusätzlich die wirtschaftliche Identität als Voraussetzung zur Verlustverrechnung gefordert. Körperschaften wird in § 8 Abs.4 KStG bei Eigentümerwechsel und bei Nichtvorliegen der wirtschaftlichen Identität der Verlustabzug versagt, obwohl ihn der gleiche Rechtsträger erlitten hat.

In Abkehrung zu seiner vorherigen Rechtsprechung hat sich der BFH zwar in zwei Entscheidungen 1986 dafür ausgesprochen, daß ein Verlustabzug nur von der rechtlichen Identität abhängig gemacht werden solle.[30] Eine bis dahin verlangte wirtschaftliche Identität wurde nicht mehr gefordert. Der BFH begründete seine Auffassung damit, daß das Steuerrecht im Bereich der Unternehmensbesteuerung an die Rechtsform anknüpfe und damit nur an die Körperschaftsteuersubjektfähigkeit des § 1 Abs.1 S.1 KStG.

Die Intervention des Gesetzgebers[31] hinsichtlich der weiterhin erhobenen Forderung der wirtschaftlichen Identität zeigt aber, daß auch im Bereich der Besteuerung nach der Rechtsform das ansonsten verfolgte Dogma der rein juristischen Betrachtungsweise bei Bedarf beiseite gelassen wird. Es erfolgt hierbei ein gewisser Durchgriff durch die Kapitalgesellschaft. Der zugrundeliegende wirtschaftliche Tatbestand und die Gesellschaftersphäre werden

---

27 Die Rechtsprechung des BFH geht davon aus, daß der Verlustabzug nach § 10 d auf den Erben übergeht. Vgl. BFH vom 22.6.1962 IV 49/61 S, BStBl. III 1962, S. 386.

28 Vgl. BFH vom 17.2.1961 VI 66/59 U, BStBl. II 1961, S. 230.

29 Gl. Auffassung Schmidt/Heinicke, EStG, § 10 d Rn. 4.

30 Vgl. BFH vom 29.10.1986 I R 202/82, BStBl. II 1987, S. 92; BFH vom 29.10.1986 I R 318-319/83, BStBl. II 1987, S. 308.

31 Vgl. StRefG 1990 vom 25.7.1990, BGBl. I 1988, S. 224.

trotz genereller Anknüpfung an die Rechtsform "bei Bedarf" mit in die Beurteilung einbezogen.

Auch bei der Betriebsaufspaltung wird über das zivilrechtliche Ordnungsprinzip hinweggegangen und der dahinterliegende wirtschaftliche Kerntatbestand herangezogen. Bei der vermietenden bzw. verpachtenden vermögensverwaltenden Gesellschaft wird mit Hilfe des einheitlichen wirtschaftlichen Betätigungswillen die Gewerblichkeit der vermietenden bzw. verpachtenden Gesellschaft fingiert. Auch hier wird hinsichtlich der Beurteilung der Einkünfte durch die Kapitalgesellschaft durchgegriffen. Ein Außerachtlassen des wirtschaftlichen Grundsachverhaltes mit dem Argument der Rechtsform kann bei Unternehmensverbindungen daher nicht als Dogma gesehen werden.

6.1.4 Grundprinzipien der Vermeidung der grenzüberschreitenden Doppelbesteuerung und Verluste

Das OECD-Musterabkommen stellt die Anrechnungs- und die Freistellungsmethode zur Verhinderung internationaler Doppelbesteuerung in Art. 24 gleichberechtigt nebeneinander. Nach der Freistellungsmethode werden ausländische Einkünfte von der deutschen Besteuerung freigestellt. Es fällt grundsätzlich keine inländische Steuerbelastung an. Die Einkünfte werden nur im Ausland der Besteuerung unterworfen. Sie unterliegen dementsprechend dem ausländischen Steuerniveau. Die Anrechnungsmethode erlaubt es dem inländischen Steuerpflichtigen, die im Ausland gezahlte Steuer auf seine inländische Steuerbelastung anzurechnen. In der Regel erfolgt dann meist eine Hochschleusung der Steuerbelastung der ausländischen Einkünfte auf das deutsche Steuerniveau.

Hinsichtlich der Frage der relativen Vorteilhaftigkeit der beiden Methoden zur Beseitigung der Doppelbesteuerung besteht bisher keine einheitliche Meinung. Auch der Ruding-Ausschuß ist nicht zu einer Vorteilhaftigkeitsaussage gelangt.[32] Der Ausschuß vertritt die Meinung, daß beide Methoden

32 Vgl. Ruding-Report, S. 204.

nebeneinander bestehen können. Vogel plädiert demgegenüber als internationales Grundprinzip für die Freistellungsmethode.[33]

Gegen eine umfassende Besteuerung nach dem Recht des Wohnsitzstaates in Form der Anrechnungsmethode spricht, daß derjenige, der Auslandsinvestitionen vornimmt, diese unter anderen wirtschaftlichen Bedingungen, wie zum Beispiel unter erhöhten Risiken und unter Inanspruchnahme einer anderen staatlichen Infrastruktur, erwirtschaftet. Unternehmerische Auslandseinkünfte beträfen somit einen anderen Leistungsfähigkeitsbegriff.[34] Mit Hilfe des nutzentheoretischen Arguments wird begründet, daß der im Ausland tätige Investor die Infrastrukturleistung, die Rechtsordnung usw. des Quellenstaates benutzt und von ihr profitiert. Scheffler hält diese Begründung aus steuersystematischer Sicht für ungenügend und gibt dieser Begründung den Rang einer Plausibilitätserklärung.[35]

Den tieferen Grund sieht Scheffler hinsichtlich der Bevorzugung der Freistellungsmethode vor allem in der Sicherung der Konkurrenzfähigkeit bedingt durch das hohe Steuerniveau in Deutschland.[36] Legt man die Entscheidungsneutralität des inländischen Steuerpflichtigen bei dem in Deutschland geltenden Prinzip der Welteinkommensbesteuerung zugrunde, so spricht dies grundsätzlich für die Anrechnungsmethode. Die Bevorzugung einer Methode hängt aber letztlich davon ab, ob man die steuerlichen Effekte im ausländischen Staat betrachtet oder die Steuerwirkung im Wohnsitzstaat für ausschlaggebend hält.[37]

Eine Entscheidung für die Anrechnungsmethode oder die Freistellungsmethode kann hinsichtlich des gemeinsamen Marktes nicht mehr unter dem Aspekt der inländischen bzw. ausländischen Wettbewerbsneutralität gesehen werden. Die Unterscheidung erscheint in einem gemeinsamen EU-Markt zweifelhaft, denn die Erlangung der Kapitalexportneutralität durch die Freistellungsmethode geht von zwei unterschiedlichen Märkten aus. Die Begriffe

---

33 Vgl. Vogel, 1985, S. 1-31. Im folgenden wird die Argumentation von Vogel zusammengefaßt wiedergegeben.

34 Die Herstellung eines notwendigen Zusammenhanges zwischen angebotener Staatsleistung und Höhe der Steuerlast wird bezweifelt. Vgl. Lang, DStJG 1996, S. 204.

35 Vgl. Scheffler, 1996, S. 164.

36 Vgl. Scheffler, 1996, S. 165.

37 Vgl. Scheffler, 1996, S. 165.

Kapitalexportneutralität als auch Kapitalimportneutralität erweisen sich in einem gemeinsamen Markt damit als höchst zweifelhaft.

Zur Berücksichtigung der ausländischen Steuerbelastung sieht das nationale deutsche Steuerrecht in § 31 c EStG und § 26 Abs.6 KStG die Anrechnung der ausländischen Steuer vor. Dieser generelle Grundsatz des deutschen Steuerrechts der Welteinkommensbesteuerung für unbeschränkt Steuerpflichtige gem. § 1 EStG und § 1 KStG wird durch das dichte Netz der abgeschlossenen DBA praktisch aufgehoben.[38] Für Unternehmensgewinne sehen die deutschen Abkommensregelungen sowohl bei Betriebsstätten als auch bei Tochtergesellschaften regelmäßig die Freistellungsmethode bzw. das internationale Schachtelprivileg vor.

Ein allgemein anerkanntes Prinzip einer grenzüberschreitenden Verlustberücksichtigung bei grenzüberschreitenden internationalen Unternehmensverbindungen zwischen verschiedenen Rechtssubjekten ist bisher nicht anerkannt, da der Verteilung der Aufkommensberechtigung zwischen den Einzelstaaten in der Regel der Vorrang eingeräumt wird. Die allgemeine Ausgleichsfähigkeit von Verlusten mit Gewinnen gilt regelmäßig nur bei ausländischen Betriebsstätten.[39]

Bei Staaten, die das Anrechnungssystem zur Verhinderung der Doppelbesteuerung verwenden, besteht dagegen nicht das Problem der Berücksichtigung von ausländischen Verlusten aus systematischen Gründen. Beim Anrechnungsverfahren wird das Welteinkommen besteuert, wodurch ausländische Verluste bereits methodisch in die Steuerbemessungsgrundlage einbezogen werden.

Dagegen stellt sich die Frage des Einbezuges von Auslandsverlusten bei Anwendung der Freistellungsmethode. Da die Freistellungsmethode ausländische Einkünfte von der inländischen Besteuerung freistellt, ist die Wirkung der Freistellungsmethode bei Verlusten umstritten. Ursprünglich wurde in vielen Staaten die Auffassung vertreten, daß die Versagung des grenzüberschreitenden Verlustausgleichs die notwendige Folge der Freistel-

38 Vgl. Heinicke/Schmidt, EStG, § 2 Rn. 4.

39 Vgl. Laule, IFA 1979, S. 16. Soweit der grenzüberschreitende Verlustausgleich denselben Steuerpflichtigen betrifft, wird dieser in den meisten Ländern als zufriedenstellend geregelt angesehen. Vgl. Laule, IFA 1979, S. 26.

lung sei. Diese Auffassung ist zumindest international mittlerweile überholt.[40]

Die deutsche Finanzverwaltung und Finanzrechtsprechung behandeln Verluste dennoch im Anrechnungs- und Freistellungsverfahren unterschiedlich.[41] Die deutsche Rechtsprechung hält grundsätzlich an dem Grundgedanken, der bereits vom RFH entwickelt wurde, fest, daß die DBA-Freistellung zu einer Nichtberücksichtigung von ausländischen Verlusten führt.[42] Lediglich beim Progressionsvorbehalt werden Verluste aus aktiven Einkünften berücksichtigt.[43]

Gegen diese grundsätzliche Nichtberücksichtigung von Verlusten wendet Vogel ein, daß bei Anwendung der Freistellungsmethode aufgrund eines DBA eine Besteuerungspflicht nicht entstehen darf.[44] Stehen inländischen Einkünften ausländische Verluste in gleicher Höhe gegenüber, so ergibt sich bei Nichtvorliegen eines DBA als auch bei der Anrechnungsmethode eine Steuer von Null. Die hierbei grundsätzlich aufgeworfene Fragestellung ist, ob die Anwendung der Freistellungsmethode es rechtfertigt, daß in diesem Fall eine Steuer entstehen darf.

Die in den DBA vorgesehenen Methoden sind solche zur Verhinderung der Doppelbesteuerung und können damit lediglich Besteuerungsrechte begrenzen, nicht aber neu entstehen lassen.[45] Von diesem Gesichtspunkt aus steht die Freistellung der ausländischer Einkünfte dem Einbezug ausländischer Verluste nicht entgegen.

Hält man dennoch weiterhin an der Grundaussage fest, daß die Freistellung zu einem Ausschluß der Berücksichtigung von Auslandsverlusten führen soll, so ist zu bedenken, daß ein solches Verlustverrechnungsverbot für Unternehmen, die in Staaten mit Freistellungsmethode im Gegensatz zu solchen mit Anrechnungsmethode domizilieren, einen Wettbewerbsnachteil darstellt. Auch spricht die Anwendung des Progressionsvorbehalts für den

40 Vgl. Vogel, 1996, S. 4; Laule, 1979, S. 25.

41 Vgl. Kluge, 1992, S. 220.

42 Vgl. RFH vom 26.6.1935 VI A 414/35, RStBl. 1935, S. 1358. Dem folgend die BFH-Rechtsprechung, vgl. BFH vom 25.2.1976 I R 150/73, BStBl. II 1976, S. 454.

43 Vgl. Schmidt/Glanegger, EStG, § 32b Rn. 22.

44 Vgl. Vogel, DBA, Art. 23 Rn. 71.

Einbezug ausländischer Verluste im Freistellungsfall. Wird wie in Deutschland nach dem Welteinkommensprinzip besteuert, so erscheint der Einbezug ausländischer Verluste bei der Freistellungsmethode daher grundsätzlich systemgerecht.[46]

Für die hier vertretene Auffassung spricht auch die Behandlung von Verlusten in anderen Staaten. In den Niederlanden werden ausländische Verluste trotz genereller Freistellung ausländischer Einkünfte von der Besteuerung in die zugrunde zu legende niederländische Bemessungsgrundlage mit einbezogen. Bei Geltung des Territorialprinzips, wie dies in Frankreich bei Körperschaften der Fall ist, wäre der Einbezug der ausländischen Verluste nicht zwingend. Dennoch ist in Frankreich trotz Anwendung des Territorialprinzips die Berücksichtigung ausländischer Verluste möglich.

6.2 Möglichkeiten der ertragswirksamen Berücksichtigung von Verlusten von Tochtergesellschaften

6.2.1 Verlustberücksichtigung durch Teilwertabschreibung bei der Muttergesellschaft

Kapitalgesellschaften werden grundsätzlich dem Trennungsprinzip folgend unabhängig von ihren Gesellschaftern besteuert. Mutter- und Tochtergesellschaft sind jeweils eigenständige Steuersubjekte. Einkünfte der Tochtergesellschaft sind damit von denen der Muttergesellschaft getrennt zu besteuern. Das Trennungsprinzip gilt für Verluste noch stärker als für Gewinne, da Gewinne durch Ausschüttung übertragen werden können und mittels des Anrechnungsverfahrens die steuerliche Doppelbelastung im Regelfall aufgehoben wird. Eine Berücksichtigung der Verluste, die auf Ebene der Tochtergesellschaft entstehen, ist außerhalb der Organschaft nur indirekt über den Beteiligungswert bei der Muttergesellschaft möglich. Das Institut der Organschaft nach § 14 KStG greift nur ein, wenn sowohl die Eingliederungsvoraussetzungen erfüllt sind, als auch ein EAV abgeschlossen ist.[47] Die Tochtergesellschaft wiederum hat lediglich die Möglichkeit des interperiodischen Verlustausgleichs gem. § 10 d EStG. Die Berücksichtigung der

45 So insbes. auch BFH vom 21.1.1981 I R 153/77, BStBl. II 1981, S. 517.

46 Vgl. auch Mössner, 1994, S. 253.

47 Vgl. hierzu Kap 3.3.

Verluste der Tochtergesellschaft bei Konzernsachverhalten auf Ebene der Muttergesellschaft ist de lege lata außerhalb der Organschaft lediglich nach den Regelungen der Teilwertabschreibung auf Beteiligungen möglich.

Beteiligungen an Tochterunternehmen gehören zum nichtabnutzbaren Anlagevermögen und sind nach § 6 Abs.1 Nr.2 EStG mit den Anschaffungskosten oder mit dem niedrigeren Teilwert anzusetzen. Eine Abschreibung der Beteiligung kommt in Betracht, wenn der Teilwert unter die Anschaffungskosten gesunken ist. Der Teilwert entspricht gem. § 6 Abs.1 Nr.2 S.3 EStG grundsätzlich dem Wert, den ein gedachter Erwerber für ein Wirtschaftsgut bei Unternehmensfortführung für das einzelne Wirtschaftsgut zahlen würde. Hierbei ist von einem gedachten und nicht von einem konkreten Erwerber auszugehen. Der Teilwert wird von der Rechtsprechung als objektiver Wert interpretiert.[48] Aufgrund der in der Teilwertdefinition liegenden Unsicherheiten ist die Ermittlung eines konkreten Wertansatzes schwierig bzw. oft nicht lösbar. Zur Vereinfachung bzw. zu einer besseren Operationalisierung ist der wirkliche Teilwert praktisch durch die von der Rechtsprechung entwickelten Grundsätze zur Teilwertvermutung ersetzt worden.[49] Teilwertvermutungen sollen zu einer gewissen Objektivierung des Teilwertgedankens führen. Die Teilwertvermutung geht davon aus, daß im Anschaffungszeitpunkt der Teilwert den Anschaffungs- bzw. Herstellungskosten entspricht.[50] Bei Beteiligungen, die nichtabnutzbare Wirtschaftsgüter darstellen, gilt diese Vermutung über den Anschaffungszeitpunkt hinaus.[51]

Eine Teilwertabschreibung gem. § 6 Abs.1 Nr.2 S.2 EStG auf eine Beteiligung ist nur bei Widerlegung der Teilwertvermutung möglich.[52] Für eine Abschreibung muß nachgewiesen werden, daß der Teilwert unter den Anschaffungskosten liegt. Hierzu verlangt die Rechtsprechung des BFH, daß entweder bereits im Zeitpunkt des Erwerbs eine Fehlmaßnahme vorliegt oder zu einem späteren Zeitpunkt die Wiederbeschaffungskosten gesunken sein müssen.[53]

---

48 Vgl. BFH vom 7.11.1990 I R 116/86, BStBl. 1991 II, S. 342.
49 Vgl. Ebling, DStR 1990, S. 327.
50 Vgl. BFH vom 25.10.1972 GrS 6/71, BStBl. II 1973, S. 79.
51 Vgl. BFH vom 21.7.1982 I R 177/77, BStBl. II 1982, S. 758.
52 Vgl. Küting/Kessler, GmbHR 1995, S. 347.
53 Vgl. BFH vom 25.10.1972 GrS 6/71, BStBl. II 1973, S. 79.

6.2.1.1 Vorliegen einer Fehlmaßnahme

Verluste in der Anlaufphase können nur berücksichtigt werden, wenn sie keine Anlaufverluste sind. Der BFH nimmt hierzu folgendermaßen Stellung: "weil nicht jeder in der Anlaufphase eintretende Verlust ein Anlaufverlust sei."[54] Gemeint ist hiermit die Fehlmaßnahme. Will der Steuerpflichtige beweisen, daß bei einer Anschaffung eine Fehlmaßnahme vorliegt, so muß dieser für seine eigenen Aufwendungen nicht die erwartete Gegenleistung erhalten.[55] Der Entscheidung zum Erwerb muß eine von Anfang an irrtümliche bzw. eine unbewußte Fehleinschätzung zugrunde liegen, d.h. es müssen mit dem Erwerb gehegte Erwartungen nicht erfüllt worden sein.[56] Die bewußte Inkaufnahme von Verlusten kann dementsprechend zu keiner Teilwertabschreibung führen.[57]

Die Nachweispflicht des Vorliegens einer Fehlmaßnahme wird dem Steuerpflichtigen auferlegt. Dieser Nachweis ist jedoch in der Regel schwierig zu erbringen, da Anlaufverluste nach gefestigter Auffassung der Rechtsprechung und der Finanzverwaltung grundsätzlich zu einer vorübergehenden Wertminderung führen. Selbst wenn der Vermögenswert unter den Buchwert der Beteiligung (Anschaffungskosten) einer neugegründeten Gesellschaft gefallen ist, sind die ursächlichen Anlaufverluste kein Grund zur Beteiligungsabschreibung.[58] Dahinter steht die Vermutung, daß ein Kaufmann mit Anlaufverlusten zu rechnen habe und diese in Erwartung zukünftiger Gewinne akzeptiert werden. Wenn in absehbarer Zeit mit Gewinnen gerechnet wird, was wiederum regelmäßig unterstellt wird, sollen die vorübergehenden Verluste in Form der Anlaufverluste zu keiner Wertminderung der Beteiligung führen.[59] Anlaufverluste schließen damit eine Fehlmaßnahme aus.

Anlaufverluste führen grundsätzlich nicht zur Annahme, daß der Beteiligungswert unter die Anschaffungskosten gefallen ist und schließen daher

---

54 Vgl. BFH vom 27.7.1988 I R 104/84, BStBl. II 1989, S. 274.

55 Vgl. BFH vom 31.10.1978 VIII R 124/74, BStBl. II 1979, S. 108; BFH vom 27.7.1988 I R 104/84, BStBl. II 1989, S. 274.

56 Vgl. BFH vom 25.10.1972 GrS 6/71, BStBl. II 1973, S. 79.

57 Hier muß nachgefragt werden, ob es vernünftige Kaufleute gibt, die bewußte Fehlmaßnahmen eingehen.

58 Vgl. RFH vom 11.5.1939, III 140/38, RStBl. 1939, S. 805.

59 Vgl. BFH vom 27.7.1988 I R 104/84, BStBl. II 1989, S. 274.

eine Teilwertabschreibung aus.[60] Der Zeitraum für Anlaufverluste wird von der Rechtsprechung für Inlandssachverhalte regelmäßig auf drei Jahre, für Auslandssachverhalte auf fünf Jahre festgelegt.[61] Eine schematische Zeitgrenze, deren Ableitung weitgehend unklar bleibt, muß als problematisch angesehen werden.[62] Der Ansatz eines niedrigeren Teilwerts wird vom BFH als ein vom Steuerpflichtigen zu beweisender Ausnahmefall gesehen.[63] Die restriktive Behandlung der Teilwertabschreibung bei einer Fehlmaßnahme ist auf massive Kritik gestoßen.[64] Insbesondere wird auch die Umkehrung der Beweislast gerügt.[65] Küting/Kessler sind zwar der Meinung, daß diese Beweislastregel aus § 6 Abs.1 Nr.2 EStG herauslesbar ist, halten sie dennoch für eine unerträgliche Bürde.[66]

Erfolgt ein finanzieller Zuschuß und führt auch dies nicht zu einer Ertragssteigerung, so ist das noch kein Grund, eine Fehlmaßnahme anzunehmen.[67] Eine Kapitalzuführung in der Anlaufphase verhindert geradezu eine Teilwertabschreibung. Lediglich wenn alle ergriffenen Maßnahmen, ohne daß Kapital zugeführt wird, der Erfolg versagt bleibt, und keine Aussicht auf Besserung der wirtschaftlichen Lage in Aussicht ist, läßt der BFH in der Anlaufphase eine Teilwertabschreibung zu.[68] Die Position des BFH basiert in diesem Punkt nicht unwesentlich auf dem Beibehaltungswahlrecht des niedrigeren Wertes nach § 6 Abs.1 Nr.2 S.3 EStG i.V.m. § 280 Abs.2 HGB bzw. dem fehlenden Zuschreibungsgebot bei tatsächlicher festgestellter Werterhöhung.

6.2.1.2 Gesunkene Wiederbeschaffungskosten

Auch zu späteren Zeitpunkten gilt die Teilwertvermutung, daß der Teilwert den Anschaffungskosten, eventuell erhöht um spätere Einlagen, ent-

60 Vgl. BFH vom 31.10.1978 VIII R 124/74, BStBl. II 1979, S. 108 ; BFH vom 23.9.1969 I R 71/67, BStBl. II 1970, S. 87.

61 Vgl. BFH vom 27.7.1988 I R 104/84, BStBl. II 1989, S. 274.

62 Vgl. Herzig, WPg 1991, S. 615. Für die fünf Jahre sprechen lediglich die Regelung des § 5 des mittlerweile aufgehobenen Auslandsinvestitionsgesetzes.

63 Vgl. BFH vom 7.11.1990 I R 116/86, BStBl. II 1991, S. 342.

64 Vgl. Brezing, StbJb 1972/73, S. 350.

65 Vgl. Müller-Dott, 1992, S. 53.

66 Vgl. Küting/Kessler, GmbHR 1995, S. 350.

67 Vgl. BFH vom 7.11.1990 I R 116/86, BStBl. II 1991, S. 342.

68 Vgl. BFH vom 20.5.1965 IV 49/65 U, BStBl. III 1965, S. 503.

spricht.[69] Treten im nachhinein Wertminderungen der Beteiligung auf und sinken dadurch die Wiederbeschaffungskosten, so ist eine Teilwertabschreibung möglich. Voraussetzung ist, daß der innere Wert der Beteiligung gefallen ist und nicht nur eine vorübergehende Wertminderung vorliegt. Die hierzu notwendige Beteiligungsbewertung führt letztendlich zu einer Unternehmensbewertung des Beteiligungsunternehmens.[70]

Für die Wertbestimmung des Teilwertes einer Beteiligung verweist der BFH grundsätzlich auf drei Wertkomponenten.[71] Der BFH zieht den Substanzwert, die Ertragslage und den funktionalen Zusammenhang, d.h. die mit der Beteiligung zusammenhängenden besonderen Vorteile, heran. Erst wenn der hieraus ermittelte sogenannte "innere Wert" der Beteiligung unter den Buchwertansatz gesunken ist bzw. liegt, ist eine Abschreibung auf den ermittelten niedrigeren Wert möglich. Der BFH zeigt jedoch keinerlei Methode bzw. Vorgehensweise auf, wie die drei Komponenten zu gewichten sind. Der BFH enthält sich konkreter Aussagen hinsichtlich eines Berechnungsmodus für die Ermittlung des Unternehmenswertes und damit des Beteiligungswertes.[72] An der Vorgehensweise, daß der BFH sich auf keinen exakten Berechnungsmodus festlegt, wird nachhaltig Kritik geübt. Dem BFH wird vorgehalten, daß er sich hinter einem ausgeklügelten Verteidigungswall von Vermutungen zurückziehe und sich dadurch erspare, konkret werden zu müssen.[73] Auch wenn der BFH gelegentlich auf den Ertragswert zurückgreift, so ist dennoch eine gewisse Schwerpunktbildung der Beteiligungsbewertung des BFH beim Substanzwert zu sehen.[74]

Hatte der RFH noch angenommen, daß aufgrund einer Ertragsminderung der Beteiligungswert gefallen sein könnte,[75] so wird dieser Standpunkt vom BFH im Ergebnis nicht mehr vertreten. Auch wenn die Rechtsprechung des BFH immer wieder auf den Ertragswert verweist[76], ist der BFH hinsichtlich

---

69 Grundsätzliche Kritik hieran, vgl. Gauß/Oesterle, WPg 1991, S. 324. Sie weisen nach, daß bei voraussichtlich fallenden Einnahmeüberschüssen die Vermutung, daß der spätere Teilwert den ursprünglichen Anschaffungskosten entspricht, falsch ist.

70 Vgl. Müller-Dott, 1992, S. 51; Oesterle/Gauß, WPg 1991, S. 318; Piltz, 1985, S. 12; Jacobs, 1995, S. 384.

71 Vgl. BFH vom 27.7.1988 I R 104/84, BStBl. II 1989, S. 274.

72 Vgl. auch Piltz, 1985, S. 22; Oesterle/Gauß, WPg 1991, S. 327.

73 Vgl. Müller-Dott, 1992, S. 51.

74 So auch Schmidt/Glanegger, EStG, § 6 Rn. 250.

75 Vgl. RFH vom 17.10.1934 VI A 829/33, StuW 1935 II Sp. 24.

76 Vgl. bspw. BFH vom 7.11.1990 I R 116/86, BStBl. II 1991, S. 342.

der Anerkennung einer Wertänderung durch eine negative Ertragslage restriktiv. Eintretende verminderte Erträge gegenüber den ursprünglichen Erwartungen reichen für eine Teilwertabschreibung nicht aus. Es bedarf erst einer längerfristigen Phase von Verlusten bei der Tochtergesellschaft, die ausreichend sind, die Substanz des Beteiligungsunternehmens auszuzehren. Die BFH-Rechtsprechung zeigt sich hierin weitgehend substanzwertorientiert.

Ein Sinken der Wiederbeschaffungskosten der Beteiligung kann allenfalls bei nachhaltiger Unrentierlichkeit des Unternehmens vorliegen. Der Nachweis einer nachhaltigen Unrentierlichkeit ist schwer zu erbringen, denn diese wird überhaupt erst anerkannt, wenn dauernd massive Verluste erwirtschaftet werden, die dazu geeignet sind, die Substanz auszuzehren und den Vermögenswert nachhaltig zu schmälern. Der BFH hat für den Nachweis der nachhaltigen Unrentierlichkeit eine vorübergehend schlechte Ertragslage bzw. Verluste des Beteiligungsunternehmens ausgeschlossen.[77]

Der BFH verlangt regelmäßig eine nachhaltige Auszehrung der Substanz bzw. des Kapitals, was wiederum neben der Ausschüttung nur durch eine nachhaltige Verlustsituation verursacht werden kann.[78] Aber selbst hohe Verluste reichen hierzu noch nicht aus.[79] Eine beachtenswerte Unrentabilität liegt erst vor, wenn Verluste derart nachhaltig sind, daß deshalb objektiv nachprüfbare Maßnahmen ergriffen werden, den Betrieb alsbald stillzulegen.[80]

Wie anhand der Rechtsprechung des BFH ersichtlich wird, ist auch im Fall von nachhaltigen Verlusten eine Teilwertabschreibung fast unmöglich. Bei schlechter Ertragslage wird vom BFH auf den Vermögenswert und die funktionale Bedeutung des Beteiligungsunternehmens hingewiesen.[81] Bei notierten Anteilen führt ein gesunkener Börsenkurs nicht zwangsläufig zu einer Teilwertabschreibung, da bei größeren Aktienpaketen unter Umständen ein Aufschlag angenommen wird.[82] Hierbei wird vermutet, daß ein gedachter Erwerber einen Paketzuschlag im Sinne eines funktionalen Vor-

77 Vgl. BFH vom 17.9.1987 III R 201-202/84, BStBl II 1988, S. 488.
78 Vgl. BFH vom 23.9.1969 I R 71/67, BStBl. II 1970, S. 87.
79 Vgl. BFH vom 27.7.1988 I R 104/84, BStBl. II 1989, S. 274.
80 Vgl. BFH vom 2.3.1973 III R 88/69, BStBl. II 1973, S. 475.
81 Vgl. BFH vom 27.7.1988 I R 104/84, BStBl. II 1989, S. 274.
82 Vgl. BFH vom 7.11.1990 I R 116/86, BStBl. II 1991, S. 342.

teils bezahlen würde. Zuletzt jedoch hat sich der BFH hinsichtlich des funktionalen Vorteils einschränkend geäußert.[83] Dieser sei nur insoweit zu berücksichtigen, als auch hinreichend konkretisierbare Zusatzvorteile bestehen würden. Dieser Beurteilung ist hinsichtlich des Grundsatzes der Einzelbewertung zuzustimmen.

6.2.1.3 Teilwertabschreibung nach Zuschüssen bzw. Verlustübernahmen

Der BFH schließt eine Zuwendung des Gesellschafters, die zu einer Hinzuaktivierung auf dem Beteiligungskonto und zu einer gleichzeitigen Abschreibung auf den Beteiligungswert führt, grundsätzlich nicht aus.[84] Jedoch sind nach der Rechtsprechung kaum Fälle denkbar, die eine Teilwertabschreibung bei vorheriger Mittelzuführung ermöglichen.[85] Ausgeschlossen ist eine Teilwertabschreibung bei einer Zuwendung, wenn diese lediglich der Wiederherstellung der Rentabilität dient.[86] Hat eine Kapitalzuführung den Zweck, das Unternehmen zu beleben, reicht dies nicht aus. Erst wenn den ergriffenen Belebungsmaßnahmen der Erfolg versagt bleibt, ist eine Teilwertabschreibung möglich.[87]

Eine Teilwertabschreibung nach Kapitalzuführung wird lediglich dann in Frage kommen, wenn getätigte Zuwendungen der Abwendung eines Konkurses dienen.[88] Die Verlustübernahme wird in diesem Fall regelmäßig das verlorene Eigenkapital der Tochtergesellschaft auffüllen, um damit eine Überschuldung zu vermeiden.[89] Eine Teilwertabschreibung bei Zuwendungen im Zusammenhang mit Anlaufverlusten ist nur möglich, wenn eine Fehlmaßnahme vorliegt. Deren Anerkennung erfolgt wiederum im Zusammenhang mit einer Kapitalzuführung äußerst restriktiv, da nach BFH die gesamten Finanzierungsmaßnahmen eine Einheit darstellen.[90] Durch die

83 Vgl. BFH vom 27.7.1988 I R 104/84, BStBl. II 1989, S. 274.
84 Vgl. BFH vom 9.3.1977 I R 203/74, BStBl. II 1977, S. 515.
85 Vgl. auch Reuter, BB 1982, S. 25.
86 Vgl. BFH vom 9.3.1977 I R 203/74, BStBl. II 1977, S. 515.
87 Vgl. BFH vom 27.3.1968 I 133/65, BStBl. II 1968, S. 521.
88 Vgl. BFH vom 20.5.1965 IV 49/65 BStBl. II 1965, S. 503; BFH vom 27.3.1968 I 133/65, BStBl. II 1968, S. 521; BFH vom 9.3.1977 I R 203/74, BStBl. II 1977, S. 515.
89 Vgl. §§ 93 AktG, 63 GmbHG, 207 KO. Zum zweistufigen Überschuldungsbegriff: Vgl. Schmidt, 1990, S. 50 ff..
90 Vgl. BFH vom 20.5.1965 IV 49/65, BStBl. II 1965, S. 503.

Aneinanderreihung von Vermutungen führt die Rechtsprechung faktisch zu einer Ablehnung der Teilwertabschreibungen bei nachträglicher Kapitalzuführung.

Wie dargestellt, lehnt die Rechtsprechung eine Teilwertabschreibung in Zusammenhang mit einer Kapitalzuführung zur Rentabilitätssteigerung grundsätzlich ab. Es wird aber gerade dieser Fall der wirtschaftlich sinnvollste sein, da hierbei für den Investor die größten reellen Aussichten auf Erfolg bestehen. Zuwendungen zur Konkursabwendung sind eher in Ausnahmefällen denkbar, denn wer "wirft schlechtem Geld Gutes hinterher". Für den Gesellschafter erscheint es daher gerade in schwierigen Zeiten aus steuerlicher Sicht sinnvoller, das Beteiligungsunternehmen in den Konkurs gehen zu lassen, um dann die sichere Teilwertabschreibung vornehmen zu können. Im Vorfeld wird es dem Steuerpflichtigen kaum möglich sein, zu beweisen, daß mit einer Kapitalzuführung nicht nur eine Rentabilitätssteigerung beabsichtigt wird. Im übrigen wird eine Rentabilitätssteigerung zur Abwendung eines drohenden Konkurses beitragen.

Die ablehnende Haltung des BFH zur Teilwertabschreibung ist in diesen Fällen vom wirtschaftlichen Standpunkt aus gesehen nahezu absurd, da es den zur Kapitalzufuhr bereitwilligen Investor geradezu daran hindert, frisches Kapital zuzuführen. Bei periodengleicher steuerlicher Anerkennung eines Aufwandes wäre es möglich, einen um den nicht gewährten Steuereffekt höheren Kapitalbetrag zuzuführen. Geht die Tochtergesellschaft in Konkurs, so erfolgt letztendlich doch ein Steuerausfall aufgrund der dann erforderlichen Teilwertabschreibung. Im Endeffekt werden durch die momentane Handhabung der Teilwertabschreibung Unternehmenskrisen zusätzlich verschärft.

6.2.1.4 Verlustberücksichtigung durch Teilwertabschreibungen auf Auslandsbeteiligungen

Eine Berücksichtigung der Verluste einer ausländischen Tochtergesellschaft ist zur Zeit überhaupt nur möglich, wenn die inländische Muttergesellschaft eine Teilwertabschreibung auf ihre Beteiligung bei der Tochtergesellschaft vornimmt. Das Institut der Organschaft erfaßt keine ausländischen Tochtergesellschaften. Die Anerkennung der juristischen Person als Steuersubjekt führt neben den staatlichen Steuergrenzen zu einer zusätzlichen Eingrenzung des Welteinkommensprinzips.[91] Die inländische Gesellschaft hat ihre Beteiligung an der ausländischen Kapitalgesellschaft mit den Anschaffungskosten zu bilanzieren. Abschreibungen auf den Beteiligungswert wegen Verluste einer ausländischen Tochtergesellschaft können vorgenommen werden, wenn bei der deutschen Muttergesellschaft der Teilwert unter den Beteiligungswert gefallen ist. Auch hier gelten die oben dargestellten Teilwertvermutungen für Beteiligungen.

Nach § 3 c EStG dürfen Ausgaben, die in einem unmittelbaren Zusammenhang mit steuerfreien Einnahmen stehen, nicht als Betriebsausgaben geltend gemacht werden. Der Grundgedanke, der hinter diesem Abzugsverbot steht, ist, daß steuerfreien Bruttoerträgen keine steuermindernden Aufwendungen, die im direkten Zusammenhang mit den Erträgen stehen, gegenüberstehen sollen. Eine Zuordnung der Teilwertabschreibung bei nach DBA freigestellten ausländischen Einkünften und ein damit zusammenhängendes Abzugsverbot des § 3 c EStG bei Freistellung der Einkünfte tritt grundsätzlich nicht ein.[92] Zwar hat das Finanzgericht Baden-Württemberg Teilwertabschreibungen unter das Abzugsverbot des § 3 c EStG gefaßt, jedoch hat es sich in seiner Urteilsbegründung nicht mit der Rechtsprechung des BFH auseinandergesetzt.[93] Teilwertabschreibungen stellen sowohl nach herrschender Auffasung und nach bisheriger Rechtsprechung des BFH keine Ausgaben im Sinne des § 3 c EStG dar.[94] Teilwertabschreibungen betreffen das Stammrecht und nicht die erhaltenen Dividenden. Dementsprechend greift das Abzugsverbot des § 3 c EStG nicht ein.

Die neuere Rechtsprechnung des BFH läßt jedoch keine endgültige Aussage zu den Grundsätzen der internationalen Steuerabgrenzung im DBA-Fall bei Teilwertabschreibungen zu.[95] Trotz Zuweisung des Besteuerungsrechts für "capital gains" in Art. 10 des DBA Deutschland-Indien werden Teilwertabschreibungen in diesem BFH-Urteil dennoch dem inländischen Bereich

---

91 Vgl. Vogel, DStJG 1985, S. 9.

92 Vgl. BFH vom 2.2.1972 I R 54-55/70, BStBl. II 1972, S. 397; BFH vom 19.9.1973 I R 170/71, BStBl. II 1973, S. 873; Bereits RFH vom 14.12.1937, I 250/37, RStBl. 1938, S. 67.

93 Vgl. FG Baden-Württemberg vom 8.4.1991 3 V 27/90, IStR 1993, S. 73.

94 Vgl. Krabbe, DB 1994, S. 242; Krehbühl, DB 1994, S. 497; Eilers, IStR 1994, S. 221.

95 Vgl. BFH vom 14.3.1989 I R 39/85, BStBl. II 1989, S. 599.

zugeordnet. Begründet wird dies damit, daß das Besteuerungsrecht in Art. 3 DBA-Indien für alle betrieblichen Vorgänge grundsätzlich Deutschland zugewiesen wird und die Fassung des Art. 10 DBA-Indien Teilwertabschreibungen nicht mit einschließt. Eine abschließende Aussage der Zuordnung des Besteuerungsrechts hinsichtlich der Teilwertabschreibung vom BFH wird in diesem Urteil nicht gemacht, obwohl der BFH in seinen vorangegangenen Urteilen in der Teilwertabschreibung keine Ausgabe im Sinne des § 3 c EStG gesehen hatte.[96]

Aus systematischer Sicht spricht das Verbot der ausschüttungsbedingten Teilwertabschreibung gem. § 8 b Abs.6 EStG für die Möglichkeit der Berücksichtigung einer Teilwertabschreibung.[97] § 8 b Abs.6 KStG geht auf eine Entscheidung des BFH zurück, bei der aufgrund des fehlenden unmittelbaren wirtschaftlichen Zusammenhangs von Teilwertabschreibungen und Dividendenerträge die Anwendung des § 3 c EStG (ehemals § 13 KStG) ausgeschlossen wurde.[98] Dieser Rechtsprechung liegt der Gedankengang zugrunde, daß Nachteile auf Ebene der Substanz nicht mit Vorteilen auf Ebene der Erträge zu verrechnen sind. Bei ausschüttungsbedingter Teilwertabschreibung wurde dementsprechend eine Zuordnung zu den ausländischen Einkünften abgelehnt.[99] Ein Abzugsverbot tritt damit im Fall der Freistellung aufgrund eines DBA-Schachtelprivilegs nicht ein. Durch die Einführung des § 26 Abs.8 KStG wurde das Verbot der steuerlichen Berücksichtigung der ausschüttungsbedingten Teilwertabschreibung bei Auslandsbeteiligungen gesetzlich fixiert. Aus dem Umkehrschluß des Verbotes der ausschüttungsbedingten Teilwertabschreibung ergibt sich konsequenterweise die generelle Zulässigkeit bei anderen Teilwertabschreibungen.

Auch die Einführung der Regelung des § 8 b Abs.2 KStG spricht für diese Beurteilung. Nach § 8 b Abs.2 KStG sind bei der Ermittlung des Einkommens Gewinne aus der Veräußerung von Anteilen an einer ausländischen Gesellschaft außer Ansatz zu lassen, wenn die Gewinnausschüttungen dieser Gesellschaft nach § 26 Abs.2 oder Abs.3 KStG schachtelbegünstigt oder nach DBA befreit sind. Damit werden neben den Schachteldividenden der Beteiligungen auch die Veräußerungsgewinne freigestellt. Eine Zuordnung

96 Vgl. BFH vom 2.2.1972 I R 54-55/70, BStBl. II 1972, S. 397.

97 § 8 b Abs.6 KStG war ursprünglich in § 26 Abs.8 KStG geregelt. Geändert durch StandOG vom 13.9.1993, BGBl. I, S. 774.

98 Vgl. BFH vom 2.2.1972 I R 54-55/70, BStBl. II 1972, S. 397.

der Teilwertabschreibung zu den steuerfreien Einkünften ist aber aufgrund des § 8 b Abs.2 KStG dennoch nicht vorzunehmen. Insbesondere gibt § 8 b Abs.2 S.2 KStG zu erkennen, daß diese Vorschrift die Abziehbarkeit von Verlusten nicht einschränken will. Ausländische Verluste, die im Rahmen des § 2 a EStG anfallen, bleiben wie bisher verrechenbar. Ebenso spricht der Gesetzeswortlaut des § 8 b Abs.2 S.1 KStG durch die Bezugnahme auf früher vorgenommene Teilwertabschreibungen für diese Beurteilung.[100]

Zum Problem der Abzugsfähigkeit von inländischen Betriebsausgaben, die mit steuerbefreiten Dividendeneinkünften in Zusammenhang stehen, hat der BFH nun in drei Urteilen näher Stellung bezogen.[101] Der BMF hat im Schreiben vom 20.1.1997 im Anschluß an die Urteile sich ebenfalls zur Zuordnung von Betriebsausgaben zu steuerfreien Schachteldividenden geäußert.[102] Nach BFH ist der in den DBA verwendete Begriff der Einkünfte in einem abkommensrechtlichen Sinne zu verstehen. Er stellt einen Oberbegriff für die gewerblichen Einkünfte dar. Es ist dem einzelnen DBA zu entnehmen, ob sich die Steuerbefreiung auf "Einkünfte" oder "Einnahmen" im Sinne des deutschen Steuerrechts bezieht. Dabei ist zu beachten, daß im Gegensatz zur Betriebsausgabendefinition des § 4 Abs.4 EStG, der die bloße Veranlassung genügen läßt, es zur Anwendung des § 3 c EStG eines umittelbaren Zusammenhangs zu den Erträgen im Sinne eines Veranlassungszusammenhanges bedarf. Zu beachten ist dabei die Entstehung und die Zweckbestimmung der Ausgaben in Bezug auf die Einahmen. Bei Darlehnsaufnahme bestimmt sich der Veranlassungszusammenhang anhand der Darlehnsverwendung. Verzichtet die Tochtergesellschaft auf eine Gewinnausschüttung, so liegt ein unmittelbarer Zusammenhang nicht vor. Soweit keine ausschüttungsbedingte Teilwertabschreibung vorliegt, ist eine Teilwertabschreibung den Schachteldividenden nicht zuzuordnen, da die Teilwertabschreibung nicht die Beteiligung betrifft.[103]

Durch das Steueränderungsgesetz 1992[104] wurden in § 2 a Abs.1 Nr.3 und Nr.7 EStG die Verlustverrechnungsbeschränkungen bei Teilwertabschrei-

---

99 Vgl. BFH vom 19.9 1973, I R 170/71, BStBl. II 1973, S. 873.
100 Gl. Auffassung Krehbühl, DB 1994, S. 496.
101 Vgl. BFH vom 29.5.1996 I R 15/94, BStBl. II 1997, S. 57; I R 167/94, BStBl. II 1997, S. 60; I R 21/95, BStBl. II 1997, S. 64.
102 Vgl. BMF vom 20.1.1997 IV C 5 - S 1300 - 176/96, BStBl. I 1997, S. 99.
103 Vgl. BMF vom 20.1.1997 IV C 5 - S 1300 - 176/96, BStBl. I 1997, S. 99.
104 Vgl. BGBl. 1992 I, S. 298.

bungen auf Wertminderungen von Kapitalgesellschaften im Ausland bzw. mit Auslandsbezug erweitert bzw. verschärft. Regelungsziel war die Beseitigung der Ungleichbehandlung von Verlusten ausländischer Kapitalgesellschaften zu Verlusten ausländischer Betriebsstätten.[105] Verluste aus Teilwertabschreibungen auf Auslandsbeteiligungen sollen den passiven negativen Betriebsstätteneinkünften gleichgestellt werden.

Die eingeführte Regelung des § 2 a Abs.1 Nr.3 EStG beinhaltet das Verbot der verlustbedingten Teilwertabschreibung auf Auslandsbeteiligungen im inländischen Betriebsvermögen, wenn eine ausländische Beteiligungsgesellschaft passive negative Einkünfte erwirtschaftet. Nach § 2 a Abs.1 Nr.7 EStG werden Teilwertabschreibungen auf eine inländische Kapitalgesellschaft, die negative ausländische passive Einkünfte entsprechend § 2 a Abs.1 S.1 Nr.1 bis 6 EStG erwirtschaftet, steuerlich nicht mehr berücksichtigt. Damit wird die Umgehung durch Zwischenschaltung einer inländischen Kapitalgesellschaft ausgeschlossen.

Die vom allgemeinen Verlustausgleich ausgeschlossenen Verluste können nach § 2 a Abs.1 S.3 EStG mit Einkünften derselben Art aus demselben Staat im gleichen oder ggf. in den folgenden Veranlagungszeiträumen verrechnet werden. Hat die ausländische Kapitalgesellschaft innerhalb der vorangegangenen fünf Veranlagungszeiträume bzw. seit Gründung aktive Einkünfte erwirtschaftet, ist nach § 2 a Abs.2 S.2 EStG die Geltendmachung von Gewinnminderungen aus der Beteiligung nicht eingeschränkt.

Für die Bewertung von Beteiligungen an Auslandsgesellschaften finden grundsätzlich die gleichen Bewertungsmaßstäbe Anwendung wie bei inländischen Beteiligungen.[106] Bei Auslandsbeteiligungen sind lediglich die spezifischen Auslandsrisiken gesondert zu berücksichtigen, soweit dem Erwerber der Beteiligung dieses Risiko bei Erwerb nicht bekannt war.[107] Hierbei ist wiederum von einem gedachten und nicht von einem konkreten Erwerber auszugehen. Entsprechend dem Urteil des BFH vom 16.2.1996 führen

---

105 Vgl. BT-Drs. 12/1108 S. 50.

106 Vgl. Dahnke, 1992, S. 26.

107 Vgl. Schulze zur Wiesche, FR 1987, S. 386. Vgl. auch Darstellung der einzelnen Auslandsrisiken. Schulze zur Wiesche, FR 1987, S. 386-388.

Wechselkursänderungen nicht zu einer Teilwertabschreibung.[108] Das gleiche gilt für Transferverbote.[109] Unerheblich für die Beurteilung der Teilwertabschreibung ist, ob die ausländische Beteiligungsgesellschaft ihre entstandenen Verluste ausgleichen kann.[110]

Die Folge einer Teilwertabschreibung auf eine Auslandsbeteiligung ist die Verminderung des Einkommens der inländischen Muttergesellschaft und damit des inländischen Steueraufkommens. Die Vornahme einer Teilwertabschreibung auf eine Auslandsbeteiligung ist jedoch aufgrund des sehr eingeschränkten Anwendungsbereichs ein außerordentlich schwerfälliges und vor allem kaum durchsetzbares Instrument zur transnationalen Verlustkompensation.[111] Innerhalb der ersten fünf Jahre ist eine Teilwertabschreibung auf eine ausländische Beteiligung nahezu unmöglich.[112] Außerdem beschränkt sich im nationalen Bereich wie auch bei der internationalen Berücksichtigung der Verluste auf Ebene der Muttergesellschaft der mögliche Verlustausgleich auf den Buchwert bzw. den Mitteleinsatz der Mutterunternehmung.

6.2.1.5 Kritik an der momentanen Handhabung der Teilwertabschreibung auf Beteiligungen

Wenn auch außerhalb einer gewissen Substanzwertorientierung kaum eine klare systematische Linie in der Rechtsprechung zur Teilwertabschreibung zu erkennen ist[113], so ist offensichtlich, daß der BFH dazu tendiert, den höheren möglichen Wert heranzuziehen. Bei schlechter Ertragslage ist dies der höhere Substanzwert. Begründet wird dies entweder damit, daß grundsätzlich davon auszugehen sei, daß die Ertragslage nur vorübergehend schlecht sei. Auch erfolgt in solchen Fällen der Hinweis auf die werterhöhende Wirkung bestehender funktionaler Vorteile. Bei guter Ertragslage

108 Vgl. BFH vom 16.2.1996 I R 43/95, BStBl. II 1997, S. 128. Der BFH entschied zwar hinsichtlich der Berücksichtigung von Wechselkursänderung bei Dotationskapital bei Betriebsstätten im DBA-Fall, für Teilwertabschreibungen kann aber nichts anderes gelten.

109 Vgl. Ebling, DStR 1990, S. 330.

110 Vgl. Jacobs, 1995, S. 385.

111 Vgl. auch Pfitzer, 1988, S. 167.

112 Vgl. Fischer-Zernin/Schwarz, DB 1992, S. 1743.

wird der Verweis auf einen niedrigeren Substanzwert für eine Teilwertabschreibung nicht ausreichen.[114]

Ein wesentlicher, wenn auch kaum benannter Grund der Versagung der Teilwertabschreibung ist, daß die Finanzverwaltung darauf abzielt, zu verhindern, daß Verluste sich verdoppeln.[115] Neben der Tochtergesellschaft sollen sich Verluste nicht nochmals auf Ebene der Muttergesellschaft auswirken. Insbesondere führt das Beibehaltungswahlrecht des niedrigeren Wertes nach § 6 Abs.1 Nr.2 S.3 EStG i.V.m. § 280 Abs.2 HGB regelmäßig zu einer langfristigen Beibehaltung des niedrigeren Wertes. Das deutsche Bilanzrecht zwingt bei erfolgter Abschreibung und bei später wieder eintretender Werterhöhung nicht zu einer Wertaufholung, sondern der niedrigere Teilwert kann beibehalten werden. Dies führt zu einer langfristigen Minderung der Steuerlast. Die Verminderung der Steuer ist quasi endgültig, wenn die Beteiligung nicht in absehbarer Zeit veräußert oder das Unternehmen liquidiert wird. So werden durch Teilwertabschreibungen geltend gemachte Wertminderungen von der Finanzverwaltung als "Steuerausfälle" gesehen.[116] Diese sind sicherlich ein maßgebender Grund für die restriktive Handhabung der Teilwertabschreibung auf Beteiligungen.[117]

Kritisch ist auch insbesondere der Einbezug von funktionalen Vorteilen bzw. der besondere Vorteil des Beteiligungsunternehmens für die Muttergesellschaft bei der Beteiligungsbewertung zu werten. Im funktionalen Zusammenhang kann der positive Konzerneffekt gesehen werden.[118] Am Einbezug funktionaler Vorteile bei der Beteiligungsbewertung ist insbesondere die Nichteinhaltung des Bilanzierungsgrundsatzes der Einzelbewertung zu kriti-

---

113 Euler/Krüger sprechen von einem verwirrenden Bild, was die Rechtsprechung zur Teilwertabschreibung abgibt. Vgl. Euler/Krüger, BB 1983, S. 568.

114 Von der ausschüttungsbedingten Teilwertabschreibung sei hier abgesehen.

115 Vgl. auch Hoffmann, BB 1996, Beil. 16, S. 4.

116 Hinsichtlich der Steuerausfälle bei Auslandsbeteiligungen wird von Seiten der Finanzverwaltung die horrende Zahl von 50 Mrd. angegeben. Vgl. Dahnke, 1992, S. 25. Diese Schätzung erscheint zumindest zweckgerichtet.

117 Trotz intensiver Auseinandersetzungen der Literatur mit der Problematik der Teilwertabschreibung ist das Problem der fehlenden Wertaufholungspflicht bisher kaum entsprechend seiner Wirkung gewürdigt worden. Lediglich Piltz problematisiert diesen Gesichtpunkt entsprechend seiner Wesentlichkeit. Vgl. Piltz 1985, S. 85.

118 So auch Schulze zur Wiesche, FR 1987, S. 389.

sieren.[119] Problematisch ist auch die Bestimmung des Zeitpunktes, ab dem eine Teilwertabschreibung vorzunehmen ist.[120]

Die Teilwertermittlung ist aber nicht nur eine Tatbestandsfrage, sondern unter dem Einbezug der Problematik der Beweisführung verständlich.[121] Das betonte Argument der Objektivierung für das Festhalten an der Teilwertvermutung ist nach Ansicht von Küting/Kessler überzogen.[122] Als Nachweis für eine Fehlmaßnahme sollten die nachvollziehbaren und beweisbaren Erwägungsgründe des Steuerpflichtigen ausreichen.[123] Ein Fortschritt könnte die Anwendung der von der Betriebswirtschaft entwickelten Methoden zur Unternehmensbewertung darstellen. Jedoch steht der BFH diesen bisher ablehnend gegenüber. Problematisch bleibt dennoch, daß Beteiligungsbewertungen grundsätzlich einen großen Unsicherheitsfaktor in sich tragen. Zudem sind jährliche Unternehmensbewertungen zur Bestimmung der Teilwerte der Beteiligungen außerordentlich aufwendig.

Der Anerkennung einer Fehlmaßnahme als auch einer Wertminderung der Beteiligung nach dem Anschaffungszeitpunkt stehen der BFH und die Finanzverwaltung insbesondere auch bei der Verlustabdeckung äußerst ablehnend gegenüber. Die Argumentation des BFH erlaubt es, eine Teilwertabschreibung in diesen Fällen nahezu auszuschließen. Selbst eine aufwandswirksame Zuwendung der Muttergesellschaft an ein sanierungsbedürftiges Tochterunternehmen ist nahezu unmöglich. Die Muttergesellschaft muß schon bis zur Konkursreife warten, also bis zu einem Zeitpunkt, in dem "das Kind schon in den Brunnen gefallen ist", um eine Teilwertabschreibung vornehmen zu können. Erst in der Situation des bevorstehenden Konkurses wird eine Abschreibung auf die Beteiligung überhaupt durchsetzbar sein.[124] Damit ist ein von den Anschaffungskosten abweichender Wert neben dem Liquidationswert kaum vorstellbar.[125]

Wäre es möglich, den Wertansatz der Beteiligungen zeitnah abzuschreiben, hätte auch die generelle Aktivierung bei einer Kapitalzuführung nicht die überaus restriktive Wirkung. Diskutabel erscheinen in diesem Zusammen-

119 Vgl. Euler/Krüger, BB 1983, S. 570.
120 Vgl. Thömmes, IWB 1991, S. 520.
121 Vgl. Oesterle/Gauß, WPg 1991, S. 327.
122 Vgl. Küting/Kessler, GmbHR 1995, S. 351.
123 Vgl. Küting/Kessler, GmbHR 1995, S. 351.
124 Vgl. Oesterle/Gauß, WPg 1991, S. 326.

hang die Vorstellungen Reuters. Reuter unterscheidet hinsichtlich der Gewährung von Sanierungszuschüssen in ein Altengagement, das durch den Buchwert verkörpert wird, und ein Neuengagement, das der Kapitalzuführung entspricht.[126] Reuter hält eine Abschreibung auf das Altengagement für erforderlich. Ob eine Abschreibung auf das Neuengagement angebracht ist, soll eine Frage des Einzelfalls sein.

Neben der wesentlichen Problematik der fehlenden Wertaufholungspflicht ist bei einer Teilwertabschreibung das Problem der Unsicherheit bei der Beteiligungsbewertung gegeben. Diesen Vorgang zu operationalisieren ist außerordentlich schwierig, da in die Bewertung einer Beteiligung subjektive Faktoren des Bewertenden eingehen. Grundsätzlich erscheint es fraglich, ob bei Beteiligungen bei verbundenen Unternehmen überhaupt ein objektiver Wert, unabhängig von den Umständen der Muttergesellschaft, möglich ist, da der Unternehmenswert in diesen Fällen nahezu immer subjektive Bewertungselemente enthält. Die Ermittlung eines objektiven Teilwerts für eine Beteiligung ist somit kaum möglich.

Die indirekte Verlustberücksichtigung auf Ebene der Muttergesellschaft mittels Teilwertabschreibung beschränkt diese auf den Beteiligungswert. Bei Verlusten von Auslandstochtergesellschaften ist die Verlustberücksichtigung generell auf den Beteiligungsansatz beschränkt, da keine Organschaft in Frage kommt. Die Zukunft der Teilwertabschreibung ist auch im Rahmen einer europaweiten Konzernbesteuerung zweifelhaft. Ein Teil der europäischen Mitgliedsstaaten kennen keine vermögensbezogene Steuerbilanz im deutschen Sinne, so daß in diesen Staaten keine Berichtigung des Wertansatzes möglich ist.[127] Die Verlustrichtlinie schließt gem. Art. 11 bei Anwendung des Verlustausgleichs mittels der Nachversteuerungsmethode bei Tochtergesellschaften eine Berichtigung des Wertansatzes aus. Unter diesem Aspekt erscheint die Teilwertabschreibung als generelles Instrument zur Berücksichtigung von Verlusten von ausländischen Tochtergesellschaften zweifelhaft.

---

125 Vgl. Piltz, 1985, S. 23; Euler/Krüger, BB 1983, S. 568.

126 Vgl. auch Reuter, BB 1982, S. 27.

127 Dies sind Mitgliedsstaaten, die anhand einer Einnahme-Überschuß-Rechnung die steuerlichen Gewinne ermitteln, wie z.B. Großbritannien.

Gegen die restriktive Handhabung der Teilwertabschreibung ist einzuwenden, daß (eventuell vorhandene) stille Reserven und der funktionale Zusammenhang einer Beteiligung nicht ausreichen können, Abschreibungen nahezu völlig zu versagen. Unter den geltenden bilanzrechtlichen Bestimmungen ist jedoch eine Änderung der Behandlung der Teilwertabschreibung auf Beteiligungen nicht zu erwarten. Insgesamt muß festgestellt werden, daß die Teilwertabschreibung kein geeignetes Instrument ist, um eine adäquate Verlustberücksichtigung sowohl von inländischen als auch von ausländischen Tochtergesellschaften zu gewährleisten.

6.2.2 Verlustübernahme durch Verrechungspreisvereinbarung

Im innerstaatlichen Waren- und Leistungsaustausch begrenzen grundsätzlich die Vorschriften zur verdeckten Gewinnausschüttung (vGA) und der verdeckten (Kapital-) Einlage (vKE) die Möglichkeiten, Gewinne und Verluste im Unternehmensverbund zu verschieben.[128] Bei Verrechnungspreisen, die keinen direkt vergleichbaren Marktpreis besitzen, werden sich regelmäßig Preisspannen ergeben, innerhalb der sich vereinbarte Preise rechtfertigen lassen. Hierdurch wird ein gewisses Maß an Einkommensverlagerung möglich sein. Obwohl hinsichtlich des Vorliegens einer vGA grundsätzlich strenge Maßstäbe angelegt werden, wird die Anwendung im unternehmerischen Bereich aufgelockert. Die Rechtsprechung hat die Berücksichtigung der verdeckten Gewinnausschüttung durch Hinzurechnung zum Einkommen des Gesellschafters nicht für erforderlich gehalten, wenn die Kapitalgesellschaft Leistungen für den Geschäftsbetrieb des Gesellschafters erbracht hat und ihm dadurch Aufwendungen erspart wurden.[129] Auch ergeben sich bei Vermögenszuwendungen vom Gesellschafter an die Gesellschaft im Rahmen der vKE hinsichtlich der Zielsetzung der Steuerverstrickung Einschränkungen.[130]

Auch im grenzüberschreitenden innerkonzernlichen Leistungsverkehr ist eine Spanne vertretbarer Preise denkbar[131], innerhalb derer sich gewisse Gestaltungsspielräume ergeben. Es kann im Einzelfall gelingen, durch eine

128 Zu der Möglichkeit der Verlustübernahme durch Nutzungseinlage, vgl. Kap. 6.2.3.
129 Vgl. BFH vom 19.3.1975 I R 137/73, BStBl. II 1975, S. 722.
130 Vgl. folg. Kap. 6.2.3.

zweckentsprechende Verrechnungspreisvereinbarung Verluste einer ausländischen Tochtergesellschaft indirekt zu übernehmen. Jedoch steht der transnationalen Einkommensverschiebung das Einkommensinteresse der Einzelstaaten entgegen. Die Finanzverwaltungen der betroffenen Staaten werden versuchen, ihre Interessen zu wahren[132] und im Zweifel zu Lasten des Steuerpflichtigen die Verrechnungspreise gewinnerhöhend anzupassen. Verbundene transnationale Unternehmen werden daher bei drohender Gefahr der Doppelbesteuerung in der Regel versuchen, Verrechnungspreise bei konzerninternen Transaktionen zu vereinbaren, die sich hinsichtlich des Erfolges als möglichst verlagerungsneutral erweisen.[133] Zudem sprechen auch handelsrechtliche Gründe, wie das Realisationsprinzip und auch betriebswirtschaftliche Gründe, wie die Umsetzung des Profit Center Prinzips, die darauf abzielen, den möglichst richtigen Gewinn auszuweisen, für eine an Drittvergleichspreise orientierte Preisvereinbarung. Aus betriebswirtschaftlicher als auch aus steuerlicher Sicht bleibt nur ein eingeschränkter Spielraum.[134]

Die Erzielung langfristiger Verluste kann laut BFH darauf hindeuten, daß unangemessene Verrechnungspreisvereinbarungen mit der ausländischen Muttergesellschaft stattgefunden haben.[135] Entgegen dieser Auffassung des BFH ist nicht generell anzunehmen, daß die Verlustsituation einer Tochtergesellschaft zwingend auf unangemessene Verrechnungspreise hinweist. Anlaufverluste sollten per se grundsätzlich keine Auswirkung auf die Anerkennung von Verrechnungspreisen haben. Auch eine langfristige Verlustsituation ist nicht notwendigerweise durch unzulässige Verrechnungspreisvereinbarungen bedingt.[136] Es gelten auch in diesem Fall die allgemeinen Grundsätze zur Bestimmung von Verrechnungspreisen an Hand des arms-

---

131 Vgl. Jacobs, 1995, S. 705 m.w.N..

132 Vgl. hierzu die Verwaltungsgrundsätze für die Prüfung der Einkunftsabgrenzung bei international verbundenen Unternehmen. Vgl. BMF vom 23.2.1983 - IV C 5 - S 1341 - 4/83, BStBl. I 1983, S. 218.

133 Zur Möglichkeit der Berechnung weitgehend verlagerungsneutraler Verrechnungspreise, vgl. Scheffler, zfbf 1991, S. 471 ff..

134 Vgl. Jacobs 1995, S. 702 ff.. Albach sieht bei innerkonzernlichen Verrechungspreisen bei internationalen Konzernen einen Vorrang der Erfolgszurechnungskonzeption hinsichtlich der Preisbestimmung und damit den Marktpreis als grundsätzlich richtigen Bewertungsmaßstab. Vgl. Albach, zfbf 1974, S. 241.

135 Vgl. BFH vom 17.2.1993 I R 3/92, BStBl. II 1993, S. 457.

136 Vgl. Jacobs, 1995, S. 725.

length Grundsatzes. Nach den OECD ist aber in solchen Fällen eine genaue Prüfung vorzunehmen.[137]

Eine Verlustübernahme kann auch außerhalb der zweckentsprechenden Bestimmung der Verrechungspreisvereinbarung durch die zusätzliche Abnahme von Gütern bzw. Dienstleistungen in einem gewissen Rahmen durch die Abdeckung von Deckungsbeiträgen erreicht werden. Ebenso kann es durch Verlagerung von verlusttragenden Funktionen oder Überlassung ertragsstarker Geschäftsfelder gelingen, Verluste zumindest mittelfristig zu übertragen bzw. zu übernehmen. Diese Gestaltungsmaßnahmen der Steuerplanung sollen aber im folgenden unberücksichtigt bleiben, da sie nur in einem sehr begrenzten Rahmen möglich sind, und hier in erster Linie die steuersystematischen Gesichtspunkte beleuchtet werden sollen.

6.2.3 Verlustübernahme durch Nutzungseinlage - Durchbrechung der Voraussetzung der Personenidentität in der Unternehmensgruppe

Grundsätzlich sind Vermögensverschiebungen unter Umgehung der steuerlichen Gewinnrealisierung innerhalb des Unternehmensverbundes unzulässig. Jedoch hat der GrS des BFH entschieden, daß die unentgeltliche Überlassung von Gebrauchsvorteilen, insbesondere bei Nutzungsüberlassung von Kapital, Diensten oder Wirtschaftsgütern, keine Einlage bei der Tochtergesellschaft darstellt.[138] Der BFH begründet seine Auffassung zum einen damit, daß nur Wirtschaftsgüter Gegenstand einer Einlage sein können, die das Vermögen einer Kapitalgesellschaft vermehren, zum anderen habe das deutsche Steuerrecht noch nie etwas dagegen einzuwenden gehabt, wenn ein Gesellschafter Leistungen gegenüber seiner Gesellschaft unentgeltlich oder zu einem zu niedrigen Preis erbringt und dadurch eine Erhöhung des Gewinns der Gesellschaft bewirkt.

Die Rechtsprechung des Großen Senats basiert in diesem Punkt auf dem finalen Einlagebegriff. Der Einlagebegriff wird unter Hinzuziehung der Bewertungsvorschriften definiert. Dabei wird beachtet, daß das Ziel der Einlagevorschriften im wesentlichen auch die Begrenzung der Steuerver-

---

137 Vgl. OECD-Bericht, 1979, Rn. 42.

138 Vgl. BFH vom 26.10.1987 GrS 2/86, BStBl. II 1988, S. 348.

strickung ist.[139] Aus der Rechtsprechung des BFH ergibt sich, daß eine Verlagerung von Einkünften bei unentgeltlichen bzw. verbilligten Nutzungsüberlassungen von der Muttergesellschaft hin zur Tochtergesellschaft ohne Gewinnkorrektur erfolgen kann.

Die unentgeltliche Überlassung von Gebrauchsvorteilen durch die Muttergesellschaft führt zu einer Gewinnverlagerung von der Muttergesellschaft auf die Tochtergesellschaft.[140] Der Gebrauchsvorteil realisiert sich ertragserhöhend bei der Tochtergesellschaft. Bei dieser erhöht sich der steuerliche Gewinn bzw. führt zur Verminderung oder Nichtentstehung eines steuerlichen Verlustes. Der Muttergesellschaft ist es damit möglich, Verluste der Tochtergesellschaft durch unentgeltliche Überlassung von Gebrauchsvorteilen auszugleichen. Flume unterstützt diese vom BFH in ständiger Rechtsprechung[141] vertretenen Auffassung. Er hält Vermögensverschiebungen von der Muttergesellschaft zur Tochtergesellschaft für unbedenklich[142] und plädiert dafür, Vermögenszuwendungen an die Tochtergesellschaften grundsätzlich zu erlauben, ohne eine Gewinnrealisierung anzunehmen.[143]

Werden Nutzungsvorteile an eine Schwestergesellschaft geleistet, wird bei der vorteilsgewährenden Schwester- bzw. Tochtergesellschaft eine verdeckte Gewinnausschüttung angenommen.[144] Bei der Muttergesellschaft erhöht sich aufgrund der vGA der Ertrag. Jedoch hat der GrS des BFH in gleicher Höhe einen Aufwandsverbrauch angenommen, wodurch sich die ertragssteuerlichen Wirkungen aufheben. Bei der vorteilsvereinnahmenden Schwester- bzw. Tochtergesellschaft erfolgt keine Korrektur als verdeckte Einlage. Dies führt zu dem bereits dargestellten gewinnerhöhenden Effekt bei der Schwestergesellschaft.

Eine ausländische Muttergesellschaft kann durch Gewährung eines unentgeltlichen Nutzungsvorteils an ihre inländische Tochtergesellschaft Verluste

---

139 Vgl. Groh, DB 1988, S. 516.

140 Im Gegensatz hierzu führt jedoch eine ganz oder teilweise unentgeltliche Überlassung von Gebrauchsvorteilen von der Tochtergesellschaft zur Muttergesellschaft zu keiner Gewinnverschiebung, da hier die Grundsätze der verdeckten Gewinnausschüttung greifen.

141 Vgl. BFH vom 8.11.1960 I 131/59 S, BStBl. III 1960, S. 513.

142 Vgl. Flume, DJT 1972, Q 22.

143 Vgl. Flume, DJT 1972, Q 29. Flume sieht durch die vermögensrechtliche Bewegung keine Änderung der Vermögensposition zwischen den Beteiligten.

144 Vgl. BFH vom 26.10.1987 GrS 2/86, BStBl. II 1988, S. 348.

bei dieser vermindern.[145] Bei Gewährung eines nichtvergüteten Nutzungsvorteils an eine ausländische Tochtergesellschaft gelten die Regelungen zur Nutzungseinlage entsprechend, d.h. bei grenzüberschreitender innerkonzernlicher Nutzungsunterlassung erfolgt aufgrund der nationalen Einlagevorschriften keine Korrektur. Es sind aber die Korrekturvorschriften des deutschen Außensteuerrechts zu beachten. Da die Vorschriften der verdeckten Einlage bei Nutzungsüberlassung nicht einschlägig sind, basieren die Gewinnberichtigungen auf den Korrekturvorschriften des § 1 Abs.1 AStG. Durch § 1 AStG sollen Erfolgsverlagerungen ins Ausland ausgeschlossen werden. Unangemessene Entgelte, die zwischen nahestehenden Personen vereinbart werden, sind auf Drittvergleichspreise zu korrigieren. Bei unentgeltlicher Nutzungsüberlassung erfolgt eine Korrektur, wenn der Vorteilsempfänger das ausländische Tochterunternehmen ist. Erhält die inländische Muttergesellschaft einen solchen Vermögensvorteil, erfolgt beim inländischen empfangenden Mutterunternehmen keine (gewinnmindernde) Korrektur, wodurch die Gefahr der Doppelbesteuerung gegeben ist.

Für den DBA-Fall ist die Vorschrift des Art. 9 OECD-MA zu beachten. Gem. Art. 9 Abs.1 OECD-MA kann das zugrundeliegende Rechtsgeschäft berichtigt werden,[146] wenn es dem Drittvergleichsgrundsatz nicht entspricht. Es sind dabei die Bedingungen zugrunde zu legen, die zwischen unabhängigen Dritten vereinbart worden wären. Dementsprechend kann das Nutzungsentgelt und damit der Gewinn der inländischen Muttergesellschaft erhöht werden. Voraussetzung für die Anwendung der Korrekturvorschrift des Art. 9 DBA ist nach herrschender Meinung[147] und Rechtsprechung[148] eine nationale Rechtsgrundlage, da DBA-Vorschriften keine eigenständigen innerstaatlichen Besteuerungsrechte schaffen, sondern Verteilungsnormen darstellen. Die hierzu notwendige nationale Rechtsnorm findet sich in § 1 AStG.

Durch die Möglichkeit, den Gewinn der Tochtergesellschaft durch verdeckte Nutzungseinlagen zu erhöhen, ergibt sich im nationalen Konzern ein nicht unerheblicher Spielraum für eine Gewinnverlagerung bzw. eine Ver-

---

145 Vgl. Jacobs, 1995, S. 698.
146 Vgl. Groh, DB 1988, S. 574.
147 Vgl. Jacobs, 1995, S. 428 m.w.N.; Wassermeyer, DStJG 1996, S. 152.
148 Vgl. BFH vom 21.1.1981 I R 153/77, BStBl. II 1981, S. 517.

lustübernahme.[149] Wenn der BFH in dieser Weise den Verlustausgleich zuläßt, muß sich die Frage anschließen, ob nicht eine entsprechend generelle Regelung der Verlustverrechnung in der Unternehmensgruppe anzustreben wäre. Bei grenzüberschreitenden Unternehmensgruppen erfolgt hinsichtlich der Sicherung des nationalen Steueraufkommens durch § 1 AStG bei unentgeltlichen Nutzungsüberlassungen an eine ausländische Tochtergesellschaft eine gewinnerhöhende Korrektur. Nicht erfaßt wird aber die vorteilsempfangende inländische Muttergesellschaft, wodurch eine Doppelbesteuerung droht.[150]

6.3 Behandlung von Zuwendungen im Konzern, insbesondere direkter Verlustübernahmen

6.3.1 Handelsbilanzrechtliche Behandlung

Im Gegensatz zum Steuerrecht ist die Behandlung von Verlustübernahmen im Handelsrecht weitgehend unumstritten. Verlustausgleichsverpflichtungen sind nach herrschender Meinung bei der Muttergesellschaft als Aufwand und bei der Tochtergesellschaft als außerordentlicher Ertrag zu behandeln.[151] Auch der IDW hat sich in seiner jüngsten Stellungnahme zur Bilanzierung privater Zuschüsse grundsätzlich für eine ertragswirksame Behandlung ausgesprochen, es sei denn, daß der Zuschußgeber seinen Willen bekundet, daß der Zuschuß in die Kapitalrücklage eingestellt werden soll.[152] Letztere erfolgsneutrale Behandlung von Zuwendungen beruht offensichtlich auf der Äußerung des Abschlußberichtes zu § 272 HGB zu dieser Problematik.[153]

Bei der Tochtergesellschaft als Zuwendungsempfänger führen Zuschüsse der Muttergesellschaft außerhalb der gesellschaftsrechtlichen Einlagen grundsätzlich zu Erträgen.[154] Die Ausnahme hiervon besteht, wenn der

149 Vgl. Biergans, DStR 1988, S. 232.

150 Eine gewisse Priorität hinsichtlich der Sicherung des nationalen Steueraufkommens ist erkennbar.

151 Vgl. Wassermeyer, StbJb 1992/93, S. 227.

152 Vgl. IDW, WPg 1996, S. 712.

153 Vgl. BT-Drs 10/4268, S. 107.

154 Vgl. Döllerer, 1990, S. 184.

Gesellschafter ausdrücklich erklärt, daß der Zuschuß direkt in die Kapitalrücklage nach § 272 Abs.2 S.4 einzustellen ist. Diese Vorgehensweise entspricht der ganz herrschenden Meinung.[155] Sie ist bisher nur vereinzelt auf Kritik gestoßen.[156] An der Möglichkeit der ertragswirksamen Vereinnahmung der Zuwendungen auf Ebene der Tochtergesellschaft wird kritisiert, daß zusätzliches Kapital des Gesellschafters nicht dazu dienen könne, dieses als Gewinn auszuweisen[157] oder Verluste nicht entstehen zu lassen.[158]

Dieser Kritik kann in der Gewinnsituation des Zuschußempfängers durchaus gefolgt werden, da hier ein überhöhter Gewinnausweis ermöglicht und ein Gewinnausschüttungspotential generiert wird. Die h.M. kann dazu führen, daß ein wahrer Ausweis der Vermögens-, Finanz- und Ertragslage nicht mehr gewährleistet ist.[159] Ob eine Zuführung ins Kapital oder eine erfolgswirksame Vereinnahmung vorliegt, kann nicht nur vom subjektiven Willen des Gesellschafters abhängig gemacht werden, sondern muß durch gewisse objektive Merkmale näher bestimmt werden. Als Beurteilungsmaßstab kann die Ertragssituation der Tochtergesellschaft herangezogen werden. In einer Verlustsituation einer Tochtergesellschaft ist einer ertragswirksamen Vereinnahmung durch die Tochtergesellschaft zuzustimmen.[160] Ausschüttungspotential wird in diesem Fall nicht geschaffen. Die Zahlungsbemessungsfunktion des Jahresabschlusses wird nicht konterkariert.

---

155 Vgl. ADS, § 272, Rn. 107.

156 Vgl. Marx, FR 1995, S. 459; Reiß, StuW 1996, S. 342: Wilhelm, 1978, S. 366.

157 Vgl. Wilhelm, 1978, S. 366.

158 Vgl. Marx, FR 1995, S. 458.

159 Ersichtlich wird dies am Beispiel der Centralbodenkredit Bank AG (CB) und deren Muttergesellschaft Deutsche Bank (DB). Dort wurde ein Kreditausfall in Höhe von 1 Mrd. durch die Muttergesellschaft DB abgedeckt und auf Ebene der CB als Ertrag vereinnahmt. Auf Ebene der Muttergesellschaft wurden nachträgliche AK auf die Beteiligung gebucht. Daraus folgt ein wundersames Verschwinden eines Kreditausfalls in Höhe von 1 Mrd.. Dieser konnte völlig neutralisiert werden und ist damit in keinem Geschäftsabschluß ersichtlich. Vgl. hierzu kritische Auseinandersetzung von Marx, FR 1995, S. 454.

160 Vgl. auch Küting/Kessler, BB 1989, S. 31. Küting/Kessler folgen der herrschenden Meinung, daß bei Verlustabdeckung grundsätzlich eine ertragswirksame Vereinnahmung vorzunehmen ist. Sie unterscheiden jedoch von der Abdeckung eines Jahresfehlbetrages den Fall des Ausgleichs eines Bilanzverlustes. Dies soll durch einen zunächst willentlichen erfolgsneutralen Zuschuß in das Eigenkapital gelingen, der anschließend ertragswirksam aufgelöst wird. Dadurch wird ein direkter Ausgleich des Bilanzverlustes erreicht.

Bei dem Zuschußgeber bzw. der Muttergesellschaft stellt sich die Frage der Behandlung im Sinne einer aufwandsneutralen Aktivierung auf den Beteiligungswert im Jahr des Zuschusses oder einer aufwandswirksamen Verausgabung. Zu der Problematik auf Ebene der Muttergesellschaft hat sich der BGH im Jahre 1978 geäußert.[161] Bei Nichtvorliegen eines EAV hält der BGH aktivierungspflichtige Anschaffungskosten bei Beteiligungsverhältnissen[162] lediglich dann für erforderlich, wenn die getätigten Zu- bzw. Aufwendungen der Muttergesellschaft zu einer dauernden Wertsteigerung der Beteiligung führen. Eine generelle Aktivierungspflicht auf den Beteiligungswert lehnt der BGH ab. Steht bereits bei Zuführung des Kapitals fest, daß die Beteiligung keine Werterhöhung erfährt bzw. lediglich die Substanz erhalten wird, ist eine Zuschreibung nicht vorzunehmen.

Der Auffassung des BGH ist grundsätzlich zuzustimmen. Bei Zuführung von Kapital, die lediglich eine Werterhaltung der Beteiligung ermöglicht, widerspricht eine Zuschreibung auf die Beteiligung dem Vorsichtsprinzip. Bei der Muttergesellschaft getätigte erfolgswirksame Aufwendungen für die Beteiligungen würden ansonsten nicht als solche ausgewiesen. Dies könnte letztendlich dazu führen, daß bei einer generellen Aktivierungspflicht u.U. Gewinne ausgeschüttet werden könnten, die nicht entstanden sind. Als ausschlaggebendes Abgrenzungsmerkmal bei der Beurteilung einer Aktivierung kann damit von der tatsächlichen Erhöhung des Beteiligungswertes im Sinne des BGH als Entscheidungsmerkmal ausgegangen werden.

Das Problem, das sich bei der Beurteilung einer Werterhöhung ergibt, ist die Frage nach dem Zeitbezug der Werterhöhung durch die erfolgte Zuwendung. Daß der Wert des Tochterunternehmens im Zeitpunkt der Verlustübernahme tatsächlich steigt, steht außer Frage. Dies ist aber nicht Grundlage bzw. Bezugspunkt der Beurteilung. Bezugspunkt ist der letzte Bilanzansatz. Im Verhältnis zu diesem handelt es sich lediglich um eine Wertauffüllung. Die Verlustübernahme gleicht den vorangegangenen Wertverlust bei der Tochtergesellschaft wieder aus. Folglich wird der Beteiligungswert durch eine Verlustübernahme nicht berührt. Im Gegensatz zu Zuzahlungen in Gewinnsituationen wird im Handelsrecht bei Verlustüber-

161 Vgl. BGH vom 31.10.1978 - KZR 5/77, WPg 1979, S. 158.

nahme grundsätzlich keine Wertsteigerung des Beteiligungswertes angenommen. Es liegt bei der verlustübernehmenden Gesellschaft ein nichtaktivierungspflichtiger Aufwand vor. Auch nach der Stellungnahme des IDW-Hauptausschusses liegt bei einem Zuschuß, der lediglich den inneren Wert einer Beteiligung erhalten soll, wie bspw. im Sanierungsfall, ein nichtaktivierungspflichtiger Aufwand vor.[163] Eine Verlustübernahme ist beim Zuschußgeber bzw. bei der Muttergesellschaft dementsprechend aufwandswirksam zu behandeln.

Hinsichtlich des bilanziellen Ausweises ergibt sich folgendes Bild: § 277 Abs.3 S.2 HGB formuliert eine gesonderte Ausweispflicht für Ergebnisübernahmen aus Gewinngemeinschaften sowie Gewinn- und Teilgewinnabführungsverträgen. Die Sonderausweispflicht nach § 277 Abs.3 S.2 HGB gilt nicht nur für vertragliche Ergebnisübernahmen, sondern es genügt bereits eine formlose Verpflichtung zwischen den Beteiligten.[164] Dieser Sonderausweis umfaßt damit alle Arten von Verträgen und Absprachen, die dem Ziel dienen, Verluste zu übernehmen.[165] Eine Verlustübernahme ist im Zeitpunkt der Entstehung der Verpflichtung und nicht erst bei tatsächlicher Erfüllung zu berücksichtigen.[166] Auf Ebene der Tochtergesellschaft sind Verlustübernahmen als außerordentliche Erträge im Sinne des § 277 Abs.4 HGB auszuweisen.[167]

6.3.2 Steuerrechtliche Behandlung

6.3.2.1 Anwendung der Einlagevorschriften auf Ebene der Tochtergesellschaft

Wie im Falle der Organschaft kommt es auch hier zu einer Durchbrechung der Maßgeblichkeit der handelsrechtlichen Bilanzierungsvorschriften. Nach herrschender Auffassung sind bei Verlustübernahmen die steuerrechtlichen

---

162 Der Begriff Beteiligungen wird hier im folgenden umfassend verwendet, schließt Beteiligungen bis zu 100% Beteiligungsbesitz und damit neben den Beteiligungen nach § 271 Abs. 1 HGB auch Anteile an verbundenen Unternehmen im Sinne des § 271 Abs. 2 HGB mit ein.

163 Vgl. HFA 2/1996, WPg 1996, S. 713.

164 Vgl. ADS, § 277, Rn. 62.

165 Vgl. Sigle, 1990, § 277 Rn. 106.

166 Vgl. BFH vom 12.2.1980 VIII R 114/77, BStBl. II 1980, S. 494.

Regelungen über Einlagen gem. § 4 Abs.1 EStG unter Mißachtung der handelsrechtlichen Vorschriften zu befolgen. Die Ablehnung der handelsrechtlichen Erfolgswirksamkeit wird vom BFH mit der Durchbrechung der Maßgeblichkeit gem. § 5 Abs. 6 EStG und der notwendigen vorrangigen Anwendung über die Einlagevorschriften begründet.[168] Die Einlage wird (neuerdings) als ein Ersatztatbestand für die Anschaffung bzw. den Herstellungsvorgang angesehen.[169]

Eine verdeckte Einlage liegt vor, wenn der Gesellschafter seiner Gesellschaft einen Vermögensvorteil zuwendet, der seine Ursache im Gesellschaftsverhältnis hat und dieser von einem Nichtgesellschafter nicht gewährt würde. Der Maßstab zur Beurteilung einer Vorteilszuwendung ist, daß ein Nichtgesellschafter bei Anwendung der Sorgfalt eines ordentlichen Kaufmanns der Gesellschaft diesen Vermögensvorteil nicht eingeräumt hätte.[170] Kennzeichen der verdeckten Einlage im Gegensatz zur "schlichten" bzw. "einfachen" Einlage ist, daß Vermögensvorteile durch den Gesellschafter zugeführt werden, ohne daß dafür Gesellschaftsrechte gewährt werden. Ebenso dürfen keine sonstigen Gegenleistungen erbracht werden. Leistet ein Gesellschafter an die Gesellschaft einen Vorteil in Form eines Zuschusses zur Abdeckung eines Bilanzverlustes, so wird hierin eine verdeckte Einlage gesehen.[171] Laut Rechtsprechung des BFH sollen bei Verlustübernahmen durch den Gesellschafter die Voraussetzungen einer verdeckten Einlage regelmäßig gegeben sein.[172]

Einlagen unterscheiden sich von Betriebseinnahmen insbesondere durch die unterschiedliche Veranlassung der Mittelzuführung. Ein betrieblicher Zweck ist grundsätzlich bei beiden vorhanden, wenn auch in unterschiedlicher Intensität. Die Betriebseinnahme ist direkt durch den Betrieb veranlaßt, die Einlage demgegenüber primär durch die Gesellschafterstellung des Zuwendenden. Die Betriebseinnahme basiert auf einer betrieblichen Erwirtschaf-

---

167 Vgl. HFA 2/1996, WPg 1996, S. 713.

168 Vgl. BFH vom 16.5.1990 I R 96/88, BStBl. II 1990, S. 797.

169 Vgl. Wassermeyer, StBJb 1985/86, S. 330. Dem offensichtlich folgend: Vgl. BFH vom 16.5.1990 I R 96/88, BStBl. II 1990, S. 797.

170 Vgl. BFH vom 19.2.1970 I R 24/67, BStBl. II 1970, S. 442; BFH vom 9.3.1983, BStBl. II 1983 I R 182/78, S. 744.

171 Vgl. RFH vom 18.9.1934 I A 217/33, StuW 1934 II, Nr. 761.

172 Vgl. BFH vom 12.2.1980 VIII R 114/77, BStBl. II 1980, S. 494.

tung, währenddessen die Einlage einen nicht betrieblich veranlaßter Zugang zum Betriebsvermögen darstellt.[173]

Es kann bezweifelt werden, daß das scheinbar eindeutige Merkmal der Veranlassung zur Abgrenzung von Einlage und Betriebseinnahme in allen Fällen eine zwingende Unterscheidung der Mittelzuführung herbeiführt. Denn im Fall der Einlage in Form der Verlustübernahme wird regelmäßig auch eine betriebliche Veranlassung vorliegen. Zur ordnungsgemäßen Weiterführung des Betriebes der Tochtergesellschaft wird eine Verlustübernahme durch die Muttergesellschaft oftmals sogar unerläßlich sein.[174] Verlustdeckungen dienen der Sicherung und der Erhaltung gewerblicher Einkünfte nicht nur der Muttergesellschaft, sondern auch der Tochtergesellschaft. Extremfall hierzu ist die durch die Verlustübernahme ermöglichte Abwendung einer sonst entstehenden Unterkapitalisierung mit anschließendem Zwang zur Konkursanmeldung. Hier setzt die Fortführung des Betriebes eine Verlustübernahme voraus. In diesem Fall ist es durchaus möglich, daß die Zuwendung entscheidend durch die betriebliche Sphäre geprägt ist. Folglich wäre keine verdeckte Einlage, sondern eine Betriebseinnahme anzunehmen. Die Ursächlichkeit des Gesellschaftsverhältnisses besteht zwar weiterhin fort, kann aber durch die betriebliche Veranlassung überdeckt werden. Als Unterscheidungsmerkmal im Gegensatz zur verdeckten Einlage bleibt nur, daß es an einer Gegenleistung fehlt.

Der BFH jedoch ist bisher in keinem seiner Urteile diesem Gedanken gefolgt, daß eine betriebliche Veranlassung vorliegen kann. In einer Entscheidung des BFH[175], in der sich zwei personenidentische Schwesterpersonengesellschaften verpflichtet hatten, entstehende Verluste gegenseitig zu übernehmen, hat dieser die Auffassung vertreten, daß dies bei der übernehmenden Gesellschaft nicht als Betriebsausgabe und bei der vereinnahmenden nicht als Betriebseinnahme zu werten sei. Ziel des Verlustausgleiches im zugrundeliegenden Fall war es, eine buchmäßige Überschuldung wegen schlechter Ertragslage des Schwesterunternehmens zu vermeiden und damit ihren Fortbestand zu sichern. Durch gemeinsame Nutzung von Produktionsanlagen bestanden zwar unstreitige Kostenvorteile für beide Schwestergesellschaften, dennoch fehlte es laut BFH an einer zugrundeliegenden steuer-

173 Vgl. Plückebaum, KS, § 4 Rn. B 273.
174 A.A. vgl. BFH vom 24.3.1994 IV S 1/94, BStBl. II 1994, S. 398.
175 Vgl. BFH vom 24.3.1994 IV S 1/94, BStBl. II 1994, S. 398.

lich anzuerkennenden Leistungsbeziehung. Auch der durch die Verlustübernahme ermöglichte Fortbestand der Verlustgesellschaft war für den BFH kein Grund, eine betriebliche Veranlassung anzuerkennen. Ein eigenbetriebliches Interesse der verlustübernehmenden Gesellschaft wurde abgelehnt. Verlustübernahme in Krisensituationen der Tochtergesellschaft wurden vom BFH auch zuvor als Einlage gewertet.[176]

Als Vergleichsmaßstab zur Unterscheidung von betrieblicher Leistungsbeziehung und durch das Gesellschaftsverhältnis verursachter Zuwendung zog der BFH den Drittvergleich heran. Der BFH maß die Verlustausgleichsbedingung an dem, was sonst unter fremden Dritten üblich ist und stellte fest, daß die Verlustübernahmevereinbarung in der im zugrundeliegenden Fall vereinbarten Form nicht üblich sei. Der BFH folgert hieraus, daß die getroffene Vereinbarung in erster Linie durch das Gesellschaftsverhältnis veranlaßt sei. Der BFH führt aus, daß es zwischen fremden Dritten nicht denkbar sei, daß diese Vereinbarungen zur gegenseitigen Verlustdeckung ohne entsprechende Rückzahlungsverpflichtung abschlössen. Einen Vergleich zu Gewinnpoolungsverträgen, bei denen ein ertrags- bzw. aufwandswirksamer Risikoausgleich möglich ist, hat der BFH bei seiner Beurteilung jedoch nicht vorgenommen.

Liegen die Voraussetzungen eines Sanierungsgewinns nach § 3 Nr. 66 EStG bei den Zuwendungen durch die Muttergesellschaft vor, kann dies die Annahme einer verdeckten Einlage verdrängen. Sanierungszuschüsse können von der zu sanierenden Gesellschaft steuerfrei vereinnahmt werden. Voraussetzung der steuerfreien Vereinnahmung des Sanierungszuschusses ist die Sanierungsbedürftigkeit, die Sanierungseignung und die Sanierungsabsicht aller Gläubiger. Zudem bedarf es des rechtsverbindlichen Schulderlasses aller Gläubiger. Jedoch werden diese umfangreichen Voraussetzungen nur in Einzelfällen vorliegen.

176 Vgl. BFH vom 18.12.1990 VIII R 158/86, BFH NV 1992, S. 15.

6.3.2.2 Behandlung auf Ebene der Muttergesellschaft

6.3.2.2.1 Verlustübernahme als nachträgliche Anschaffungskosten

Unter die Zuwendungen der Muttergesellschaft an die Tochtergesellschaft fallen Investitionszuschüsse, Sanierungszuschüsse, allgemeine Zuwendungen zur Erweiterung des Geschäftsbetriebes sowie Zuwendungen zur Übernahme von Verlusten. Verlustübernahmen innerhalb der Unternehmensgruppe sind eine spezielle Form der Zuwendung durch die Muttergesellschaft.

Bei einer Verlustübernahme durch die Muttergesellschaft ist der BFH bisher regelmäßig von Aufwendungen auf die Beteiligung ausgegangen, die zwingend als nachträgliche Anschaffungskosten auf die Beteiligung zu aktivieren sind.[177] Bei der Definition der Anschaffungskosten in § 255 Abs.1 HGB hat der Gesetzgeber die Gelegenheit genutzt, den vom BFH entwickelten Begriff der Anschaffungskosten mit Hilfe des BiRiG ins deutsche Handelsrecht zu transformieren.[178] Eine Abweichung des handelsrechtlichen vom steuerrechtlichen Anschaffungskostenbegriff kann sich damit grundsätzlich nicht ergeben. Anschaffungskosten sind Aufwendungen, die geleistet werden, um ein Wirtschaftsgut zu erwerben, d. h. die Verfügungsmacht zu erlangen. Durch den Anschaffungsvorgang muß ein realer Gegenwert erlangt werden. Anschaffungskosten werden durch die Höhe der Gegenleistung bestimmt. Bei nachträglich getätigten Aufwendungen auf eine Beteiligung fehlt der enge zeitliche Bezug bzw. der direkte Zusammenhang mit der Verschaffung der wirtschaftlichen Verfügungsmacht. Verluste werden regelmäßig nach dem eigentlichen Anschaffungsvorgang übernommen, so daß sie daher allenfalls nachträgliche Anschaffungskosten darstellen können.

Nachträgliche Anschaffungskosten werden angenommen, wenn getätigte Aufwendungen durch die Anschaffung veranlaßt sind und diese in einem sachlichen und wirtschaftlichen Zusammenhang mit dem Anschaffungsvorgang stehen.[179] Nach herrschender Auffassung bedarf es bei nachträglichen Anschaffungskosten keiner Nähe zum Anschaffungsvorgang.[180] Zumindest bedarf es aber eines wirtschaftlichen Zusammenhangs mit der Anschaf-

177 Vgl. BFH vom 18.12.1990, VIII R 158/86, BFH/ NV, S. 15 und den dort angegebenen BFH-Urteilen.

178 Vgl. Hoffmann, BB 1988, Beil. 2, S. 5.

179 Vgl. BFH vom 24.10.1979 VIII R 92/77, BStBl. II 1980, S. 187.

fung.[181] Für die Hinzuaktivierung auf den Beteiligungswert soll es nicht auf eine tatsächlich stattfindende Wertsteigerung ankommen.[182] Nachträgliche Anschaffungskosten müssen zu einer Erhöhung des Wertes des Wirtschaftsgutes geeignet sein,[183] d.h. es müssen lediglich zu einer Wertsteigerung geeignete Aufwendungen vorliegen. Eine Hinzuaktivierung auf einen Beteiligungswert erfolgt, wenn die Zuwendung des Gesellschafters dazu dient, die Rentabilität der Gesellschaft zu erhalten. Eine Unterlassung der Zuschreibung bei Mittelzuführung kann aber dann zulässig sein, wenn die zugeführten Mittel dazu dienen, einen drohenden Konkurs abzuwenden.[184]

Daß grundsätzlich nachträgliche Anschaffungskosten bei nachträglichen Aufwendungen auf Beteiligungen vorliegen, wird nachhaltig bezweifelt, da die Aufwendungen insbesondere nicht mehr dem Erwerbsvorgang dienen.[185] Kritisiert wird, daß es bei späteren Zahlungen an eine Kapitalgesellschaft an der Veranlassung im Sinne des sachlichen und des wirtschaftlichen Zusammenhangs zum Anschaffungsvorgang fehle. Daher könne es sich nicht mehr um nachträgliche Anschaffungskosten handeln.[186]

Zur Beurteilung, ob nachträgliche Anschaffungskosten vorliegen, muß beachtet werden, daß bei einer Verlustübernahme keine direkte Gegenleistung erfolgt. Der Gesellschafter erhält keine neuen Geschäftsanteile. Der Anschaffungsvorgang bedarf aber grundsätzlich einer Gegenleistung.[187] Diese wäre nur dann anzunehmen, wenn die Verlustübernahme zu einer Erhöhung des Beteiligungswertes führt. Daran wird es bei Verlustübernahme im Regelfall gerade scheitern. Offensichtlich wird dies bei Übertragung der Verlustübernahmeverpflichtung an einen Dritten. Ein Gewinnanspruch wird von einem Dritten gegen Entgelt übernommen. Die Verpflichtung zum Verlustausgleich ist dagegen nicht verkäuflich bzw. hat einen

---

180 Vgl. Döllerer, FR 1992, S. 234.
181 Vgl. Schmidt/Glanegger, EStG, § 6 Rn. 92.
182 Vgl. BFH vom 4.7.1990 GrS 1/90, BStBl. II 1990, S. 830,; BFH vom 4.6.1991 X R 136/87, BStBl. II 1992, S. 70. Vgl. hierzu Kap. 6.2.1.3.
183 Vgl. BFH vom 6.7.1989 IV R 12/87, BStBl. II 1990, S. 126.
184 Vgl. BFH vom 9.3 1977, I R 203/74, BStBl. II 1977, S. 515.
185 Vgl. Pezzer, StuW 1975, S. 225; Goerdeler/Müller, WPg 1980, S. 320; Hoffmann, BB 1996, Beil. 16, S. 5. Siehe dort Fn. 10 m.w.N..
186 Vgl. Fichtelmann, GmbHR 1988, S. 76.
187 Vgl. auch Knobbe-Keuk, DStZ 1984, S. 338.

negativen Kaufpreis. Sie würde durch einen Abschlag am Beteiligungswert berücksichtigt werden.

6.3.2.2.2 Verlustübernahme als Herstellungs- bzw. Erhaltungsaufwand

Aufgrund der massiven Kritik, die der Anschaffungskostenbegriff bei Aufwendungen auf eine Beteiligung erzeugt, wurden die Begriffe Herstellungs- und Erhaltungsaufwand in die Diskussion bei den nachträglichen Zuwendungen auf eine Beteiligung bzw. an eine Tochtergesellschaft eingebracht.[188] Zur Beurteilung des Sachverhaltes Beteiligungen wird von der Literatur Bezug auf die Behandlung von nachträglichen Aufwendungen auf Gebäude genommen.[189] Ebenso wie die nachträglichen Aufwendungen bei Gebäuden verliert der Anschaffungskostenbegriff bei Aufwendungen, die nichts mit dem eigentlichen Erwerbsvorgang zu tun haben, seine Konturen.[190] Auch bei nachträglichen Aufwendungen auf Beteiligungen ist der Begriff der Anschaffungskosten offensichtlich unpassend.

Der Große Senat hat in einem grundlegenden Urteil zum Anschaffungs- und Herstellungskostenbegriff ausgeführt, daß Arbeiten, die der Steuerpflichtige an seinem Gebäude nachträglich ausführt, nicht mehr dazu dienen können, dieses zu erwerben.[191] Die nachträglich getätigten Aufwendungen sollen es in seinem Zustand erhalten, verändern oder verbessern und sind damit entweder als Erhaltungsaufwand oder als Herstellungskosten einzustufen. Folge dieser Beurteilung ist, daß bei anfallenden nachträglichen Aufwendungen untersucht werden muß, ob sie einen zu aktivierenden Herstellungsaufwand oder einen Erhaltungaufwand darstellen. Ein Herstellungsaufwand liegt vor, wenn das Wirtschaftsgut in seinem Wesen verändert, in seiner Substanz vermehrt oder sein Zustand erheblich verbessert wird. Liegt kein Herstellungsaufwand vor, so sind die Aufwendungen nicht zu aktivieren. Sie stellen Erhaltungsaufwand dar und sind sofort erfolgswirksam.

---

188 Vgl. Goerdeler/Müller, WPg 1980, S. 319; Hoffmann, BB 1988, Beil. 2, S. 5; Wichmann, BB 1992, S. 1421; Kraft/Kraft, BB 1992; S. 2465; Priester, StBJb 1993/94, S. 155.

189 Vgl. Goerdeler/Müller, WPg 1980, S. 318.

190 Vgl. auch GrS des BFH vom 22.8.1966 GrS 2/66, BStBl. III 1966, S. 672. Für Grundstücke, vgl. Schmidt/Glanegger, EStG, § 6 Fn. 93.

191 Vgl. BFH vom 22.8.1966 GrS 2/66, BStBl. III 1966, S. 672.

In einer grundsätzlichen Stellungnahme haben Goerdeler und Müller dargelegt, daß es durchaus geboten sein kann, die nachträglichen Zuwendungen auch bei Beteiligungen als Herstellungskosten bzw. Erhaltungsaufwand anzusehen.[192] Der Anschaffungsvorgang bedarf einer Gegenleistung für die Verschaffung wirtschaftlicher Verfügungsmacht. Herstellungskosten können als Anschaffungskosten ganz oder teilweise selbst erstellter Wirtschaftsgüter interpretiert werden.[193] Bei nachträglichen Zuwendungen seitens der Muttergesellschaft geht es darum, die Beteiligung in ihrem Wert zu erhöhen bzw. zu erhalten und nicht darum, ein Wirtschaftsgut in die eigene Verfügungsmacht zu überführen.[194] Diese Überlegungen führen weg vom Anschaffungskostenbegriff und hin zu einer sachlogischen Nähe zum Herstellungskostenbegriff und müssen auch für Wirtschaftsgüter gelten, die Beteiligungen darstellen. Folglich sind es Zuwendungen, die Beteiligungen in ihrem Zustand verbessern bzw. erhalten sollen, dem Begriff der Herstellungskosten bzw. dem Erhaltungsaufwand näherstehend und demgemäß auch diesen zuzuordnen.[195]

Wendet man bei Zuwendungen auf Beteiligungen auch den Herstellungskostenbegriff an, so stellt sich die Frage nach der generellen Einordnung von getätigten Aufwendungen.[196] Dabei ergäben sich für unterschiedliche Sachverhalte folgende Konsequenzen. Der Anschaffungskostenbegriff wäre bei Erwerb einer Beteiligung von Dritten auch weiterhin anzuwenden. Bei nachträglichen Aufwendungen auf die Beteiligung wären diejenigen Aufwendungen zu aktivieren, die auch die Voraussetzungen des Herstellungsaufwands erfüllen. Zuwendungen, die der Sanierung des Tochterunternehmens gelten oder deren Verluste ausgleichen, erreichen keine wesentliche Substanzvermehrung, sondern dienen lediglich der Werterhaltung und sind somit dem Erhaltungsaufwand zuzuordnen. Unerheblich ist, ob die Zuwendung als Bareinlage oder in Form eines Forderungsverzichtes erfolgt. Bei Forderungsverzichten kann in werthaltige und nicht mehr werthaltige Forderungen differenziert werden. Nur bei den werthaltigen Forderungen ist es möglich, von einem Herstellungsaufwand auszugehen. Bei Verzicht auf

---

192 Vgl. Goerdeler/Müller, WPg 1980, S. 319.
193 Vgl. Moxter, 1974, S. 75.
194 Vgl. Goerdeler/Müller, WPg 1980, S. 319.
195 Vgl. Goerdeler/Müller, WPg 1980, S. 319.
196 Vgl. hierzu auch Hoffmann, BB 1988, Beil. 2, S. 10.

werthaltige Forderungen wird der Wert der Beteiligung im Regelfall erhöht, folglich stellen diese einen Herstellungsaufwand dar.

Von einer Aktivierung ist insbesondere auch dann abzusehen, wenn die Leistung des Gesellschafters dazu dient, eine sonst notwendige Beteiligungsabschreibung zu unterlassen, da der Tochtergesellschaft damit lediglich die Substanz erhalten wird.[197] Da bei Zuwendungen in Form von Verlustübernahmen keine Werterhöhung der Beteiligung anzunehmen ist, können sie dementsprechend keinen Herstellungsaufwand, sondern nur Erhaltungsaufwand darstellen.

6.3.2.2.3 Kritische Stellungnahme

Nach feststehender Rechtsprechung des BFH ist eine Vorteilsgewährung, die der Gesellschafter seiner Gesellschaft ohne entsprechende Gegenleistung gewährt, bei der Tochtergesellschaft als Einlage und beim gewährenden Gesellschafter als nachträgliche Anschaffungskosten auf die Beteiligung zu werten.[198] Eine Verlustübernahme wird nach Rechtsprechung und herrschender Auffassung als eine Vorteilsgewährung beurteilt, da ihre Ursache im Gesellschaftsverhältnis gesehen wird. Dementsprechend führt eine Verlustübernahme der Muttergesellschaft bei Nichtbestehen eines Organschaftsverhältnisses zu einer verdeckten Einlage des Gesellschafters bei der Tochtergesellschaft. Aufgrund des Tatbestandes der Einlage auf Ebene der Tochtergesellschaft wird daraus geschlossen, daß bei der Muttergesellschaft der von ihr zugeführte Wert auf ihre Beteiligung an der Tochtergesellschaft hinzuzuaktivieren ist.[199] Erfolgt die Verlustübernahme durch eine Schwestergesellschaft, wird dies der Muttergesellschaft zugerechnet.[200]

Die dargestellten Grundsätze gelten entsprechend für die verunglückte Organschaft. In diesem Fall stellt der Verlustausgleich für die vermeintliche

---

197 Vgl. Goerdeler/Müller, WPg 1980, S. 320; Hinsichtlich Sanierungszuschüsse, Knobbe-Keuk, DStZ 1984, S. 337.

198 Vgl. BFH vom 16.5.1990 I R 96/88, BStBl. II 1990, S. 797; BFH vom 29.5.1968 I 187/65, BStBl. II 1968, S. 722; bereits RFH vom 22.6.1943 I 204/42, RStBl. 1943, S. 587.

199 Vgl. BFH vom 12.2.1980 VIII R 114/77, BStBl. II 1980, S. 494; BFH vom 25.1.1984 I R 183/81, BStBl. II 1984, S. 422.

200 Vgl. BFH vom 26.10.1987 GrS 2/86, BStBl. II 1988, S. 348.

Organgesellschaft eine verdeckte Einlage dar.[201] Das steuerliche Ergebnis der Organgesellschaft wird um die Einlage vermindert. Für den gescheiterten Organträger ist der Verlustausgleich als nachträgliche Anschaffungskosten auf die Beteiligung hinzuzuaktivieren.

Grundsätzlich ist bei dieser Behandlung zu kritisieren, daß der BFH davon ausgeht, daß eine Zuwendung der Muttergesellschaft an die Tochtergesellschaft bei dieser eine Einlage und bei der Muttergesellschaft zwangsläufig korrespondierend nachträgliche Anschaffungskosten darstellen soll.[202] Diese Verknüpfung der Bilanzierung ist nicht zwingend. Die Einlagevorschrift des § 4 Abs.1 EStG betrifft die Gewinnermittlung des Zuwendungsempfängers. Auf der Seite des Zuwendenden jedoch werden Beteiligungen und keine Einlagen bilanziert. Der Annahme von "einlageinduzierten" nachträglichen Anschaffungskosten, so wie sie der BFH vertritt, kann nicht gefolgt werden.[203] Einen allgemeinen Grundsatz korrespondierender Bilanzierung gibt es nicht.[204] Ersichtlich wird dies insbesondere, wenn ein Gesellschafter von mehreren eine Einlage ins Gesellschaftsvermögen leistet.[205]

Als dogmatische Begründung, daß auch auf Ebene des Zuwendenden eine Einlage vorliegt, wird neuerdings angeführt, daß man unter einer Einlage einen Ersatzanschaffungs- oder Herstellungsvorgang verstehe und dies auf Ebene der Muttergesellschaft zu einer Aktivierung führen müsse.[206] Hierin läge der eigentliche Grund der Hinzuaktivierung auf das Beteiligungskonto der Muttergesellschaft. Jedoch wird mit dieser Gleichstellung die zugrundeliegende Problematik lediglich per definitionem gelöst. Der Tatbestand der Einlage ist auf Ebene der Tochtergesellschaft zu beachten. Demgegenüber hat die Mutterunternehmung das Wirtschaftsgut Beteiligung, nicht aber eine Einlage, zu bilanzieren.

Der Anschaffungskostenbegriff zielt auf einen Erwerbsvorgang mit vereinbarter Gegenleistung. Dies ist bei Verlustabdeckung nicht gegeben, da die

---

201 Vgl. BFH vom 16.5.1990 I R 96/88, BStBl. II 1990, S. 797.

202 Vgl. BFH vom 9.3.1977 I R 203/74, BStBl. II 1977, S. 515; Vgl. BFH vom 16.5.1990 I R 96/88, BStBl. II 1990, S. 797.

203 Gl. Ansicht, vgl. Wichmann, BB 1992, S. 394; Döllerer, 1993, S. 533; Kraft/Kraft, BB 1991, S. 2468.

204 Vgl. BFH vom 8.3.1989 X R 9/86, BStBl. II 1989, S. 714.

205 Vgl. Wassermeyer, StBJb 1985/86, S. 232.

Wertzuführungen zur Gesellschaft zu keiner Ausgabe von Gesellschaftsrechten und auch zu keiner Werterhöhung führt. Trotz der berechtigten Kritik am Anschaffungskostenbegriff kann auch die extensive Auslegung des Begriffs der Herstellungskosten zur Subsumtion von nachträglichen Zuwendungen auf Beteiligungen nicht restlos überzeugen. Die Herstellung zielt grundsätzlich auf die Schaffung bisher in dieser Form nicht vorhandener Wirtschaftsgüter.[207] Hinsichtlich der Heranziehung des Herstellungskostenbegriffs auf die Beteiligung wird kritisiert, daß keine trennbaren Vorteile geschaffen werden, wodurch daß Begriffspaar Herstellungs- bzw. Erhaltungsaufwand bei nachträglichen Aufwendungen auf die Beteiligung zugunsten des Anschaffungskostenbegriffs ausscheiden soll.[208] Gegen den Herstellungskostenbegriffs und für die Anwendung des Anschaffungskostenbegriffs wird zudem angeführt, daß für Beteiligungen in § 17 EStG explizit von Anschaffungskosten gesprochen wird, weshalb man nicht zum Herstellungskostenbegriff übergehen kann.[209]

Bei der aufgezeigten Argumentation wird ersichtlich, daß die herkömmliche Begriffsbildung den Sachverhalt der getätigten nachträglichen Aufwendungen auf die Beteiligung nicht ausreichend erfaßt. Zuwendungen auf Beteiligungen werden weder vom Anschaffungskosten- noch vom Herstellungskostenbegriff eindeutig abgedeckt.[210] Aufgrund der spezifischen Eigenarten von Beteiligungen sowie den nachträglichen Aufwendungen auf sie fällt es schwer, Zuwendungen der Gesellschafter auf die Beteiligung außerhalb eines Anschaffungsvorganges in die Dogmatik von Anschaffungs- und Herstellungskosten einzuordnen. Auch muß der Begriff Erhaltungsaufwand nicht zwingend auf die Herstellungskosten eingeschränkt werden, sondern kann durchaus auch bzgl. der Anschaffungskosten gelten.[211] Es ist wohl fallweise zu entscheiden, ob die Zuwendungen der Muttergesellschaft Anschaffungskosten, Herstellungskosten oder Erhaltungsaufwand darstellen. Entscheidender Grundgedanke ist, wie Goerdeler/Müller zu recht feststel-

---

206 Vgl. Wassermeyer, JbFStR 1988/89, S. 330.

207 Vgl. ADS, § 255 Rn. 151.

208 Vgl. Schmidt/Glanegger, EStG, § 6 Rn. 94.

209 Vgl. Döllerer, 1993, S. 536.

210 Vgl. Hoffmann, BB 1988, Beil. 2, S. 7. Ob eine unbeabsichtigte Gesetzeslücke vorliegt, die nach den allgemeinen Auslegungskriterien zu schließen sei, kann hier dahingestellt bleiben.

211 Vgl. auch Fichtelmann, GmbHR 1988, S. 76.

len, ob die zugrundeliegenden Vorgänge erfolgsneutral oder erfolgswirksam zu behandeln sind.[212]

Erleidet die Tochtergesellschaft Verluste, kann bei deren Übernahme durch die Muttergesellschaft grundsätzlich nicht davon ausgegangen werden, daß der Muttergesellschaft ein zusätzlicher Wert entsteht.[213] Der um den abgedeckten Verlust gesunkene Wert der Tochtergesellschaft wird durch die entsprechende Zuwendung erhöht. Es erfolgt keine Wertsteigerung über den bestehenden Beteiligungswert hinaus, sondern es wird lediglich die Beteiligungssubstanz wieder hergestellt.[214] Dies entspricht auch der Ansicht des BGH, der ebenso eine Aktivierung nur im Falle einer Wertsteigerung der Beteiligung für notwendig hält.[215]

Bei der Beurteilung einer möglichen Werterhöhung einer Beteiligung hat der BFH auch die bestimmungsgemäße Nutzungsmöglichkeit in seine Beurteilung mit einbezogen.[216] Geht es im wesentlichen darum, die Funktion zu erhalten, so liegt ein Erhaltungsaufwand vor. Eine Verlustübernahme hat das Ziel, den wirtschaftlichen Wert zu erhalten. Dieser Wert ergibt sich aus der Funktionstüchtigkeit der Tochtergesellschaft. Diese stellt die bestimmungsgemäße Nutzungsmöglichkeit der Muttergesellschaft dar. Verlustübernahmen unterbinden die Kapitalauszehrung. Damit einhergehend wird in der Regel auch die Erhaltung der "Funktionsfähigkeit" der Tochtergesellschaft gegeben sein. Es wird der Tochtergesellschaft ermöglicht, wieder Beteiligungserträge zu erwirtschaften.

---

212 Vgl. Goerdeler/Müller, WPg 1980, S. 319.

213 So insbesondere auch der EuGH, der in einer Entscheidung betreffend der indirekten Steuern auf Kapital anführt: "Wenn also eine Gesellschaft mit Verlust abgeschlossen hat und einer ihrer Gesellschafter sich zur Übernahme dieses Verlustes bereit erklärt, so erbringt er dadurch eine Leistung, durch die das Gesellschaftsvermögen erhöht wird. Er bringt es nämlich wieder auf einen Stand, den es vor Eintritt des Verlustes erreicht hatte." EuGH vom 28.3.1990 - Rs. C - 38/88, GmbHR 1990, S. 276.

214 Vgl. auch Kraft/Kraft, BB 1992, S. 2468.

215 Vgl. BGH vom 31.1.1978 - KZR 5/77, WPg 1979, S. 158.

216 Vgl. BFH vom 13.12.1985 VIII R 273/81, BStBl. II 1985, S. 394.

6.3.3 Beurteilung von Verlustübernahmen im Konzern

6.3.3.1 Ertragssteuerliche Wirkung der geltenden Regelungen bei Verlustübernahme

Nach geltender Rechtsprechung bzw. Handhabung der Finanzverwaltung wird bei Übernahme von Verlusten bei Konzernverbindungen außerhalb der Organschaft bei der Muttergesellschaft grundsätzlich eine Zuschreibung auf den Beteiligungswert vorgenommen. Erst anschließend sei zu beurteilen, ob daneben ausnahmsweise die Voraussetzungen für eine Teilwertabschreibung vorliegen.[217] Eine Hinzuaktivierung auf den Beteiligungswert bei der Muttergesellschaft bewirkt, daß sich bei späterer Veräußerung ein verminderter Veräußerungsgewinn ergibt. Auch wenn der BFH die Möglichkeit einer sofortigen Teilwertabschreibung theoretisch zuläßt, ist diese in der Regel nicht durchzusetzen.[218] Bei fehlender Durchsetzbarkeit einer Teilwertabschreibung werden Betriebsaufwendungen in die Zukunft verschoben. Unter diesen Umständen führt der Zwang zur Hinzuaktivierung dann dazu, daß eine Beteiligung offenbar um so wertvoller wird, je mehr Verluste von der Tochtergesellschaft übernommen werden.[219] Diese Konsequenz zeigt die Widersprüchlichkeit der Argumentation des BFH.

Dötsch und Buyer haben darauf hingewiesen, daß sich Verluste von Beteiligungsunternehmen außerhalb der Organschaft doppelt auswirken können.[220] Vermögensausstattungen einer Kapitalgesellschaft durch Gesellschafter führen systembedingt zu einer Verdoppelung des Vermögens.[221] Bei der beteiligten Gesellschaft wirken sich nichtausgeschüttete Gewinne ebenso wie Verluste der Tochtergesellschaft einerseits auf ihre Ertragsebene aus, andererseits schlagen sich diese im Beteiligungswert auf der Vermögensebene der Muttergesellschaft nieder. Technisch ergibt sich die Verlustverdoppelung dadurch, daß auf Seiten der Muttergesellschaft durch die Aktivierung des von der Tochtergesellschaft übernommenen Verlustes bei zukünftiger Anteilsveräußerung eine Verminderung des Veräußerungsgewinns bzw. eine Erhöhung eines Veräußerungsverlustes eintritt. Auf Ebene der Tochterge-

217 Vgl. BFH vom 16.5.1990 I R 96/88, BStBl. II 1990, S. 797.

218 Eine Teilwertabschreibung auf Beteiligungen ist durch die restriktive Handhabung der Finanzverwaltung so gut wie aussichtlos. Vgl. Kap. 6.2.1.

219 Vgl. auch Laengner, BB 1991, S. 1239.

220 Vgl. Dötsch/Buyer, DB 1991, S. 13.

221 Vgl. Thiel, StbJb 1992/93, S. 278.

sellschaft wird dieser Vorgang als Einlage erfolgsneutral behandelt. Der Verlust der Tochtergesellschaft jedoch wirkt aufwandswirksam.

Erzielt die Tochtergesellschaft Gewinne, die sie thesauriert, so erfolgt die Besteuerung dieser Gewinne einerseits bei der Tochtergesellschaft, andererseits schlagen sie sich in einer (nicht auszuweisenden) Erhöhung bei der Muttergesellschaft als (spätere) Vermögensgewinne im Beteiligungswert nieder, der sich spätestens bei Liquidation gewinnerhöhend auswirkt. Veräußert die Muttergesellschaft ihre Anteile an der Tochtergesellschaft, so hat sie die darin durch Thesaurierung gebildeten stillen Reserven zu versteuern. Schüttet im Gegensatz hierzu die Tochtergesellschaft Gewinne aus, bleibt es durch das Anrechnungsverfahren grundsätzlich bei der Einmalversteuerung. Wirtschaftlich erfolgt durch das Anrechnungsverfahren quasi eine Aufhebung des Trennungsprinzips.

Eine wirtschaftliche Aufhebung des Trennungsprinzips ist im Verlustfall im Gegensatz zum Gewinnfall jedoch nicht möglich. Von der Tochtergesellschaft erwirtschaftete Verluste können nicht an den Gesellschafter weitergegeben werden. Sie werden sozusagen immer zwangsthesauriert. Verluste können sich außerhalb der Organschaft somit nur in einer Wertermittlung des Beteiligungsansatzes der Muttergesellschaft niederschlagen. Das Trennungsprinzip kann bei Verlusten wirtschaftlich entsprechend dem Anrechnungsverfahren nicht aufgehoben werden. In diesem Zusammenhang sind die Gedanken von Thiel aufzugreifen, indem er ausführt: " Die Einführung des Körperschaftsteuer-Anrechnungsverfahrens hat den Charakter der Körperschaftsteuer verändert. Sie wurde - betrachtet man die Belastungswirkung - von einer eigenständigen Unternehmenssteuer wirtschaftlich zu einer Vorauszahlung auf die Steuern der Gesellschafter umfunktioniert. Irgendwann einmal fließen Gewinne der Kapitalgesellschaft den Gesellschaftern zu."[222] Letzteres kann systembedingt nicht für Verluste gelten. Hinsichtlich der Ungleichbehandlung zu Gewinnen erscheint dies nicht unproblematisch.

222 Thiel, DStR 1992, S. 7.

6.3.3.2 Problem der temporären Erfolgsneutralität der Verlustübernahme im Konzern

Bei einer Übernahme eines Verlustes verfolgt die Muttergesellschaft regelmäßig das Ziel, die Ertragsfähigkeit ihrer Tochtergesellschaft zu stärken und somit künftige Gewinnausschüttungen zu ermöglichen. Dabei ist das Bestreben der Muttergesellschaft darauf gerichtet, die Tochtergesellschaft als betriebsfähiges und rentables Unternehmen zu erhalten. Die Mittelzuführung bildet eine wesentliche Ursache für die späteren Einnahmen bei der Muttergesellschaft.[223] Bei Verlustübernahmen im Konzern werden Aufwendungen getätigt bzw. führen somit dazu, den Wert des Wirtschaftsgutes Beteiligung nicht unter den letzten Ansatz fallen zu lassen bzw. sie in ihrem Wert zu erhalten.[224] Ohne Belang ist dabei letztendlich, ob man die Verlustübernahme der Muttergesellschaft in die Rubrik Anschaffungskosten oder Herstellungskosten einordnet. Demgegenüber ist die Einschätzung, ob bei der Muttergesellschaft sofort ein erfolgswirksamer nicht aktivierbarer Aufwand vorliegt, von entscheidender Bedeutung. Im Grunde geht es um die Frage, wann die Verlustübernahme zu berücksichtigen ist und nicht darum, ob sie überhaupt berücksichtigt werden sollte.

Die sofortige Berücksichtigung entspricht dem Standpunkt von Döllerer. Döllerer hält die Aktivierung von Verlustübernahmen im Konzern für grundsätzlich nicht zutreffend.[225] Wenn bereits im Zeitpunkt der Übernahme feststeht, daß es zu keiner Werterhöhung kommt, darf keine Aktivierung vorgenommen werden. Gerade im Fall einer Verlustübernahme durch die Muttergesellschaft wird es regelmäßig nicht zu einer Werterhöhung kommen.

Als wesentliches Argument hierfür führt Döllerer an, daß der BFH im Organschaftsfall wegen der Verlustübernahmeverpflichtung keine Teilwertabschreibung auf Ebene der Muttergesellschaft zuläßt.[226] Die Verlustübernahme verhindere eine Wertänderung der Beteiligung. Der BFH hat in diesem Fall angenommen, daß der Beteiligungswert durch die Ver-

223 Vgl. Pezzer, StuW 1975, S. 226.

224 Ähnlich auch Gericke, FR 1975, S. 107. Gericke möchte eine Aufwandswirksamkeit zulassen, wenn mit der Verlustübernahme die Kapitalerhaltung sichergestellt wird.

225 Vgl. Döllerer, 1993, S. 535.

226 Vgl. BFH vom 26.1.1977 I R 101/75, BStBl. II 1977, S. 441.

lustübernahme erstarrt.[227] Der Beteiligungswert an einer Tochtergesellschaft soll durch die Verlustübernahme im Organschaftsverhältnis bei der Muttergesellschaft nicht verändert werden, wodurch kein Grund zu einer Teilwertabschreibung bestehe.[228]

Das FG Düsseldorf hat dennoch die Ansicht vertreten, daß nur in dem Fall der Wert der Beteiligung erstarrt, wenn ein Organschaftsverhältnis anzuerkennen sei.[229] Dem kann nicht zugestimmt werden. Die Nichtzulassung der Teilwertabschreibung bei Verlustübernahme bedingt konsequenterweise umgekehrt die Verhinderung einer Zuaktivierung. Die Aktivierungsfrage bei Verlustübernahme kann nicht davon abhängig gemacht werden, ob ein Organschaftsverhältnis besteht oder nicht, da hier grundsätzlich nur die Frage einer Wertänderung von Bedeutung ist. Wenn bereits vor Verlustübernahme feststeht, daß der Wert der Beteiligung nicht erhöht wird, würde die Aktivierung einem Ausweis eines nicht realisierten Gewinns gleichkommen. Dies ist abzulehnen.

Entsprechend diesem Gedanken kann daher auch außerhalb der Organschaft bei Verlustübernahmeverpflichtung keine Zuaktivierung auf den Beteiligungsansatz vorgenommen werden. Da die Verlustübernahme grundsätzlich die Wertminderung des Beteiligungswertes verhindert, ist die Frage einer Werterhöhung grundsätzlich analog zu entscheiden. Eine Verlustübernahme durch die Muttergesellschaft kann dann auch den Beteiligungswert nicht erhöhen.

Eine Zuaktivierung kann auch nicht mit anderen Argumenten begründet werden, da dies einem Ausweis von nichtrealisierten Gewinnen gleichkäme.[230] Dies gilt insbesondere für vorhandene nicht aufgedeckte stille Reserven. Ob stille Reserven in eine Beurteilung einbezogen werden sollen, die in den Beteiligungswerten vorhanden sind, muß von diesem Standpunkt her abgelehnt werden. Zudem liegt die Legung und Auflösung stiller Reserven außerhalb der hier behandelten Fragestellung und sollte daher nicht bei der Frage, ob nachträgliche Anschaffungskosten auf eine Beteiligung vorliegen, einbezogen werden. Zudem hängt die Beurteilung, ob tatsächlich stille

226 Vgl. BFH vom 26.1.1977 I R 101/75, BStBl. II 1977, S. 441.
227 Vgl. BFH vom 26.1.1977 I R 101/75, BStBl. II 1977, S. 441.
228 Vgl. BFH vom 17.9.1969 I R 170/65, BStBl. II 1970, S. 48.
229 Vgl. FG Düsseldorf vom 2.11.1991 6 K 307/86, EFG 1992, S. 415.

Reserven in einer Beteiligung vorhanden sind, oftmals nicht unerheblich von subjektiven Ermessensspielräumen ab.

Zentraler Aspekt für die Annahme einer verdeckten Einlage bei der Tochtergesellschaft ist die Ursächlichkeit des Gesellschaftsverhältnisses. Dieser Gesichtspunkt spielt im Falle der Verlustübernahme aber nicht die Rolle, die ihr von der Rechtsprechung gemeinhin zugedacht wird. Auch wenn die Ursache für die Übernahme des Verlustes in der Tat im Gesellschaftsverhältnis mitbegründet liegt, ist das Bestreben bei Deckung von Verlusten insbesondere auch darauf gerichtet, den betrieblichen Ablauf in der Tochtergesellschaft durch die Verlustübernahme weiterhin zu gewährleisten. In der Regel ergibt sich damit durch die Zugehörigkeit zur Unternehmensgruppe auch ein gewisser innerer betrieblicher Zusammenhang, der regelmäßig über das reine Gesellschafterverhältnis hinausgeht.[231]

Weiterhin ist hinsichtlich der Anwendung der Einlagevorschriften auf Ebene der Tochtergesellschaft zu bedenken, daß neben der Abgrenzung der Gewinnermittlung ein wesentlicher Zweck der Einlage die Abgrenzung des betrieblichen vom privaten Bereich sowie die Begrenzung der Steuerverstrickung ist. Der BFH hat den Einlagebegriff in der Unternehmensgruppe zweckbezogen bzw. final auf die Abgrenzung von Erfassung stiller Reserven ausgelegt. Betrachtet man diese Zweckbezogenheit der Einlagevorschrift hinsichtlich der Nichtbesteuerung stiller Reserven, so erscheint die Annahme einer Einlage bei einer Verlustübernahme diesbezüglich nicht zwingend erforderlich. Ob der im Zusammenhang mit einer Verlustübernahme herausgehobene Gesichtspunkt der gesellschaftsrechtlichen Veranlassung entscheidend ist, um eine verdeckte Einlage anzunehmen, erscheint fraglich.

231 Ersichtlich wird dies an den passiven Konzerneffekten.

7. Vorschlag zur Gestaltung der Verlustverrechnung in der Unternehmensgruppe

Entstehen bei einer Tochtergesellschaft der Unternehmensgruppe Verluste und bei einer anderen Tochtergesellschaft der Unternehmensgruppe Gewinne, so werden die entstehenden Gewinne bei Nichtvorliegen einer Organschaft in dieser Periode in voller Höhe ohne Berücksichtigung der Verluste der Besteuerung unterworfen.[1] Die Unternehmensgruppe erfährt jedoch durch die Verluste einer Gesellschaft eine verminderte Leistungsfähigkeit. Auch bei Verlustübernahme bleibt durch den Zwang zur Aktivierung auf das Beteiligungskonto und durch die regelmäßig nicht zugelassene Teilwertabschreibung bei der Muttergesellschaft bislang die verminderte Leistungsfähigkeit der Unternehmensgruppe bei der Besteuerung vorläufig unberücksichtigt. Durch die restriktive Rechtsprechung zur Teilwertabschreibung wird, wie bereits dargelegt, eine Berücksichtigung des Verlustes außerhalb der Organschaft verhindert.

Die Organschaft wiederum ist durch ihre restriktiven Voraussetzungen nur bedingt geeignet, die heutige Realität der Konzernstrukturen zu erfassen.[2] Wie bereits ausgeführt, hat das bestehende Recht der Organschaft eine schwerlich zu bewältigende Rechtsdogmatik.[3] Die Zurechnungstheorie basiert auf einer Fiktion. Zudem sind die jetzigen Regelungen zur Organschaft äußerst kompliziert und dadurch schwer zu handhaben[4] und darüber hinaus teilweise ohne Rechtsgrundlage[5]. Bei Vorliegen eines Organschaftsverhältnisses ist der Zwang zum Abschluß eines EAV und die damit zusammenhängende zwingende Gewinnabführung als nicht gerechtfertigt anzusehen. Hinsichtlich des Gewinnabführungsvertrages wurde bereits 1967 von Hoffmann darauf hingewiesen,[6] daß man durchaus auf den Gewinnabführungsvertrag, bei entsprechender Ausgestaltung der Organschaft, verzichten könne.

---

1 Dies gilt insoweit, wie die Einzelgesellschaften ihren Verlust im Rahmen des Verlustrücktrages gem. § 10 d Abs.1 S.1 EStG nicht geltend machen.

2 Vgl. Kap. 2.

3 Vgl. Tipke/Lang, § 11 Rn. 111.

4 Bspw. die ergänzenden Vorschriften zur Gliederung des Eigenkapitals im Organkreis.

5 Vgl. nur die Regelung zum besonderen Ausgleichsposten, dem eine Rechtsgrundlage fehlt.

Hinsichtlich der komplizierten Gesamtregelungen der Organschaft führt sie im wesentlichen "nur" zu einer intersubjektiven Verlustverrechnung. Vor diesem Hintergrund stellt sich die Frage, ob das Institut der Organschaft nicht durch ein zweckentsprechendes und einfacheres Besteuerungsmodell in der Unternehmensgruppe ersetzt werden sollte. Die Anwendung der Equity-Methode als durchaus adäquate Lösung ist erwägenswert, jedoch beim gegenwärtigen Stand des deutschen Bilanzrechts nicht durchsetzbar. Außerdem bliebe auch hier offen, wie zu verfahren ist, wenn die Verluste der Tochtergesellschaft den Buchwert der Beteiligung übersteigen. Hier bietet sich das bereits angedeutete Verfahren der tatsächlichen Verlustübernahme an.

7.1 Die betriebliche Veranlassung der Verlustübernahme

7.1.1 Die Verlustübernahme als sofort aufwandswirksame Betriebsausgabe auf Ebene der Muttergesellschaft

Eine Zuwendung zur Verlustübernahme durch die Muttergesellschaft ist zweifelsohne betrieblich veranlaßt. Bei der Vermögenszuwendung der Muttergesellschaft durch die Übernahme des Verlustes geht es dieser um die Erhaltung bzw. Förderung der betrieblichen Ertragsfähigkeit der Verlust erleidenden Tochtergesellschaft. In manchen Fällen wird eine sinnvolle Fortführung der Tochtergesellschaft überhaupt nur bei Verlustübernahme möglich sein. Es besteht oftmals geradezu ein Zwang für die Muttergesellschaft, Verluste der Tochtergesellschaft aus gesamtkonzernbezogenen Erwägungen heraus auch ohne rechtliche Verpflichtung zu übernehmen.

Daß Zuwendungen den Beteiligungswert der Muttergesellschaft erhöhen können, steht weitgehend außer Frage.[7] Wie unter 6.3.3 ausgeführt, unterscheiden sich jedoch allgemeine Zuwendungen von einer Verlustübernahme durch die Muttergesellschaft in der Unternehmensgruppe. Der vom BFH festgestellte Ausschluß einer Wertveränderung des Beteiligungswertes bei Verlustübernahme innerhalb einer Unternehmensgruppe schließt eine Erhöhung des Beteiligungsansatzes der Tochtergesellschaft aus. Folglich muß auf Ebene der Muttergesellschaft bei Verlustübernahme grundsätzlich von einer sofort wirksamen Betriebsausgabe ausgegangen werden.

---

7 Vgl. Knobbe-Keuk, 1993, S. 212.

7.1.2 Die betriebliche Bedingtheit der Verlustübernahme auf Ebene der Tochtergesellschaft

Eine eindeutige Aussage, was unter Betriebseinnahmen zu verstehen ist, findet sich im Gesetz nicht. Die Betriebseinnahmen und die Einlagen sind Wertzuführungen zu einem Betrieb. Die Betriebseinnahmen werden hauptsächlich durch die Veranlassung, die Einlagen hingegen vom BFH im Zweifel zweckbezogen definiert.[8] Wie bereits erwähnt, ist aber eine exakte Abgrenzung der betrieblichen Einzelbereiche mitunter schwierig. Nach der Definition der Betriebsausgaben des § 4 Abs. 4 EStG erfolgt keine Zurechnung zu einem Steuersubjekt, sondern generell zu einem Betrieb. Die Abgrenzung der betrieblichen Sphäre ist in der Unternehmensgruppe mitunter schwierig. Am Beispiel der Zurechnung der passiven Konzerneffekte zeigt sich, daß eine strikte Trennung der einzelnen Gesellschaften bei einheitlicher bzw. abgestimmter Unternehmenstätigkeit in Unternehmensverbindungen ein schwieriges, gelegentlich sogar ein unlösbares Problem darstellt.[9] Die Leistungserstellung wird in der Unternehmensgruppe in der Regel vom herrschenden Unternehmen strategisch und vom abhängigen Unternehmen operativ bestimmt. Die direkte Nutzung der Marktchancen bleibt zwar im wesentlichen der Tochtergesellschaft vorbehalten, sie wird aber dennoch durch die Muttergesellschaft mitbestimmt. Dies kann jedoch wiederum nicht darüber hinwegtäuschen, daß die Betriebseinnahmen und die Betriebsausgaben einem Steuersubjekt, d.h. immer einer bestimmten Gesellschaft der Unternehmensgruppe zugeordnet werden müssen. Dies gilt auch dann, wenn die Betriebseinnahmen und die Betriebsausgaben einer Tochtergesellschaft oftmals nicht ohne Auswirkungen auf andere Unternehmen der Unternehmensgruppe bleiben.

Nach herrschender Auffassung sind die Verlustübernahmen innerhalb der Unternehmensgruppe gesellschaftsrechtlich verursacht. Dies führt zur Annahme einer verdeckten Einlage bei der Tochtergesellschaft. Im Gegensatz zur herrschenden Meinung und der Auffassung des BFH hat jedoch die Zuführung von Kapital bei Verlustübernahme im Gegensatz zu den anderen

7 Vgl. Knobbe-Keuk, 1993, S. 212.

8 Wird die Einlage über die Veranlassung hinaus zweckbezogen ausgelegt, spricht man vom finalen Einlagebegriff. Kritisch zum finalen Einlagebegriff des BFH, vgl. HHR, § 4 Rn. 42. Im Zweifel jedoch wird auch bei der Betriebseinnahme in der Rechtsprechung und der Verwaltungspraxis zweckbezogen argumentiert.

Zuwendungen ihre Ursache im wesentlichen im betrieblichen Bereich. Hierbei spielt der Aspekt der Zugehörigkeit zur Unternehmensgruppe eine entscheidende Rolle, denn eine Verlustübernahme innerhalb einer Unternehmensgruppe ist auch das Resultat der wirtschaftlichen Zugehörigkeit zur Unternehmensgruppe. In der Verlustübernahme ist dabei eine Würdigung des Beitrags der Tochtergesellschaft zur Geschäftstätigkeit der Gesamtunternehmensgruppe zu sehen. Bei Verlustübernahmen innerhalb der Unternehmensgruppe kann daher nicht davon ausgegangen werden, daß die gesellschaftsrechtliche Verursachung die betriebliche Veranlassung verdrängt.[10] In diesem Sinne wollte offensichtlich auch der BFH in früheren Urteilen zur Organschaft die Behandlung von Ergebnisabführungsverträgen behandelt wissen. Nach dem Dividendengutachten des BFH vom 27.1.1957 sollten die Ergebnisabführungsverträge, auch wenn sie auf gesellschaftsrechtlicher Grundlage beruhen, aus wirtschaftlichen Erwägungen wie betriebliche Vorgänge behandelt werden.[11]

Auch die bilanzielle Behandlung des Handelsrechts geht offensichtlich von einer durch die Geschäftstätigkeit bedingten Veranlassung aus. Nach § 277 Abs.3 S.2 HGB sind die Verlustübernahmen getrennt von den Zuzahlungen hinsichtlich der Ausweispflicht gesondert geregelt. Aus § 277 Abs.3 S.2 HGB ist zu entnehmen, daß sie sowohl auf Ebene der Muttergesellschaft als auch auf Ebene der Tochtergesellschaft erfolgswirksam zu behandeln sind. Die Verlustübernahme ist damit als Ertrag auf Ebene der Tochtergesellschaft und nicht als Einlage zu erfassen.

Nach Auffassung des BFH stellen alle Vermögenszuwendungen, die nicht aus gesellschaftsrechtlichen Gründen gewährt werden, auf Ebene der Tochtergesellschaft grundsätzlich einen Ertrag bzw. eine Betriebseinnahme dar.[12] Dies trifft auch für die Leistungsbeziehungen zwischen der Gesellschaft und den Gesellschaftern zu. Wie die obigen Ausführungen gezeigt haben, kann nicht davon ausgegangen werden, daß die Verlustdeckung bei

---

9 Vgl. Kap. 5.4.1.

10 Vgl. in diesem Sinne auch Müller-Gattermann, JbFSt 1992/1993, S. 501.

11 I D 1/56 S, BStBl. 1957 III, S. 139. Darin heißt es: "Auch nach wirtschaftlicher Betrachtungsweise des Steuerrechts muß die gesellschaftsrechtliche Grundlage des Vertrages bejaht werden." Und im folgenden: "Die wirtschaftliche Betrachtungsweise hat bei Organverhältnissen mit Ergebnisabführungsverträgen ihren Ausdruck darin gefunden, daß ein Ergebnisabführungsvertrag wie ein rein betrieblicher Vorgang des subjektiv steuerpflichtigen Organs behandelt wird."

der Tochtergesellschaft den Einlagetatbestand erfüllt. Ebenso wie bei den Zuwendungen in Form von Sanierungsmaßnahmen ist oftmals ein Weiterbestehen der Tochtergesellschaft langfristig nur möglich, wenn die Verluste von der Muttergesellschaft übernommen werden. Bei den Einnahmen aus Verlustübernahmen der Tochtergesellschaften ist die Ursache aus der Perspektive der Unternehmensgruppe als betrieblich veranlaßt zu werten.

Die hier verfolgte Sichtweise wird auch durch die finale Sichtweise des BFH bei den Einlagen gestützt. Gerade bei verbundenen Unternehmen hat der Große Senat des BFH auf den finalen Einlagebegriff zurückgegriffen.[13] Die Vorschriften zur Einlage haben ihren ursächlichen Sinn in der Abgrenzung des betrieblichen vom privaten Bereich des Unternehmers. Beim finalen Einlagebegriff wird zusätzlich darauf abgehoben, ob es zu einer zusätzlichen ungerechtfertigten Besteuerung kommt, d.h. es soll nichts der Besteuerung unterworfen werden, was aus versteuertem oder steuerfreiem Einkommen gebildet wurde.[14] Analog dem Zweck der Entnahmevorschrift, nämlich "die steuerliche Erfassung stiller Reserven zu gewährleisten"[15], erfolgt entsprechend bei den Einlagevorschriften eine Begrenzung der Steuerverstrickung aus dem nichtsteuerbaren Bereich. Nur der im Betrieb erzielte Vermögenszuwachs soll besteuert werden, nicht aber die Vermögenzuwächse, welche der Steuerpflichtige aus steuerfreiem bzw. versteuertem Einkommen gebildet hat.[16] Steht einer Betriebsausgabe eine Betriebseinnahme in gleicher Höhe gegenüber, so erfolgt keine Erweiterung oder Kürzung der Steuerpflicht. Hinsichtlich einer grundsätzlichen Bejahung der Ermöglichung eines Verlustausgleiches innerhalb der Unternehmensgruppe stützt der finale Einlagebegriff damit die hier dargestellte Vorgehensweise. Bezieht man die Grundwertung des Großen Senats des BFH bezüglich der Möglichkeit der Verlustübernahme durch die Nutzungsüberlassung mit ein, so entspricht dieser Gedanke grundsätzlich der Ermöglichung der Übernahme von Verlusten durch die Gesellschaften innerhalb der Unternehmensgruppe.

Die Behandlung von gruppeninternen Verlustübernahmen als betrieblich bedingt wird auch durch die Behandlung bei Gewinnpoolungsverträgen

---

12 Vgl. BFH vom 22.1.1992 X R 23/89, BStBl. II 1992, S. 488.
13 Vgl. BFH vom 26.10.1987 GrS 2/86, BStBl. II 1988, S. 348.
14 Vgl. Groh, DB 1988, S. 516.
15 Vgl. BFH vom 26.10.1987 GrS 2/86, BStBl. II 1988, S. 348.
16 Vgl. Groh, DB 1988, S. 516.

bestätigt.[17] Die Zuwendung in Form der Verlustübernahme bei Gewinnpoolungsverträgen sind als Betriebsausgabe bzw. Betriebseinnahme zu behandeln. Gewinnpoolungsverträge sind Gewinngemeinschaften im Sinne des § 292 Abs.1 Nr.1 AktG. Der Rechtsnatur nach ist eine Gewinngemeinschaft eine GbR[18], da gleichgerichtete Zwecksetzungen vorliegen.[19] Obwohl keine Austauschverträge bestehen, sondern der Gewinnpoolungsvertrag gesellschaftsrechtlich als ein Organisationsvertrag einzustufen ist[20], und damit die Leistungen gesellschaftsrechtlich verursacht sind, werden die Leistungen an den Gewinnpool beim Leistenden als Betriebsausgabe und beim Empfangenden als Betriebseinnahme behandelt. Das bedeutet, daß eine Verlustabdeckung als Betriebseinnahme zu behandeln ist. Ebenso erfolgt in der Unternehmensgruppe eine Verlustübernahme neben der betrieblichen Veranlassung immer aus gesellschaftsrechtlichen Gründen, die aber aufgrund der wirtschaftlichen Verbundenheit in der Unternehmensgruppe zurücktreten muß.

Die hier vorgenommene Einordnung von Verlustübernahmen führt automatisch zu einer richtigen Besteuerung nach der Leistungsfähigkeit der Unternehmensgruppe. Trägt die Muttergesellschaft die Verluste, vermindert sich ihre Leistungsfähigkeit; entsprechend erhöht sich die Leistungsfähigkeit der Tochtergesellschaft. Insgesamt wird die Unternehmensgruppe entsprechend dem von ihr erwirtschafteten Einkommen besteuert. Damit erfolgt eine richtige Besteuerung nach der Leistungsfähigkeit sowohl der Einzelgesellschaften als auch der Unternehmensgruppe.

7.2 Einschränkung des Trennungsprinzips in der Unternehmensgruppe bei tatsächlicher Verlustübernahme

Weiterhin spricht für die Behandlung der Verlustübernahme als Betriebseinnahme bzw. Betriebsausgabe die generell einschränkende Behandlung von Verlusten im Anrechnungsverfahren. Bei Kapitalgesellschaften herrscht im Steuerrecht außerhalb der Organschaft dem Gesellschaftsrecht folgend das

17 Anzumerken ist, daß bei einer reinen Verlustübernahmeverpflichtung kein Unternehmensvertrag im Sinne des § 291 AktG, sondern eine rein schuldrechtliche Gestaltung vorliegt.

18 Vgl. Hüffer, AktG, § 291 Rn. 2.

19 Vgl. Lechner, 1986, S. 97.

Trennungsprinzip. Durch eine Ausschüttung sind Vermögensverschiebungen von Gewinnen von der Tochtergesellschaft auf die Muttergesellschaft innerhalb der gesellschaftsrechtlichen Rahmenbedingungen jederzeit möglich. "In der Sache geht das Anrechnungsverfahren für die Besteuerung über die rechtliche Selbständigkeit der Kapitalgesellschaft hinweg, der Durchgriff auf die Gesellschafter ist in diesem Bereich erfolgt."[21] Verluste der Tochtergesellschaft bleiben durch das Ausschüttungsverfahren bei den Anteilseignern demgegenüber zunächst unberücksichtigt.[22] Im Gegensatz zu den Gewinnen erfolgt bei den Verlusten bei der Tochtergesellschaft eine Zwangskonservierung bis zur Liquidation bzw. dem Anteilsverkauf. In diesem Sinne kann man von einer Diskriminierung der Verlustberücksichtigung sprechen. Aufgrund der wirtschaftlichen Verbindung in der Unternehmensgruppe ist es fraglich, ob innerhalb dieser die strikte Isolierung von Verlusten gerechtfertigt ist. Es ist zu bedenken, daß bei Kapitalgesellschaften, was sonst im deutschen Steuerrecht auch nicht zulässig ist, positives Einkommen auf ein anderes Rechtssubjekt steuerlich weitergeleitet werden kann. Eine entsprechend dem Ausschüttungsverfahren anerkannte steuerliche Übertragung von Verlusten auf die Muttergesellschaft ist nicht möglich. Damit bekommt bei Kapitalgesellschaften der gruppeninterne Verlustausgleich eine andere Wertigkeit.

Ob der Verlust eines Unternehmens auf Ebene des Gesellschafters steuerlich zu berücksichtigen ist oder nicht, hängt im deutschen Steuerrecht nicht zuletzt davon ab, ob der Steuerpflichtige belastet wird bzw. haftet.[23] Dies geht zwar nicht explizit aus den steuerlichen Vorschriften hervor, dennoch wird dieser Zusammenhang anhand des § 15 a EStG deutlich. Steuerlich können dem Kommanditisten negative Einkommensteile nur bis zur Höhe seiner Hafteinlage zugerechnet werden. Die Haftung ist nicht in erster Linie an der Rechtsform ausgerichtet, sondern an der wirtschaftlichen Beteiligungsform.[24] Dies gilt im Sinne der unbeschränkten bzw. beschränkten Risikotragung. Mit anderen Worten hängt die Möglichkeit der Geltendma-

20 Vgl. Hüffer, AktG, § 291 Rn. 2.
21 Knobbe-Keuk, 1991, S. 566.
22 Es kommt nur eine TWA auf den Beteilungswert bei bilanzierenden Anteilseignern in Betracht.
23 Vgl. Reiß hinsichtlich der Gesellschafter von Personengesellschaften, DStJG 1994, S. 14. Haften wird hier nicht im steuerrechtlichen Sinne verstanden, sondern ist zu verstehen als Einstehen müssen für eigene Verbindlichkeiten.
24 Vgl. Lang, StBJb 1993/94, S. 14.

chung von Verlusten davon ab, ob das entsprechende Steuersubjekt die Vermögenseinbuße auch trägt bzw. potentiell tragen muß. Im Gegensatz zu einer reinen Zurechnung stellt die Forderung nach tatsächlicher Übernahme sicher, daß nur dann die steuerliche Geltendmachung von Verlusten gelingt, wenn diese auch wirtschaftlich definitiv getragen wird.

Die herrschende Meinung geht von einer Unabhängigkeit beim steuerlichen Verlustabzug und des Tragens der Verluste aus.[25] Dabei wird angenommen, daß sich die Zurechnung eines Verlustabzuges rein formell nach der allgemeinen Verwirklichung eines Einkünftetatbestandes richtet. Als Argument wird hier die Verlustgeltendmachung im Konkursfall angeführt. Dies aber trifft nicht zu.[26] Dem zutreffenden Grundsatz, daß die Verluste nur der geltend machen kann, der sie wirtschaftlich in Form einer Vermögenseinbuße trägt, widerspricht allerdings der Behandlung des Verlustes beim übernehmenden Erben, der diesen geltend machen kann, obwohl er ihn nicht wirtschaftlich trägt.[27] Diese Rechtsprechnung ist als unzutreffend anzusehen und wird inzwischen auch vom BFH in Frage gestellt.[28]

Ein solches Vorgehen entspricht auch dem ökonomischen Standpunkt. Nur derjenige wird bereit sein, einen Verlust zu tragen, der auch die damit zusammenhängenden wirtschaftlichen Vorteile bzw. die positiven Einkünfte erlangt. Ein Verlustträger wird den Nachteil der Vermögenseinbuße nur in Kauf nehmen, wenn er auch ein orginäres nachhaltiges wirtschaftliches Interesse besitzt.[29] Bei einer tatsächlichen Verlustübernahme wird daher regelmäßig eine enge wirtschaftliche Verbindung vorliegen. Die tatsächliche Verlustübernahme ist somit umgekehrt das Zeichen, daß bei der Verlustübernahme eine enge wirtschaftliche Verbindung zwischen den Unternehmen besteht. Auch in der Organschaft ist die Gewinn- und Verlustzurechnung davon abhängig, daß die Muttergesellschaft aufgrund eines EAV

---

25 Vgl. HHR, EStG, § 10 d Rn. 103.

26 Vgl. bereits 6.1.3.

27 Vgl. BFH vom 22.6.1962 IV 49/61 S BStBl. III 1962, S. 386; Vgl. BFH vom 17.2.1961 IV 66/59 U, BStBl. III 1961, S. 230.

28 Vgl. BFH vom 23.10.1997 X R 75/94, BStBl. II 1997, S. 239.

29 Ausgeschlossen werden hier Fälle, in denen eine Verlustübernahme erfolgt, nur um zu Steuerersparnissen zu gelangen. Das nachhaltige wirtschaftliche Interesse wird hier in der herrschenden Stellung des Verlustübernehmenden gesehen.

das handelsrechtliche Ergebnis übernimmt.[30] Der EAV stellt somit sicher, daß die Verluste der Tochtergesellschaft auch tatsächlich durch die Muttergesellschaft getragen werden. Die tatsächliche vermögensrechtliche Verantwortlichkeit ergibt neben der Anerkennung der wirtschaftlichen Einheitlichkeit in Form der Eingliederungsvorschriften in der Organschaft zur Zeit den Grund für die Möglichkeit der Zurechnung des Fremdeinkommens der Organschaft auf den Organträger.

Für die Geltendmachung von Verlusten der Kapitalgesellschaft auf Ebene des Gesellschafters spricht die diesbezügliche Behandlung der GmbH & Still. Die Verlustbeteiligung beim stillen Gesellschafter führt im Rahmen des § 15 a EStG bei diesem zu einer sofort abzugsfähigen Betriebsausgabe.[31] Damit ergibt sich die Möglichkeit der Verlustberücksichtigung bei den Anteilseignern der Kapitalgesellschaften[32], wenn auch auf dem Umweg über eine Personengesellschaft.

Zu bedenken ist weiterhin, daß durch die Neuregelung des Umwandlungssteuergesetzes der strikte Grundsatz der Personenidentität bei den Körperschaften aufgrund des besonderen wirtschaftlichen Sachverhaltes durchbrochen wird. Bei der Verschmelzung ist durch die Bestimmung des § 12 Abs.3 S.2 UmwStG der Übergang des Verlustabzuges von der übertragenden auf die übernehmende Gesellschaft vorgesehen. Das Erfordernis der rechtlichen Identität der Kapitalgesellschaft wurde bisher vom BFH hinsichtlich des Verlustabzuges verlangt.[33] Die Neuregelung des Umwandlungssteuergesetzes verzichtet auf diese rechtliche Identität und durchbricht insofern den Grundsatz der Personenidentität als Voraussetzung für einen Verlustabzug.[34] Zur Geltendmachung des Verlustabzuges bedurfte es bis zum Inkrafttreten des Gesetzes zur Fortführung der Unternehmenssteuerreform der ununterbrochenen Betriebsfortführung. Damit wurde richtigerweise auf den zugrundeliegenden wirtschaftlichen Sachverhalt abgestellt.

Als Maßnahmen zur Gegenfinanzierung hinsichtlich der Abschaffunng der Gewerbekapitalsteuer hat das Gesetz zur Fortführung der Unternehmens-

30 Nach § 302 AktG muß die Muttergesellschaft den ganzen Verlust der Tochtergesellschaft übernehmen.

31 Vgl. auch Haarmann, JbFSt 1992/93, S. 492. Einschränkend ist hierbei zu bemerken, daß dies nicht für Verluste auf der Vermögensebene gilt.

32 Vgl. Knobbe-Keuk, 1986, S. 2.

33 Vgl. BFH vom 29.10.1986 I R 318-319/83, BStBl. II 1987, S. 310.

steuerreform[35] die bestehenden Möglichkeiten der Verlustberücksichtigung eingeschränkt. Bei Anteilskauf nach § 8 Abs. 4 KStG besteht ein Verlustabzugsverbot, wenn die Hälfte anstatt bisher drei Viertel der Anteile übernommen wird und der Geschäftsbetrieb mit überwiegend neuem Betriebsvermögen fortgesetzt wird. Das Zuführen von überwiegend neuem Betriebsvermögen ist lediglich im Sanierungsfall unschädlich. Die Körperschaft muß dann aber den Geschäftsbetrieb in den folgenden fünf Jahren in vergleichbarem Umfang fortführen. Die Neufassung des § 12 Abs. 3 S. 2 UmwStG verlangt nunmehr, daß der verlustverursachende Betrieb (-steils) über den Verschmelzungsstichtag hinaus in einem nach dem Gesamtbild der wirtschaftlichen Verhältnisse vergleichbaren Umfang in den folgenden fünf Jahren fortgeführt wird.[36] Die neuerlichen Einschränkungen der Verlustberücksichtigung ändern aber nichts an der nunmehr grundsätzlich anerkannten erweiterten Möglichkeit, Verluste auch von einer anderen Körperschaft zu berücksichtigen.

7.3 Konzeptionelle Darstellung des Vorschlags

7.3.1 Voraussetzungen für eine Verlustverrechnung in der Unternehmensgruppe

Die Forderung nach wirtschaftlicher Eingliederung entspricht nicht mehr den heutigen Konzernstrukturen und ist daher abzulehnen. Die Forderung nach Abschluß eines EAV wird konsequenterweise durch das Prinzip der erfolgswirksamen Verlusttragung obsolet. Neben der Notwendigkeit der erforderlichen finanziellen Eingliederung in Form der Stimmrechtsmehrheit ist das Erfordernis des organisatorischen Eingliederungstatbestandes zu prüfen. Dies ist notwendig, da der Konzern, insbesondere auch von betriebswirtschaftlicher Seite, durch die einheitliche Willensbildung und Willensdurchsetzung durch die Konzernspitze konstituiert wird.

---

34 Vgl. Knepper, DStR 1994, S. 1798.

35 vom 29.10.1997, vgl. BGBl. 1997, Teil I, S. 2590.

36 Die über die Jahre hinweg immer wieder auftretende Intention des Gesetzgebers, den Fiskus zwar an den Unternehmensgewinnen partizipieren zu lassen, Verluste aber weitestgehend den Steuerpflichtigen tragen zu lassen, wird erkennbar.

Soweit kein Beherrschungsvertrag und keine Personalunion vorliegt, verlangt die organisatorische Eingliederung, daß der Organträger seinen Willen in der Organgesellschaft tatsächlich und fortlaufend umsetzt.[37] Das Steuerrecht führt in diesem Fall zum Zwang zur tatsächlichen Ausübung der Leitungsmacht. Auch ist gegenüber der Erfüllung des Voraussetzungstatbestandes der organisatorischen Eingliederung in Form der Personalunion Skepsis geboten.[38] Hinsichtlich der Freiheit der Gestaltung der Organisation in Bezug auf den Grad der Delegation sollte es dem Entscheidungsspielraum der Unternehmen überlassen sein, sich entsprechend den betriebswirtschaftlichen Erfordernissen auch dezentral zu strukturieren. Eine steuerliche Grundkonzeption, die nicht den eng weisungsgebundenen Konzern und damit den zentral geführten Konzern regeln möchte, sollte daher nicht auf das Konzept der tatsächlichen Durchführung der einheitlichen Leitung zurückgreifen. Hier wird vom Leitbild der Unternehmensgruppe ausgegangen, in der die Muttergesellschaft zwar Herrschaftsmacht besitzt, aber sie nicht durchgehend bzw. entsprechend der betriebswirtschaftlichen Notwendigkeit einsetzt.

Um nicht einen Zwang zur Ausübung der Leitungsmacht in der Tochtergesellschaft durch das Steuerrecht und damit nicht eine Zentralisierung von Entscheidungsmacht in der Muttergesellschaft zu diktieren, hat das Konzept der gruppeninternen Verlustberücksichtigung von der organisatorischen Eingliederung abzusehen. Es reicht aus, daß grundsätzlich sichergestellt ist, daß die Muttergesellschaft die Leitungsmacht in den Tochtergesellschaften ausüben kann. Die Muttergesellschaft muß im Zweifel ihren Willen in der Unternehmenspolitik der Tochtergesellschaft durchsetzen können. Ein Verzicht auf die nicht eindeutigen betriebswirtschaftlichen Abgrenzungsvoraussetzungen der organisatorischen und wirtschaftlichen Eingliederung erweist sich auch aus dem Blickwinkel der Rechtssicherheit als vorteilhaft und erhöht in den Unternehmen die Planungssicherheit. Grundvoraussetzung ist

---

37 Vgl. KStR 51, Ab. 51; Schmidt/ Müller/ Stöcker, 1993, Rn. 146.

38 Bei der Aufgabe der Forderung nach der organisatorischen Eingliederung würde die äußerst kritisch zu beurteilende Erteilung von Doppelmandaten durch das Steuerrecht nicht mehr gefördert.

damit mindestens die Beherrschungsmöglichkeit im Sinne einer Stimmrechtsmehrheit.[39]

Zu prüfen bleibt hinsichtlich der Beteiligungshöhe für eine gruppeninterne Verlustverrechnung, ob es einer 75%-igen Stimmrechtsmehrheit bedarf. Für eine qualifizierte Mehrheit spricht der Vergleich zu den europäischen Nachbarstaaten. Steuerrechtsordnungen anderer EU-Staaten verlangen durchweg mindestens eine Beteiligungshöhe von 75%.[40] Auch die Verlustrichtlinie sieht diese als Beteiligungsgrenze vor. Bei der Forderung nach einer qualifizierten Beteiligung würden die deutschen Bestimmungen an den Richtlinienvorschlag und an die EU-Verhältnisse angepaßt. Dies erscheint jedoch nicht zwingend erforderlich, da die Beteiligungshöhe in Art. 2 als ein Regelstandard zu verstehen ist, und es dem einzelnen Staat nicht untersagt ist, weniger strenge Bestimmungen, z.B. in Form der einfachen Mehrheitsbeteiligung, zu formulieren. Auch der Vorschlag vom IDW hinsichtlich der Bestimmungen der Organschaft geht in diese Richtung.[41] Danach sollen ab einer Stimmrechtsmehrheit von mindestens 75% grundsätzlich alle Eingliederungsvoraussetzungen erfüllt sein. Liegt die Stimmrechtsmehrheit unterhalb dieser Marke, so soll die organisatorische und wirtschaftliche Eingliederung weiterhin nachzuweisen sein.

Für eine qualifizierte Mehrheit spricht weiterhin, daß strukturelle Änderungen bzw. Änderungen in der Satzung der Gesellschaft dieser Mehrheitserfordernis bedürfen.[42] Bei qualifizierter Mehrheit hat die herrschende Gesellschaft die Möglichkeit, die strukturellen bzw. statuarischen Gegebenheiten des abhängigen Unternehmens weitgehend zu bestimmen. Diese weitergehenden Eingriffsmöglichkeiten der Muttergesellschaft lassen eine zunehmende wirtschaftliche Einheit erkennen. Auch für den Abschluß eines Unternehmensvertrages bedarf es nach § 293 Abs.1 S.2 AktG der qualifizierten Stimmrechtsmehrheit in der Hauptversammlung des vertretenen

---

39 Der gesellschaftsrechtliche Beherrschungstatbestand des § 17 Abs. 1 AktG sollte grundsätzlich erfüllt sein, damit die gesellschaftsrechtlichen Schutzregelungen der §§ 311 ff. AktG greifen.

40 Ausnahme ist hier nur Luxemburg.

41 Vgl. Steuerfachausschuß des IDW, WPg 1993, S. 291.

42 Satzungsänderungen erfordern nach § 179 Abs.2 AktG und § 53 Abs.2 GmbHG grundsätzlich eine 3/4-Mehrheit.

Grundkapitals der Aktiengesellschaft.[43] Rein faktisch bedarf es damit zur Begründung eines Organschaftsverhältnisses zur Zeit einer 3/4-Mehrheit. Bestehende Mehrheitsbeteiligungen werden zudem überwiegend als qualifizierte Mehrheit oder als 100% Beteiligung gehalten.[44]

Im Zweifel ist die einfache Stimmrechtsmehrheit ausreichend, um damit den Willen der Muttergesellschaft, insbesondere hinsichtlich der Gewinnverwendung, durchzusetzen. Die Unternehmen der Unternehmensgruppe können auf eine einheitliche Unternehmenspolitik hin ausgerichtet werden. Die einfache Stimmrechtsmehrheit entspricht insofern den Konzernvermutungstatbeständen des § 17 Abs.2 und § 18 Abs.1 S.3 AktG bzw. des Control-Konzepts i.S.d. § 290 Abs.2 Nr.1 HGB. Letztlich ist es auch eine Wertungsfrage, welche Einbindungstärke man für die Unternehmensgruppe verlangt. Da in der hier vorgelegten Konzeption lediglich der gruppeninterne Verlustausgleich erzielt werden soll, ist die Unternehmensgruppe noch nicht als eine einheitliche Unternehmung zu sehen. Geht man den weiteren Schritt zur einheitlichen Besteuerung des Konzerns und verlangt eine Zwischengewinneliminierung, so ist durchaus eine höhere Beteiligungsquote bzw. ein Beherrschungsvertrag angemessen. Nach der hier vertretenen Position, die keinen Zwang auf zu enge Unternehmensbindung ausüben will, reicht die einfache Beherrschungsmöglichkeit durch Stimmrechtsmehrheit aus.

Ein alleiniges Abstellen auf die finanzielle Eingliederung würde bereits bei Vorliegen dieses Tatbestandes zu einer zwingenden Gruppenbesteuerung führen. Im hier vorgestellten Konzept führt aber erst die tatsächliche Verlusttragung des verlustübernehmenden Steuerpflichtigen zum gruppeninternen steuerlichen Verlustausgleich.

---

43 Für eine Muttergesellschaft in Form der GmbH können die Mehrheitserfordernisse in der Gesellschafterversammlung analog angewandt werden. Vgl. Lutter/ Hommelhof, GmbH-Kom., Anh. § 13, Rn. 41. Es wird aber auch bei der abhängigen GmbH die Zustimmung aller Gesellschafter verlangt. Vgl. Emmerich/ Sonnenschein, 1993, S. 473 m.w.N.. Die Mehrheitserfordernisse sind bei einer abhängigen GmbH vom BGH bisher noch nicht geklärt. Unstrittig ist lediglich, daß die untere Grenze gem. § 53 Abs.2 S.1 GmbHG bei mindestens 75% liegen muß.

44 Vgl. Untersuchung von innerdeutschen Beteiligungsverhältnissen, bei denen 76,3 % der Beteiligungen eine Beteiligungsquote von über 75% hielten. Untersucht wurde die Grundgesamtheit von Beteiligungen über 25%. Vgl. Binder, 1993, S. 101 mit weiteren Untersuchungsergebnissen anderer Autoren, die seine Untersuchung stützen.

Hinsichtlich der Muttergesellschaft ist als weitere Voraussetzung zu fordern, daß diese als gewerblich im Sinne des § 2 GewStG anzusehen ist. Auch eine Tätigkeit der Muttergesellschaft als geschäftsleitende Holding ist hierbei als ausreichend anzusehen.

7.3.2 Steuerlicher Verlustausgleich durch Verlustübernahme in der nationalen Unternehmensgruppe

Ausgangspunkt des hier unterbreiteten Vorschlags ist, daß die Verluste eines Einzelunternehmens einer Unternehmensgruppe aus dem Blickwinkel der Einbindung dieses Unternehmens in einen Unternehmensverbund betrachtet werden müssen. Die steuerliche Umsetzung erfolgt durch die sofortige erfolgswirksame steuerliche Geltendmachung der Verlustübernahme als Betriebsausgabe bzw. Betriebseinnahme, sofern dies durch die Muttergesellschaft bzw. eine Schwestergesellschaft der Unternehmensgruppe geschieht.[50] Der Betrag der möglichen Verlustübernahme ergibt sich aus dem nach steuerlichen Grundsätzen ermittelten Ergebnis der Verlustgesellschaft.

Grundvoraussetzung für die steuerliche Berücksichtigung des Verlustes der Tochtergesellschaft durch die Muttergesellschaft ist die tatsächliche Übernahme. Dadurch gelangen die Verluste in den Vermögensbereich der Muttergesellschaft und belasten diese auch definitiv, währenddessen die Tochtergesellschaft einen tatsächlichen Vermögenszugang erhält. Damit wird einerseits die eigenständige steuerliche Steuersubjekteigenschaft der beteiligten Gesellschaften akzeptiert, andererseits der wirtschaftliche Sachverhalt des Bestehens einer Unternehmensgruppe entsprechend gewürdigt. Die Höhe des tatsächlich übernommenen Betrages mindert als Betriebsausgabe, soweit dieser das steuerliche Ergebnis der Tochtergesellschaft nicht übersteigt, den steuerlichen Gewinn der Muttergesellschaft. In der Regel wird die Muttergesellschaft bei der Verlustübernahme bereits handelsrechtlich

---

45 Vgl. Schmidt, 1984, S. 783.
46 Vgl. auch Schmidt, 1984, S. 786.
47 Vgl. Schmidt, 1984, S. 785.
48 Vgl. auch Bachmayr, BB 1967, S. 138.
49 Vgl. Schmidt, 1984, S. 786.
50 Zur Behandlung der Verlustdeckung zwischen Schwestergesellschaften vgl. nachfolgende Darstellung.

einen Aufwand verbuchen, so daß diese Vorgehensweise insoweit der handelsrechtlichen Behandlung entspricht. Bei der Tochtergesellschaft ergibt sich bei voller Übernahme durch die Behandlung als Betriebseinnahme ein steuerliches Ergebnis von 0. Ihr steuerlicher Verlust wird ausgeglichen. Ihr verbleibt folglich kein Verlustvortrag. Wird lediglich ein Teil des entstandenen Verlustes übernommen, so ist bei der Tochtergesellschaft ein lediglich in Höhe des Restverlust ein Verlustrücktrag möglich.

Trägt die Muttergesellschaft ein höheres als das steuerrechtliche Ergebnis, indem sie z.B. den höheren handelsrechtlichen Verlust übernimmt, greifen für den über dem steuerlichen Ergebnis liegenden Betrag die Vorschriften der verdeckten Einlage. Eine Übernahme des handelsrechtlichen Ergebnisses verbietet sich aufgrund der vielen bestehenden handelsrechtlichen Wahlrechte. Ein solches Vorgehen würde dem Grundsatz einer gleichmäßigen Besteuerung widersprechen.

Sind an der Tochtergesellschaft Minderheitsgesellschafter beteiligt, ergibt sich durch eine Verlustübernahme durch die Muttergesellschaft das Problem der Verschiebung der Vermögenspositionen zugunsten der Minderheitsgesellschafter. Dies soll anhand eines Beispiels aufgezeigt werden.

Beispielsfall 7.3.2/1: Die Muttergesellschaft M erzielt einen Gewinn von 10 Mio. DM. Die Tochtergesellschaft T mit einem 20%-igen Minderheitsgesellschafter erleidet einen Verlust in Höhe von 10 Mio. DM.

Als Lösungsalternative bietet sich entweder an, daß M den Verlust in voller Höhe oder quotal übernimmt. Bei einer quotalen Übernahme ergibt sich hinsichtlich der Muttergesellschaft beim Mehrheitsgesellschafter als auch beim Minderheitsgesellschafter auf den ersten Blick keine Vermögensverschiebung. Aus steuersystematischer Sicht spricht für eine quotale Übernahme, daß nur Verluste übernommen werden, die über die Muttergesellschaft der Tochtergesellschaft vermögensrechtlich zuzuordnen sind. Problematisch erweist sich in diesem Fall aber der verbleibende Restverlust bei der Tochtergesellschaft. Dieser entspricht dem anteiligen Verlust des Minderheitsgesellschafters. Im Beispielsfall wären dies 2 Mio. DM. Da dieser Verlust der Tochtergesellschaft zugerechnet wird und keinem dahinter stehenden Anteilseigner, belastet der Verlust weiterhin alle Gesellschafter. Die quotale

Übernahme führt zu einer falschen Verlustverteilung und ist daher abzulehnen.

Alternativ zur quotalen Übernahme ist die Möglichkeit zu prüfen, grundsätzlich die volle Verlustübernahme vorzusehen. Bei voller Verlustübernahme ergibt sich das Problem, daß auf die Minderheitsgesellschafter entfallende Teile des Verlustes von der Muttergesellschaft mit übernommen werden. Die Muttergesellschaft bzw. die Mehrheitsgesellschafter erleiden eine Vermögenseinbuße, der Minderheitsgesellschafter entsprechend einen Vermögenszuwachs. Aufgrund der zusätzlichen wirtschaftlichen Belastung für die Muttergesellschaft kann dies u.U. zur Verhinderung des Verlustausgleichs führen. Betrachtet man jedoch das geltende Organschaftsrecht, ist auch hier die volle Verlustübernahme zwingend vorgesehen. Die notwendigen Ausgleichszahlungen an die Minderheitsgesellschafter führen im Verlustfall darüberhinaus dazu, daß der zu übernehmende Verlust sich um die zur Ausgleichszahlung notwendigen Beträge noch erhöht. Aus dieser Betrachtung heraus ist die volle Verlustübernahme als vertretbare Lösung anzusehen.

Die Minderheitsgesellschafter erhalten bei voller Verlustübernahme durch die Muttergesellschaft einen Vermögensvorteil. Grundsätzlich sollte der Muttergesellschaft daher die Möglichkeit eingeräumt werden, den bei ihr entstehenden Vermögensnachteil durch Absprachen mit den Minderheitsgesellschaftern auszugleichen. Eine feste Einräumung eines Ausgleichsanspruchs des Mehrheitsgesellschafters gegenüber dem Minderheitsgesellschafter ist nicht zu befürworten. Sind an der Tochtergesellschaft viele Minderheitsgesellschafter beteiligt, wird dies hinsichtlich der Regelung der Ausgleichsansprüche zu einem hohen, wahrscheinlich sogar prohibitiv hohen verfahrenstechnischen Aufwand führen. Die Regelungen zum Ausgleich der Vermögenseinbuße, welche die Vermögensrechte des Mehrheitsgesellschafters beeinträchtigen, müssen daher der Muttergesellschaft wahlweise offenstehen. Damit bleibt es grundsätzlich in der Hand der Muttergesellschaft, mit dem Minderheitsgesellschafter für den von ihr übernommenen Mehrverlust Ausgleichszahlungen auszuhandeln.

Im Ergebnis ermöglicht bereits die Verlustübernahme durch die Muttergesellschaft eine gruppenweite Ergebniskonsolidierung. Dies ergibt sich durch den Ausgleich der Verluste mit Gewinnen aus anderen Tochtergesellschaften auf Ebene der Muttergesellschaft. Steuerlich sind Dividendenerträge bei der

Muttergesellschaft in der gleichen Periode zu vereinnahmen, auch wenn noch kein Gewinnverteilungsbeschluß vorliegt. Das EuGH-Urteil vom 27.6.1996[51] hat die bereits bestehende Möglichkeit der phasengleichen Vereinnahmung von Dividendenerträgen von Tochtergesellschaften bestätigt.

Durch Gewinnausschüttungen der Tochtergesellschaften und die steuerlich aufwandswirksame Verlustübernahmemöglichkeit durch die Muttergesellschaft ist bereits ein umfassender Verlustausgleich innerhalb der Unternehmensgruppe innerhalb einer Periode möglich. Fraglich ist, ob eine entsprechende Behandlung auch bei Verlustübernahmen zwischen Schwestergesellschaften angemessen ist. Hierfür spricht, daß auch bei Verlustübernahmen zwischen Schwestergesellschaften immer auch eine betriebliche Veranlassung zugrunde liegt.[52]

Beispielsfall 7.3.2/2: Die Tochtergesellschaft T1 macht einen Gewinn von 10 Mio. DM. Die Tochtergesellschaft T2 erleidet einen Verlust in Höhe von 10 Mio. DM. Die Muttergesellschaft M erzielt keinen Gewinn. T1, T2 und M bilden eine Unternehmensgruppe.

Die Muttergesellschaft übernimmt den Verlust der T2. Durch die Verrechnung mit dem von T1 an sie ausgeschütteten Gewinn wäre das Ergebnis der M ausgeglichen. Insgesamt entsteht keine Steuerbelastung. Die T1 hat zwar die Ausschüttungsbelastung herzustellen, jedoch erhält die M den entsprechenden Anrechnungsanspruch. Der Gewinn der T1 würde indirekt durch den Verlust der T2 über die M ausgeglichen.

Erfolgt eine Verlustdeckung durch die Schwestergesellschaft T1, so ist dies bei ihr als Gewinnverwendung anzusehen. Bei T2 ist die Verlustübernahme als Betriebseinnahme zu buchen. Der Gewinn von T2 erhöht und der von T1 vermindert sich entsprechend. Die Muttergesellschaft verwendet den an sie ausgeschütteten Gewinn zur Übernahme des Verlustes. Die Verwendung der Gewinnausschüttung und die damit erfolgte Verlustabdeckung bei T2 führt bei ihr einerseits zu einem Ertrag, andererseits ist bei M ein Aufwand anzunehmen. Diese Vorgehensweise entspricht insofern der Rechtsprechung des

51 Vgl. EuGH - Rs. C 234/94, DB 1996, S. 1400.

52 Die Begründung, daß das Anrechnungsverfahren im Verlustfall nicht ausreichend berücksichtigt, erklärt den horizontalen Verlustausgleich nur indirekt über die Möglichkeit der Erfolgspoolung bei der Muttergesellschaft.

Großen Senats zum Aufwandsverbrauch bei Nutzungseinlagen.[53] Damit erfolgt auch in diesem Fall eine erfolgswirksame Behandlung, wenn auch indirekt über die Muttergesellschaft. Dies ist auch insofern zutreffend, als die betriebliche Veranlassung über die Muttergesellschaft erfolgt.

Den einzelnen Gesellschaften der Unternehmensgruppe bleibt es grundsätzlich unbenommen, anstatt der Verlustübernahme ihren jeweiligen Verlustrücktrag bzw. -vortrag wahrzunehmen. Hierdurch kann sich für die gesamte Unternehmensgruppe ein Vorteil ergeben, da der Verlustrücktrag der Einzelgesellschaft in der Unternehmensgruppe bei Nichtübernahme der Verluste erhalten bleibt. Übernimmt die Muttergesellschaft den Verlust der Tochtergesellschaft, verbleibt kein rück- bzw. vortragsfähiger Verlust. Eine gleichzeitige Verlustübernahme und ein Verlustrücktrag ist nicht möglich, wodurch eine doppelte Berücksichtigung von Verlusten ausgeschlossen wird.

7.3.3 Verlustübernahme in der transnationalen Unternehmensgruppe

Wie ausgeführt[54], bedarf es grundsätzlich eines transnationalen Verlustausgleiches innerhalb der EU. Auch beim grenzüberschreitenden Verlustausgleich ist als Voraussetzung zu verlangen, daß die Muttergesellschaft den Verlust der ausländischen Tochtergesellschaft tatsächlich übernimmt. Dies dokumentiert die wirtschaftliche Zusammengehörigkeit bei transnationalen Unternehmensgruppen.[55] Haftungsbeschränkungen der Tochtergesellschaft werden durch die Verlustdeckung aufgehoben. Die Einbeziehung von Verlusten der Tochtergesellschaft in das Ergebnis der Muttergesellschaft ist dann als systemgerecht anzusehen.[56]

Der Ruding-Bericht empfiehlt für die dritte Phase der steuerlichen Harmonisierung der Unternehmensbesteuerung eine vollständige EU-weite Verlustkonsolidierung.[57] Damit stellt sich bei der Einführung eines transnationalen Verlustausgleiches die Frage nach der Reichweite des Verlustausgleiches. Eine so weitgehende Verlustkompensation ist aber, wie bereits ausgeführt,

53 Vgl. BFH vom 26.10.1987 GrS 2/86,, BStBl. II 1988 S. 348.
54 Vgl. Kap. 4.1.4.
55 So auch Herzig, BB 1993, S. 7.
56 Vgl. Herzig, BB 1993, S. 7.

bestenfalls als Fernziel denkbar. Für eine Umsetzung des Verlustausgleiches von der Mutter- zur Tochtergesellschaft und zwischen den Schwestergesellschaften der Unternehmensgruppe verschiedener EU-Mitgliedsstaaten bedürfte es einer adäquaten Betriebsstättenlösung und zumindest der Annäherung der nationalen Gewinnermittlungsvorschriften. Zudem fehlt es am notwendigen politischen Willen der Mitgliedsstaaten für solche Regelungen.[58] Da Fortschritte hinsichtlich einer Betriebsstättenlösung und einer Annäherung der nationalen Gewinnermittlungsvorschriften auf absehbare Zeit nicht zu erwarten sind, ist zum jetzigen Zeitpunkt eine Lösung anzustreben, die zumindest eine Berücksichtigung der Verluste zwischen Tochtergesellschaft und Muttergesellschaft ermöglicht.

Fraglich ist, ob eine grenzüberschreitende Verlustberücksichtigung auf die EU-Tochtergesellschaften beschränkt werden sollte. Bei einer Begrenzung auf den EU-Raum würde eine inländische Unternehmung mit einer Tochtergesellschaft in Polen oder Tschechien gegenüber einer Tochtergesellschaft in Spanien oder Portugal hinsichtlich der Verlustberücksichtigung benachteiligt werden. Als Rechtfertigungsgrund für eine solche Ungleichbehandlung von Tochtergesellschaften hinsichtlich der Verlustberücksichtigung in Drittstaa-ten kann allenfalls die Zielsetzung der EU herangezogen werden. In Art. 2 und Art. 7 a EGV wird die Errichtung eines gemeinsamen Marktes als maßgebliches Ziel genannt. Direkt-investitionen im EU-Ausland verlangen grundsätzlich eine Gleichbehandlung im Verhältnis zu Investitionen im Inland. Diese auf den EU-Raum beschränkte Zielsetzung widerspricht aber dem generellen Gebot der Wettbewerbsgleichheit für deutsche Unternehmungen. Letzteres erfordert, auch Verluste von Tochtergesellschaften zu berücksichtigen, die nicht in der EU domilizieren.

Ob die Ausweitung einer Verlustberücksichtigung auf Nichtmitgliedsstaaten ausgedehnt wird, hängt auch von der grundsätzlichen Einschätzung der grenzüberschreitenden Verlustberücksichtigung ab. Erkennt man in der Berücksichtigung ausländischer Verluste von Tochtergesellschaften die Umsetzung einer richtigen Besteuerung nach der Leistungsfähigkeit und keine Subventionsnorm und zielt man auf eine generelle Wettbewerbsgleichheit ab, so läßt sich eine Beschränkung der Verlustberücksichtigung auf EU-

---

57 Vgl. Ruding-Report, 1992, S. 206.

58 Hier bedürfte es zudem eines Regelungsbedarfs zum vollständigen EU-weiten Verlustausgleich bei Betriebsstätten.

Tochtergesellschaften nicht rechtfertigen. Die Aufhebung des § 3 AIG unter dem Aspekt des Subventionsabbaus läßt jedoch erkennen, daß der Steuergesetzgeber in der grenzüberschreitenden Verlustberücksichtigung einen Subventionstatbestand erkennt. Diese falsche Sichtweise deutet darauf hin, daß eine zukünftige Regelung einer grenzüberschreitenden Verlustberücksichtigung auf den EU-Raum beschränkt sein wird.[59] Aus Gründen der Wettbewerbsgleichheit ist aber eine generelle Regelung angemessen. Die stärkere politische Verpflichtung aufgrund des EG-Vertrages ist kein hinlänglicher Grund, Drittstaatenverluste von einer steuerlichen Berücksichtigung auszuschließen.

Notwendige Nebenbedingung einer grenzüberschreitenden Verlustberücksichtigung ist, daß die Fiskalinteressen der beteiligten Staaten respektiert werden. Dies empfiehlt scheinbar eine Handhabung, die dem der Betriebsstätten entspricht.[60] Es erscheint daher erwägenswert, die Vorschriften zur internationalen Steueraufteilung bei Betriebsstätten auch für die Unternehmensgruppe fruchtbar zu machen. Folgt man der Betriebsstättenregelung des § 2 a Abs.3 S.1 EStG, wäre bspw. vor einem grenzüberschreitenden Verlustausgleich grundsätzlich zuerst ein nationaler Verlustausgleich in dem jeweiligen Domizilstaat durchzuführen, soweit dieser Staat dies ermöglicht. Anfallende Verluste von Unternehmen einer Unternehmensgruppe wären zuerst in diesem Staat innerhalb der Unternehmensgruppe auszugleichen. Erst im Anschluß an eine notwendigerweise mögliche nationalen Ergebniskonsolidierung hätte der grenzüberschreitende Verlustausgleich zu erfolgen. Wie dargestellt, ist unter den momentanen Rechtsbedingungen keine so weitgehende Gleichheit der Unternehmensgruppe zum Einheitsunternehmen anzunehmen, daß die Betriebsstättenregelungen zwingend auf die Unternehmensgruppe zu übertragen sind. Es ist zu bedenken, daß die Vorschriften zur Verlustberücksichtigung von ausländischen Betriebstätten im Gegensatz zur Verlustberücksichtigung von Tochtergesellschaften die Aufteilung des Einkommens eines Steuerpflichtigen betreffen. Insofern liegt ein Unterschied zur Unternehmensgruppe vor. Hinsichtlich der Besteuerung einer

---

59 Hier ist darauf hinzuweien, daß die Verlustrichtlinie in Art. 4 eine Öffnungsklausel für Drittstaatenverluste enthält.

60 Zur EU-rechtlichen Problematik hinsichtlich der Niederlassungsfreiheit des Art. 52 EGV,
vgl. Kap. 4.1.4.

transnationalen Unternehmensgruppe bedarf es daher im Verhältnis zur Betriebsstättenbesteuerung lediglich einer gleichwertigen Lösung.

Bei der Beurteilung der grenzüberschreitenden Verlustübernahme ist die geltende steuerliche Behandlung von Veräußerungsverlusten von Auslandsbeteiligungen mit in Betracht zu ziehen. Bei Veräußerung einer Auslandsbeteiligung sind die dabei entstehenden Verluste bei der inländischen Einkommensermittlung nach § 8 b Abs.2 S.2 KStG zu berücksichtigen. Dies gilt, obwohl die Gewinne aus Veräußerungen von Beteiligungen außer Ansatz bleiben. Übernimmt eine Muttergesellschaft den Verlust ihrer ausländischen Tochtergesellschaft und veräußert anschließend ihre Beteiligung, so gehen die aktivierten Betriebsausgaben als nachträgliche Anschaffungskosten durch die verminderte Differenz von Veräußerungserlös und Beteiligungswert in die inländische Bemessungsgrundlage ein.[61] Der Unterschied dieser Regelung zu einem sofortigen Verlustausgleich liegt darin, daß sich die steuerliche Berücksichtigung erst bei der Veräußerung der Beteiligung durch die Muttergesellschaft ergibt.[62] Trotz der temporären Differenzen, die zeitlich mitunter zu erheblichen Belastungsunterschieden führen können, ist die Möglichkeit der steuerlichen Verlustberücksichtigung ohne Korrektur daher grundsätzlich auch im grenzüberschreitenden Kontext gerechtfertigt.

Für eine endgültige Beurteilung ist jedoch die Intention des Gesetzgebers, die hinter der Ermöglichung der Verlustberücksichtigung des § 8b Abs.2 S.2 KStG steht, mit einzubeziehen. In der Gesetzesbegründung hinsichtlich einer weiterhin bestehenden Verlustberücksichtigung bei Anteilsverkauf heißt es dazu, daß diese Regelung: "sachlich gerechtfertigt, da es andernfalls dazu kommen konnte, daß realisierte Veräußerungsverluste entgültig unberücksichtigt bleiben"[63]. Damit steht hinter § 8 b Abs.2 KStG auch der Gedanke der Vermeidung international steuerlich bedingter Doppeleffekte, sowohl hinsichtlich von Be- als auch von Entlastungen.[64] Die damit verbundene Restriktion der internationalen Steuerabgrenzung und der damit verbundenen zwingenden Vermeidung von Doppelentlastungen gebietet daher

61 Spätere thesaurierte Gewinne können diesen Effekt jedoch aufheben.

62 Thesauriert die Tochtergesellschaft zwischenzeitlich Gewinne, so wird der mögliche Verlust in der Regel vermindert.

63 BT-Drs. 12/418, S. 39.

64 Dem entspricht im übrigen auch die Regelung des der § 8 b Abs.6 KStG.

beim grenzüberschreitenden Verlustausgleich eine Vorgehensweise, die gewährleistet, daß Verluste nicht doppelt berücksichtigt werden.

Dies wirkt sich bei grenzüberschreitenden gruppeninternen Verlustübernahmen folgendermaßen aus: Übernimmt die inländische Muttergesellschaft einen Verlust einer ausländischen Tochtergesellschaft, kann sie diesen grundsätzlich als Betriebsausgabe geltend machen. Hat die Tochtergesellschaft jedoch die Möglichkeit des Verlustrücktrages, ist die vorgenommene aufwandswirksame Verlustübernahme zu korrigieren, indem sie bei der Muttergesellschaft außerbilanziell hinzuzurechnen ist. Hat die ausländische Tochtergesellschaft keine Möglichkeit des Verlustrücktrages, ist der von der Muttergesellschaft geltend gemachte Verlust erst in späteren Gewinnjahren wieder hinzuzurechnen. Nutzt die Tochtergesellschaft in späteren Gewinnjahren ihren Verlustvortrag, ist die dann potentiell eintretende doppelte Verlustberücksichtigung bei der Muttergesellschaft durch eine außerbilanzielle Hinzurechnung zu korrigieren. Dies hat unabhängig davon zu geschehen, ob die Tochtergesellschaft ihre Gewinne ausschüttet oder thesauriert. Einer zeitlichen Begrenzung, wie im Vorschlag der Verlustrichtlinie, bedarf es nicht, da die Muttergesellschaft die Verluste tatsächlich trägt.

Entsprechend den oben dargelegten Ausführungen liegt bei der Verlustdeckung durch die ausländische Muttergesellschaft bei der inländischen Tochtergesellschaft eine betriebliche Einnahme vor. Jedoch ist auch auf Ebene der Tochtergesellschaft die internationale Einkunftsabgrenzung zu beachten, denn die transnationale Unternehmensgruppe verwirklicht sich über die Grenze hinweg. Aufgrund der Gruppenzugehörigkeit sind gruppeninterne Verlustübernahmen derivativ betrieblich veranlaßt. Erfolgswirkungen der transnationalen Unternehmensgruppe sind vor dem Hintergrund der internationalen Gewinnabgrenzungsgrundsätzen zu beurteilen. Ebenso wie bei den grenzüberschreitenden unentgeltlichen Nutzungsüberlassungen durch eine inländische Muttergesellschaft wirkt die Transnationalität in diesem Zusammenhang einschränkend. Die Übernahme des Verlustes einer inländischen Tochtergesellschaft durch ihre ausländische Muttergesellschaft stellt bei der Tochtergesellschaft zwar grundsätzlich eine Betriebseinnahme dar, jedoch bedingt der grenzüberschreitende Wirkungskreis der Unternehmensgruppe und der derivative Charakter der Betriebseinnahme bei der inländischen Tochtergesellschaft grundsätzlich eine Einkommenskorrektur. Aufgrund der Handhabung des international geltenden Quellenstaatsprinzips müssen die Verluste dem Inland zugerechnet werden. Die betriebliche Veranlassung wird nachträglich durch die international erforderliche Erfolgsabgrenzung relativiert. Die vereinnahmte Betriebseinnahme ist daher grundsätzlich außerbilanziell abzuziehen.

Die Vorgehensweise des hier dargestellten Vorschlags steht auch mit den Regelungen der internationalen Gewinnabgrenzung im Einklang. Der Art. 9 OECD-MA weist zwar Gewinne verursachungsgerecht dem Staat zu, in dem die Einkünfte erwirtschaftet worden sind, Art. 9 OECD-MA stellt aber keine eigenständige Besteuerungsgrundlage dar, sondern beschränkt sich darauf, die bestehenden Besteuerungsrechte der beteiligten Staaten abzugrenzen.[65] Da die Vorschriften zur verdeckten Einlage bei einer inländischen Tochtergesellschaft einer Unternehmensgruppe nicht einschlägig sind, ist als Korrekturgrundlage lediglich § 1 AStG anwendbar. Aber auch diese Vorschrift greift nicht ein, da § 1 AStG nicht die Empfängerseite einer Vermögenszuwendung betrifft. Eine Korrektur ist lediglich aufgrund der bestehenden Fiskalinteressen der beteiligten Staaten und damit aus den allgemeinen internationalen Gewinnabgrenzungsgrundsätzen herzuleiten. Die aufgrund der internationalen Erfolgsabgrenzung vorzunehmenden Korrekturen können jedoch dann unterbleiben, wenn die Regelungen des jeweiligen Staates gleichwertige korrespondierende erfolgswirksame Regelungen vorsehen, da insofern das zu schützende Steueraufkommen in der Regel ausgeglichen sein wird.[66] Bei zu großen Steuersatzdifferenzen jedoch, wird letzteres nicht gegeben sein.

Die nach ausländischem Recht ermittelten Bemessungsgrundlagen der Tochtergesellschaft werden regelmäßig von denen des Inlands divergieren. Verlusttatbestände, die in anderen Staaten durch subventionelle Sonderabschreibungen entstehen, sind auszuschließen. Verluste der ausländischen Tochtergesellschaften sind daher nach den deutschen steuerlichen Gewinn-

---

65 Vgl. Jacobs, 1995, S. 428 m.w.N..

66 Dies kann dann der Fall sein, wenn der ausländische Staat eine entsprechend korrespondierende erfolgswirksame Handhabung vorsieht. Bei einer bilateralen Übereinkunft der beteiligten Staaten ist dann von einer Korrektur abzusehen. Bspw. ist in Österreich die Zuführung von Besserungskapital beim Kapitalgeber als Betriebsausgabe und beim Kapitalnehmer als Betriebseinnahme zu behandeln. Vgl. Bohnenblust/ Menger/ Zöchling, DStR 1991, S. 499.

ermittlungsregelungen zu ermitteln. Eine mögliche grenzüberschreitende steuerliche Subventionierung wird damit vereitelt.[67]

An einer isolierten Einführung von Regelungen zur Verlustberücksichtung von Tochtergesellschaften wird kritisiert, daß diese Vorgehensweise bereits vom Ansatz bezüglich einer anzustrebenden Wettbewerbsneutralität innerhalb der EU verfehlt wäre.[68] Gegen diese Sichtweise ist anzuführen, daß die EU bei den direkten Steuern den Wettbewerb der Systeme präferiert und bereits im Grundsatz keine vollständige Harmonisierung beabsichtigt. Bestehende Unterschiede sind bei dieser Auffassung systemimmanent und werden erst durch den Wettbewerb nivelliert. Gelingt es der EU nicht, sich auf ein Konzept zu einigen, sind eigenständige nationale Regelungen daher nicht abzulehnen, insbesondere wenn sie gleichwertige Lösungen hervorbringen.

8. Zusammenfassende Thesen und Gesetzesvorschlag zur Verlustberücksichtigung in der Unternehmensgruppe

Thesen:

(1) Bei der Untersuchung der bestehenden Konzernstrukturen und der ökonomischen Analyse der Gründe der Konzernbildung zeigt sich, daß eine Aussage über eine Vorteilhaftigkeit bestimmter Konzernstrukturen nicht möglich ist. Ersichtlich wird, daß Vorteile durch eine Zuordnung bzw. Aufspaltung von Verfügungsrechten in selbständige Kapitalgesellschaften überwiegend den maßgeblichen Interessengruppen, also den Anteilseignern oder/und dem Management, zugute kommt. Ob durch die Aufspaltung einer Unternehmung in verschiedene Rechtsträger eine generelle effizienzsteigernde Wirkung erreicht wird, kann bezweifelt werden.

(2) Die geltenden Regelungen der Organschaftsbesteuerung zeigen eine Reihe ungelöster Problemfelder. Neben der wirtschaftlichen und organisatorischen Eingliederung erweist sich insbesondere die Verpflichtung zum Abschluß eines Ergebnisabführungsvertrages als gravierender Nachteil der deutschen Konzeption der Konzernbesteuerung. Dies zeigt sich unter an-

67 Ansonsten wäre lediglich eine Lösung denkbar, die den Verlustausgleich unter der einschränkenden Prämisse zuläßt, daß nur solche Verluste geltend gemacht werden können, die nicht auf ausländischen Sonderabschreibungen basieren.

derem daran, daß Unternehmensgruppen zunehmend dazu übergehen, auf die körperschaftsteuerliche Organschaft zu verzichten[69]. Hinsichtlich einer transnationalen Besteuerungskonzeption ist die Forderung nach einem EAV nicht umsetzbar, da außerhalb Deutschlands Unternehmensverträge in der Regel kein anerkanntes Instrument zur Herstellung von Unternehmensverbindungen sind.

(3) Auch außerhalb der Organschaft vermag es die Teilwertabschreibung nicht, das Problem von Verlusten von Tochtergesellschaften zweckadäquat zu lösen. Neben dem prinzipiellen Problem der fehlenden Wertaufholungspflicht ergeben sich hinsichtlich der zeitlichen Erfassung als auch bei der Bewertung von Beteiligungen Probleme, die nicht ausreichend lösbar sind. Zur generellen Verlustberücksichtigung von Tochtergesellschaften erweist sich die Teilwertabschreibung als ein ungeeignetes Instrument. Die direkte Verlustübernahme ist im deutschen Steuerrecht aufgrund der gesellschaftlichen Veranlassung grundsätzlich erfolgsneutral geregelt. Wirtschaftlich führt dies letztlich zu einer doppelten steuerlichen Verlustberücksichtigung.

(4) Ausgangspunkt nahezu aller Alternativvorschläge zur deutschen Organschaftsbesteuerung ist die steuerliche Erfassung des Konzerns als wirtschaftliche Einheit. Aus steuerlicher Sicht ist die Annahme einer wirtschaftlichen Einheit aber allenfalls beim Eingliederungskonzern und bedingt beim Vertragskonzern gegeben. Eine differenzierende Behandlung der unterschiedlichen Konzerntypen ist notwendig. Das hier vorgestellte Besteuerungskonzept zwingt die Unternehmensgruppe nicht in die Einheitstheorie. Liegt eine Unternehmensgruppe, definiert als weitgehend dezentraler strukturierter Konzern, vor, so ist dieser wirtschaftliche Sachverhalt bereits auf Ebene der einzelnen Gesellschaft zu berücksichtigen.

(5) Konzernsachverhalte können steuerlich nicht unabhängig von der vermögensrechtlichen Grundordnung, insbesondere von den Regelungen der Gewinnausschüttung, erfaßt werden. Dies wird auch bei der Darstellung der Besteuerungskonzeptionen und der angrenzenden Teilrechtsordnungen Frankreichs und der USA deutlich. Die steuerliche Behandlung des Konzerns hat sich in ein Gesamtrechtssystem einzufügen.

---

68 Vgl. Schreiber, StuW 1994, S. 250.
69 Vgl. Breuninger, StJAT 1995, S. 325.

(6) Die geltenden handelsrechtlichen Bilanzierungsregelungen widersprechen einer steuerrechlichen Zwischengewinneliminierung, da in den Handelsbilanzen der einzelnen Tochtergesellschaften die Gewinne regelmäßig als realisiert auszuweisen und damit ausschüttungsfähig sind. Für eine steuerliche Zwischengewinneliminierung wäre grundsätzlich erforderlich, daß eine entsprechende handelsrechtliche Vorgehensweise stattfindet. Ein solches Vorgehen kann aber nur im Eingliederungs- bzw. Vertragskonzern befürwortet werden. Voraussetzung wäre, daß handelsrechtlich eine Buchwertübertragung vorliegt oder die Zwischengewinne in eine Rücklage eingestellt werden. Generell erfassen die materiellrechtlichen handelsbilanziellen Regelungen den Konzern nicht ausreichend.

(7) Betrachtet man das aufgezeigte Stufenkonzept der handelsrechtlichen Konzernrechnungslegung entsprechend den abgestuften Möglichkeiten der Einflußnahme, so zeigt diese Steigerung vom nicht zentral geführten verbundenen Unternehmen hin zur Zentralisierung im Sinne einer wirtschaftlichen Einheit eine für den Konzernsachverhalt zutreffende Konzeption auf. Dies ist der stufenweise Übergang vom Markt zum Unternehmen. Die Ermöglichung der Verlustverrechnung kann in diesem Sinne als die erste Stufe angesehen werden. Liegt ein Beherrschungsvertrag oder eine Eingliederung vor und ist gesichert, daß durch eine Zwangsrücklage für aufgedeckte Gewinne oder durch die Buchwertübertragung es nicht zu Gewinnabflüssen kommt, ohne daß der Fiskus daran partizipiert, erscheint auch die Umsetzung einer Zwischengewinnelimierung angebracht.

(8) Außerhalb des Eingliederungs- und Vertragskonzerns ist hinsichtlich der steuerlichen Erfassung von Konzernstrukturen lediglich der gruppeninterne Verlustausgleich als angemessene Lösung anzusehen. Die Berücksichtigung des wirtschaftlichen Tatbestandes der Unternehmensgruppe kann nur bei der Verrechnung von Verlusten durchschlagen. Diese Einschränkung stellt an sich aber kein wesentlicher Nachteil dar, da der Hauptvorteil einer Konzern- bzw. einer Gruppenbesteuerung im interpersonellen Ergebnisausgleich zwischen den Unternehmen der Unternehmensgruppe liegt.[65]

65 Vgl. Witt, in: Dötsch/Eversberg, KStG, § 14, Rn.1; HHR, EStG, § 14 Rn. 3; Müller, 1991, S. 135; Pullen, 1993, S. 231; Scheffler, DBW 1991, S. 703; Schmidt/Müller/Stöckert, 1993, S. 41.

(9) Der angestrebte steuerliche Ergebnisausgleich kann innerhalb der Unternehmensgruppe mittels einer tatsächlichen erfolgswirksamen Verlustübernahme verwirklicht werden. Durch die erfolgswirksame Übernahme der Verluste der Tochtergesellschaft erfolgt eine Verminderung der Steuerbelastung bei der Muttergesellschaft. Dies führt sowohl hinsichtlich der zugrundeliegenden Vermögensordnung als auch unter dem Gesichtspunkt der wirtschaftlichen Verbundenheit zu einer richtigen steuerlichen Behandlung der Unternehmensgruppe.

(10) Bereits nach geltendem Recht ist auf Ebene der Muttergesellschaft die Verlustübernahme als sofort aufwandswirksame Betriebsausgabe zu behandeln. Aber auch bei der Verlustgesellschaft muß die Verlustdeckung bei Bestehen einer Unternehmensgruppe als Ertrag bzw. Betriebseinnahme behandelt werden. Dies ergibt sich aus der auf die Unternehmensgruppe bezogenen Auslegung des Begriffs der Betriebseinnahme bzw. des Einlagebegriffs, denn aus der Perspektive der Unternehmensgruppe ist eine Verlustübernahme im wesentlichen betrieblich veranlaßt. Einer dogmatisch kaum begründbaren Zurechnung eines Fremdeinkommens bedarf es bei dieser Lösungskonzeption nicht.

(11) Voraussetzung des steuerrechtlichen gruppeninternen Verlustausgleichs ist die tatsächliche Verlustübernahme. Dies spiegelt zutreffend den wirtschaftlichen Sachverhalt der wirtschaftlichen Verbundenheit wider. Die steuerliche Geltendmachung der tatsächlichen Verlustübernahme durch die Muttergesellschaft entspricht dem ökonomischen Standpunkt als auch der §§ 15 a EStG und 14 KStG zugrundeliegenden Absicht des Steuergesetzgebers, daß nur diejenigen Verluste bzw. Vermögenseinbußen zu berücksichtigen sind, die der Steuerpflichtige wirtschaftlich auch tatsächlich zu tragen hat.

(12) Das Problem der potentiellen Benachteiligung einzelner Gesellschaftergruppen durch die Verschiebung der Vermögenspositionen zugunsten der Mehrheitsgesellschafter ist durch die Verlustübernahme ausgeschlossen. Lediglich der Mehrheitsgesellschafter kann bei voller Verlustübernahme gegenüber den Minderheitsgesellschaftern Nachteile erfahren. Dies ist angesichts des notwendigen Minderheitenschutzes m.E. angemessen.

(13) Auch bei der Verlustübernahme zwischen den Schwestergesellschaften ist das hier vorgelegte Konzept anwendbar. Es erfolgt jedoch eine Aufwandsverrechnung bei der Muttergesellschaft.

(14) Aufgrund des Verzichts der wirtschaftlichen und organisatorischen Eingliederung bleibt die organisatorische Freiheit in der Unternehmensgruppe von steuerrechtlichen Gesichtspunkten unberührt.[71] Organisatorische Strukturentscheidungen können ausschließlich auf betriebswirtschaftlich notwendige Strukturierungsvorstellungen ausgerichtet werden.

(15) Nimmt man den europäischen Auftrag, einen Binnenmarkt zu schaffen, ernst, so bedarf es der Umsetzung des Richtlinienvorschlags zur Verlustberücksichtigung ausländischer Betriebsstätten und Tochtergesellschaften. Obwohl der Ruding-Ausschuß als auch die Kommission dafür plädieren, diesen Richtlinienvorschlag anzunehmen und umzusetzen[72], ist ein diesbezüglicher Fortschritt momentan nicht zu erkennen. Im Bereich der direkten Steuern ist eine gewisse Europamüdigkeit erkennbar.[73] Zur Zeit wird hier eher der Wettbewerb der Steuersysteme präferiert. Letzteres spricht aus Wettbewerbsgründen für eine Berücksichtigung von Verlusten ausländischer Tochtergesellschaften, auch wenn dies im "nationalen Alleingang" geschieht.

(16) Auch bei ausländischen Tochtergesellschaften erweist sich das Konzept der Verlustübernahme als angemessen. Eine Beschränkung auf den EU-Bereich kann aufgrund der politischen Zwänge hergeleitet werden, läßt sich aber aus Gründen der Wettbewerbsgleichheit nicht begründen. Aufgrund des Fiskalinteresses des deutschen Staates ist eine generell endgültige Verlustberücksichtigung nicht umsetzbar. Daher ist eine Doppelentlastung grundsätzlich auszuschließen bzw. eine Nachversteuerung vorzusehen, es sei denn, der Staat der Tochtergesellschaft sieht korrespondierende Vorschriften vor.

---

71 Damit entfällt auch die als zweifelhaft anzusehende Forderung nach Personenidentität der Geschäftsführung als Voraussetzung zur Erfüllung des Tatbestandes der organisatorischen Eingliederung.

72 Vgl. EG-Kommission, 1992, 1118, in: BT-Drs. 540/92; Ruding-Report, 1992, S. 206.

73 Impulse sind in diesem Bereich allenfalls vom EuGH zu erwarten.

Vorgeschlagene Gesetzesänderung

Die Regelungen der Organschaft werden durch den hier dargestellten Vorschlag für faktische Konzerne bzw. bei verbundenen Unternehmen grundsätzlich obsolet. Bei einer Verlustberücksichtigung durch eine erfolgswirksame Verlustübernahme in der Unternehmensgruppe können die Regelungen zur Organschaftsbesteuerung der §§ 14 bis 19 KStG mit Ausnahme des § 16 KStG entfallen. § 16 KStG ist sinngemäß beizubehalten, hat sich aber auf verbundene Unternehmen zu beziehen.

Da die Verlustübernahme die Ermittlung des Einkommens betrifft, ist eine entsprechende Regelung in § 8 KStG vorzunehmen.

Nach § 8 Abs.3 KStG wäre folgender Absatz einzufügen:

Die Übernahme eines Verlustes durch ein gewerblich tätiges Unternehmen, dem die Mehrheit der Stimmrechte an einem anderen Unternehmen zustehen (Mutterunternehmen), stellt bei der empfangenden Gesellschaft eine Betriebseinahme und beim Mutterunternehmen einen sofortigen betrieblichen Aufwand dar. Entsprechendes gilt, wenn eine Gesellschaft, an der die Muttergesellschaft mit der Mehrheit der Stimmrechte beteiligt ist, den Verlust übernimmt. Liegt eine grenzüberschreitende Unternehmensgruppe vor, ist eine doppelte Entlastung bzw. Belastung auszuschließen.

Literaturverzeichnis:

1. Lehrbücher, Monographien, Kommentare, Dissertationen, Aufsätze, Beiträge

Adler, Hans/ Düring, Walther/ Schmalz, Kurt (ADS): Rechnungslegung und Prüfung der Unternehmen, Kommentar zum HGB, AktG, GmbHG, PublG nach den Vorschriften des Bilanzrichtlinien-Gesetzes, hrsg. von Forster, Karl-Heinz/ Goerdeler, Reinhard u.a. (Loseblatt).

Albach, Horst (Hrsg.): Neue Konzernstrukturen bei Großunternehmen und Mittelstand, ZfB-Ergänzungsheft 1994, Wiesbaden 1994.

Albach, Horst: Innerbetriebliche Lenkpreise als Instrument dezentraler Unternehmensführung, zfbf 1974, S. 716-742.

Andrieu, Jean-Nicolas: Tax unity in France, Intertax 1988, S. 13-15.

Andrieu, Jean-Nicolas: Group taxation in France - Finance Act for 1988, Intertax 1988, S. 165-168.

Bachmayr, Karl: Der reine Verlustübernahmevertrag, ein Unternehmensvertrag im Sinne des Aktiengesetzes, BB 1967, S. 135-139.

Ballerstedt, Kurt: Handels- und gesellschaftsrechtliche Probleme der Organschaft, Teil 1 und 2, DB 1956, S. 813-815, S. 837-840.

Ballerstedt, Kurt: Kapital, Gewinn und Ausschüttung bei Kapitalgesellschaften, Tübingen 1949.

Bauer, Klaus: Die Besteuerung deutscher Konzerne, Regensburg 1987.

Baumhof, Hubertus: Verlustverwertungsstrategien bei Personengesellschaften, StBJb 1993/94, Köln 1994, S. 267-302.

Becker, Enno: Kapitalgesellschaften als Teile des Betriebsvermögens. Zur Behandlung der Fälle, daß Kapitalgesellschaften oder Beteiligungen an Kapitalgesellschaften zu dem Betriebsvermögen eines körperschaftsteuerlichen Gebildes, eines Einzelgewerbetreibenden oder einer Mitunternehmerschaft gehören. Verhältnis zur Organtheorie. StuW 1938, Sp.1-31.

Béjot, Michel: Einige Elemente konzernrechtlicher Sonderregeln in Frankreich, in: Mestmäcker, Ernst-Joachim/ Behrens, Peter (Hrsg.): Das Gesellschaftsrecht der Konzerne im internationalen Vergleich, Baden-Baden 1991, S. 563-580.

Beusch, Karl: Die Besteuerung der Konzerne als wirtschaftliche Einheit in internationaler Sicht, in: Jakob, Wolfgang/ Knobbe-Keuk, Brigitte, u.a. (Hrsg.), Festschrift für Werner Flume, Bd. 2, Köln 1978, S. 21-42.

Bieg, Hartmut/ Wöhe, Günther: Grundzüge der betriebswirtschaftlichen Steuerlehre, München 1991.

Biergans, Arno: Zur Einlage von Nutzungen - Beschluß des Großen Senats des BFH vom 16.10.1987, DStR 1988, S. 227-234.

Binder, Christoph: Beteiligungsführung in der Konzernunternehmung, Köln 1994.

Bittker, Boris I./Eustice, James S.: Federal Income taxation of corporations and shareholders, Boston 1987.

Blumberg, Phillip I.: Amerikanisches Konzernrecht, in: Lutter, Marcus, (Hrsg.), Konzernrecht im Ausland, ZGR Ergänzungsband, Berlin/ New York 1994, S. 264-309.

Böhm, Steffen: Der Konzerngewinn als Grundlage für Dividendenausschüttungen und Steuerbemessungen - Ein Vorschlag für eine Neuregelung -, Göttingen 1979.

Bohnenblust, Peter/ Menger, Jörg: Verlustverrechnung im Ertragssteuerrecht - Rechtsvergleich Deutschland - Österreich - Schweiz -, Teil I und II, DStR 1991, S. 433-438, S. 497-503.

Borggräfe, Joachim: Chancen und Risiken einer Konzernbesteuerung, WPg 1995, S. 129-140.

Breuninger, Gottfried/ Prinz, Ulrich: Organschaft bei fehlendem Beherrschungs-vertrag und mittelbarer Beteiligung, DB 1995, S. 2085-2090.

Breuninger, Gottfried: Holding und Organschaftsfragen, 46. Deutsche Steuerjuristische Jahresarbeitstagung, Arbeitsbuch, Wiesbaden 1995, S. 322-331.

Brezing, Klaus: Die Bewertungen von Beteiligungen in der Steuerbilanz, StBJb 1972/1973, S. 339-374.

Brinkmann, Jan: Der Einfluß des europäischen Rechts auf die Unternehmensbesteuerung, Baden-Baden 1996.

Bruns, Fritz: Zur neuesten Rechtsprechung zur körperschaftsteuerlichen Organschaft, FR 1975, Teil I und II, S. 541-547 und 570-574.

Bühler, Ottmar: Prinzipien des internationalen Steuerrechts, München und Berlin 1964.

Bühner, Rolf: Die schlanke Management-Holding, zfo 1993, S. 9-19.

Bühner, Rolf: Profit Center, HWB des Rechnungswesens, hrsg. von Chmielewicz, Klaus/ Schweitzer, Marcell, Stuttgart 1993, Sp. 1612-1621.

Bühner, Rolf: Management-Holding, Landsberg/Lech 1992.

Bühner, Rolf: Spartenorganisation, HWB der Organisation, hrsg. von Frese, Erich, Stuttgart 1992, Sp. 2274-2288.

Bühner, Rolf: Unternehmenszusammenschlüsse, Stuttgart 1990.

Bundesministerium der Finanzen: Gutachten der Kommision zur Verbesserung der steuerlichen Bedingungen für Investitionen und Arbeitsplätze, Bonn 1991.

Bundesministerium der Finanzen: Der wissenschaftliche Beirat beim Bundesministerium der Finanzen; Gutachten zur Reform der direkten Steuern (ESt, KSt, VSt, ErbSt) in der BRD, vom 11. Februar 1967, in: Der Wissenschaftliche Beirat beim Bundesministerium der Finanzen: Entschließungen, Stellungnahmen und Gutachten, Tübingen 1974, S. 326-400.

Bundesministerium der Justiz: Bericht über die Verhandlungen der Unternehmensrechtskommission, Köln 1980.

Bundesministerium für Wirtschaft und Finanzen: Gutachten der Steuerreformkommission 1971, Bonn 1971.

Busse von Colbe, Walter: Der Konzernabschluß als Bemessungsgrundlage für die Gewinnverwendung, in: Bilanz- und Konzernrecht, FS zum 65 Geburtstag von Reinhardt Goerdeler, hrsg. von Havermann, Hans, Düsseldorf 1987, S. 61-77.

Busse von Colbe, Walter/ Ordelheide, Dieter: Konzernabschlüsse, Wiesbaden 1993.

Busse von Colbe, Walter/ Ordelheide, Dieter: Die Equity-Methode zur Bewertung von Beteiligungen im Konzernabschluß, in: Gaugler, Eduard (Hrsg.): FS für Erwin Gorchla, Stuttgart 1986, S. 249-266.

Carl, Dieter: Neue Vorschläge der Kommission zur Unternehmensbesteuerung, EuZW 1991, S. 369-372.

Chandler, Alfred D.: Strategy and Structure - Chapters in a history of the American Industrial Enterprise, Cambridge (Mass.), London 1962.

Chmielewicz, Klaus: Forschungsschwerpunkte und Forschungsdefizite in der deutschen Betriebswirtschaftslehre, zfbf 1984, S. 148-157.

Coase, Ronald H.: The Nature of the Firm, Economica 1937, S. 386-405, erneut abgedruckt in: Williamson, Oliver E./ Winter, Sidney: The Nature of the Firm - Origins, Evolution and Developement, New York, Oxfort 1991, S. 18-33.

Coing, Helmut: Wirtschaftswissenschaften und Rechtswissenschaften, in: Das Verhältnis der Wirtschaftswissenschaft zur Rechtswissenschaft, Soziologie und Statistik, hrsg. von Ludwig Raiser, Heinz Sauermann, Erich Schneider, Berlin 1964, S. 1-7.

Dahnke, Horst: Bewertung von Auslandsbeteiligungen aus der Sicht der Finanzverwaltung, in: Herzig, Norbert (Hrsg.), Bewertung von Auslandsbeteiligungen, Köln 1992; S. 24-47.

Debatin, Helmut: Unternehmensorganisationsstrukturen im Gemeinsamen Markt aus steuerlicher Sicht, BB 1991, S. 947-955.

Debus, Christian: Haftungsregelungen im Konzernrecht - Eine ökonomische Analyse, Frankfurt a.M. u. a. 1990.

Deutscher Bundesrat: Stellungnahme des Bundesrates zur Verlustrichtlinie, BR-Drs. 96/91 vom 7.6.1991.

Deutscher Bundestag: Bericht über das Ergebnis einer Untersuchung der Konzentration in der Wirtschaft, BT-Drs. IV/2320.

Deutscher Industrie- und Handelstag: Rechtsinstitut der körperschaftsteuerlichen Organschaft mit Ergebnisabführung, Stellungnahme des DIHT vom 12.10.1962 und vom 28.12.1962, in: Gutachterliche Äußerungen zu Steuerfragen - Eine Sammlung der vom DIHT an den Bundesfinanzhof abgegebenen Stellungnahmen (1962-1973), Bonn 1975.

Deutscher Juristentag: Untersuchungen zur Reform des Konzernrechts - Bericht der Studienkommission des deutschen Juristentages, zugleich Stellungnahme zu den Vorschriften über das Recht der verbundenen Unternehmung im Entwurf 1960/62 eines Aktiengesetzes und eines Einführungsgesetzes zum Aktiengesetz mit Hinweisen auf das Aktiengesetz 1965 -, Tübingen 1965.

Deutscher Juristentag: Verhandlungen des 42. Deutschen Juristentages, Bd. 1, Teil 3, Tübingen 1957.

Deutscher Juristentag: Bericht der Studienkommission des Deutschen Juristentages zur Reform des Unternehmensrechts, Teil I, Tübingen 1955.

Döllerer, Georg: Verlustübernahme im Konzern - eine verdeckte Einlage, in: Ertragsbesteuerung, Festschrift für Ludwig Schmidt, hrsg. v. Raupach, Arndt/ Uelner, Adalbert, München 1993, S. 523-537.

Döllerer, Georg: Verlust eines eigenkapitalersetzenden Gesellschafterdarlehns als nachträgliche Anschaffungskosten einer wesentlichen Beteiligung, Bemerkung zum BFH-Urteil vom 16.4.1991 R 100/87, FR 1992, S. 233-236.

Döllerer, Georg: Verdeckte Gewinnausschüttung und verdeckte Einlage bei Kapitalgesellschaften, Heidelberg 1990.

Döllerer, Georg: Zur Rechtsnatur der neuen Körperschaftsteuer, BB 1983, S. 1-5.

Dötsch, Ewald/ Eversberg, Horst/ Jost, Werner/ Witt, Georg: Die Körperschaftsteuer, Kommentar zum Körperschaftsteuergesetz und zu den einkommensteuerlichen Vorschriften des Anrechnungsverfahrens, (Loseblatt), Stuttgart 1996 (zit. Autor, in: Dötsch/ Eversberg, KStG).

Dötsch, Ewald: Steueränderungsgesetz 1992: Die Änderung des KStG, DB 1992, S. 650-653.

Dötsch, Ewald / Buyer, Christoph: Teilwertabschreibung auf Organbeteiligungen - Die Grenzen der körperschaftsteuerlichen Anerkennung -, DB 1991, S. 10-15.

Dormann, Jürgen: Geschäftssegmentierung bei Höchst, zfbf 1993, S. 1068-1077.

Dornfeld, Robert Ernst/ Telkamp, Heinz-Jürgen: Konzernunternehmen und Organschaftsvoraussetzung - Zur wirtschaftlichen Eingliederung und zu den Anforderungen an den Organträger bei Holdinggesellschaften und Betriebsaufspaltung, StuW 1971, S. 67-82.

Drenseck, Walter: Der Drittaufwand nach der Entscheidung des Großen Senats des BFH vom 30.1.1995, DStR 1995, S. 509-515.

Dreissig, Hildegard: Tax Allokation im US-Konzern - eine handels- und steuerrechtliche Analyse, RIW 1984, S. 115-127.

Druey, Jean Nicolas: Das deutsche Konzernrecht aus Sicht des übrigen Europa, in: Lutter, Marcus (Hrsg.), Konzernrecht im Ausland, ZGR 1994, S. 310-370.

Duden, Konrad: Aktienrechtliche Fragen zur "Organschaft" mit einem Großaktionär, BB 1957, S. 49-51.

Düffler, Eberhard: Internationalisierung der Unternehmung - gradueller oder prinzipieller Wandel?, in: Internationalisierung der Unternehmung als Problem der Betriebswirtschaftslehre, in: Lück, Wolfgang/ Drommsdorff, Volker (Hrsg.), Berlin 1982, S. 47-81.

Ebenroth, Carsten-Thomas/ Willburger, Andreas: Verlustberücksichtigung bei grenzüberschreitenden Unternehmen - § 2a EStG vor dem Hintergrund des Entwurfs der Verlustrichtlinie, in: EWS 1993, S. 45-49.

Ebling, Klaus: Der Teilwert von Beteiligungen an ausländischen Kapitalgesellschaften im Anlagevermögen, DStR 1990, S. 327-331.

Ebke, Werner: Das Konzernrecht im US-amerikanischen Recht, in: Mestmäcker, Ernst-Joachim/ Behrens, Peter (Hrsg.), Das Gesellschaftsrecht der Konzerne im internationalen Vergleich, S. 279-327.

Eggers, Winfried: Die neuen OECD-Guidelines zu den internationalen Verrechnungspreisen - Entstehungsgeschichte und Hintergründe, IStR 1996, S. 393-399.

Eilers, Stephan: Ausgabenabzug und Teilwertabschreibung bei Schachtelbeteiligungen - Zum (Un-) Verhältnis von § 3c EStG und § 8b KStG nach Verabschiedung des Standortsicherungsgesetzes, IStR 1994, S. 218-222.

Eisolt, Dirk: US-amerikanische und deutsche Konzernrechnungslegung, Hamburg 1992.

Emmerich, Volker / Sonnenschein, Jürgen: Konzernrecht, München 1993.

Emmerich, Volker: Anhang Konzernrecht, in: Scholz, Franz: Kommentar zum GmbHG, Köln 1993.

Endres, Dieter: Steuerliche Aspekte der europäischen Integration - Eine Bestandsaufnahme der Steuergrenzen im Binnenmarkt, RIW 1994, S. 572-584.

Esser, Rainer: Beseitigung der Doppelbesteuerung von Kapitalgesellschaften, EWS 1991, S. 17-22.

Euler, Walter / Krüger Dietrich: Die Probleme steuerlicher Beteiligungsbewertungen, BB 1983, S. 567-570.

Faß, Joachim: Konzernierung und konsolidierte Rechnungslegung, Frankfurt a.M. u.a. 1992.

Fichtelmann, Helmar: Bürgschaften des Gesellschafters einer Kapitalgesellschaft als verdeckte Einlage?, GmbHR 1988, S. 72-79.

Fischer-Zernin, Justus / Schwarz, Hubertus: Bilanzielle und steuerliche Nachbeben des "Video" Urteils?, DB 1992, S. 1742-1743.

Flume, Werner: Reichen die Vorschriften - unter Berücksichtigung des Gesellschaftsrechts - aus, um Vermögensbewegungen zwischen verbundenen Unternehmen vollständig und befriedigend zu regeln?, Referat zum 49. Deutscher. Juristenttag (DJT), Q8 - Q29, München 1972.

Flume, Werner: Die konzernrechtliche Gestaltung im Aktienrecht, in: Zur großen Aktienrechtsreform, Referate und Diskussionen einer Fachtagung der Forschungsstelle, Schriftenreihe der Forschungsstelle der Friedrich-Ebert-Stiftung, Sozialwissenschaftliche Schriften, Hannover 1962, S. 65-77, abgedruckt in: Werner Flume - Gesammelte Schriften, hrsg. v. Jakobs, Horst Heinrich/ Knobbe-Keuk, Brigitte/ Picker, Eduard/ Wilhelm, Jan, Köln 1988, S. 169-180.

Flume, Werner: Nochmals zur Organschaft, DB 1956, S. 672-674.

Flume, Werner: Die Organschaft im Körperschaftsteuerrecht. Zivilrechtlich-handelsrechtliche und steuerrechtliche Betra.chtung zur Rechtsprechung des Bundesfinanzhofs, DB 1956, S. 455-464.

Gandenberger, Otto: Der Einfluß der Einkommen- und Körperschaftsteuer auf die internationalen Wirtschaftsströme, in: Vogel, Klaus (Hrsg.), Grundfragen des internationalen Steuerrechts, Köln 1985, S. 33-48.

Gauß, Herbert/ Oesterle, Berthold: Betriebswirtschaftliche Überlegungen zur Teilwertabschreibung auf Beteiligungen an Kapitalgesellschaften in der Rechtsprechung des BFH, WPg 1991, S. 317-327.

Gericke, Fritz: Anwendung der Lehre vom Erhaltungsaufwand bei Beteiligungen, FR 1975, S.105-107.

Geßler, Ernst: Rücklagenbildung bei Gewinnabführungsverträgen, in: Zivil-, Steuer- und Unternehmensrecht, Festschrift für Heinz Meilike, hrsg. vom Fachinstitut der Steuerberater e.V., Berlin/ New York 1985, S. 18-30.

Geßler, Ernst/ Hefermehl, Wolfgang/ Eckart, Ulrich Kropff, Bruno: Kommentar zum Aktiengesetz, Stand 1976, München 1994 (zit: Autor, in: Geßler/Hefermehl, AktG).

Geßler, Ernst: Probleme des neuen Konzernrechts, DB 1965, Teil I und II, S. 1691-1696, S. 1729-1731.

Gilroy, Bernhard Michael: Firmeninterner Handel, WiSt 1992, S. 467-471.

Glanegger, Peter: Kom. zu § 32 b EStG, in: Schmidt, Ludwig, Kommentar zum Einkommensteuergesetz, München 1996.

Goerdeler, Reinhard: Rücklagenbildung nach § 58 Abs.2 AktG 1965 im Konzern, WPg 1986, S. 229-237.

Goerdeler, Reinhard/ Müller, Welf: Die Behandlung von nichtigen oder schwebend unwirksamen Anschaffungsgeschäften, von Forderungsverzichten und Sanierungszuschüssen im Jahresabschluß - zugleich Besprechung der Entscheidung BGHZ vom 31.10.1978, WPg 1980, S. 313-322.

Götz, Heinrich: Die Sicherung der Rechte der Aktionäre der Konzernobergesellschaft bei Konzernbildung und Konzernleitung, AG 1984, S. 85-94.

Gomez, Peter: Neue Trends in der Konzernorganisation, zfo 1992, S. 166-172.

Görling, Helmut: Die Verbreitung zwei- und mehrstufiger Unternehmensverbindungen, AG 1993, S. 538-547.

Grau, Stefan: Verluststrategien unter dem Gesichtspunkt des § 2a EStG, in: Fischer, Lutz (Hrsg.): Besteuerung internationaler Konzerne, Köln 1993, S. 48-65.

Grieger, Rudolf: Die körperschaftsteuerliche und gewerbesteuerliche Behandlung der Organschaft in der Rechtsprechung des Bundesfinanzhofs seit 1955, WM 1965, Sonderbeilage Nr. 6, S. 1-27.

Groh, Manfred: Die wirtschaftliche Betrachtungsweise im rechtlichen Sinne, StuW 1987, S. 227-231.

Groh, Manfred: Nutzungseinlage, Nutzungsentnahme und Nutzungsausschüttung Teil 1 und 2, DB 1988, S. 514-524, S. 571-575.

Groll, Rüdiger von: Kom. zu § 10d EStG, in: Kirchhof/Söhn, Kommentar zum EStG (Loseblatt).

Grotherr, Siegfried: Die unterschiedlichen Konzernbesteuerungssysteme in den Mitgliedsstaaten der Europäischen Union - Eine systematische Analyse im Hinblick auf Reformüberlegungen beim deutschen Organschaftskonzept, StuW 1996, S. 356-378.

Grotherr, Siegfried: Kritische Bestandsaufnahme der steuersystematischen und betriebswirtschaftlichen Unzulänglichkeiten des gegenwärtigen Organschaftskonzepts - Die Organschaft als lex imperfecta zur steuerlichen Erfassung der wirtschaftlichen Einheit "Konzern", StuW 1995, S. 124-150.

Grotherr, Siegfried: Übertragung von Konzernrechnungslegungsgrundsätzen ins Konzernsteuerrecht?, WPg 1995, S. 81-97.

Grotherr, Siegfried: Der Abschluß eines Gewinnabführungvertrages als (un-) verzichtbares Tatbestandsmerkmal der körperschaftsteuerlichen Organschaft, FR 1995, S. 1-14.

Grotherr, Siegfried: Zur Einführung einer EG-weiten grenzüberschreitenden Verlustberücksichtigung ausländischer Tochtergesellschaften - Eine kritische Beurteilung der bisherigen Ansätze, RIW 1994, S. 1017-1033.

Grotherr, Siegfried: Einheitsbesteuerung von Konzernen in den Niederlanden, IWB vom 28.12.1994, S. 1165-1178, Fach 5, Gr.2, S. 225-238.

Grotherr, Siegfried: Zur gegenwärtigen Bedeutung der Organschaft in der Konzernsteuerplanung, BB 1993, S. 1993-2001.

Grünig, Rudolf: Strategische Geschäftsfelder, juristische Struktur und Groborganisation, Schweizer Zeitschrift für betriebswirtschaftliche Forschung 1994, S. 323-333.

Gutenberg, Erich: Grundlagen der Betriebswirtschaftslehre, Bd.1, Die Produktion, Berlin/ Göttingen/ Heidelberg 1951.

Guyon, Yves: Das Recht der Gesellschaftsgruppe in Frankreich, in: Lutter, Marcus (Hrsg.): Konzernrecht im Ausland, ZGR Sonderheft 11, Berlin/ New York 1994, S. 76-92.

Haarmann, Wilhelm: Verlustübernahme trotz Fehlens der organschaftlichen Voraussetzung als betrieblicher oder gesellschaftlicher Vorgang? Änderung der Rechtsprechung durch das BFH-Urteil vom 16.5.1990, in: Unternehmensverträge, JbFSt 1992/1993, Herne/ Berlin 1993, S. 471-531.

Haarmann, Wilhelm: Besteuerungsfragen beim Einsatz von Holdinggesellschaften im Rahmen des Aufbaus internationaler deutscher Konzerne, in: Fischer, Lutz (Hrsg.), Internationaler Unternehmenskauf und Zusammenschluß im Steuerrecht, Köln 1992, S. 83-112.

Haase, Ditmar: Zur steuerlichen Anerkennung des Konzernabschlusses, DB 1968, S. 237-239.

Heinicke, Wolfgang: Kom. zu § 10 d EStG, in: Schmidt Kommentar zum Einkommensteuergesetz, München 1996.

Haller, Axel: Das Verhältnis von steuerlicher und "handelsrechtlicher" Rechnungslegung in den USA; DBW 1988, S. 723-733.

Haller, Axel: Die Grundlagen der externen Rechnungslegung in den USA, Stuttgart 1989.

Haller, Heinz: Die Steuern. Grundzüge eines rationalen Systems öffentlicher Abgaben, Tübingen 1981.

Harms, Jens/ Knischewski, Gerd: Quotenkonsolidierung versus Equity-Methode im Konzernabschluß, DB 1985, S. 1353-1359.

Harms, Jens/ Küting, Karlheinz: Perspektiven der Konzernbesteuerung, BB 1982, S. 445-455.

Hengeler, Hans/ Kreifels, Max: Absicht und Wirklichkeit im Referentenentwurf eines Aktiengesetzes, in: Beiträge zur Aktienrechtsreform, hrsg. von Hans Hengeler, Heidelberg 1959, S. 11-41.

Herrmann, Carl/ Heuer, Gerhard/ Raupach, Arndt: Kommentar zum Einkommensteuergesetz und Körperschaftsteuergesetz mit Nebengesetzen, Köln (Loseblatt).

Herrmann, Hans: Reformbedürftiges Konzernsteuerrecht?, Bericht und Stellungnahme der steuerrechtlichen Arbeitsgemeinschaft des 49. Deutschen Juristentages im September 1972, AG 1973, S. 37-47.

Herzig, Norbert: Besteuerung von Unternehmen in Europa - Harmonisierung im Wettbewerb der Systeme, in: Steuerrecht im europäischen Binnenmarkt, hrsg. im Auftrag der Deutschen Steuerjuristischen Gesellschaft e.V. von Moris Lehner, DStJG 1996, Köln 1996, S. 121-149.

Herzig, Norbert: Steuergestaltung im Binnenmarkt, DB 1993, S. 1-7.

Hoffmann, Friedrich (Hrsg.): Konzernhandbuch: Recht, Steuern, Rechnungslegung, Führung, Organisation, Praxisfälle, Wiesbaden 1993.

Hoffmann, Fritz: Die Organschaft mit Ergebnisabführungsvertrag in der neueren Rechtsprechung des BFH, DStZ 1967, S. 236-241.

Hoffmann, Fritz: Die Organschaft in der neuesten Rechtsprechung des BFH zum Körperschaftsteuer- und Gewerbesteuerrecht, StuW 1958, Sp. 225-238.

Hoffmann, Wolf-Dieter: Die Einlagen in Kapitalgesellschaften als Bilanzierungsproblem beim Einlegenden, BB 1996, Beil. 16.

Hoffmann, Wolf-Dieter: Die Bilanzierung von Beteiligungen an Personenhandelsgesellschaften - Ein Vorschlag zur Neufassung der IDW Stellungnahme HFA 3/1976, BB 1988, Beil. 2.

Hommelhof, Peter: Empfiehlt es sich, das Recht faktischer Unternehmensverbindungen - auch im Hinblick auf das Recht anderer EG Staaten - neu zu regeln? Gutachten zum 59. Deutschen Juristentag 1992, München 1992.

Hommelhof, Peter: Konzernrecht für den Europäischen Binnenmarkt, ZGR 1992, S. 121-145; bzw. auch abgedr. in: Lutter, Marcus (Hrsg.): Konzernrecht im Ausland, ZGR 1994, Sonderheft 11, S. 55-75.

Hommelhof, Peter: Zwölf Fragen zum Konzernrecht in Europa, ZGR 1992, S. 422-430.

Hommelhof, Peter: Take-over-Richtlinie und europäisches Konzernrecht, AG 1990, S. 106-111.

Hommelhof, Peter: Der Verlustausgleich im Mehrmüttervertragskonzern - zu den Legitimationsgrundlagen der aktienrechtlichen Ausgleichspflicht -, in: Bilanz- und Konzernrecht, Festschrift für Reinhard Goerdeler, hrsg. von Hans Havermann, Düssledorf 1987, S. 221-239.

Hommelhof, Peter: Die Konzernleitungspflicht, Köln, u.a., 1982.

Hübl, Leo: Die gesetzliche Regelung der körperschaftsteuerlichen Organschaft, DStZ 1972, S. 145-150.

Hübl, Leo: Die Organschaft im Körperschaftsteuerrecht, DStZ 1965, S. 17-25

Hueck, Alfred: Zur Frage der Rechtswirksamkeit der Organschaftsverträge, DB 1959, S. 223-228.

Hueck, Götz: Gesellschaftsrecht, München 1991.

Hueck, Götz: Gesellschaftsrecht, München 1983.

Hüffer, Uwe: Kommentar zum Aktiengesetz, München 1995.

Institut der Wirtschaftsprüfer: HFA: Stellungnahme 2/1996 - Zur Bilanzierung privater Zuschüsse, WPg 1996, S. 709-713.

Institut der Wirtschaftsprüfer: Steuerfachausschuß: Stellungnahme zum Standortsicherungsgesetz, WPg 1993, S. 288-292.

Isay, Rudolf: Das Recht am Unternehmen, Berlin 1910.

Jacobs, Otto/ Spengel, Christoph: Die europäischen Unternehmenssteuersysteme - Eine Übersicht, in: Jacobs, Otto/ Spengel, Christoph: Aspekte der Unternehmensbesteuerung in Europa, Baden-Baden 1996, S. 11-36.

Jacobs, Otto: Internationale Unternehmensbesteuerung, München 1995

Jacobs, Otto/ Spengel, Christoph: Ertragsbesteuerung von Konzernen in Deutschland und Frankreich - Eine vergleichende Analyse unter besonderer Berücksichtigung der Behandlung konzerninterner Transaktionen, IStR 1994, Teil I und II, S. 110-104, 146-151.

Jahr, Günter: Funktionenanalyse von Rechtsfiguren als Grundlage einer Begegnung von Wirtschaftswissenschaften und Rechtswissenschaften, in: Das Verhältnis der Wirtschaftswissenschaft zur Rechtswissenschaft, hrsg. Ludwig Raiser, Heinz Sauermann, Erich Schneider, Soziologie und Statistik, Berlin 1964, S. 14-26.

Jurkat, Werner: Die Organschaft im Körperschaftsteuerrecht, Heidelberg 1975.

Kallfass, Hermann: Ökonomische Analyse der Konzernbildung, in: Mestmäcker, Ernst Joachim/ Behrens, Peter, (Hrsg.), Baden-Baden 1991, S. 19-48.

Keller, Thomas: Unternehmensführung mit Holdingkonzepten, Köln 1990.

Kessel, Justin von: Die konsolidierte Konzernbesteuerung im Körperschaftsteuerrecht der USA, München 1974.

Keuk, Brigitte: Zur verdeckten Gewinnausschüttung und zur Organschaft, StuW 1975, S. 61-66.

Keuk, Brigitte: Einkommensteuer und Zahlungsfähigkeit, StBJb 1973/74, Köln 1974, S. 349-378.

Keuk, Brigitte: Der Begriff berücksichtigungsfähiger Ausschüttung (§ 19 Abs.3 KStG), DB 1970, S. 1755-1759.

Kirchner, Christian: Ökonomische Überlegungen zum Konzernrecht, ZGR 1985, S. 214-234.

Kirchner, Christian: Ansätze zu einer ökonomischen Analyse des Konzernrechts, Jahrbuch für Neue Politische Ökonomie, hrsg. von Boettcher, Erik u.a., 3. Bd., Tübingen 1984, S. 223-251.

Kirchhof, Paul: Kom. § 2a EStG, in: Kirchhof, Paul/ Söhn, Hartmut: Kommentar zum Einkommensteuergesetz (Loseblatt).

Kieser, Alfred: Organisation, in: HWB der Betriebswirtschaftslehre, hrsg. von Wittmann, Waldemar, Stuttgart 1993, Sp. 2988-3006.

Kieser, Alfred: Evolutionsorientierte Organisationstheorie, in: HWB der Organisation, hrsg. von Frese, Erich, Stuttgart 1992, Sp. 1758-1774.

Kirchhof, Paul: Kom. zu §§ 2, 2a EStG, in: Kirchhof, Paul/ Söhn, Hartmut: Kommentar zum Einkommensteuergesetz (EStG), (Loseblatt).

Kluge, Volker: Das deutsche internationale Steuerrecht, München 1992.

Knepper, Karl Heinz: Rechtliche und wirtschaftliche Identität als Voraussetzung für den körperschaftsteuerlichen Verlustausgleich, DStR 1994, S. 1796-1799.

Knepper, Karl Heinz: Die körperschaftsteuerliche Organschaft - Nahtstellen zwischen Handels- und Steuerrecht-, in: Ertragsbesteuerung, FS für Ludwig Schmidt, hrsg. von Raupach, Arndt/ Uelner, Adalbert, München 1993, S. 725-740.

Knepper, Karl Heinz: Bilanzierung im qualifiziert faktischen Konzern, DStR 1993, S. 1613-1616.

Knobbe-Keuk, Brigitte: Bilanz- und Unternehmenssteuerrecht, Köln 1993.

Knobbe-Keuk, Brigitte: The Ruding Commitee Report - an impressive vision of European Company Taxation for the year 2000, Intertax1992 , S. 22-38.

Knobbe-Keuk, Brigitte: Bilanz- und Unternehmenssteuerrecht, Köln 1991.

Knobbe-Keuk, Brigitte: Die steuerliche Behandlung der europäischen Aktiengesellschaft, AG 1990, S. 435-441.

Knobbe-Keuk, Brigitte: Das Steuerrecht - eine unerwünschte Rechtsquelle des Gesellschaftsrechts, Köln 1986.

Knobbe-Keuk, Brigitte: Verdeckten Einlagen in Kapitalgesellschaften und Werbungskosten bei den Einkünften aus Kapialvermögen, DStZ 1984, S. 335-342.

Knobbe-Keuk, Brigitte: Empfiehlt sich eine rechtsformunabhängige Besteuerung der Unternehmen?, Referat zum 53. Deutschen Juristentag, München 1980.

Knobbe-Keuk, Brigitte: Gesellschaftsanteile in Handels- und Steuerbilanz, AG 1979, S. 293-306.

Koppensteiner, Hans-Georg: Kom. zu § 291, in: Kölner Kommentar zum Aktiengesetz, Zöllner, Wolfgang (Hrsg.), Köln u.a. 1985.

Krabbe, Helmut: Betriebsausgaben im Zusammenhang mit ausländischen Schachtelbeteiligungen, DB 1994, S. 242-245.

Kraft, Cornelia/ Kraft, Gerhard: Steuerliche Konsequenzen aus der Verlustausgleichsverpflichtung des beherrschenden GmbH-Gesellschafters, BB 1992, S. 2465-2470.

Kraft, Cornelia: Steuergerechtigkeit und Gewinnermittlung - eine vergleichende Analyse des deutschen und des US-amerikanischen Steuerrechts, Wiesbaden 1991.

Krebs, Hans-Joachim: Die Harmonisierung der Steuern für Unternehmen der EG, BB 1990, S. 1945-1951.

Krebs, Hans-Joachim: Die körperschaftsteuerliche Organschaft, Korreferat zum Referat Jurkat, in: JbFSt 1977/78, Herne/ Berlin 1978, S. 379-388.

Krehbühl, Hans-Herbert: Reform der körperschaftsteuerlichen und gewerbesteuerlichen Organschaft, DB 1995, S. 743-748.

Krehbühl, Hans-Herbert: Beteiligungen an ausländischen Gesellschaften - Möglichkeiten und Grenzen des § 8b KStG, DB 1994, S. 496-502.

Kreile, Reinhold: Zum Vorentwurf einer EG-Richtlinie über die Harmonisierung der steuerlichen Gewinnermittlung, DB 1988, Beil. 18.

Kronstein, Heinrich: Die abhängige juristische Person, München/ Berlin/ Leipzig 1931.

Kropff, Bruno: Kommentierung zu § 316, in: Kommentar zum Aktiengesetz, hrsg. von Geßler, Ernst/ Hefermehl, Wolfgang/ Eckhardt, Ulrich/ Kropff, Bruno, Bd. IV, Stand 1976, München 1994.

Kropff, Bruno: Rückstellungen für künftige Verlustübernahmen aus Beherrschungsverträgen und Gewinnabführungsverträgen, in: Festschrift für Georg Döllerer, 1988, S. 349-367.

Kropff, Bruno: Das Aktienrecht. Aktiengesetz vom 6.9.1965 und das Einführungsgesetz zum Aktiengesetz vom 6.9.1965 mit Begründungen des Regierungsentwurfs, Verweisungen und Sachverzeichnis. Düsseldorf 1965.

Küting, Karlheinz: Rechnungslegung im Umbruch - Ein Plädoyer für ein Rechnungswesen des Konzerns, in: Küting, Karlheinz / Weber, Claus Peter, (Hrsg.), Das Konzernrechnungswesen des Jahres 2000, Stuttgart 1991.

Küting, Karlheinz: Grundlagen der unternehmerischen Zusammenarbeit, DStR 1990, Beil. zu Heft 4.

Küting, Karlheinz: Ein erneutes Plädoyer für die Einheitsbesteuerung, DB 1990, S. 489-497.

Küting, Karlheinz/ Kaiser, Thomas: Bilanzpolitik in der Unternehmenskrise, BB 1994, Beil. 2 zu Heft 3.

Küting, Karlheinz/ Kessler, Harald: Die Problematik der "anderen Zuzahlung" gem. § 272 Abs.2 Nr.4 HGB, BB 1989, S. 25-37.

Küting, Karlheinz / Kessler, Harrald: Teilwertabschreibung unter besonderer Berücksichtigung der höchstrichterlichen Rechtsprechung, GmbHR 1995, S. 345-356.

Kumpf, Wolfgang: Steuerliche Verrechnungspreise im internationalen Konzern, Frankfurt a.M./ Deventer, 1976.

Laengner, Dieter: Gewinnabführungsverträge bei verunglückter Organschaft, BB 1991, S. 1239-1241.

Lang, Joachim: Diskussionsbeitrag zum Vortrag von Herzig, Norbert: Besteuerung der Unternehmen in Europa - Harmonisierung im Wett-bewerb der Systeme, in: Steuerrecht im europäischen Binnenmarkt, hrsg. im Auftrag der Deutschen Steuerjuristischen Gesellschaft e.V. von Moris Lehner, DStJG 1996, Köln 1996, S. 203-205.

Lang, Joachim: Besteuerung der Unternehmen in den Staaten der Europäischen Union, in: Unternehmensbesteuerung in EU-Staaten, hrsg. im Auftrag der Deutschen Steuerjuristischen Gesellschaft e.V. von Joachim Lang, DStJG 1994, Köln 1994, S. 295-317.

Lang, Joachim: Das Standortsicherungsgesetz auf dem Prüfstand, StbJb 1993/94, Köln 1994, S. 9-31.

Lang, Joachim: Reform der Unternehmensbesteuerung auf dem Weg zum europäischen Binnenmarkt und zur deutschen Einheit, StuW 1990, S. 107-129.

Langheine, Bernd: Kom. zu Art. 101 EGV, in: Garbitz, Eberhard/ Hilf, Meinhard (Hrsg.): Kommentar zur Europäischen Union, München 1995.

Laule, Gerhard: Der Einfluß von Verlusten in einem Land auf die einkommen- und körperschaftsteuerliche Behandlung von international tätigen Unternehmen oder verbundenen Gesellschaften in anderen Ländern, Generalbericht, Cahiers de droit fiscal international, Vol. LXIVb, Deventer 1979, S. 15-41.

Lechner, Eduard: Die Gewinnpoolung im Ertragsteuerrecht unter Berücksichtigung der zivil- und handelsrechtlichen Grundlagen, Köln 1986.

Lehertshuber, Bonaventura: Unternehmensvertragsrecht und Konzernhandelsbilanz, Franfurt a.M/ Bern/ New York 1986.

Lehertshuber, Bonaventura: Unternehmensvertragsrecht und Konzernhandelsbilanz, BFuP 1986, S. 326-340.

Lehmann, Helmut: Systemtheoretisch-kybernetisch orientierte Organisationstheorie, HWB der Organisation, hrsg. von Frese, Erich, Stuttgart 1992, Sp. 1838-1852.

Lück, Wolfgang: Rechnungslegung im Konzern, Stuttgart 1994

Luhmann, Niklas: Soziologische Aufklärung 4, Franfurt 1987.

Lutter, Bernd/ Rimmelsbacher, Dirk: Einheitstheorie und Kapitalkonsolidierung - mehr Konflikt als Konsens?, DB 1992, S. 485-491.

Lutter, Marcus: Europäisches Unternehmensrecht - Stand, Grundlagen und Entwicklung nebst Texten und Materialien zur Rechtsvergleichung, ZGR Sonderheft 1, Berlin/ New York 1996.

Lutter, Marcus: Die Holding - Erscheinungsformen und für dies Buch maßgeblicher Rechtsbegriff der Holding, in: Lutter, Markus (Hrsg.), Holding-Handbuch, Köln 1995, S. 1-30.

Lutter, Marcus: Europäisches Unternehmensrecht - Grundlagen, Stand und Entwicklung nebst Texten und Materialien zur Rechtsangleichung, ZGR Sonderheft 1, Berlin/ New York 1991.

Lutter, Marcus: Der qualifiziert faktische Konzern, AG 1990, S. 179-185.

Lutter, Marcus: Diskussionsbeiträge, in: Druey, Jean Nicolas (Hrsg.): Das St. Gallener Konzernrechtsgespräch - Konzernrecht und Konzernwirklichkeit, Köln 1988.

Lutter, Marcus: Rücklagenbildung im Konzern, in: Havermann, Hans (Hrsg.), Festschrift für Reinhard Goerdeler, Düsseldorf 1987, S. 327-348.

Lutter, Marcus: Stand und Entwicklung des Konzernrechts in Europa, ZGR 1987, S. 324-369.

Lutter, Marcus: 100 Bände BGHZ: Konzernrecht, ZHR 1987, S. 444-461.

Lutter, Marcus: Organzuständigkeit im Konzern, in: Festschrift für Walter Stimpel, hrsg. von Lutter, Markus/ Mertens, Hans Joachim / Ulmer, Peter, Berlin, New York 1985, S. 825-854.

Lutter, Marcus/ Timm, Wolfram: Konzernrechtlicher Präventivschutz im GmbH-Recht, NJW 1982, S. 409-420.

Lutter, Marcus: Zur Binnenstruktur des Konzerns, in: Hefermehl, W. / Gmür, R. / Brox, H. (Hrsg.): FS für Harry Westermann, Karlsruhe 1974, S. 347-368.

Luttermann, Claus: Unitary Taxation und U.S. Supreme Court, IStR 1994, S. 489-493.

Marx, Franz Jürgen: Verdeckte Einlage als Problemfälle der Rechnungslegung und Besteuerung, FR 1995, S. 453-488.

Merkt, Hanno: US-amerikanisches Gesellschaftsrecht, Heidelberg 1991.

Mersmann, Wolfgang: Die steuerliche Behandlung der Konzerne, StBJb 1963/64, Köln 1964, S. 53-91.

Mestmäcker, Ernst-Joachim: Verwaltung, Konzerngewalt und Recht der Aktionäre, Karlsruhe 1958.

Milbach, Frank: Die einheitliche Besteuerung von internationalen Unternehmen in den USA, Frankfurt a.M. 1985.

Mössner, Manfred: Beschränkung des Verlustausgleichs und Verlustabzugs, in: Wassermeyer, Franz (Hrsg.) Grundfragen der Unternehmensbesteuerung, Köln 1994, S. 231-257.

Moxter, Adolf: Bilanzlehre, Wiesbaden 1974.

Mühlschlegel, Gustav: Konsolidierte Steuererklärung der Konzerne in den USA, DB 1972, S. 1349-1353.

Müller, Eberhard: Praktische Bilanzierungsprobleme im Vergleich USA/Deutschland, zfbf 1982, S. 249-257.

Müller, Michael: Reform der Konzernbesteuerung in Österreich - Eine zusammengefaßte Besteuerung von Unternehmensgruppen, Wien 1991.

Müller-Berghoff, Bernd: ABB Asea Brown Boveri AG - Ein multi-domestic Konzern, in: Hoffmann, Friedrich (Hrsg.), Konzernhandbuch, Wiesbaden 1993, S. 501-522.

Müller-Dott, Johannes Peter: Organschaft und Gestaltung von Unternehmensstrukturen, Diskussionsbeitrag zur Podiumsdiskussion, JbFSt 1992/93, Herne/ Berlin 1993, S. 277-289.

Müller-Dott, Johannes Peter: Kritische Auseinandersetzung mit der Rechtsprechung des BFH zur Bewertung von Auslandsbeteiligungen, in: Herzig, Norbert (Hrsg.), Bewertung von Auslandsbeteiligungen, Köln 1992, S. 48-57.

Müller-Dott, Johannes Peter: Californian Franchise Tax und Unitary Tax Concept, RIW 1980, S. 109- 116.

Müller-Gattermann, Gert: Unternehmensverträge, Diskussionsbeitrag zur Podiumsdiskussion, JbFSt 1992/93, Herne/ Berlin 1993, S. 471-531.

Niemann, Ursula: Zur Gewinnermittlung im Konzern, in: StbJb 1971/72, Köln 1972, S. 231-278.

Neumark, Fritz: Grundsätze gerechter und ökonomischer Steuerpolitik, Tübingen 1970.

North, Douglas C.: Transaction Costs, Institutions and Economic History, ZfgSt 1994, S. 7-17.

Oberndorff, Frank: Reform der Konzernbesteuerung - Notwendigkeit, Möglichkeiten und Auswirkungen -, Hamburg 1996.

OECD: International Direkt Investment Statistics, Yearbook 1992.

OECD: Die Verantwortlichkeit von Muttergesellschaften für ihre Tochtergesellschaften - Eine vergleichende Untersuchung der Organisationen for Economic Cooperation and Development (OECD) in den OECD-Mitgliedsstaaten, übers. von Werner Ebke, Frankfurt a.M. 1982.

OECD: Verrechungspreise und Multinationale Unternehmen, Bericht des Steuerausschusses der OECD, 1979, Übersetzt vom BMF in Abstimmung mit dem DIHT und dem BDI, Köln 1981.

Ordelheide, Dieter: Der Konzern als Gegenstand betriebswirtschaftlicher Forschung, BFuP 1986, S. 293-312.

Ordelheide, Dieter: Konzernerfolgskonzeption und Risikokoordnation, zfbf 1987, S. 975-986.

Orth, Manfred: Phasengleiche Verlustverrechnung nach Umwandlung?, StuW 1996, S. 306-322.

Orth, Manfred: Kom. zu § 10d EStG, in: Herrmann, Carl/ Heuer, Gerhard/ Raupach, Arndt: Kommentar zum EStG, KStG (Loseblatt).

Oppermann, Thomas: Europarecht, München 1991.

Palitzsch, Werner: Konzernsteuerumlagen im Blickwinkel der neueren Rechtsprechung, BB 1983, S. 432-435.

Paus, Bernhard: Ist § 10d verfassungswidrig?, BB 1988, S. 184-185.

Pausenberger, Ehrenfried: Unternehmenszusammenschlüsse, HWB der Betriebswirtschaftslehre, 1993, Bd.3, hrsg. von Wittmann, Waldemar, Stuttgart 1993, Sp. 4436-4448.

Pausenberger, Ehrenfried: Diskussionsbeitrag, in: Meinungsspiegel zum Thema Konzernunternehmung, DBW 1986, S.357-372.

Pausenberger, Ehrenfried: Konzerne, HWB der Betriebswirtschaftslehre, hrsg. von Gorchla, Erwin/ Wittmann, Waldemar, Stuttgart 1975, Sp. 2234-2249.

Passow, Richard: Betrieb, Unternehmung, Konzern, Jena 1926.

Pellens, Bernhard: Aktionärsschutz im Konzern - Empirische und theoretische Analyse der Reformvorschläge der Konzernverfassung, Wiesbaden 1994.

Pellens, Bernhard: Die Spaltung von Konzernabschlüssen als Anlegerschutzinstrument im Konzern, zfbf 1991, S. 490-509.

Pezzer, Heinz-Jürgen: Die verdeckte Gewinnausschüttung im Körperschaftsteuerrecht, Köln 1986.

Pezzer, Heinz-Jürgen: Zur körperschaftsteuerrechtlichen Problematik der verdeckten Einlage, StuW 1975, S. 222-232.

Pfitzer, Norbert: Zum Einfluß der Besteuerung auf die Finanzierung der zweistufigen internationalen Unternehmung, Frankfurt a.M. 1988.

Pick, Johannes Josef: Ausschüttungsregelungen bei Konzernverflechtung - Versuch einer Deduktion von Ausschüttungsregelungen für Konzerngesellschaften, Frankfurt a.M. 1985.

Picot, Arnold: Transaktionskosten, in: HWB der Betriebswirtschaftslehre, hrsg. von Wittmann, Waldemar, Band 3, Stuttgart 1993, Sp. 4194-4204.

Picot, Arnold: Ökonomische Theorien der Organisation - Ein Überblick über neuere Ansätze und deren betriebswirtschaftliches Anwendungspotential, in: Ordelheide, Dieter: Betriebswirtschaftslehre und ökonomische Theorie, Wiesbaden 1991, S. 143-170.

Piltz, Detlev Jürgen: Teilwertabschreibung auf Kapitalbeteiligungen an Kapital-gesellschaften, Institut Finanzen und Steuern e.V., Bonn 1985.

Pipkorn, Jörn: Kom. zu Art. 85-109, Art. 101, in: Groeben, Hans von/ Thiesing, Jochen/ Ehlermann, Claus-Dieter (Hrsg.): Kommentar zum EWG-Vertrag, Bd. 2, Baden-Baden 1991.

Plückebaum, Rudolf: Kom. zu § 4, EStG, in: Kirchhof, Paul/ Söhn, Hartmut: Kommentar zum Einkommensteuergesetz, (Loseblatt).

Priester, Hans-Joachim: Bilanzierung und Besteuerung beim qualifizierten faktischen Konzern, StbJb 1993/94, Köln 1994, S. 141-164.

Prinz, Ulrich: Aktuelle Entwicklungen und Beratungsfragen im steuerlichen Organschaftsrecht, FR 1993, S. 725-735.

Pullen, Michael: Körperschaftsbesteuerung nationaler Konzerne - Eine kritische Analyse aus ökonomischer Sicht, Hamburg 1994.

Rädler, Albert: Notwendige Schritte auf dem Weg zu einer Steuerharmonisierung in der Europäischen Union - Persönliche Stellungnahme anläßlich einer Anhö-rung beim Europäischen Parlament am 26/27.2.1996, IStR 1996, S. 224-226.

Rädler, Albert: Überlegungen zur Harmonisierung der Unternehmensbesteuerung in der Europäischen Gemeinschaft, in: Lang, Joachim (Hrsg.): Unternehmensbesteuerung in den EU-Staaten, DStJG 1994, Köln 1994, S. 277-293.

Rädler, Albert/ Lausterer, Martin: Standortsicherungsgesetz: Verstärkte Steuersatz-diskriminierung ausländischer Betriebsstätten ein klarer Verstoß gegen EWG-Vertrags- und Doppelbesteuerungsabkommen, DB 1993, S. 451-455.

Raiser, Ludwig: Die Konzernbildung als Gegenstand rechts- und wirtschaftswissen-schaftlicher Untersuchung, in: Das Verhältnis der Wirtschaftswissenschaften zur Rechtswissenschaft, Soziologie und Statistik hrsg. von Ludwig Raiser, Heinz Sauermann, Erich Schneider, Berlin 1964, S. 49-56.

Rasch, Harold: Reichen die Vorschriften des Steuerrechts - unter Berücksichtigung des Gesellschaftsrechts - aus, um Vermögensbewegungen zwischen verbun-denen Unternehmen vollständig und befriedigend zu lösen; Gutachten zum 49. Deutschen Juristentag, München 1972.

Rasch, Harold: Gewinnabführungs- und Weisungsverträge im Referentenentwurf eines Aktiengesetzes, BB 1959, S. 165-171.

Rasch, Harold: Deutsches Konzernrecht, Köln/ Berlin u.a. 1955.

Raupach, Arndt: Einfluß der Unternehmensorganisation auf die Besteuerung, in: Knobbe-Keuk, Brigitte/ Klein, Franz/ Moxter, Adolf, (Hrsg.), Handelsrecht und Steuerrecht, Festschrift für Georg Döllerer, Düsseldorf 1988.

Kilger: Die Aufgaben von Konzernverrechnungspreisen in der Planung und im Rechnungswesen, Wolfsburger Fachgespräche, 6/1983, aus: Raupach, Arndt: der Einfluß der Unternehmensorganisation auf die Besteuerung, in: Knobbe-Keuk, Brigitte/ Klein, Franz/ Moxter, Adolf, (Hrsg.), Handelsrecht und Steuerrecht, Festschrift für Georg Döllerer, Düsseldorf 1988.

Raupach, Arndt: Anmerkung zum Urteil des BFH vom 20.6.1974,- I B 77/73, BB 1974, S. 1240-1241.

Raupach, Arndt/ Clausen, Uwe: Rückstellungen für drohende Verluste aus Gewinnabführungsverträgen - Zugleich ein Beitrag zur Auslegung des § 7a KStG, BB 1974, S. 689-694.

Reiß, Wolfram: Gesellschaftsrechtlich unzulässige Gewinnausschüttung und ihre Abwicklung, StuW 1996, S. 337-355.

Reiß, Wolfram: Rechtsformabhängigkeit der Besteuerung, hrsg. im Auftrag der DStJG von Franz Wassermeyer, Grundfragen der Unternehmensbesteuerung, DStJG 1994, Köln 1994, S. 3-38.

Reiß, Wolfram: Die Unternehmenseinheit - eine überholte Rechtsfigur, StuW 1978, S. 126-138.

Reis, Monique: Die Körperschaftsbesteuerung des Konzerns als wirtschaftliche Einheit - Mögliche Alternative zur Einzelbesteuerung -, Frankfurt 1996.

Reitmaier, Marion-Angela: Inländerdiskriminierung nach dem EWG-Vertrag, Kehl a.R./ Straßburg 1984.

Remer, Andreas: Organisationstheorien, in: HWB der Betriebswirtschaftslehre, Stuttgart 1993, Sp. 3057-3074.

Reuter, Hans-Peter: Die heutige Bedeutung der steuerlichen Organschaft, DStR 1982, S. 155-156.

Reuter, Hans-Peter: Beteiligungsabschreibung trotz Mittelzuführung an die Tochtergesellschaft, BB 1982, S. 25-28.

Ringlstetter, Max: Konzernentwicklung, Köln 1994.

Ritter, Wolfgang: Steuerfreiheit ausländischer Schachteldividenden, BB 1994, S. 509-517.

Ritter, Wolfgang: Reform der Unternehmensbesteuerung aus Sicht der Wirtschaft, StuW 1989, S. 319-327.

Ritter, Wolfgang: Verluste - Stiefkinder des Steuerrechts, FR 1978, S. 397-402.

Rittner, Fritz: Gesellschaftsrecht und Unternehmenskonzentration - Zu den Vorschlägen der Monopolkommission -, ZGR 1990, S. 203-219.

Rose, Gerd: Gegenwartsproblem bei der Besteuerung von Kapitalgesellschaften, StbJb 1965/66, Köln 1966, S. 245-305.

Rosendorff, Richard: Die rechtliche Organisation der Konzerne, Berlin 1927

Rumelt, R.T.: Strategy, Strukture, and Economic Performance, Boston 1974.

Rupp, Reinhard: Die Ertragsbesteuerung nationaler Konzerne, Konzernsteuerbilanz oder Weiterentwicklung der körperschaftstlichen Organschaft, Frankfurt a.M. 1983.

Ruppe, Hans Georg: Möglichkeiten und Grenzen der Übertragung von Einkunfts-quellen als Problem der Zurechung von Einkünften, in: Übertragung von Einkunftsquellen im Steuerrecht, hrsg. im Auftrag der DStJG von Klaus Tipke, Köln 1979.

Ruppe, Hans Georg: Die steuerliche Doppelbelastung der Körperschaftsteuergewinne, Wien 1967.

Salzberger, Wolfgang: Die steuerliche Gewinnermittlung einer Konzernunternehmung in der Europäischen Union, Köln 1994.

Saß, Gert: Einflüsse das Binnenmarktes auf die nationale Steuerrechtsordnung, in: Herzig, Norbert: Steuerrecht im Europäischen Binnenmarkt, DStJG 1996, Köln 1996, S. 31-44.

Saß, Gert: Steuerharmonisierung in der EG - Perspektiven für eine Harmonisierung der Körperschaftsteuer und der Gewinnermittlung, DB 1993, S. 113-124.

Saß, Gert: Zum EG-Richtlienenvorschlag vom 28.11.1990 über den Abzug von Verlusten ausländischer Betriebsstätten und Tochtergesellschaften, BB 1991, S. 1161-1165.

Schäffer, Fritz: Die Aktienrechtsreform und ihre Probleme, BB 1958, S. 1253-1259.

Schanze, Erich: Rechtswissenschaft und Betriebswirtschaftslehre, in: HWB der Betriebswirtschaftslehre, Band 2, hrsg. von Waldemar Wittmann, Stuttgart 1993, Sp. 3759-3774.

Schell, Hansjörg: Konzerninsolvenzrecht: Eine rechtsvergleichende Darstellung des US-amerikanischen und des deutschen Rechts, Konstanz 1995.

Scheffler, Eberhard: Konzernmanagement, München 1992.

Scheffler, Eberhard: Konzernleitung aus betriebswirtschaftlicher Sicht, DB 1985, S. 2005-2012.

Scheffler, Wolfram: Steuerfreistellung von Auslandsinvestitionen, in: Jacobs, Otto/ Spengel, Christoph: Aspekte der Unternehmensbesteuerung in Europa, Baden-Baden 1996, S. 155-182.

Scheffler, Wolfram: Besteuerung von Unternehmen, Bd. 1, Ertrags-, Substanz- und Verkehrsteuern, Heidelberg 1992.

Scheffler, Wolfram: Grundzüge zur Besteuerung von inländischen Konzernen, DBW 1991, S. 701-717.

Scheffler, Wolfram: Die Verrechnungspreisgestaltung bei international tätigen Unternehmen - dargestellt am Beispiel der Kostenumlage für verwaltungsbezogene Dienstleistungen, zfbf 1991, S. 471-489.

Schering: Geschäftsbericht 1994, Berlin 1995.

Scheuchzer, Marco: Zur Notwendigkeit einer Europäisierung der Organschaft, RIW 1995, S. 35-48.

Scheuchzer, Marco: Ertragsbesteuerung von Konzernen in den Niederlanden aus betriebswirtschaftlicher Sicht, IStR 1994, S. 562-568.

Scheuchzer, Marco: Konzernbesteuerung in der Europäischen Union, Diss. Göttingen 1993, Bielefeld 1994.

Schildbach, Thomas: Der handelsrechtliche Konzernabschluß, München, Wien 1992.

Schildbach, Thomas: Der Konzernabschluß als Ausschüttungsbemessungsgrundlage, WPg 1993, Teil I und II, S. 53-63, S. 94-98.

Schildbach, Thomas: Überlegungen zu den Grundlagen einer Konzernrechnungslegung, Teil I. und II., WPg 1989, S. 157-164, S. 199-209.

Schmidt, Dominique: Die zivilrechtliche Haftung der Unternehmensgruppe nach französischem Recht, ZGR 1982, S. 276-290.

Schmidt, Karsten: Abhängigkeit und faktischer Konzern als Aufgabe der Rechtspolitik - Zu den Juristengutachten von Druey und Hommelhof -, JZ 1992, S. 856-867.

Schmidt, Karsten: Verlustausgleich im qualifiziert faktischen Konzern, in: Heidelberger Konzernrechtstage, hrsg. von Peter Hommelhof/ Walter Stimpel/ Peter Ulmer, Köln 1992.

Schmidt, Karsten: Gesellschaftsrecht, Köln/ Berlin u.a. 1991.

Schmidt, Karsten: Wege zum Konkursrecht der Unternehmen, Köln 1990.

Schmidt, Karsten: Die isolierte Verlustdeckungszusage unter verbundenen Unternehmen als Insolvenzabwendungsinstrument, in: Walter, Hadding u.a. (Hrsg.), Festschrift für Winfried Werner, Berlin/ New York 1984, S. 777-794.

Schmidt, Ludwig: Kommentar zum Einkommensteuergesetz, München 1996.

Schmidt, Ludwig: Die Organschaft im Körperschaftsteuerrecht nach dem Körperschaftsteuerreformgesetz, GmbHR 1977, S. 7-21.

Schmidt, Ludwig: Die gesetzliche Regelung der Organschaft im Körperschaftsteuerrecht, StuW 1969, Sp. 441-462.

Schneider, Dieter: Investition, Finanzierung und Besteuerung, Wiesbaden 1992.

Schneider, Dieter: Was verlangt eine marktwirtschaftliche Steuerreform: Einschränkung des Verlust-Mantelkaufs oder Ausweitung des Verlustausgleiches durch handelbare Verlustverrechnungsgutscheine?, BB 1988, S. 1222-1229.

Schneider, Dieter: Die Unhaltbarkeit des Transaktionskostenansatzes für die "Markt und Unternehmen" - Diskussion, ZfB 1985, S. 1237-1254.

Schneider, Uwe H.: Kom. zu § 35 GmbHG, in: Scholz, Franz: Kommentar zum GmbHG, Köln 1993.

Schneider, Uwe H.: Der Konzern als Rechtsform für Unternehmen - Zum Regelungsstand eines Konzernverfassungsrechts -, in: Mestmäcker, Ernst-Joachim/ Behrens, Peter (Hrsg.): Das Gesellschaftsrecht der Konzerne im internationalen Vergleich, Baden-Baden 1991, S. 563-580.

Schneider, Uwe H.: Die vertragliche Ausgestaltung der Konzernverfassung - Zur vertraglichen Anpassung von Gesellschaftsverträgen, Geschäftsordnungen, Stimmbindungsverträgen und Konsortialverträgen an die Konzernlage, BB 1986, S. 1993-1999.

Schneider, Uwe H.: Das Recht der Konzernfinanzierung, ZGR 1984, S. 497-537.

Schneider, Uwe H.: Konzernleitung als Rechtsproblem - Überlegungen zu einem Konzernverfassungsrecht, BB 1981, S. 249-259.

Scholz, Franz: Kommentar zum GmbH Gesetz, Köln 1993.

Scholz, Christian: Effektivität und Effizienz, in: Freese, Erich (Hrsg.), HWB der Organisation, Stuttgart, 1991, Sp. 533-552.

Schreiber, Ulrich: Unternehmensbesteuerung im Europäischen Binnenmarkt, StuW 1994, S. 238-254.

Schruff, Wienand: Konzern, in: Handwörterbuch der Betriebswirtschaftslehre, hrsg. von Wittmann, Waldemar u. a., Bd. 2, Stuttgart 1993, Sp. 2274-2287.

Schubert, Werner/ Küting, Karlheinz: Unternehmenszusammenschlüsse, München 1981.

Schulze-Osterloh, Joachim: Gute Verluste - Böse Verluste, JBFSt 1984/85, Herne/ Berlin, S. 267-307.

Schulze-Schlutius, Hans: Die Organtheorie, Düsseldorf 1956.

Schulze zur Wiesche, Dieter: Teilwertabschreibungen auf Auslandsbeteiligungen, FR 1987, S. 385-389.

Schwark, Erich: Spartenorganisation in Großunternehmen und Unternehmensrecht, ZGR 1978, S. 203-227.

Schwarz, Hubertus/ Fischer-Zernin, Justus: Bilanzielle und steuerliche Nachbeben infolge des "Video"-Urteiles?, DB 1992, S. 1742-1743.

Semler, Johannes: Die Überwachungsaufgabe des Aufsichtsrats, Berlin 1980.

Sigle, Hermann: Kom. zu § 277, in: Handwörterbuch der Rechnungslegung, hrsg. von Küting, Karl-Heinz/ Weber, Claus-Peter, Stuttgart 1990.

Sonnenschein, Jürgen: Organschaft und Konzerngesellschaftsrecht, Baden-Baden 1976.

Stein, Heinz Gerd: Steuerlicher Verlustausgleich und Strukturwandel der Unternehmung, zfbf 1983, S. 29-40.

Stolterfoht, Joachim: Zum Verhältnis der Körperschaftsteuer zur Einkommensteuer, in: FS für Ludwig Schmidt, Ertragsbesteuerung, Zurechnung - Ermittlung - Gestaltung, hrsg. von Raupach, Arndt/ Uelner, Adalbert, München 1993, S. 497-522.

Streck, Michael: Kommentar zum Körperschaftsteuergesetz, München 1995.

Schwark, Spartenorganisation in Großunternehmungen und Unternehmensrecht, ZHR 1978, S. 203-227.

Synder, L. B./ Goodnick J. G.: Affiliated Corporate groups for Real Estate Investments: The Syndication vehicle for the future?, The Journal of Coporate Taxation 1987, S. 15.

Teubner, Gunter: Unitas Multiplex - Das Konzernrecht in der neuen Dezentralität der Unternehmensgruppe, ZGR 1991, S. 189-217.

Theisen, Manuel R.: Der Konzern - Betriebswirtschaftliche und rechtliche Grundlagen der Konzernunternehmung, Stuttgart 1991.

Theisen, Manuel R.: Vorüberlegung zu einer Konzernunternehmenslehre, DBW 1988, S. 279-297.

Thiel, Jochen: Organschaft und Gestaltung von Unternehmensstrukturen, Diskussionsbeitrag zur Podiumsdiskussion, JbFSt 1992/93, Herne/ Berlin 1993, S. 277-289.

Thiel, Jochen: Einlagen in Kapitalgesellschaften - Aktuelle Steuerfragen bei der Gesellschaft und beim Gesellschafter, DStR 1992, S. 1-7.

Thiel, Jochen: Die ausschüttungsbedingte Teilwertabschreibung nach § 26 Abs.8 KStG, GmbHR 1990, S. 269-276.

Thiel, Rudolf: Ein Grundsatzurteil des Bundesfinanzhofes zur körperschaftsteuerlichen Organschaft, BB 1965, S. 743-747

Thiesing, Jochen, in: Kom. zu § 101 EWGV, Groeben, Hans von der/ Boeckh, Hans von: Kommentar zum EWG-Vertrag, Baden-Baden 1958.

Thömmes, Ottmar: Steuerrecht, in: Lenz, Carl Otto, (Hrsg.), EG-Handbuch Recht im Binnenmarkt, Herne/ Berlin 1991, S. 471-574.

Thömmes, Ottmar: Richtlienienvorschläge der Kommission zur Förderung grenzüberschreitender Unternehmenstätigkeit in der EG, IWB vom 10.1.1991, S. 7-12, Gr.2, S. 515-520.

Tillmanns, Wolfhard: Frankreich: Einführung in die Gruppenbesteuerung (Organschaft), RIW 1988, S. 275-284.

Tipke, Klaus: Die Steuerrechtsordnung, Bd. 1-3, Köln 1993.

Tipke, Klaus: Übertragung von Einkunftsquellen, StuW 1977, S. 293-294.

Tipke, Klaus/ Kruse, Heinrich Wilhelm: Kommentar zur Abgabenordnung und Finanzgerichtsordnung, (Loseblatt).

Tipke, Klaus/ Lang, Joachim: Steuerrecht - Ein systematischer Grundriß, Köln 1996.

Treptow, Harald: Konzernbesteuerung auf dem Prüfstand, StBJb 1995/96, Köln 1996, S. 53-74.

Tumpel, Michael: Die Besteuerung von Unternehmensgruppen in der BRD - Ein Modell für eine Besteuerung von Unternehmensgruppen in Österreich?, JfB 1990, S. 226-241.

Uelner, Adalbert: Neuregelungen der Besteuerung im Konzern, Institut Finanzen und Steuern e.V., Bonn 1996.

Vahs, Dietmar: Wege zur effizienten Organisationsstrukturen, zfo 1994, S. 305-311.

Vagts, Detlev F.: Konzernrecht in den Vereinigten Staaten, in: Druey, Jean Nicolas (Hrsg.): Das St. Gallener Konzernrechtsgespräch - Konzernrecht und Konzernwirklichkeit, Köln 1988, S. 31-46.

Vogel, Klaus: Doppelbesteuerungsabkommen, Kommentar auf Grundlage der Musterabkommen, München 1996

Vogel, Klaus: Wesen und Wirkung der Freistellung. Besonderes bei negativen Einkünften und Vermögenswerten, in: Vogel, Klaus/ Wassermeyer, Franz u.a. (Hrsg.): Freistellung im internationalen Steuerrecht, München 1996, S. 1-12.

Vogel, Klaus: Harmonisierung des internationalen Steuerrechts in Europa als Alternative zur Harmonisierung des (materiellen) Körperschaftsteuerrechts, StuW 1993, S. 380-388.

Vogel, Klaus: Die Besteuerung von Auslandseinkünften - Prinzipien und Praxis, in: Grundfragen des internationalen Steuerrechts, hrsg. von Klaus Vogel im Auftrag der DStJG, DStJG 1985, Köln 1985 , S. 3-33.

Vogel, Klaus: Verbot des Verlustausgleichs für bestimmte ausländische Verluste, BB 1983, S. 180-188.

Voss, Bernd: Zur Einheitsbesteuerung verbundener Unternehmen aus betriebswirtschaftlicher Sicht, AG 1973, S. 326-329.

Wallis, Hugo v.: Besteuerung von Unternehmenszusammenschlüsse, Herne/ Berlin 1979.

Wallis, Hugo v.: Zur Ertragsbesteuerung der Konzerne, StbJb 1970/71, Köln 1971, S. 113-145.

Walz, Rainer: Empfiehlt sich eine rechtsformunabhängige Besteuerung der Unternehmen?, Gutachten zum 53. Deutschen Juristentag, München 1980.

Wassermeyer, Franz: Teilwertabschreibung bei Organschaft - Systembedingte Folge oder Denkfehler, JbFSt 1992/93, Herne/ Berlin 1993, S. 219-236.

Wassermeyer, Franz: Eigenkapitalersetzende Leistungen im Steuerrecht, StbJb 1991/92, Köln 1992, S. 345-362.

Wassermeyer, Franz: Verdeckte Kapitalzuführung bei der Kapitalgesellschaft unter besonderer Berücksichtigung der unterschiedlichen Betrachtungsweise bei der Kapitalgesellschaft und der Gesellschafter und der Veränderung in der Krisensituation, JbFSt 1988/89, Herne/ Berlin 1989, S. 325-367.

Wassermeyer, Franz: Einlagen in Kapital- und Personengesellschaften und ihre Ertragsteuerliche Behandlung, StBJb 1985/86, Köln 1986, S. 213-235.

Werdich, Hans: Organisation und Besteuerung im Konzern, Aachen 1993.

Welge, M./ Fessmann, K.; Organisatorische Effizienz, in: Handwörterbuch der Organisation, Gorchla, Erwin (Hrsg.), Stuttgart 1980, Sp. 576-592.

Werder, Axel von: Konzernmanagement, Sammelrezession, DBW 1995, S.641-661.

Werder, Axel von: Organisationsstruktur und Rechtsform, Implikationen juristischer Vorschriften für die Organisation aktienrechtlicher Einheits- und Konzernunternehmen, Wiesbaden 1986.

Werner, Winfried: Gewinnverwendung im Konzern, in: Festschrift für Walter Stimpel, hrsg. von Markus Lutter u.a., Berlin/ New-York 1985, S. 935-953.

Wichmann, Gerd: Bilanzierung bei verunglückter Organschaft, BB 1992, S. 394-395.

Wiedemann, Herbert: Die Unternehmensgruppe im Privatrecht, Tübingen 1988.

Wiedemann, Herbert: Gesellschaftsrecht, München 1980.

Wiedemann, Herbert/ Strohn, Lutz: Die Zulässigkeit der Konzernumlage im Aktienrecht, AG 1979, S. 113-120.

Wilhelm, Jan: Die Vermögensbindung bei der Kapitalgesellschaft und der GmbH und das Problem der Unterkapitalisierung, Festschrift Werner Flume, Köln 1978, S. 337-397.

Williamson, Oliver E./ Winter, Sidney: The Nature of the Firm - Origins, Evolution and Developement, New York, Oxfort 1991.

Williamson, Oliver E.: The Economic Institution of Capitalism, London 1985.

Williamson, Oliver E.: Market and Hierachies: Analysis and Antitrust Implications - A Study in the Economics of Internal Organisation, London 1975.

Wöhe, Günther: Betriebswirtschaftliche Steuerlehre II/2 - Der Einfluß der Besteuerung auf Unternehmenszusammenschlüsse und Standortwahl im nationalen und internationalen Bereich, München 1982.

2. Veröffentlichungen der Kommission und des Rates der Europäischen Gemeinschaft bzw. der Europäischen Union

EG-Kommission: Mitteilung der Kommission der europäischen Gemeinschaft an den Rat und das Europäische Parlament im Anschluß an die Stellungnahme des unabhängigen Sachverständigenausschusses über die Leitlinien für die Unternehmensbesteuerung im Rahmen der Vertiefung des Binnenmarktes, SEK(92) 1118 endg.; Ratsdok 7021/92 vom 20.7.1992, BR-Drs. 540/92

EG-Kommission: Report of the independent experts on company taxation, (Ruding-Report), Luxemburg 1992

EG-Kommission: Beseitigung der Steuerschranken für die grenzüberschreitende Tätigkeit der Unternehmen, Bulletin der Europäischen Gemeinschaft 1991, Beilage 4, Luxemburg 1991

EG-Kommission: Vorschlag für eine Richtlinie des Rates über eine Regelung für Unternehmen zur Berücksichtigung der Verluste ihrer in anderen Mitgliedsstaaten gelegenen Betriebsstätten und Tochtergesellschaften, vom 28.11.1990, KOM (90) 595 endg., Abl. EG 1991, Nr. C 53, S. 26-29, abgdr. in: EWS 1991, S. 30-31

EG-Kommission: Geänderter Vorschlag für eine Verordnung des Rates über das Statut der Europäischen Aktiengesellschaft, Abl. EG 1991, Nr. C 321 vom 12.12.1991, S. 1-68, abgedr. in: BT-Drs. 12/1004 vom 30.7.1991

EG-Kommission: Vorschlag für eine Richtlinie des Rates über die gemeinsame Steuerregelung für Zahlungen von Zinsen und Lizensgebühren zwischen Mutter- und Tochtergesellschaften verschiedener Mitgliedsstaaten, KOM (90) 595 endg. vom 28.11.1990, Abl. EG 1991, Nr. C 53, S. 26-29, abgdr. in: EWS 1991, S. 31-33

EG-Kommission: Mitteilung der Kommission der europäischen Gemeinschaft an den Rat und das Europäische Parlament über Leitlinien zur Unternehmensbe-steuerung, SEK(90) 601 endg.; Ratsdok. 6128/90, BR-Drs. 360/90 vom 18.5.1990, S. 1-28, abgedr. in: EWS 1990, S. 57-61

EG-Kommission: Vorschlag einer Verordnung des Rates über das Statut der Europäischen Aktiengesellschaft vom 16.5.1991, Abl. EG 1989, Nr. C 263 vom 16.10.1989, S. 41-69, abgedr. in: Lutter, 1996, S. 724-760

EG-Kommission: Vorschlag für eine Dreizehnte Richtlinie des Rates auf dem Gebiet des Gesellschaftsrechts über Übernahmeangebote, DOK. KOM. (88) 823 endg. vom 16.2.1989, Abl. EG 1989, Nr. C 64 vom 14.3.1989, S. 8-14, abgedr. in WM 1989, S. 111-128

EG-Kommission: Memorandum der Kommission an das Parlament und die Sozialpartner, Binnenmarkt und industrielle Zusammenarbeit - Statut für die europäische Aktiengesellschaft - Weißbuch für die Vollendung des Binnenmarktes - Kom (88), 320 endg. vom 15.7.1988, in: Bulletin der Europäischen Gemeinschaft, 1988 Beil. 3, Luxemburg 1988

EG-Kommission: Vorentwurf zu gemeinsamen Grundsätzen einer steuerlichen Gewinnermittlung mit Anmerkungen von Reinhold Kreile, 1988, abgedr. in: DB 1988, Beil. 18

EG-Kommission: Richtlinien-Vorschlag zur steuerlichen Übertragung von Unternehmensverlusten vom 19.6.1985, ABl. der EG 1985, Nr. C 170 vom 9.7.1985, abgedr. in: Lutter, 1996, S. 818-819.

EG-Kommission: Vorentwurf einer neunten Richtlinie von 1984 (Konzernrechtsrichtlinie), DOK Nr. III/1639/84, abgedr. in: Lutter, Markus: Europäisches Unternehmensrecht, S. 244-256

EG-Kommission: Geänderter Vorschlag einer Verordnung des Rates über das Statut für Europäische Aktiengesellschaften, Bulletin der EG, Beilage 4/ 1975, S. 1-200

EG-Kommission: Vorschlag einer Richtlinie des Rates zur Harmonisierung der Körperschaftsteuersysteme und der Regelung der Quellensteuer auf Dividenden, Abl. EG 1975, Nr. C 253 vom 5.11.1975, S. 2-8

EG-Kommission: Vorschlag einer Verordnung des Rates über das Statut für Europäische Aktiengesellschaften, Abl. der EG 1970, Nr. C 124 vom 10.10.1970, S. 1-55

EG-Kommission: Vorschlag einer Richtlinie des Rates über das gemeinsame Steuersystem für Mutter- und Tochtergesellschaft verschiedener Mitgliedsstaaten, Abl. der EG 1969, Nr. C 39 vom 31.1.1969, abgedr. in: BT-Drs. V/3774, S. 2-8

EG-Rat: Richtlinie des Rates vom 23.7.1990 über das gemeinsame Steuersystem für Fusionen, Spaltungen, die Einbringung von Unternehmensteilen und den Austausch von Anteilen, die Gesellschaften verschiedener Mitgliedsstaaten betreffen, 90/434/EWG, Abl. der EG 1990, Nr. L 225, S. 1-5

EG-Rat: Richtlinie des Rates vom 23.7.1990 über das gemeinsame Steuersystem der Mutter- und Tochtergesellschaften verschiedener Mitgliedsstaaten, 90/435/EWG, Abl. der EG 1990, Nr. L 225, S. 6-9

EG-Rat: Übereinkommen über die Beseitigung der Doppelbesteuerung im Falle von Gewinnberichtigungen zwischen verbundenen Unternehmen, 90/435/EWG, Abl. der EG 1990, Nr. L 225, S. 10-24

EG-Rat: Die siebte Richtlinie des Rates der Europäischen Gemeinschaft über den konsolidierten Abschluß vom 13.6.1983 (Konzernbilanzrichtlinie), Abl. der EG 1983, Nr. L 1983 vom 18.7.1983, S. 1 ff.

EG-Rat: Die vierte Richtlinie des Rates der Europäischen Gemeinschaft über den Jahresabschluß bestimmter Rechtsformen (EG-Bilanzrichtlinie) vom 25.7.1978, Abl. der EG 1978, Nr. L vom 14.8.1978, S. 11 ff., abgedr. in: DB 1978, Beil. 17 zu Heft 38

3. Verzeichnis der Gerichtsentscheidungen, Gutachten und Erlasse

Entscheidungen des Bundesfinanzhofs:

BFH vom 6.10.1953 I 29/53,	BStBl. III, 1954, S. 329.
BFH vom 24.11.1953 I 109/53 U,	BStBl. III 1954, S. 21.
BFH vom 8.3.1954 I 73/54 U,	BStBl. III 1955, S. 187.
BFH vom 8.3.1955 I 73/54 U,	BStBl. III 1955, S. 187.
BFH vom 25.6.1957 I 119/56 U,	BStBl. III 1957, S. 303.
BFH vom 5.11.1957 I 163/ U,	BStBl. III 1958, S. 24.
BFH vom 15.4.1958 I 75/57 U,	BStBl. III 1958, S. 299.
BFH vom 8.11.1960 I 131/59 S,	BStBl. III 1960, S. 513.
BFH vom 17.2.1961 VI 66/59 U,	BStBl. III 1961, S. 230.
BFH vom 22.6.1962 IV 49/61 S,	BStBl. III 1962, S. 386.
BFH vom 8.1.1963 I 2 7/61 U,	BStBl. III 1963, S. 188.
BFH vom 4.3.1965 I 249/61 S,	BStBl. III 1965, S. 329.
BFH vom 20.5.1965 IV 49/65 U,	BStBl. III 1965, S. 503.
BFH vom 1.3.1966 I 13, 14/65,	BStBl. III 1966, S. 207.
BFH vom 22.8.1966 GrS 2/66,	BStBl. III 1966, S. 672.
BFH vom 17.11.1966 I 280/63,	BStBl. III 1967, S. 118.
BFH vom 26.7.1967 I 138/65,	BStBl. III 1967, S. 733.
BFH vom 27.3.1968 I 133/65,	BStBl. II 1968, S. 521.
BFH vom 29.5.1968 I 187/65	BStBl. II 1968, S. 722.
BFH vom 17.9.1969 I R 170/65,	BStBl. II 1970, S. 48.
BFH vom 23.9.1969 I R 71/67,	BStBl. II 1970, S. 87.
BFH vom 17.12.1969, I R 252/64,	BStBl. II 1970, S. 257.
BFH vom 21.1.1970 I R 90/67,	BStBl. II 1970, S. 348.
BFH vom 19.2.1970 I R 24/67,	BStBl. II 1970, S. 442.
BFH vom 2.2.1972 I R 54-55/70,	BStBl. II 1972, S. 397.
BFH vom 25.10.1972 GrS 6/71,	BStBl. II 1973, S. 79.
BFH vom 2.3.1973 III R 88/69,	BStBl. II 1973, S. 475.

BFH vom 19.9.1973 I R 170/71,	BStBl. II 1973, S. 873.
BFH vom 30.1.1974 I R 104/72,	BStBl. II 1974, S. 323.
BFH vom 9.10.1974 I R 5/73,	BStBl. II 1975, S. 179.
BFH vom 20.6.1974 I B 77/73,	BB 1974, S. 1238.
BFH vom 29.10.1974 I R 240/72,	BStBl. II 1975, S. 126.
BFH vom 19.3.1975 I R 137/73,	BStBl. II 1975, S. 722.
BFH vom 21.1.1976 I R 21/74,	BStBl. II 1976, S. 389.
BFH vom 25.2.1976 I R 150/73,	BStBl. II 1976, S. 454.
BFH vom 12.1.1977 I R 204/75,	BStBl. II 1977, S. 357.
BFH vom 26.1.1977 I R 101/75,	BStBl. II 1977, S. 441.
BFH vom 9.3.1977 I R 203/74,	BStBl. II 1977, S. 515.
BFH vom 31.10.1978 VIII R 124/74,	BStBl. II 1979, S. 108.
BFH vom 16.11.1978 V R 22/73,	BStBl. II 1979, S. 347.
BFH vom 23.11.1978 V R 36/78,	BStBl. II 1979, S. 350.
BFH vom 28.3.1979 I R 81/76,	BStBl. II 1979, S. 447.
BFH vom 24.10.1979 VIII R 92/77,	BStBl. II 1980, S. 187.
BFH vom 12.2.1980 VIII R 114/77,	BStBl. II 1980, S. 494.
BFH vom 2.4.1980 I R 75/76,	BStBl. II 1980, S. 702.
BFH vom 30.4.1980 II R 133/77,	BStBl II 1980, S. 521.
BFH vom 3.12.1980 I R 125/77,	BStBl. II 1980, S. 184.
BFH vom 21.1.1981 I R 153/77,	BStBl. II 181, S. 517.
BFH vom 21.7.1982 I R 177/77,	BStBl. II 1982, S. 758.
BFH vom 9.3.1983 I R 182/78,	BStBl. II 1983, S. 744.
BFH vom 25.1.1984 I R 183/81,	BStBl. II 1984, S. 422.
BFH vom 25.6.1984 GrS 4/82,	BStBl. II 1984, S. 751.
BFH vom 13.12.1985 - VIII R 273/81,	BStBl. II 1985, S. 394.
BFH vom 29.10.1986 I R 318-319/83,	BStBl. II 1987, S. 308.
BFH vom 26.10.1987 GrS 2/86,	BStBl. II 1988, S. 348
BFH vom 29.10.1986 I R 202/82,	BStBl. II 1987, S. 92.
BFH vom 17.9.1987 III R 201-202/84,	BStBl. II 1988, S. 488.

BFH vom 27.7.1988 I R 104/84,	BStBl. II 1989, S. 274.
BFH vom 8.3.1989 X R 9/86,	BStBl. II 1989, S. 714.
BFH vom 26.4.1989 I R 152/84,	BStBl. II 1989, S. 668.
BFH vom 14.3.1989 I R 39/85,	BStBl. II 1989, S. 599.
BFH vom 6.7.1989 IV R 12/87,	BStBl. II 1990, S. 126.
BFH vom 13.9.1989 I R 110/88,	BStBl. II 1990, S. 24.
BFH vom 16.5.1990 I R 96/88,	BStBl. II 1990, S. 797.
BFH vom 27.6.1990 I R 158/87,	BStBl. II 1990, S. 916.
BFH vom 4.7.1990 GrS 1/90,	BStBl. II 1990, S. 830.
BFH vom 17.10.1990 I R 182/87,	BStBl. II 1991, S. 136.
BFH vom 7.11.1990 I R 116/86,	BStBl. II 1991, S. 342.
BFH vom 18.12.1990 VIII R 158/86,	BFH/NV 1992, S. 15.
BFH vom 4.6.1991 X R 136/87,	BStBl. II 1992, S. 70.
BFH vom 4.12.1991 I R 74/89,	BStBl. II 1992, S. 432.
BFH vom 22.1.1992 X R 23/89,	BStBl. II 1992, S. 488.
BFH vom 14.4.1992 VIII R 149/86,	BStBl. II 1992, S. 817.
BFH vom 17.2.1993 I R 3/92,	BStBl. II 1993, S. 457.
BFH vom 14.4.1993 I R 128/90,	BStBl. II 1994, S. 124.
BFH vom 2.2.1994 I R 10/93,	BStBl. II 1994, S. 768.
BFH vom 24.3.1994 IV S 1/94,	BStBl. II 1994, S. 398.
BFH vom 16.2.1996 I R 43/95,	BStBl. II 1997, S. 128.
BFH vom 29.5.1996 I R 15/94,	BStBl. II 1997, S. 57.
BFH vom 29.5.1996 I R 167/94,	BStBl. II 1997, S. 60.
BFH vom 29.5.1996 I R 21/95,	BStBl. II 1997, S. 64.
BFH vom 23.10.1996 X R 75/94,	BStBl. II 1997, S. 239.

Enscheidungen der Finanzgerichte:

FG Baden-Württemberg vom 8.4.1991 3 V 27/90,	IStR 1993, S. 73.
FG Nürnberg vom 11.12.1990 II 238/86,	EFG 1991, S. 437.
FG Düsseldorf vom 2.11.1991 6 K 307/86,	EFG 1992, S. 415.

Entscheidungen des Reichsfinanzhofs:

RFH vom 31.3.1922 I A 10/22,	RStBl. 1922, S. 296.
RFH vom 30.1.1930 I A 226/29,	RStBl. 1930, S. 148.
RFH vom 18.2.1933 I A 439/32,	RFHE 33, S. 63.
RFH vom 18.9.1934 I A 217/33,	StuW 1934 II, Nr. 761.
RFH vom 17.10.1934 VI A 829/33,	StuW 1935 II, Nr. 11.
RFH vom 20.11.1934 I A 144/32,	RStBl. 1935, S. 585.
RFH vom 26.6.1935 VI A 414/35,	RStBl. 1935, S. 1358.
RFH vom 3.7.1935 VI A 1149/33,	RStBl. 1935, S. 1127.
RFH vom 14.12.1937 I 250/37,	RStBl. 1938, S. 67.
RFH vom 11.5.1939, III 140/38,	RStBl. 1939, S. 805.
RFH vom 1.4.1941 I 290/40,	RStBl. 1942, S. 948.
RFH vom 22.6.1943 I 204/42,	RStBl. 1943, S. 587.
RFH vom 9.5.1944 I 15/44,	RStBl 1944, S. 539.

Entscheidungen des Bundesverfassungsgerichts:

BVerfGE vom 17.12.1953 - 1 BvR 147,	Bd. 3, S. 58.
BVerfGE vom 7.8.1962 - 1 BvL 16/60,	NJW 1962, S. 1667.
BVerfGE vom 28.1.1970 - 1 BvL 4/67,	Bd. 27, S. 375.
BVerfGE vom 27.12.1991 - 2 BvR 72/90,	StuW 1992, S. 186.

Entscheidungen des Europäischen Gerichtshofs:

EuGH vom 28.1.1986 - Rs 270/83,	Slg. 1986, S. 273.
EuGH vom 28.3.1990 - Rs. C - 38/88,	GmbHR 1990, S. 276.
EuGH vom 26.1.1993 - Rs. C 112/91,	Slg. 1993, I-429.
EuGH vom 12.4.1994 - Rs. C 1/93,	Slg. 1994, I-1137.
EuGH vom 27.6.1996 - Rs. C 234/94,	DB 1996, S. 1400.
EuGH vom 27.2.1980 RS 168/78,	EuGHE 1980, S. 347.

Entscheidungen des Bundesgerichtshofs:

BGH vom 31.10.1978 - KZR 5/77, WPg 1979, S. 158.

BGH vom 24.10.1988 - II ZB 7/88; BGHZ 105, 324.

BGH vom 23.9.1991 - II ZR 135/90, BGHZ 115, 187.

BGH vom 22.10.1992 - IX ZR 244/91, BB 1993, S. 23.

Entscheidungen des Bundesarbeitsgerichts:

BAG vom 4.10.1994 - 3 AZR 910/93, DB 1995, S. 528.

BMF-Schreiben und Erlasse:

Schreiben des I Senates an den Bundesminister der Finanzen, abgeduckt in: BB 1962, S. 438.

BMF-Erlaß vom 14.12.1970 IV B/5 - S 2755 - 33/70, BStBl. I 1970, S. 5.

BMF-Schreiben vom 30.12.1971 F/IV B 5 - S 2755- 42/72, BStBl. I 1972, S. 2.

BMF-Schreiben vom 23.2.1983 - IV C 5 - S 1341 - 4/83, BStBl I 1983, S. 218.

BMF-Erlaß vom 12.2.1990 IV B 2 - S 2135 - 4/90 / IV C 5 - S 1300 - 21/90, BStBl I 1990, S. 72.

BMF-Schreiben vom 20.1.1997 IV C 5 - S 1300 - 176/96, BStBl. I 1997, S. 99.

Gutachten des des Bundesfinanzhofs und des Reichsfinanzhofs:

BFH-Gutachten vom 27.11.1956 I D 1/56 S, BStBl. III 1957, S. 139.

RFH-Gutachten vom 26.7.1932 - I D 2/31 und III D 2/32, RStBl. 1933, S. 136.

FSC
www.fsc.org
MIX
Papier | Fördert gute Waldnutzung
FSC® C083411

Kolibri 360 GmbH
Ferdinand-Jühlke-Straße 7
99095 Erfurt, Deutschland
produktsicherheit@kolibri360.de

Druck:
CPI Druckdienstleistungen GmbH
im Auftrag der
Kolibri 360 GmbH
Ferdinand-Jühlke-Str. 7
99095 Erfurt